# 监督学（第2版）

郎佩娟　主编

国家开放大学出版社·北京

图书在版编目（CIP）数据

监督学/郎佩娟主编. ――2版. ――北京：国家开放大学出版社，2020.8 (2023.1重印)
ISBN 978-7-304-10461-0

Ⅰ.①监… Ⅱ.①郎… Ⅲ.①监督学-教材 Ⅳ.①D035.4

中国版本图书馆CIP数据核字（2020）第133734号

版权所有，翻印必究。

监督学（第2版）
JIANDU XUE
郎佩娟　主编

| | | | |
|---|---|---|---|
| 出版·发行： | 国家开放大学出版社 | | |
| 电话： | 营销中心 010-68180820 | 总编室 | 010-68182524 |
| 网址： | http://www.crtvup.com.cn | | |
| 地址： | 北京市海淀区西四环中路45号 | 邮编： | 100039 |
| 经销： | 新华书店北京发行所 | | |

策划编辑：赵文静　　　　　　　版式设计：何智杰
责任编辑：许　岚　　　　　　　责任校对：冯　欢
责任印制：武　鹏　马　严

印刷：河北盛世彩捷印刷有限公司
版本：2020年8月第2版　　2023年1月第7次印刷
开本：787mm×1092mm　1/16　　印张：19.5　　字数：437千字

书号：ISBN 978-7-304-10461-0
定价：42.00元

（如有缺页或倒装，本社负责退换）
意见及建议：OUCP_KFJY@ouchn.edu.cn

# 前　言 ‖ Preface

在我 30 余年的高校执教生涯中,有几年时间是为本科生讲授"中国政治思想史"。中国政治思想丰厚而有特色,中国政治思想家群体中亦不乏智者。点数下来,东汉末年的政论家仲长统和他提出的"朝代兴亡三部曲",总在我的记忆中挥之不去。仲长统认为,朝代兴亡遵循着兴起、保守、没落的三部曲,其中的任何一部皆为人事而非天道。兴起,即新朝代的建立,建立新朝代的开国人物相信事在人为,他们奋发有为、布德生民、建功立业,政治亦呈现出一派清明景象;保守,即朝代的守成,开国人物将帝位传给子孙,而子孙们已然失去了祖先那种豪杰之心和统治之智,他们坐享其成、养尊处优,只是依仗了祖宗的基业和统治的惯性才使朝代得以延续;没落,即朝代的衰败和渐趋灭亡,统治时间久了,统治者就腐败了,政治积弊就多了,也就被新王朝取代了。对于腐败和腐败导致的"亡天下"的后果,仲长统的总结可谓振聋发聩:"彼后嗣之愚主,见天下莫敢与之违,自谓若天地之不可亡也,乃奔其私嗜,骋其邪欲,君臣宣淫,上下同恶。目极角觝之观,耳穷郑、卫之声。入则耽于妇人,出则驰于田猎。荒废庶政,弃亡人物,澶漫弥流,无所底极。信任亲爱者,尽佞谄容说之人也;宠贵隆丰者,尽后妃姬妾之家也。使饿狼守庖厨,饥虎牧牢豚,遂至熬天下之脂膏,斫生人之骨髓。怨毒无聊,祸乱并起,中国扰攘,四夷侵叛,土崩瓦解,一朝而去。"(《理乱篇》)

由仲长统的"朝代兴亡三部曲",我想到了毛泽东与民主人士黄炎培关于"历史周期律"的谈话。1945 年 7 月 4 日,毛泽东与黄炎培在延安窑洞有过一次颇有历史意义的谈话。黄炎培说:中国历史上的朝代都有一个从兴旺到灭亡的周期律,每个朝代开头都是好的,后来就腐败了,灭亡了,可谓"其兴也勃焉,其亡也忽焉",一部历史,有"政怠宦成"的,有"人亡政息"的,也有"求荣取辱"的,但总跳不出从兴旺到灭亡的周期律,中国共产党能找出新路跳出这个周期律吗?毛泽东自信地答道:我们已经找到新路并能跳出这个周期律,这条新路就是民主。只有让人民来监督政府,政府才不敢松懈;只有人人起来负责,才不会人亡政息。可见,远在中华人民共和国还未成立时,作为政治家、战略家和思想家的毛泽东就已深入细致地考虑中国共产党领导下的新中国的长治久安,而长治久安的基本方法就是人民民主和人民监督。

从 1949 年到现在,中华人民共和国已有 70 余年的历史,中国社会也发生了翻天覆地的变化,但公权力监督并不因世事变迁而消歇,反而成了政治领域的一个永恒主题。不仅如此，在当代，无论是中国还是外国，对公权力施加监督显得比以往任何时代都更为迫切，这主要是基于公权力在组织和运用等方面显现出越来越严重的问题。

第一，公权力运行膨胀带来的"巨型政府"。第二次世界大战之后，"巨型政府"在许多国家蔓延开来。政府之巨，巨在规模，巨在作用，而这一巨也就为腐败铺就了基础。英国历史学家和政治思想家阿克顿勋爵说得好，"绝对的权力绝对地导致腐败。"

第二，公权力运用目的与公共利益的背离。公权力由公众赋予和供养，理所当然要服务于公共利益。但现实是，公权力运用的目的常常不是公共利益，而是掌权者的私人利益。例如，公权力机关利用职权乱收费、乱罚款、乱摊派，国家公职人员利用职权贪污受贿、腐化堕落等。

第三，公权力活动对法的精神的毁损。公权力必须依法行使，必须在法律界限内活动而不能超越。如果公权力机关本身就是执法机关，则这种执法应当全面而不遗漏、严格而不枉法、无私而不趋利，即严格、公正、文明、规范执法。但是，现实的执法确实存在很多很严重的问题，诸如有法不执、执法不严、执法失职、执法趋利、执法野蛮、执法犯法等，其结果就是法的执行者变成了法的破坏者，使法的权威性和公共性丧失殆尽。

鉴于公权力在组织和运用等方面的严重问题，对于公权力施加监督是完全符合法治精神的。对当代中国而言，监督是抑制公权力膨胀与腐败的制度安排，是保护公民权利的有效途径，是社会可持续发展的客观要求，也是社会长治久安的必然选择。因为，任何权力都不能完全免于专横、腐败之虞，不仅专制独裁者的权力如此，以民主方式产生的多数派权力也不例外。然而，要公权力向自己开刀是不可能的，这就需要发挥民主宪政的功能，而民主宪政的首要功能就是监督和规范公权力，从源头、机制、制度上防止公权力的膨胀、腐败或者被滥用，唯此公权力才能被人民有效控制、驾驭，才能建设起廉洁、勤政、务实、高效的法治政府，直至建设法治国家。

但是，监督是一个复杂的系统工程，是一项充满困难的政治过程，不仅需要有健全、完善的监督制度，而且需要有系统、科学的监督理论和可操作的技术。监督学就是这样一套理论和技术，其功能是认识监督规律、完善监督制度、指导监督实践。没有监督学，有关监督的认识、制度和实践可能是零散的、不科学的、不专业的，监督制度的发展、完善以及监督的实际效果也会因此而受到制约。

本书就是在这种需求背景下撰写的。

## 一、本书贯穿的理念

本书一以贯之的理念是"法治"。法治是指国家公权力的获取、组织、运用和维持等，都必须依据体现人民意志的法律而不得恣意妄为。据此可以推论，法治关注的焦点是合法运用并有效监督公权力。那么，对法治的这种理解有什么根据吗？从浩如烟海的人类思想遗存中，我们起码可以找出对法治上述理解的两种权威性支持意见。一种支持意见是1959年印度"国际法学家会议"通过的《德里宣言》,在这个宣言中,法学家们总结了法治的三条原则:立法机关的职能在于创设和维护得以使每个人保持"人类尊严"的各种条件;法治原则不仅要对制止行政权的滥用提供法律保障,而且要使政府有效地维护法律秩序,以保证人们具有充分的社会和经济生活条件;司法独立和律师自由是实施法治原则必不可少的条件。另一种支持意见是《牛津法律大辞典》对法治的解释:"对立法权的限制;反对滥用行政权力的保护措施;获得法律的忠告、帮助和保护的平等的机会;对个人和团体各种权利和自由的正当保护以及在法律面前人人平等……它不是强调政府要执行和维护法律及秩序,而是说政府本身要服从法律制度,而不能不顾法律或重新制定适应本身利益的法律。"法治的含义表明,法治有比"法制"更深一层和更高一层的内涵,公权力守法有比公权力执法更深一层和更高一层的价值。原因很简单,只有公权力得到合法合理运用和有效监督,只有公权力循规蹈矩与按部就班,一个社会的持续发展和稳定协调以及公民权利的凸显和张扬才是可能的。

## 二、本书的体系、基本内容和学术特色

本书体系的建构遵循了从理论到实践、从古代到当代、从内部监督到外部监督、从国内到国际的路径,力求全方位地阐述监督理论与监督实践。

本书内容侧重于中国国情,一方面尽量涵容学界已有的研究成果,另一方面也注重创新,例如对完善人民政协、民主党派、社会监督、网络舆论监督等监督制度与方式的思考。为便于读者阅读和思考,本书每章后面还附有与该章内容相配的案例及案例思考、重要概念、思考题等。

本书的学术特色主要体现了跨学科的理论包容性。作为教材,本书交叉了政治、经济、行政、管理、历史、法律等学科。一本教材为什么要涉及多学科知识呢?因为监督学本身就是一个交叉学科,其所涉及的许多问题都不是一个学科能够回答和解决的。"海纳百川,有容乃大",在联系的世界中,人类和自然界没有绝对界线,自然科学和社会科学亦没有绝对界线,更不要说社会科学和各学科之间的界线了。监督学研究者的广阔学术视野既有助于理解监督学的精髓,也有利于监督学研究的深入。

## 三、本书的期待与追求

本书专论对国家公权力和国家公职人员的监督,其良苦用心在于期待与追求公权力的合法合理运作。

首先,作者力图使人们意识到,监督对于社会公平正义和可持续发展是必不可少的。监督不会导致某种消极后果,不会使政府或者掌握公权力的人陷入消极不作为的境地。事实上,消极政府也好,不做事政府也好,归根结底都是无限政府,都从不同侧面说明了监督的

必要与迫切。

其次，作者并不否认在公权力与私权利之间保持"和谐"与"平衡"是一件美妙的事，只不过认为这种美妙并非囊中之物，其获得需要前置步骤，这个前置步骤就是公权力首先需要接受监督。因为，公权力的肆无忌惮、公权力对私权利的随意凌越，构成了中国封建社会最基本的政治倾向，直到今天，这一倾向也远未销声匿迹。如果说中国哲学的最高境界是"平衡""和谐""中庸""天人合一"，那么，根据中国的历史和现实，通往这一境界的起始步骤应当甚至只能是监督公权力。公权力首先要学会在法律的框架内活动，要学会尊重私权利。具备这样的前提条件，才能谈得上私权利被尊重，也才能最终达到公权力与私权利的平衡。

无论是从历史还是从现实看，中国都是一个公权力发达、公权力对社会控制严格的国家。在这样的政治历史背景下，理应形成强有力的对公权力施加监督和控制的规范体系。但实际情况并非如此。改革开放40多年来，中国的立法工作进展较快，初步形成了以宪法为基石的社会主义法律体系框架，但规制公权力法律规范的大量缺位成了立法的重大薄弱环节。与此相关，监督学的研究在中国仍处于起步阶段，许多基本问题远未达成共识，社会的认知程度也不高。这些问题都使得对公权力的监督不系统、不到位、不得力。为解决这些问题，立法者要更多地考虑如何加强监督立法，学者也要更多地关怀和研究监督理论、制度和技术。这种研究应当力求系统、深入、严谨，这既是社会需要，更是学者责任。

## 四、本书的初版与修订

本书初版于2010年1月完成，从写作大纲拟定、书稿审定直至出版，每个环节都见证了专家和专业人员的辛勤付出。初版至今已发行数十万册，在教学科研、监督实务指导、监督学知识普及等方面发挥了积极作用，产生了良好的社会效益，2011年获北京市高等教育精品教材奖。中国共产党十八次代表大会之后，无论是执政党内部还是整个社会，反腐败力度不断加大，监督体制、监督实践不断发展，因而有必要根据反腐败实践和国家监察体制的重大变革对本书进行修订，使监督学理论更好地服务于监督和反腐败实践，服务于公权力的规范运作。

本版是从内容到文字的全面修订，修订工作主要有四方面：

一是根据十八大后反腐败实践和国家监察体制的重大变革新增了一些内容。例如新增了国家监察体制改革的内容，涉及国家监察体制、监察对象、监察事项、监察职责和权力、监察权限与程序等。

二是根据法律制度的变化对内容和引用法条做了修正。从2010年到2020年，国家法律和党内法规都发生了很大变化，有新颁布的法律法规，也有新修正的。本书修订力图与国家法律和党内法规的新变化相适应。

三是案例选配和更新。对于学生、实务工作者和广大读者而言，案例与案例分析是一种很好的学习工具。通过案例分析，人们可以更深地理解某种理论，锻炼思维，提高自己认识和分析问题的能力，也可以指导自己现实生活中的行为选择。本书作者以对应性和典型性为原则，精心选择每章的案例，力求所选案例与本章内容相匹配，并能阐明事实，启发思维。

四是文字的进一步梳理和规范。好的教材要有好的文字。好的文字有诸多标准，其中之一即是文字的准确、清晰和流畅。好的文字背后是作者经长期训练而具有的逻辑性和文字功底。作者力图给学生、实务工作者和广大读者呈上一本从内容到形式、从结构到文字都好的、高质量的教材。

人的认识总是有局限的，实践和理论又总是发展的。同时，相信在监督实践和制度创新的推动下，在更多学者和实务工作者的关注和努力下，中国的监督学研究也会有更长足的发展。以此观之，本书肯定会有诸多不足和需要改进之处，望广大读者在阅读过程中能够及时发现并向我们反馈。

参加本书修订的仍是初版的原班人马，写作分工是：

郎佩娟（中国政法大学教授）：第一章、第九章；

王援朝（国家开放大学教授）：第三章、第四章、第七章、第八章；

胡仙芝（国家行政学院研究员）：第二章、第十一章、第十二章；

蔡乐渭（中国政法大学副教授）：第五章、第六章、第十章。

全书由郎佩娟统稿。

值本书修订再版之际，谨向为本书修订再版付出辛勤劳动的专家学者，向国家开放大学出版社专业人员，向赵文静编辑、许岚编辑，以及设计人员何智杰、印制部门赵连生老师等表示衷心的感谢。

郎佩娟

2020 年 4 月 3 日

# 目录 Contents

- 第一章 监督学概述 ............................................................................................ 1
  - 第一节 权力、腐败与监督 ............................................................................... 1
  - 第二节 监督的功能、分类和基本原则 ............................................................. 8
  - 第三节 监督学 ................................................................................................ 17
- 第二章 监督思想与监督理论 ............................................................................ 23
  - 第一节 监督思想 ............................................................................................ 23
  - 第二节 监督理论 ............................................................................................ 35
- 第三章 中国古代和近代监察制度 .................................................................... 41
  - 第一节 中国古代监察制度 ............................................................................. 41
  - 第二节 中国近代监察制度 ............................................................................. 62
- 第四章 中国当代监察制度 ................................................................................ 71
  - 第一节 从行政监察到国家监察的演进 ........................................................... 71
  - 第二节 国家监察体制和制度 ......................................................................... 74
  - 第三节 香港、澳门特别行政区和台湾地区监察制度 .................................... 90
- 第五章 人民代表大会的监督 ............................................................................ 99
  - 第一节 人民代表大会的监督概述 ................................................................. 99
  - 第二节 人民代表大会监督的范围和内容 .................................................... 107
  - 第三节 人民代表大会监督的方式和程序 .................................................... 112
- 第六章 中国共产党的党内监督 ...................................................................... 124
  - 第一节 党内监督概述 .................................................................................. 124
  - 第二节 党内监督的主要制度 ....................................................................... 131

第三节　党组织的监督 ································································ 136
　　第四节　党的纪律检查机关的监督 ············································ 139
　　第五节　党员的监督 ································································ 147

## 第七章　人民法院的审判监督 ················································ 155
　　第一节　审判监督概述 ···························································· 155
　　第二节　审级监督制度 ···························································· 157
　　第三节　行政诉讼与行政赔偿诉讼制度 ······································ 164

## 第八章　检察机关的法律监督 ·················································· 178
　　第一节　检察机关监督概述 ····················································· 178
　　第二节　侦查监督 ··································································· 183
　　第三节　刑事审判监督 ···························································· 193

## 第九章　行政机关的监督 ························································ 205
　　第一节　行政监督概述 ···························································· 205
　　第二节　层级监督 ··································································· 210
　　第三节　审计监督 ··································································· 216
　　第四节　行政复议 ··································································· 223

## 第十章　人民政协与民主党派的监督 ········································ 232
　　第一节　人民政协的监督 ························································· 232
　　第二节　民主党派的监督 ························································· 240

## 第十一章　社会监督 ······························································ 250
　　第一节　社会监督概述 ···························································· 250
　　第二节　公民监督 ··································································· 255
　　第三节　社团监督 ··································································· 260
　　第四节　舆论监督 ··································································· 262

## 第十二章　国际反腐败与监督制度 ············································ 276
　　第一节　国际反腐败运动 ························································· 276
　　第二节　国外一些国家的反腐败与监督制度 ······························· 284

**参考文献** ············································································· 301

# 第一章 监督学概述

监督学是以对国家公权力的监督为研究对象的一门综合性、应用性社会科学类学科。简言之，监督学是监督国家公权力的学问。鉴于监督与国家公权力之间的密切联系，本章将沿着权力—公权力—权力腐败—权力监督——监督学的思路阐述，力图说明监督学的本质与价值。

## 第一节 权力、腐败与监督

### 一、权力的含义和特征

#### （一）权力

权力是社会中的一种普遍现象，人们虽然看不到它的形象，却会感受和体验到它的存在。

对于什么是权力，古今中外的学者作过多侧面、多层次的分析。例如，托马斯·霍布斯认为，权力是获得未来任何明显利益的当前手段；纳内德·米达认为，权力是一种能力，一个人或者国家拥有了这种能力，就能使另一个人或者国家做或者不做某件事；顿纳斯·H.隆认为，权力是一些人对另一些人造成他所希望和预定影响的能力；马克斯·韦伯认为，权力是一个人或者一些人在某一社会行动中，甚至是在不顾其他参与这种行动的人进行抵抗的情况下实现自己意志的可能性；克特·W.巴克认为，权力是在个人或者集团的双方或者多方之间发生利益冲突或者价值冲突的形势下执行强制性的控制；《不列颠百科全书》把权力定义为：一个人或者许多人的行为使另一个人或者其他许多人的行为发生改变的一种关系。

尽管上述定义只是权力定义的一小部分，但从中也能分析出权力的一些主要特征，这些特征包括权力的强制性、不对称性、价值性、相对性等。权力的强制性是指，权力可以迫使某人做或者不做某事，具有唯意志论的成分；权力的不对称性是指，权力之所以能迫使某人做或者不做某事，根源在于权力行使者与服从者之间权力关系不对等，后者对前者有单方面服从和依赖的义务；权力的价值性是指，权力的行使会获得某种利益或者价值，能给权力行使者带来某种物质利益或者精神满足，因而权力既是工具又是目的；权力的相对性是指，权力存在于人与人的关系中，没有人与人的关系，单独的个人就无所谓权力。

### （二）公权力

权力与公权力（在意义上等同于国家权力）既有联系又有区别。公权力即公共权力，公权力包容了权力的所有主要特征，但并不是所有的权力都能称之为公权力。一般而言，家庭生活中父母对子女的权力、工作单位中上司对下属的权力、甲乙两人中一方对另一方的命令等，都不是公权力。公权力是社会中至高无上的、公认的和法定的权力，它以权力机关为载体，并以其特有的普遍权威性对全社会实施管理或者控制。根据以上界定，可以概括出公权力的下述特征。

1. 公权力是社会中至高无上的权力

恩格斯在《家庭、私有制和国家的起源》一书中曾指出：公权力"从社会中产生但又自居于社会之上，并且日益同社会脱离"，国家与氏族组织相比，"后者是站在社会之中，而前者却不得不企图成为一种处于社会之外和社会之上的东西。"

2. 公权力是社会中公认的权力

所谓公认，基本含义是社会大多数成员认可公权力是社会公共利益的代表者、维护者和分配者，信任公权力的运用，推定公权力的运用合法、有效，并加以尊重。"公认的权力"这一概念主要体现了公权力与社会共识之间的制约关系。

3. 公权力是社会中法定的权力

公权力的产生、运用都有严格的法律规定和法律程序，违反法律规定和法律程序产生并运用的公权力，既会受到法律的明文制约，也会受到社会的强烈抵制，得不到社会的认同与服从。"法定的权力"这一概念主要体现了公权力与法律规范之间的制约关系。

4. 公权力以权力机关为载体

权力机关是行使公权力、从事公权力日常活动、实现公权力职能的组织，是由各种权力机关、权力机构所组成的一个庞大而复杂的整体，例如立法机关、行政机关和司法机关等。

5. 公权力具有普遍性

在汉语中，公共一词略带褒义，但公共权力概念中的公共一词却不含有褒义成分。公共权力是相对于私人权力而言的，这种权力带有普遍性、全局性。每个社会成员都可能在一个固定的范畴内承认一些权力，例如党员承认党组织的权力、教徒承认教会的权力、下属承认上司的权力、学生承认学校的权力、子女承认家长的权力等。但是，没有哪一种权力能像国家权力那样得到人们的普遍认可。可见，一方面，人们可以根据自己的利益或者信念加入不同的组织，自觉自愿地接受该组织的约束；另一方面，人们的政治人格和社会整体需要又使得人们承认和服从公权力。

6. 公权力具有强制性

公权力的作用方式之一是强制推行政令。公权力具有强制性或者权威性，原因在于它是社会中公认的和法定的，并有强大的国家机器作后盾。公权力所推行的政令是权力作用对象所必须遵守的。从世界各国的情况看，随着社会的进步和经济的发展，国家职能的重心逐渐由统治管控过渡到了公共服务，例如教育、社会保险、退休保障、廉价住宅建设、医疗服务、残疾人福利、科技发展、社会稳定、社会治安等。但是，国家的服务职能并不能替代国家的管制职能。在市场经济条件下，国家活动仍然必须具有管制权威，这也是市场经济有序发展的必要条件。

## 二、腐败的含义、特征和产生根源

### （一）腐败的含义和特征

本书所提的腐败是一个政治性概念，是指国家公权力机关和国家公职人员滥用公权力谋取私人利益的各种行为或活动。在我国，国家公权力机关是指执政党机关、人民代表大会及其常务委员会机关、人民政府、监察委员会、人民法院、人民检察院、中国人民政治协商会议各级委员会机关、民主党派机关和工商业联合会机关等；国家公职人员是指《中华人民共和国监察法》第十五条规定的"公职人员和有关人员"。在本书中，"国家公职人员""国家工作人员"是同一概念，两概念在不同语境中交替使用。

腐败行为的表现形式虽然多种多样，但实质都是滥用公权力谋求私人利益，简言之就是以权谋私。这里的"私"包括地方私利、部门私利、小集团私利、公职人员及其亲朋私利、请托人和行贿者私利等；私利的内容可能是金钱、实物、服务等各种物质利益，也可能是名誉、职位、待遇、机会等各种政治、精神利益。腐败是世界各国普遍存在的社会现象，但在我国则呈发展蔓延态势，危害巨大。腐败损害法律权威，侵犯公共利益，败坏社会风气，动摇经济基础，威胁社会稳定，对社会的可持续发展、科学发展、稳定发展、和谐发展等都存在现实的和潜在的巨大威胁。

根据本书对腐败的定义，作为一种公权力异化的社会现象，腐败的特征主要有三：第一，腐败的主体是国家公权力机关和国家公职人员，即掌握公权力的机关和人。第二，腐败的方式是滥用公权力，滥用的基本含义是指胡乱地、无度地使用；滥用公权力即胡乱地、过度地使用公权力，包括作为方式的滥用和不作为方式的滥用。第三，腐败的后果是公权力最终成为摄取私人利益的工具，以权谋私，以致严重损害国家和人民的利益。公权力是人民赋予、人民供养的，其唯一目的就是为人民服务，而腐败是滥用公权力谋取私利，这必然损害国家和人民的利益。

### （二）腐败产生的根源

对于腐败根源的探寻，目前比较流行的理论主要有三种，包括寻租理论、成本—收益理论、委托—代理理论。

1. 寻租理论

寻租理论产生于20世纪60年代，是由美国经济学家安·克鲁格和戈登·塔洛克等首先创立的。该理论针对政府干预市场导致的"寻租"和腐败现象而提出，对解释和控制政府腐败起到了一定作用。

一般经济学把租金定义为超过资源所有者的机会成本的报酬。租金有两种来源，一种是在价格机制中自然产生的，例如地租；另一种是在政府干预下人为产生的，例如政府通过保护一个集团的垄断地位而提高被保护集团的垄断租金。通常把对自然产生的租金的追求称为"寻利"，把对人为产生的租金的追求称为"寻租"。因此，所谓"寻租"是指利用政府垄断、特权和管制，通过各种手段（政治的或经济的、合法的或非法的）获取垄断特权，以阻止资源自由流动，从而取得直接的非生产性利润的活动。在我国经济体制转型期，"寻租"活动主要表现为行贿、受贿、索贿以及权钱交易等腐败行为。寻租理论将腐败生成的原因归结为人的因素（经济人假设）和制度因素。

第一，经济人假设。经济人假设是对"寻租"性腐败进行分析的前提。所谓经济人是指具有利己心的、以追求自身利益最大化为终极价值取向的主体。经济人追求利益的方式主要有二，即生产性"寻利"和非生产性"寻租"。在市场经济条件下，公权力机关既是公权力的持有者，又是社会中的经济人。这种双重身份和双重目标，导致公权力机关在公共利益最大化和自身利益最大化发生冲突时，往往会从自身利益最大化的角度考虑对公共事务的抉择，并以牺牲公共利益的做法来实现自身利益的最大化，将人民赋予的权力作为商品进行交易，为"寻租"人的"寻租"活动提供便利。同时，公权力作为一种资源，其供给缺乏弹性，但又能给权力相对人带来利益，而相对人作为经济人，也要追求自身利益的最大化，期望以较低的成本获得更多的利润。因此，相对人为了追求高额利润也必然会进行"寻租"活动。

第二，制度原因。高度集中的计划经济体制和成熟完善的市场经济体制，都不太容易导致"寻租"行为的出现。这是因为，在高度集中的计划经济体制下，资源的配置和消费资料的分配完全处于国家的控制之下，企业和个人都是被动的，没有独立的经济利益，缺乏"寻利"或"寻租"的内在动机。在成熟完善的市场经济体制下，资源的配置完全由市场机制这只"看不见的手"来调节，通过市场竞争来实现资源的合理配置，市场主体在自由竞争中获得平均利润，因而也缺少"寻租"的动因。但是，在政府和市场都同时影响资源配置时，一方面政府干预资源的配置，另一方面各个市场主体又具有一定的独立性和个体利益，从而造成了"寻租"的产生。我国目前正处于市场经济体制建立与逐渐完善时期，计划经济与市场经济的双轨制并未完全消除，政府与市场的界限常被混淆，"寻租"行为仍大有市场。

上述寻租理论表明，腐败产生的人性假设是经济人假设。经济人为了追求自身利益的最大化，有可能利用制度、法律、政策的各种漏洞，徇私舞弊，巧取豪夺。此外，哪里有租金，哪里就可能有腐败。政府采用垄断、特权和管制方式过多干预经济，等于人为地创设了大量租金，就有可能诱发大量的腐败。遏制"寻租"活动，一是要充分利用市场机制，把政府创设的租金减少到最小限度；二是要建立完善的权力制约机制，从国家公权力机关内部防止"寻租"性腐败的发生。

2. 成本—收益理论

从经济学的视角看，人的任何行为都包含获取收益和付出成本两个方面。人选择还是不选择一种行为，取决于人对该行为成本与收益之间的权衡。如果该行为的收益高于成本，人就会选择这种行为；反之，人就会放弃这种行为。国家工作人员的腐败行为也不例外。国家工作人员在实施腐败行为之前都会进行收益与成本计算。当腐败收益大于腐败成本时，他就会选择腐败。也就是说，只要腐败的收益大于成本，腐败现象就是不可避免的。

腐败的收益是指实行权钱交易或者以权谋私所获得的收益，这些收益具有非法性。腐败的成本是指实施腐败行为所付出的物质成本、精神成本、法律成本和道德成本。腐败的物质成本是指实施腐败活动所投入的人力、物力、财力等，这部分成本所占的比例很小且难以控制，所以在进行腐败成本与收益的对比时，可以将其忽略；腐败的精神成本是指由于担心腐败行为败露而产生的心理、精神压力和道德罪恶感，腐败的精神成本会随腐败行为次数的增多而削减；腐败的法律成本是指实施腐败行为受到法律惩处的概率，腐败分子应当为自己的行为承担法律责任，包括行政责任甚至是刑事责任；腐败的道德成本是指腐败行为在受到国家法律制裁的同时，还必须受到来自社会舆论的否定性评价和道德上的谴责。从我国目前情况看，腐败的成本和收益状况有以下特点。

第一，腐败的高收益。腐败分子的合法收入远低于其腐败收益。从近些年我国查处的腐败案件看，腐败分子所获得的腐败收益越来越高，腐败行为的高收益对腐败分子产生了极大的吸引力。

第二，腐败的法律成本低。（1）我国的监督主体、监督种类虽多，但许多地方都不同程度地存在监督不到位、实效不明显的情形，腐败行为被发现的概率较低。同时，公民行使监督权缺乏有效的制度保障，即使发现腐败行为，想举报的人也会因种种顾虑而打消举报的念头。（2）腐败行为被查处、腐败官员被制裁的概率低，腐败官员中只有少数人受到党纪政纪处分，被追究刑事责任的人更少。（3）腐败官员即使受制裁，也常得不到应有的制裁，如该受刑事处罚的仅受行政处分、该判实刑的只判缓刑、对违法所得收缴不力等。腐败的法律成本低，导致一些公职人员出于冒险和侥幸心理而不惜以身试法。

第三，腐败的道德成本低。由于道德的历史性以及个体道德状况的差异，道德谴责的作用在良心未泯的人和道德败坏的人之间有极大差别。此外，在崇尚礼义廉耻的社会，腐败者必将为其行为背负道德的负累，但在道德衰微的社会，腐败者受到的道德谴责会很小。社会道德水平的提高并非一朝一夕之事，尤其在经济体制转型和社会道德危机时期，唤醒道德观念和社会的正义感，形成良好的道德环境，需要国家、社会和全体公民长期的共同努力。

3. 委托—代理理论

简言之，委托—代理是指公民把他们共同拥有的公权力委托给政府行使。公民是委托人，政府是代理人，委托人和代理人之间是一种契约关系。在这种契约下，委托人将自己的权力委托给代理人的同时，也赋予代理人一定的报酬。如果代理人不折不扣地按照委托人的意志行使公权力，就是廉洁奉公；但如果代理人滥用委托的权力，将其作为一种资源转移给第三方，并从第三方手中获得委托代理契约之外的利益，就会使委托人的利益受损。

委托—代理理论认为，接受委托、实施代理的政府很大程度上是一个抽象物，其真正职能必须通过政府部门及其执行人员来履行。因此，政府官员就成为公权力的终极代理者。实际上，公权力是经过多层委托或者多层代理后才最终委托给具体官员的。因此，公权力委托代理的链条是漫长的。这种漫长的委托代理链条极容易导致委托人与代理人之间委托代理关系的失灵，其原因主要是信息不对称以及委托人监督的机会主义。

第一，信息不对称。在信息对称的条件下，代理人的一举一动都在委托人的掌控之中，如果不按照委托人的意志行事，代理人将失去代理资格或者受到严厉惩罚。因而在信息对称的条件下，委托代理不会失灵。但是，由于收集信息成本加大、个人信息份额减小等原因，在大多数情况下，委托人与代理人之间存在信息不对称，以至出现"官僚对我们的影响越来越大，而我们对他们的了解却越来越少"的信息差距。这种信息差距使政治代理人和政治委托人的关系发生了颠倒，给政治代理人的暗箱操作提供了方便，同时也使政治委托人不能有效地行使对政治代理人的监督权利。在这种情况下，委托代理失灵也就成为一种必然。

第二，委托人监督的机会主义。这种机会主义是指委托人缺乏搜集信息并对代理人进行监督的内在动力，没有对代理人实施监督的积极性。即使信息收集成本为零，委托人也不会进行监督。具体来说，一方面，虽然公权力委托代理失灵给社会造成的损失巨大，但是，平均分摊到每个公民身上的份额比较小；另一方面，每个公民监督公权力的执行要花费相当多的时间、精力和财力，即使他通过监督能够保证代理人按照全体委托人意愿执行公权力，但他本人因此而获得的利益却非常小，这对于一个具有经济人本性的公民来说是得不偿失的。所以，社会中的大多数人对于监督都会采取机会主义行为，寄希望于别人从事监督活动而自己"搭便车"，其结果是无人或者很少有人对代理人的行为进行监督。在这种条件下，委托代理也会失灵。

委托代理失灵的后果主要有二。其一，委托代理失灵使委托人处于被动接受代理人调控的地位，正如美国政治学家罗伯特·达尔所说："一个懂得如何最大限度利用其资源的领导者与其说是他人的代理人，不如说他人是他的代理人。"也就是说，代理人获得了对委托人的垄断权力和任意决定权力。其二，委托代理失灵使委托人对代理人没有必要监督，导致代理人恣意妄为和缺乏责任心，这就必然会导致腐败，其公式是：垄断权力＋任意决定权－责任心＝腐败。一旦代理人发现有利可图，他就会伺机而动，选择腐败。

### 三、监督的含义和特征

#### （一）监督的含义

监督是本书最基本、最关键的概念。监督是指各种监督主体依法对国家公权力机关及其工作人员行使公权力的活动所进行的监察、督察等活动，以及对滥用公权力谋取私利的各种行为的纠正活动。

人民主权原则是现代国家的立国之本。按照人民主权原则，公权力来自人民，被人民所供养，并服务于人民。为了保证源于人民的权力始终为人民服务，为了预防腐败的产生，必须在整个社会范围内建立起对公权力的监督、制约机制。针对公权力的监督有多种形态，既有公权力内部的横向、纵向监督，也有整个社会对公权力的外部监督。国家立法机关、行政机关、司法机关的权力分立与制衡、国家监察机关对法定监察对象的监督、国家机关上级对下级的监督等，都属于公权力内部监督；各种社会组织以及公民个人对公权力的监督，属于社会对公权力的外部监督。

（二）监督的特征

根据以上界定，监督的特征主要有四点。

1. 监督主体的多样性

一个完整、健全的监督体系，意味着各种监督主体并存，且充分发挥各自的监督功能。在我国，执政党各级组织、各级国家立法机关、各级国家监察机关、各级国家行政机关、各级国家审判机关、各级国家检察机关、全国各级政协以及各种社会力量，包括公民、法人和其他组织等都是监督的主体，都有权对公权力实施监督。

2. 监督对象的特定性

监督的对象是国家公权力机关和国家工作人员，原因是这些机关和人员掌握着公权力。公权力在缺乏有效监督的情况下，必然会被滥用，也必然会产生腐败。抑制权力滥用、权力腐败的最可靠途径只能是严格的、全面的、持续的监督，别无他法。需要指出的是，监督主体与监督对象的区分并非绝对的，监督主体有时就是监督对象，反之亦然。例如，上级机关和上级领导既是对下级机关和下级领导实施监督的主体，其本身也要接受其他机关和下级的监督。为了保证监督的有效性，在具体监督案件中，监督主体和监督对象则不能混为一体，特别是不能让监督主体依附或者受制于监督对象。为此，监督主体必须具有能够对抗监督对象的权力、能力和技术。如果监督主体处于监督对象的控制和威权之下，有效的监督就无从谈起。

3. 监督内容的特定性

监督的主要内容是被监督对象行使公权力的各项活动，例如制定法律以及公共政策的活动、执行法律以及作出行政处理行为的活动等。就国家工作人员而言，监督的内容主要是其履行法定义务的行为。对于国家工作人员的法定义务，可以参照公务员法的相关规定加以理解。《中华人民共和国公务员法》第十四条规定了国家公务员的八项义务：忠于宪法，模范遵守、自觉维护宪法和法律，自觉接受中国共产党领导；忠于国家，维护国家的安全、荣誉和利益；忠于人民，全心全意为人民服务，接受人民监督；忠于职守，勤勉尽责，服从和执行上级依法作出的决定和命令，按照规定的权限和程序履行职责，努力提高工作质量和效率；保守国家秘密和工作秘密；带头践行社会主义核心价值观，坚守法治，遵守纪律，恪守职业道德，模范遵守社会公德、家庭美德；清正廉洁，公道正派；法律规定的其他义务。

4.监督依据的法定性

监督是一种法制监督，以法律为基础而不是以监督主体的正义感、道德感为基础。目前，我国的监督依据体系已初步形成，各监督主体的监督活动已基本有法可依。这些依据有宪法和法律层面的，也有执政党党内法规层面的。《中华人民共和国宪法》规定："中华人民共和国公民对于任何国家机关和国家工作人员，有提出批评和建议的权利；对于任何国家机关和国家工作人员的违法失职行为，有向有关国家机关提出申诉、控告或者检举的权利，但是不得捏造或者歪曲事实进行诬告陷害。"改革开放后，我国制定了行政诉讼法、国家赔偿法、行政复议法等法律，这些法律都为有关监督提供了法律依据。2006年8月27日，第十届全国人大常委会第二十三次会议通过了《中华人民共和国各级人民代表大会常务委员会监督法》，规定了各级人民代表大会常务委员会监督的实体规则和程序规则，对权力机关的监督提供了法律保障。2018年3月20日，第十三届全国人大一次会议通过了《中华人民共和国监察法》，这是一部有关监察的宪法性法律，规定了各级监察委员会对所有公职人员进行监察的实体规则和程序规则，为监察委员会调查公职人员职务违法和职务犯罪、开展廉政建设和反腐败工作提供了法律保障。

## 第二节 监督的功能、分类和基本原则

### 一、监督的功能

监督的功能是指监督所具有的、所应发挥的效能或者作用。一般来说，监督主要有四方面的功能。

#### （一）预防功能

监督的预防功能是指监督对于防范腐败、将腐败遏制在将发而未发之时的功能。监督的这一功能对于提前发现和排除公权力运用中可能出现的错误和偏差，保证公共管理秩序和目标的顺利实现有重要意义。

我国党和政府历来重视监督的预防功能，在中华人民共和国成立之初就明确提出了纪检监察工作以思想教育为主、以执行纪律为辅的工作方针。近些年来，通过总结反腐败工作得失，党和政府更加注重监督预防功能的发挥。2003年12月10日，我国签署了《联合国反腐败公约》。该公约第五条规定了预防性反腐败政策和做法：各缔约国均应当根据本国法律制度的基本原则，制定和执行或者坚持有效而协调的反腐败政策，这些政策应当促进社会参与，并体现法治、妥善管理公共事务和公共财产、廉正、透明度和问责制的原则；各缔约国

均应当努力制定和促进各种预防腐败的有效做法；各缔约国均应当努力定期评估有关法律文书和行政措施，以确定其能否有效预防和打击腐败。《联合国反腐败公约》的签署标志着我国预防和打击腐败工作已融入国际社会预防与反腐败潮流。

### （二）校正功能

校正功能又称纠偏功能，是指监督对于及时制止、及时纠正已经出现的违法违纪行为，使其终止而不再继续的功能。监督的这一功能对于避免公权力运用的更大失误和更严重后果具有重要意义，对于任何管理系统来说都是必要的。

监督校正所针对的情形是多种多样的，既包括终止违法的规范性文件和公共政策的执行，也包括终止国家机关违法的和不当的具体管理行为，例如违法的行政许可行为、行政处罚行为、行政强制行为等。此外，监督机关终止、纠正已经出现的违法违纪行为可以采取多种方式，包括对违法的规范性文件宣布撤销、废止，对违法的具体管理行为宣布无效、撤销、变更、废止等。

### （三）制约功能

制约功能是指监督对于国家公权力机关和国家工作人员的活动或者行为的控制、约制功能。从这点看，监督是法治国家、有限政府的应有之意。法治国家和有限政府的意思是：国家及代表国家的公权力机关和工作人员必须被法所制，必须在法律的框架内活动，必须与普通公民一样履行守法的义务。当某一国家公权力机关以及公职人员的职能、机构、活动等超越法律的界限时，必须受到来自法律的明文制约，受到来自其他独立权力机关的制约，受到来自整个社会的制约，这种制约的实质就是监督。通过监督，国家公权力机关及其工作人员合法行政、合理行政，并且在出现违法、违纪行为时承担法律责任，受到法律制裁，例如承担国家赔偿（行政赔偿、刑事赔偿）责任、成为行政复议的被申请人和行政诉讼的被告、接受行政处分和刑事处罚等。有了这种制约，国家公权力机关及其工作人员在实施管理活动或者作出某种行为时就会更加谨慎和规范，这无论是对于公民、法人和其他组织合法权益的保护，还是对于提高社会管理水平都是极有价值的。

### （四）救济功能

救济功能是指当国家公权力机关和国家工作人员违法行使职权，侵犯公民、法人和其他组织的合法权益并造成某种消极后果时，监督可以对这种消极后果予以补救，使受害人的权利得到救济。这种消极后果可能是侵权，也可能是侵权加损害。例如，从监督学的角度看，行政诉讼就是一种以救济为主要功能的行政监督形式。在行政诉讼中，既有公民、法人和其他组织对行政行为的监督，又有人民法院对行政行为的司法审查。通过行政诉讼，人民法院根据原告的诉求，判决撤销违法和明显不当的行政行为，判决被告在一定期限内履行法定职责等，这种判决一方面纠正了行政机关的违法侵权行为，同时也使公民、法人和其他组织的合法权益得以恢复。再如，从监督学的角度看，国家赔偿也是一种以救济为主要功能的监督形式。与其他救济手段不同的是，国家赔偿不仅能制止侵害，而且能对侵害造成的损害予以赔付。可见，赔付作用是国家赔偿制度的主要作用，也是国家赔偿制度追求的最大目的。

从人权保护的历史潮流看，充分体现救济功能是完善我国监督制度的重中之重。这意味着，监督不仅要预防、校正和制约国家公权力机关和国家工作人员的违法活动，而且要对这种违法活动的消极后果予以补救。如果没有这一功能，或者这一功能不能充分发挥，则监督过程和监督功能就是不全面、不完整的。对于公民、法人和其他组织而言，如果其受侵害、受损害的合法权益得不到恢复或者赔付，久而久之就会对监督制度、政治制度乃至整个社会产生不满。因此，为了保证社会的长治久安和可持续发展，我国应当进一步完善监督的救济机制，使国家公权力活动受害人的合法权益能够得到迅速、全面的恢复。

## 二、监督的分类

根据不同标准，监督可以分为不同种类。目前，学界共识较多、研究较为成熟的分类有两种：一种是以监督主体为标准的分类，另一种是以监督过程为标准的分类。

### （一）以监督主体为标准的分类

主体是指享有并运用某种权力（权利），能够以自己的名义从事某种活动，并能对这种活动的效果承担责任的组织或者个人。在社会中，监督主体是由多种政治力量和社会力量构成的。在我国，主要的监督主体包括人民代表大会、中国共产党、监察委员会、检察机关、人民法院、行政机关、人民政协和民主党派、社会组织和公民个人等。与这些主体相适应，监督分为人民代表大会的监督、中国共产党的监督、监察委员会的监督、检察机关的监督、人民法院的监督、行政机关的监督、人民政协和民主党派的监督、社会组织和公民的监督等。

1. 人民代表大会的监督

人民代表大会的监督又称权力机关的监督，是指各级人民代表大会对其常务委员会，各级人民代表大会常务委员会对本级人民政府、监察委员会、人民法院和人民检察院的工作所实施的监督。

按照我国宪法的规定，全国人民代表大会监督宪法的实施，有权改变或者撤销全国人民代表大会常务委员会不适当的决定，有权罢免全国人民代表大会常务委员会组成人员，有权罢免国家主席和副主席、国务院总理和副总理、国务委员、各部部长、各委员会主任、审计长、秘书长等人员。按照我国监督法的规定，各级人民代表大会常务委员会监督本级人民政府、人民法院和人民检察院的工作。监督方式包括：听取和审议人民政府、人民法院和人民检察院的专项工作报告；审查和批准决算；听取和审议国民经济和社会发展计划、预算的执行情况报告；听取和审议审计工作报告；法律法规实施情况的检查；规范性文件的备案审查；询问和质询；特定问题调查以及撤职案的审议和决定等。人民代表大会制度是我国的根本政治制度，因而人民代表大会的监督在我国监督体系中占有重要地位。按照我国监察法的规定，国家监察委员会对全国人民代表大会及其常务委员会负责，并接受其监督；地方各级监察委员会对本级人民代表大会及其常务委员会和上一级监察委员会负责，并接受其监督。

2. 中国共产党的监督

在我国，中国共产党是执政党。作为监督主体，中国共产党有对党内和党外实施政治、思想和组织监督的职能。党内监督是指中国共产党通过其组织系统和专门的纪律检查机关，按照党章和党内其他有关监督的规定，对各级党组织和党员所进行的监督活动；党外监督是指中国共产党根据宪法和有关法律的规定，对国家政治、经济、文化、社会等各个方面实施的综合监督。本书所研究的监督主要是中国共产党的党内监督。

近年来，根据国内国际形势，中共中央、中共中央纪律检查委员会、中共中央组织部等部委制定和颁布了一系列党内法规，旨在全面从严治党、规范和强化党内监督、提高党的执政能力和执政水平，其中比较重要的有《党政领导干部选拔任用工作条例》《关于新形势下党内政治生活的若干准则》《中国共产党党员领导干部廉洁从政若干准则》《中国共产党党内监督条例》《中国共产党巡视工作条例》《中国共产党纪律处分条例》《中国共产党问责条例》等。由于我国公权力机关、国有企事业单位的行政首长大多是中国共产党党员，所以中国共产党的党内监督具有很强的辐射功能。

3. 监察委员会的监督

在我国，监察委员会是行使国家监察职能的专责机关。监察委员会的监督是指各级监察委员会依照监察法对所有行使公权力的公职人员所进行的监督。随着国家监察体制改革的深化，我国的职务犯罪调查发生了较大变化，原本属于检察机关的职务犯罪侦查职能和权力转变为监察机关的职务违法、职务犯罪调查职能和权力。《中华人民共和国监察法》第十一条的规定，"监察委员会依照本法和有关法律规定履行监督、调查、处置职责：（一）对公职人员开展廉政教育，对其依法履职、秉公用权、廉洁从政从业以及道德操守情况进行监督检查；（二）对涉嫌贪污贿赂、滥用职权、玩忽职守、权力寻租、利益输送、徇私舞弊以及浪费国家资财等职务违法和职务犯罪进行调查；（三）对违法的公职人员依法作出政务处分决定；对履行职责不力、失职失责的领导人员进行问责；对涉嫌职务犯罪的，将调查结果移送人民检察院依法审查、提起公诉；向监察对象所在单位提出监察建议。"

4. 检察机关的监督

在我国，检察机关是宪法规定的国家的法律监督机关。检察机关的监督是指各级人民检察院运用检察权对国家公权力机关、国家工作人员、社会团体和个人遵守和执行国家法律的情况所进行的监督。按照法律规定，检察机关对涉嫌职务犯罪的国家工作人员提起公诉；对于公安机关的侦查活动是否合法实行监督；对于人民法院的审判活动是否合法实行监督；对于刑事案件判决、裁定的执行，对监狱、看守所、劳动改造机关的活动是否合法实行监督。

人民检察院依法保障公民对于违法的国家工作人员提出控告的权利，追究侵犯公民的人身权利、民主权利和其他权利的人的法律责任。

5. 人民法院的监督

人民法院的监督又称审判监督，是指各级人民法院通过审理行政案件和国家工作人员的职务犯罪案件，对国家行政机关和国家工作人员所进行的法律监督。行政诉讼与民事诉讼、刑事诉讼并称为三大诉讼制度。从中华人民共和国成立到改革开放，我国未能建立起行政诉讼制度，大量行政纠纷无法通过法律途径解决。1979年后，行政诉讼制度随着改革开放和民主政治的发展而逐步建立起来。从1980年颁布《中华人民共和国中外合资经营企业所得税法（草案）》（目前已失效）到1989年3月底，已有130多部法律和行政法规对行政诉讼作出了规定，而行政诉讼的程序准用民事诉讼程序，初步确立了行政诉讼制度。1989年4月4日颁布、1990年10月1日施行的《中华人民共和国行政诉讼法》，最终以法典的形式确立了行政诉讼制度，标志着我国行政诉讼制度走上了独立发展的道路，行政诉讼制度进入一个新的、迅速发展的时期。我国行政诉讼制度的建立是一种巨大的历史进步，对人权保护和监督行政都具有重要意义。

6. 行政机关的监督

行政机关的监督简称行政监督，有广义和狭义两种理解。广义的行政监督是指行政系统内外各种监督主体对国家行政机关及其行政公务人员的行政行为所作的监察或者督察；狭义的行政监督专指行政系统内部各监督主体对行政机关及其行政公务人员的行政行为所作的监察或者督察。本书研究的是狭义的行政监督，其组织基础是行政组织以及金字塔式的行政组织结构，因而层级监督构成了行政监督中最经常、最主要、最有力的监督形式，包括上级政府监督、主管部门监督、本级政府监督等。

7. 人民政协和民主党派的监督

人民政协和民主党派的监督是指人民政协和民主党派对国家宪法、法律和法规的实施，重大方针政策的贯彻执行，国家机关及其工作人员的工作所进行的监督。监督方式主要是提出意见、批评和建议等。

人民政协由中国共产党、各民主党派、无党派民主人士、人民团体、各少数民族和各界代表、香港特别行政区人士、澳门特别行政区人士、台湾同胞和归国侨胞的代表以及特别邀请的人士组成，是中国共产党领导的多党合作和政治协商的重要机构，也是我国独具特色的政治制度。人民政协的职能主要有三项，即政治协商、民主监督和参政议政。民主监督的主要方式是政协全体会议和政协常委会会议，这些会议的内容大多与民主监督有关，例如协商讨论国家大政方针以及社会生活中的重大问题，提出建议和批评；听取中共中央、国务院以及有关部门的负责人对有关重要问题的报告或者说明，提出建议和意见；审议重要的建议案、提案、视察报告、调查报告、出访报告和其他报告等。

我国的政党制度是中国共产党领导的多党合作和政治协商制度。中国共产党同各民主党派是一种"长期共存、互相监督、肝胆相照、荣辱与共"的关系。中国共产党处于执政地位，更需要来自民主党派的监督，以加强和改善中国共产党的领导，健全社会主义监督体系。民主党派监督的内容包括：国家宪法和法律法规的实施情况；中国共产党和政府重要方针政策的制定和贯彻执行情况；中国共产党各级党委的工作和党员干部履行职责、为政清廉等方面的情况等。在我国，各民主党派都通过自己的党章将参政议政、民主监督确定为本党的基本职能。例如，《中国国民党革命委员会章程》在"总纲"中提出："本党的基本职能是参政议政、民主监督，参加中国共产党领导的政治协商。……本党重视加强参政能力建设，不断建立和健全参政议政工作机制，强化参政议政重点领域。动员和鼓励全体党员与所联系人士发挥主动性、积极性和创造性，在各自岗位上努力工作，作出成绩，同时积极参与各级组织的参政议政、民主监督，参加各级中国共产党组织领导的政治协商工作，以发挥整体优势，形成合力。本党代表与反映党员及所联系群众的具体利益和要求，积极协调关系，维护社会稳定，促进公平正义和社会和谐。"

8.社会组织和公民的监督（社会监督）

社会组织的监督是指各种社会组织（工青妇组织、非政府组织、专业协会、商业协会、社会运动团体、社区组织、慈善机构等）、企事业单位、新闻媒体等对国家公权力机关和国家工作人员的职权活动所进行的监督。公民监督是指公民行使法律赋予的监督权利，对国家公权力机关和国家工作人员的职权活动所进行的监督。改革开放40多年来，我国一直致力于转变国家职能，尊重公民理性，鼓励政治参与，调整政社关系。上述努力现已初见成效，公众的监督对国家公权力机关的活动和国家工作人员的观念和工作作风都产生了重大影响：第一，社会组织和公民参与意识的提高催生了国家工作人员的民主意识，使其在制定公共政策时必须充分尊重、仔细权衡社会各方利益，而不能刚愎恣意；第二，社会组织和公民维权意识的提高催生了国家工作人员的人权意识，使其在作出职权行为时不得不更多地考虑该行为的正当性与合理性；第三，社会组织和公民议论政治、监督政治能力的提高以及互联网技术的广泛应用，催生了国家工作人员的民意意识，任何违法的、不当的职权行为都有可能被迅速曝光，这种情形使得国家工作人员对民意心存敬畏，这种敬畏转而又促使国家工作人员更加积极、谨慎、负责地履职；第四，社会组织的社会作用日益显露，社会组织的自发、自愿、自治、奉献精神以及积极参与社会公益事业的实际行动，不仅改进了国家与社会的关系，也使国家工作人员对权力以及权力来源等问题有了更深层次的思考。

### （二）以监督过程为标准的分类

与监督过程相对应，监督分为事前监督、事中监督和事后监督。当然，这种分类只是监督理论为了帮助人们认识不同阶段、不同内容的监督而作出的一种理论分类。在监督实践中，三种监督可能是交叉的、相互的，而不是截然对立的。

1.事前监督

事前监督是指监督主体对监督对象拟进行的活动进行预先审查，目的是预防腐败的发生，防范可能出现的违法行为和不当行为。根据审查的情况，监督主体可以准予或者不准予监督对象进行相应活动。例如，人大常委会审查预算、国民经济和社会发展计划、规范性文件；人民法院审理非诉讼行政案件，审查行政机关提出的行政强制执行申请；人民政协审议建议案、提案等。从更宽泛的角度看，行政机关之间的合理分工、上下级行政机关之间的请示批复等，也能对行政行为起到事前监督的作用。

事前监督对应的监督功能是"预防功能"。事前监督的特点主要有二：一是积极主动，以预防为主，有利于"防患于未然"，将国家公权力机关可能出现的管理风险和违法行为减至最小；二是成本小而收益大，与其在出现问题后治理，不如在未出现问题时防范，而防范的成本通常低于治理成本。因此，事前监督应该成为我国监督机制建设的重中之重。

2. 事中监督

事中监督是指监督主体对监督对象在得到法律授权或者某种准予之后的活动所作的监督和管理，以确保监督对象在法律规定的范围内活动。例如，人大常委会对特定问题的调查，撤销本级政府的不适当的决定和命令，询问和质询；人大代表进行执法检查；县级以上地方各级政府改变或者撤销所属各工作部门的不适当的命令、指示和下级政府的不适当的决定、命令等。与事前监督和事后监督相比，事中监督是一种最经常的、最繁重的监督活动。

事中监督对应的监督功能是"校正功能"。事中监督的特点是同步监督，即监督活动与监督对象的活动处于同步状态，可以及时发现并纠正监督对象活动中存在的问题，将问题解决、控制在萌芽状态而不致发展蔓延。例如，官员财产申报制就是一种典型的事中监督，一些国家公务员具有法定的财产申报义务，必须依照法定期限和方式向有关机关如实申报自己的财产及财产变化情况，并接受有关机关以及社会的监督。这种监督与公职人员的财产状况及变化相伴，能够及时发现公职人员的违法违纪行为，并通过监督途径予以及时的纠正，从而达到监督的目的。

3. 事后监督

事后监督是指在监督对象完成某项活动或者出现违法违纪行为之后，对该活动进行检查、调查、核实和鉴定，对该行为进行查处、惩戒，以纠正失误，惩戒违法。事后监督是对权力运用的阶段性监督，也是对违法违纪行为所造成的消极后果的补救性监督，既有校正和制约功能，也有惩戒、教育和警示功能。例如，人大常委会听取和审议政府、法院、检察院的专项工作报告，听取和审议国民经济和社会发展计划执行情况报告，听取和审议审计工作报告；行政机关对违纪公务员实施警告、撤职直至开除的行政处分；人民法院对行政行为进行司法审查，撤销违法的行政行为等。

由于多种原因，即使有比较完备的监督制度，也不可能完全杜绝腐败以及国家公权力运用中的违法行为和不当。事实上，腐败行为和公权力滥用行为有许多都是通过事后监督发现的。因此，尽管事后监督处于监督过程的末端，很大程度上是一种"亡羊补牢"之举，但并非可有可无，其惩戒作用、警示作用和救济作用更是其他监督所不具有的。

### 三、监督的基本原则

监督的基本原则是监督学的基本理论问题之一。与各种具体监督规则有所不同的是,监督的基本原则是贯彻在各种具体监督规则中的普遍的、更高层次的监督规则,对各种具体监督规则起基础性、支撑性作用。因此,监督的基本原则对监督主体实施的所有监督活动具有指导和约束作用,即使在监督缺乏具体监督规则时,监督的基本原则也可以为监督主体提供适当的行为准则。监督的基本原则包括如下内容。

#### (一) 依法监督原则

依法监督原则是指监督主体的监督活动必须依据法律,符合法律,不与法律相抵触。这里的法是广义的法,既包括法律、法规、规章,也包括执政党的党内法规。此外,在没有法律、法规、规章时,监督主体的监督活动应当有规范性文件作为依据。

依法监督的基本条件是监督法律制度的健全与严格执行,监督有法可依、有法必依。也就是说,监督主体的监督权力(利)、监督权限、监督内容、监督程序、监督方法、法律责任等必须有法律的明确规定,且监督法律制度一旦制定,就要严格执行。目前,我国监督法律制度在健全与执行方面都存在一些问题,以至对监督效果产生了较大影响。例如,我国宪法虽然明确规定了公民享有对国家机关及其工作人员进行批评、建议的权利,但具体制度的缺失造成实践中公民的批评、建议权得不到保证,不仅不利于社会多元监督机制的建立,也挫伤了人民群众行使监督权的积极性。

#### (二) 公开监督原则

公开监督原则是指监督主体实施的监督活动(审查、检查、评判、批评、制裁等)应当通过一定方式和程序让社会知晓,防止"暗箱操作"和"内部处理"。这既是对监督主体监督活动的支持,也是对监督活动本身的监督。从联系的角度看,公开监督还具有教育意义,有利于预防腐败,对腐败分子和腐败行为起到震慑作用。

公开监督的具体要求包括:监督主体应当向社会公示办公地点、本部门的职权职责、监督方法、监督程序;公布有关监督的法律、法规、规章、基本政策的说明和普遍适用的解释;依法将监督活动的信息以文字、图表等形式在适宜的媒体上公开刊登;依法将有关监督事项通知监督对象(如审计机关依法向被审计单位送达审计通知书);在作出行政处分决定之前,应当告知公务员调查认定的事实和拟给予处分的依据;应当允许各新闻媒体在遵守法律的前提下,以各自的视角报道、评说各项监督活动,特别是重大监督活动;应当允许公民、法人和其他组织依法查阅、复制与自己权益相关的信息资料等。2007年,我国发布了《中华人民共和国政府信息公开条例》,"公开行政""阳光下的政府"等观念逐步深入人心,同时也为公开监督提供了法律保障。

### (三) 公正监督原则

公正监督原则是指监督主体运用监督权力时，必须以事实为依据、以法律为准绳，必须公平、公正、平等、无偏私地对待监督对象各方，不论监督对象的官职大小、地位高低都一视同仁，排除各种可能造成不平等或者偏见的因素。公正监督对整个监督机制的有效运转和监督的效果关系重大。如果不是公正监督，而是奉行封建社会那种"刑不上大夫"的特权政治，监督的权威性就会大打折扣。公正监督不是态度问题，而是制度建设问题。只有建立起科学、合理、完善的监督制度，才能使监督主体的监督活动不受干扰、不徇私情、铁面无私。

公正监督的具体要求包括：监督主体的一切监督权力都要无偏私地公平行使，即凡被法律视为相同的人，都应当以法律所确定的方式来对待；任何监督者都不能在"自己的案件"中有直接的个人利益，即监督者不能与自己办理的案件有金钱利害关系或者亲缘利害关系；任何人的辩护都必须被公平地听取。在司法上，任何人不能未被审问就受惩处，法官必须在听取双方的意见后才能作出判决，这个原则同样适用于监督。监督主体在作出影响监督对象权利和义务的决定前，必须听取监督对象的意见，监督对象有在适当时间以前得到通知的权利，有了解监督主体论点和论据的权利，也有为自己辩护的权利。只有公平监督，才能树立起监督的权威。

### (四) 全面监督原则

全面监督原则是指监督的覆盖面要全，不能出现"漏监"现象。这种全面既包括对人的，也包括对事的。一方面，国家公权力机关和国家工作人员都要接受监督，都是监督的对象；另一方面，国家公权力机关的所有活动（尤其是重要活动）也都要接受监督，也都是监督的对象。例如，国家公权力机关的立法、决策、执行、管理、处理、司法等活动是监督的内容，其他如公务会议、公务考察、公务培训、公务消费（公务用车、公务接待、公务补贴等）也是监督的内容。全面监督犹如编织了一张反腐败之网，使腐败行为无所逃遁，这对于规范公权力运用和建立法治国家是极为必要的。

### (五) 全程监督原则

全程监督原则是指监督应当贯穿、伴随于国家管理活动的整个过程，监督是实时的而不是时断时续、时有时无的。国家公权力机关的任何活动都要经历一个从开始到结束的过程，与这一过程相伴随，监督须臾不可中断。全程监督包括事前监督、事中监督和事后监督。从以往监督实践看，我国的监督比较偏向事后监督，刮"问责风暴""集中整治"，而事前监督和事中监督相对薄弱，有比较明显的"重末端"倾向。这种倾向造成监督过程的脱节，影响了监督效果，并且容易形成腐败积弊，为日后解决问题造成极大困难。更为严重的是，由于监督不及时而导致的腐败积弊，极易引发社会安全事件，威胁社会的稳定和可持续发展。监督"重末端"的倾向应引起我国各级监督主体的高度重视，并将监督的端口前移到事前和事中，将腐败问题及早解决在将发、初发之时而不致发展蔓延。

## 第三节 监督学

### 一、监督学的研究对象及其特点

任何学科都有自己独特的研究对象，这是学科与学科的区分点，也是学科产生、存在、发展并显示自身价值之本，监督学也不例外。监督学是以对国家公权力的监督为研究对象的一门综合性、应用性的社会科学学科。从内容上看，监督学研究国家公权力监督的基本理论和重要制度，揭示监督工作的一般规律，提供监督的基本方法。监督学学科的目的是指导监督实践，并在全社会建立起对公权力的监督屏障。从上述界定可以分析出监督学的四个特点。

1. 监督学的研究对象是国家公权力监督

在社会生活中，权力是普遍的，因而监督也是普遍的。但是，监督学研究的监督是对国家公权力的监督。由于国家公权力凌驾于社会之上并对社会实施全方位管理，国家公权力的运用会极大地影响公民、法人和其他组织的权利和义务。国家公权力的腐败又会对社会公共利益造成极大损害，因而对国家公权力监督的必要性远远超过对社会其他权力监督的必要性。

2. 监督学属于交叉学科，带有较强的综合性

从研究对象看，监督学与政治学的研究对象有交叉；从研究内容看，监督学与政治学、行政学、法学、社会学、经济学等学科的研究内容有交叉。

3. 监督学有比较强的应用性，偏重应用学科

一方面，理论研究的状况是判断学科研究所达到的高度和成熟度的尺度之一，因而监督学必须研究古今中外各种监督思想和理论；另一方面，理论研究并非排斥实践，而是以一定实践为基础的，因而监督学必须关注监督实践，并最终用于服务和指导监督实践。理论研究与实践研究相比较，监督学更偏重于服务监督实践和指导监督实践，因而带有较强的应用性。

4. 监督学的研究内容是宏观与微观的结合

监督学既要研究监督的基本理论和重要制度，研究监督工作的一般规律，也要研究监督的基本方法和具体技术，并提供典型案例进行个案分析。这种宏观与微观相结合的研究，使监督学既能达到一定的理论高度和认识深度，又不致抽象空洞，使人难以理解和应用。

### 二、监督学与相关学科的关系

如前所述，监督学是交叉学科，带有较强的综合性，与政治学、行政学、法学、社会学

等学科都有一定程度的交叉，这种交叉说明：一方面，任何学科的发展都要以其他相关学科的发展为基础，都要在与其他相关学科的联系和相互作用中寻求发展；另一方面，对某个学科知识的理解和掌握，需要以对其他相关学科知识的理解和掌握为基础，没有这一基础，对知识的理解和掌握就是不系统、不扎实的。监督学与政治学、行政学、法学、社会学等学科都有密切联系。

### （一）监督学与政治学的关系

政治学以公权力为研究对象，是研究公权力的获取、组织、运作等问题的科学。政治学的研究内容涉及政治权力、政治主体（政治机关、政治组织、政治领袖等）、政治过程（决策、执行、监督等）、政治参与、政治冲突、政治文化、政治发展、国际政治、政治思想、政治制度、政治方法等。

监督学与政治学的联系和区别主要有二。一是在研究对象上有交叉。监督学和政治学都研究公共权力，不同的是，监督学对国家公权力的研究是一种侧重研究，政治学对国家公权力的研究则是一种全面研究。二是在研究内容上有交叉。由于监督学专门研究对国家公权力的监督，因而这种研究是深入的、全面的。政治学研究政治权力的分立与制衡、公民的政治参与、利益团体与国家公权力机关之间的相互作用等，这些研究或多或少都涉及了对国家公权力的监督。但是，与监督学的研究相比，政治学对监督的研究是分散的、一般性的，其研究的系统性、实践性、范围、深度等都有一定局限。当然，由于监督学与政治学的上述联系，因而监督学也可以被认为是从政治学中分离出来而走上独立发展的一个新学科。

### （二）监督学与行政学的关系

行政学又被称为"行政管理学""公共行政学"。行政学以行政机关（政府）及其活动为研究对象，是研究国家行政机关有效推行政务、管理事务的规律的科学。行政学的研究内容涉及行政环境、行政职能、行政体制、行政组织、行政人事、行政首脑、行政过程（信息、决策、执行、协调）、行政方法、行政法治、行政道德、行政监督、行政效率、行政改革等。

监督学与行政学的联系和区别主要有二。一是在研究对象上有交叉。监督学的研究对象是国家公权力监督，行政学的研究对象是国家行政机关及其活动，而行政机关是国家公权力机关的重要构成部分。二是在研究内容上有部分重合。监督学全面、系统、深入地研究监督，既研究"行政机关的监督"、其他政治力量和社会力量对行政的监督，也研究人民代表大会的监督、司法机关的监督、中国共产党的党内监督等，而行政学仅研究行政系统的内外监督，这种研究只是监督学全部研究的一小部分。但是，在两学科研究内容的重合点上，监督学和行政学的研究是可以相互借鉴、相互促进的。

### （三）监督学与法学的关系

法是调整、规制社会主体行为的规范。在我国，法主要是指成文法，这种法由特定国家机关制定和颁布,并以国家强制力为实施保障。法具有国家意志性和强制性,是国家机器的重要组成部分,也是国家管理的工具。法学以各种法律现象为研究对象,是以特定概念和原理研究法律现象、探索法律问题答案的知识体系。法学的研究内容涉及理论法学、应用法学、历史法学、综合法学等。

尽管监督学与法学有着不同的研究对象,但法学研究能够为监督学研究提供法理支持和具体法律制度的支持。在监督实践中,任何一种监督都必须基于一定的法理,并遵守一定的法律制度。由此可见,监督是一种在法律制度框架内的监督,是一种法制监督,必须遵守监督的一般规则,否则不仅达不到监督目的,还会陷监督于无序和混乱。因此,监督学在研究各种监督制度时,要特别注重研究监督的法律制度,包括法律制度的既有内容和调整变化,以使监督实践不脱离法制的轨道。

### (四)监督学与社会学的关系

社会是以共同物质条件为基础并按一定行为规范相互联系起来的人群。社会学以人类社会为研究对象,简言之就是研究人类社会的科学或者学问。社会学的研究内容涉及社会组织、社会角色、社会结构、社会关系、社会行为、社会制度、社会生活方式、社会过程、社会变迁、社会问题等。监督学与社会学的联系主要有二。

第一,监督学研究对国家公权力的监督,无论是国家公权力还是对这种权力的监督,从本质上看都只是人类社会才有的社会现象,都不能脱离一定的社会历史和社会背景而孤立存在。一方面,社会学对社会结构、社会关系、社会行为的研究,有助于监督学研究的深入,使人们能清晰地认识各种腐败现象和违法违纪活动的复杂的社会原因;另一方面,社会学也有助于监督方法的选择和改进,因为,任何监督方法的使用都必须考虑一定时间、一定地点和一定条件下的社会实际,否则就会因缺乏针对性而无法解决问题。

第二,监督学与社会学的有些研究内容在本质上是相通的,只是由于学科观察角度的不同而显露出形式上的不同。例如,社会学研究社会问题、社会生活方式,但是,将监督放在整个社会关系中进行观察可以看出,腐败就是一种社会问题,同时也是腐败分子选择的一种生活方式;社会学研究社会组织和社会结构,而监督的实质就是各种社会组织和社会结构之间的互动;社会学研究社会发展和社会过程,而监督和遏制腐败就要经历一个社会过程,在这一过程中,需要各个社会组织和社会角色的共同参与,因此,监督是一个复杂的社会系统工程;社会学研究社会制度,而监督的政治、法律制度从本质上看都是一种社会制度。所有这些都反映了监督学与社会学在研究内容上的相通之处。

## 三、我国监督学的研究现状

从现有研究资料看,我国监督学研究开始于20世纪80年代中后期。据《中国监督学大辞典》记载,我国第一部冠以"监督学"名称的著作是1990年中国财政经济出版社出版的《监督学概论》。此后，关于社会主义监督学和监督机制的研究逐步加强，学术成果也日渐增多。近年来，随着社会的发展和国家政治、行政、经济体制改革的进一步深入，监督学研究（特别是监督制度研究）受到越来越多的重视，初步形成了监督学的概念体系和结构框架。

但是，从总体看，监督学目前在我国仍属新兴学科。与其他较成熟的社会科学学科相比，监督学的起步较晚，研究成果不丰硕，研究的进度、内容、高度与深度、规范性等也有较大欠缺。首先，研究进度相对滞后，即监督学的研究相对滞后于监督制度建设和监督实践发展，难以为制度建设和实践发展提供有力的指导。其次，研究内容不够平衡，对行政监督的研究比较充分，对其他监督的研究比较薄弱。最后，对监督基本原理、基本规律的研究远未形成体系化、规范化程度，学界达成的共识也比较少。上述问题表明，如果将监督学作为一门学科或者科学来看，监督学离规范和成熟还有相当长的距离。

中华人民共和国成立70多年来，中国共产党领导中国人民不断探索如何建设中国特色社会主义，其中就包括对监督理论和方法的不断探索。这种探索不仅积累了丰富的监督实践经验，同时也为监督制度的创新和发展打下了坚实基础。从社会发展的一般规律看，经济基础和上层建筑之间是相互作用的。经过改革开放40多年的发展，我国的经济实力已经有了较大幅度的提升，在经济快速发展的同时，政治制度（特别是对公权力的监督制度）的建设就显得格外必要。而一旦政治制度建设滞后，则不仅影响经济和社会的可持续发展，而且已取得的经济成就也将难以保持。综上所述，监督实践经验的积累为监督学提供了较扎实的实践基础，政治制度建设的现实需求又为监督学提供了发展的动力。在这双重条件的作用下，我国的监督学必将快速发展并更好地服务于公权力监督和反腐败实践，在建设富强、民主、文明的社会主义国家中体现监督学的独特价值和功能。

## 案 例

### 腐败是人类社会的"沉疴毒瘤"

腐败是一个世界性现象，各国都不同程度地存在腐败，这可以从透明国际的数据统计得到证明。透明国际成立于1993年，是致力于反腐败的非政府国际组织，总部设在柏林。目前，这个组织已在全球100多个国家建立了分会。2008年10月，中国加入了这个组织，成为透明国际的会员。1995年，透明国际开始发布全球腐败状况年度报告，将世界各国按照清廉指数从高到低进行排名。清廉指数满分为10分，最低分为0分。

2012年，清廉指数测评开始采用新的计算方法，即简单平均法，将原来的10分制改为100分制。2012年，在其调查的176个国家（地区）中，排名并列第1的是丹麦、芬兰、新西兰，清廉指数为90；紧随其后的是瑞典、新加坡、瑞士，清廉指数分别为

88、87、86；中国香港地区排名第 14，清廉指数为 77；排名末位的是索马里、朝鲜、阿富汗，清廉指数均为 8。透明国际 2012 年清廉指数排行榜发布后，俄罗斯总统普京签署了一系列旨在控制政府官员个人消费的法案。根据新法规，如果官员购买土地、房产、汽车、证券、股票等资产的钱款额超过了购买者和配偶前 3 年的总收入，将会受到消费控制。官员不但要申报自己的消费额，还要申报配偶及未成年子女的消费额。官员需要证明自己所购任何资产的资金来源合法，如果做不到这一点，官员就会被撤职，资产被充公。新法规于 2013 年 1 月 1 日生效，适用范围包括国会议员、参议员、政府部长、地方和市政官员、警察局长、审判长、检察官等。

从透明国际清廉指数排行榜看，在世界范围内，我国属于腐败程度中等（有些年份偏重）国家。下表是中国大陆近 10 年清廉指数排名情况：

表 1-1　中国大陆近 10 年清廉指数排名

| 年度 | 清廉指数得分 | 排名 | 总国家（地区）数 |
| --- | --- | --- | --- |
| 2019 | 41 分 | 80 名 | 180 个 |
| 2018 | 39 分 | 87 名 | 180 个 |
| 2017 | 41 分 | 77 名 | 180 个 |
| 2016 | 40 分 | 79 名 | 176 个 |
| 2015 | 37 分 | 83 名 | 168 个 |
| 2014 | 36 分 | 100 名 | 175 个 |
| 2013 | 40 分 | 80 名 | 177 个 |
| 2012 | 39 分 | 80 名 | 176 个 |
| 2011 | 3.6 分 | 75 名 | 183 个 |
| 2010 | 3.5 分 | 78 名 | 178 个 |

以上资料表明，尽管各国清廉指数有高有低，但在所有被调查国家中，没有哪一个国家不存在腐败。可见腐败是一个世界性现象，是人类社会的"沉疴毒瘤"。腐败在世界各国普遍存在，这与权力的特性是分不开的。权力天生就有趋向于腐败的特性，越是绝对的权力就越容易走向腐败，正如英国历史学家和政治思想家阿克顿勋爵所说："权力会产生腐败，绝对的权力绝对地导致腐败。"因而，反腐败、加强对公权力的监督也是一种世界性的、长期的政治制度安排。

## 案例思考题

腐败产生的根源是什么，对人类社会的危害是什么？如何才能有效地预防和惩治腐败？

## 重要概念

1. 公权力  2. 腐败  3. 监督  4. 监督的基本原则  5. 监督学

## 思考题

1. 什么是公权力？公权力有哪些特征？
2. 什么是腐败？腐败有哪些特征？
3. 什么是监督？监督有哪些特征和功能？
4. 什么是事前监督、事中监督、事后监督？
5. 什么是监督的基本原则？监督有哪些基本原则？
6. 什么是监督学？监督学有哪些特点？

# 第二章 监督思想与监督理论

监督思想是人们在长期的监督实践中,通过对监督活动的观察和思考而产生的有关监督的主张与观点;监督理论是监督思想不断发展和完善的结果,是相关观点与主张经过长期论证、推理、演绎、归纳后所形成的有关监督活动的基本的、系统化的原理。监督理论可以用来解释和指导监督实践,这些理论主要包括人民主权理论、分权制衡理论、议行合一理论、新滥用权力理论等。

## 第一节 监督思想

监督是与人类进入阶级社会、建立国家政权、行使政治权力的过程相伴相生的。在监督实践中,人们通过观察思考,形成了各种关于监督活动、监督制度的思想。这些思想从不同角度对监督功能、目标、机制等作了具体论述,并对监督实践产生了重要影响。

### 一、中国古代与近代的监督思想

**(一)中国古代的监督思想**

监督是历史范畴,又是政治、法治范畴。作为治国方略的重要组成部分,中国古代的许多政治家和思想家都十分重视监督的作用,在漫长的历史变迁中形成了丰富的监督思想,积累了宝贵的思想财富。纵观我国古代历史,有多种具有代表性的、影响深远的监督思想。

1. 发挥舆论监督作用的思想

发挥舆论监督作用的思想最早萌芽于周朝。夏、商灭亡的教训给周朝统治者以很大触动。周革殷命之后,统治阶级从易代巨变中体会到了民众的力量,他们把民、神相结合,形成了一种新的天命观。在他们看来,天具有至高无上的权力和超乎一切的力量,但天的意志并不是任意施为的,"皇天无亲,惟德是辅"(《尚书·蔡仲之命》)。也就是说,天对人世君主的态度取决于其是否有德,受到民众拥护的君主必然会得到上天的护佑,遭到民众反对的君主必然会受到上天的厌弃。由于民意成了天意的指示器,自然也就要求君主时刻体察民意，听取民众的进谏。这样，民众就可以对君主发挥监督作用。

西周初年，统治者廉洁自律，保证舆论渠道的畅通，广泛听取社会舆论，并以此体察民意。在《尚书·无逸》中，周公告诫成王说，殷王中宗、高宗和周文王之所以能保持贤明而稳定的统治，就是因为重视舆论，虚心接受告诫。"厥或告之曰：'小人怨汝詈汝。'则皇自敬德。"也就是说，有人向他们反映百姓的怨恨和咒骂，他们不但不生气，而且更加戒慎王德。可见，在周公看来，听从劝诫，让舆论监督发挥积极作用，是防止最高统治者腐败行为的重要方法。西周末年，当周厉王派人监视并杀害对朝政不满的人、制造恐怖气氛的时候，召公对厉王说："防民之口，甚于防川，川壅而溃，伤人必多"（《国语·周语上》）。召公主张，善于治民者应该像疏导河流一样使民众畅所欲言，绝不能堵塞民口，剥夺民众的言论自由。倘若统治者不接受民众的监督，压制舆论，必将出现政废国乱的局面。周厉王不听召公的意见，最终在"国人暴动"中被驱逐，用事实印证了召公之言的正确性。

春秋战国时期的一些政治家、思想家也十分重视舆论监督的作用。齐桓公、晋文公之所以成就一代霸业，很重要的一个原因就是有"近臣谏，远臣谤，舆人诵"（《国语·楚语上》）等一系列监督形式，这些监督使得统治者不敢胡作非为，从而遏制了腐败行为的发生。孟子曾提出"君有大过则谏，反复之而不听，则易位"（《孟子·万章下》）的主张，将纳谏看作君主的一项基本义务。法家代表人物韩非子认为："圣人之救危国也，以忠拂耳。刺骨，故小痛在体而长利在身；拂耳，故小逆在心而久福在国"（《韩非子·安危》）。也就是说，君主只有善纳逆耳之言，才能使国家政权转危为安，长治久安。

秦汉以来，由于君主专制统治不断加强，民众的监督日渐衰亡，但重视监督辅政的思想却传承下来。据《史记·孝文本纪》记载，汉文帝曾下诏说："朝有进善之旌，诽谤之木，所以通治道而来谏者。"他要求官员"举贤良方正能直言极谏者，以匡朕之不逮"。唐太宗李世民是中国历史上有名的善于纳谏的君主，在他看来，"若人主所行不当，臣下又无匡谏，苟在阿顺，事皆称美，则君为暗主，臣为谀臣，君暗臣谀，危亡不远"（《贞观政要·求谏》）。明末清初的思想家黄宗羲提出用学校监督王权和各级地方政权的主张，认为学校的作用不仅在于培养和教育人才，而且是"治天下之具皆出于学校"（《明夷待访录·学校》），学校是制造舆论、议论朝政、判断是非的中心。他主张恢复学校应有的舆论监督作用，并具体规划了实施这种制度的办法。

2. 严格监督官吏的思想

官吏系统是国家政权的维持系统，是君权统治的延伸。这一系统是否清正廉洁，对于政权维护和社会稳定至关重要。中国古代重视对官吏的监督，并提出了严格监督官吏的思想。

商代制定了"治官之刑"，对那些沉湎酒色、贪赃枉法、远贤近佞的官吏严加处罚。西周时期，对官吏品质和行为的监督更加重视，使用了"君子""小人""哲""良""恭""贪"等诸多概念区分官员，而这些概念就是从日常对官吏的监督考察中概括出来的。春秋时期，晋国师旷在对晋平公论及治道时，提出"屡省考绩，以临臣下"，特别强调了监督官吏的思想。李悝提出了一套监督官吏的"五察法"，即"居视其所亲，富视其所与，达视其所举，穷视其所不为，贫视其所不取，五者足以定之矣"（《史记·魏世家》），也就是对官吏的日常行为和交往详加考察，进而作出准确的判断。韩非子则把官吏视为君主统治民众的工具，认为"闻有吏虽乱而有独善之民，不闻有乱民而有独治之吏。故明主治吏不治民"（《韩非子·外储说右下》），极力主张君主运用"术"控制和驾驭百官臣下。"术"的本质是君主藏于内心并用来驾驭、监视臣下的方法，它通过一系列技术手段判断督察官吏的忠与奸、能与否，并根据其表现决定其去留。对官吏要"听其言必责其用，观其行必求其功"（《韩非子·六反》），认为君主应该建立全方位的、变化多端的监控体系以监督考察官吏。

秦汉以后的历代都重视对官吏的监督。曹魏时期曾担任豫州刺史的贾逵认为，监督是反腐败的最重要手段，只有严格监督，"以御史出监诸郡，以六条诏书察长吏二千石以下"（《三国志·刘司马梁张温贾传》），才能防止地方官吏的腐败。明代张居正认为，"致理之道，莫急于安民生；安民之要，惟在核吏治"（《张太岳文集·请蠲积逋以安民生疏》），而吏治的关键是在日常政务中对官吏进行监督考察。

3. 监督权权重而独立的思想

监察权权重而独立的思想是指通过提高监察机关及其官员的地位、加强其权力、维护其独立性等方式，达到强化监督的目的。这一思想对我国古代监察机关的设置、监察体制的形成等有重要影响。在我国古代，这一思想主要体现在两方面。

第一，古代监察官员位卑权重、禄薄赏厚。中国古代自秦朝开始就有了专司监察的御史。御史一职的特点是品秩较低，但监察官员的权力很大。例如，明代的监察御史为正七品，与县令同级，但权力极重，从中央直属机关到地方的司、府、州、县，一切政务无不受御史的监督，尤其是当巡按各道监察御史代天子巡狩时，"所按藩服大臣、府州县官诸考察，举劾尤专，大事奏裁，小事立断"（《明史·职官志》），地方官员无不望风相迎。对监察官员位卑权重的现象，顾炎武曾评论说："夫秩卑而命之尊，官小而权之重，此大小相制，内外相维之意也"（《日知录》）。位卑权重，既容易使监察官员被皇帝控制于手掌之中，又不易干涉中央和地方的行政事务，也与朝廷及地方的官吏少利害牵连，迫使监督权紧紧依附皇权；禄薄赏厚，使监察官员不萌发贪恋职位之心而滋生腐败。

第二，监督权相对独立。监督权独立是指监察机关和监察官员保持独立性，不隶属于被监察的对象，最大限度地避免受到人为牵制。秦与西汉时期，御史大夫既是监察长官，又是副丞相，据《汉书·薛宣传》记载，御史大夫"内承本朝之风化，外佐丞相统理天下"，这说明御史大夫具有行政长官和监察长官的双重性质，也说明监察权与行政权并没有明显分离，监察机构并没有成为独立于行政之外的政治实体，这显然不利于监察工作的开展。西汉末年至东汉初年，中国古代监察制度进入了一个大的调整期，原来的御史大夫转为大司空，大司空作为副丞相分管土木营造等事项，不再掌管监察，而原来在御史大夫属下专司监察的中丞出任新设御史台的台主，成为国家最高监察长官。相对独立的专职监察机关以此为起点建立起来，监察权与行政权的分离趋势也由此明显地表现出来。

4. 监督专才思想

由于监察工作涉及领域广泛，意义重大，中国古代对监察官员的选拔、任用、考核、奖惩等有严格的制度，尤重监察官员的任职资格，要求监察官员有较高的政治素养、道德品行、为政经验、专业能力、文化素质等，以此保证监察工作由专才担任，实现监察机器的高效运转。秦始皇统一六国后，在《秦律》中明确规定了监察官员的选拔任用标准，即"为吏之道，要有五善：忠信敬上；清廉无谤；举事审当；喜为善行；恭敬多让"。汉朝选官则以德才兼备作为标准，认为只有德才兼备者才是"治国之器""国之针药"。唐代规定，御史的选任要有实际工作经验，必须在地方州县任过职。宋朝规定，监察御史必须有两任县令的经历。明朝宣德十年（1435年）谕令，"初仕者不许铨除风宪"。清朝监察官员大多由在任的京官和在外知县、推官等政绩卓异者担任，经内外大员保举，考试合格入选，一般要有京官历俸两年、外官历俸三年的从政经历。此外，为了慎重，在人品、资历等项考察之后，明清时期还对监察官实行实际能力考察，即"试职"。明朝宣德三年（1428年）规定，进士、监生、教官之堪任御史者，须于各道历政三个月，期满视其表现分为上、中、下三等，上、中二等授御史实职，下等送回吏部另加任用。此后及至清代，"试职除授"成为监察官任命的定制。

（二）中国近代的监督思想

鸦片战争是中国历史的重要转折点。伴随西方列强对中国的政治控制、经济掠夺和军事侵略，西方各种思潮也开始涌入中国。在现实巨变和"西学东渐"的双重刺激下，中国的有识之士开始思考中国传统政治体制的改革，并引发了一次又一次政治改革运动。在监督思想方面，近代政治家、思想家是将监督放在政治改革的总框架中加以思考的，思考的焦点主要是设立议院、推行宪政等，其中有代表性的监督思想是清末的政党监督思想和孙中山的监督思想。

1. 清末的政党监督思想

19世纪末20世纪初是我国立宪政治的活跃时期，也是政党政治的孕育时期。该时期上承1898年的戊戌维新运动，下启1911年的辛亥革命。资产阶级政党思想在这一时期萌芽和形成，作为政党思想重要内容之一的政党监督思想也逐渐形成。清末政党监督思想的内容主要有以下方面。

一是政党易于监督政府。清末一些思想家认为，政党具有监督政府政策执行及行为的功能，可以通过舆论的先锋作用监督在位当局者；可以监督政见之得失，使党与党之间，均无法存有私心；可以监督政治上的得失，保卫国家主权。立宪派蒋智由在《政党论》一文中谈道："政党者，立于国家与人民两方之间，于一方顾及国家，而于一方又顾及人民，常能为国家人民定平正之衡者也"。他认为，政党是政府和人民之间的"绍介"，扮演"衡稳器"的角色，起着社会平衡和稳定的作用，所以易于监督政府。

二是政党能够监督政府。梁启超在《政闻社宣言书》一文中指出："今日之恶果，皆政府艺之，改造政府，则恶根拔而恶果遂取次以消除矣。……然则孰能改造之？曰：惟立于现政府之外者能改造之。立于现政府之外者为谁？其一曰君主，其他曰国民……又知改造之业非可以责望于君主矣，然则负荷此艰巨者，非国民而谁！吾党同人，既为国民一分子，责任所在，不敢不勉，而更愿凡为国民之一分子者，咸认此责任而共勉焉。"在梁启超看来，国民是监督政府的真正力量来源，而政党则是国民利益的代言人和组织者，政党可以通过国民的力量有效监督政府。

三是政党善于监督政府。清末政论家郑浩从政党与政府关系的角度阐述政党对政府的监督作用。他认为，政党既是政府的敌人，又是政府的朋友。作为敌人，政党监督、抨击政府施政；作为朋友，政党总是进忠告之言。人民有怨愤，"有政党于中间以宣泄之，连通之。国民乃知我人所不平者，以有代为表示之人，则不至于蓄怒积怨"。这句话表明，政党是连通政府与国民之间的桥梁，是民意的代言人，有政党这个代言人，则政府的统治可以改善，国民对政府的怨怒也不至积累。

2. 孙中山的监督思想

孙中山是中国民主革命的先行者，在反对封建君主专制、建立民主共和国的革命实践中，提出了丰富的监督思想。孙中山的监督思想主要体现在以下方面。

第一，监察权独立思想。监察权独立是孙中山监督思想的核心内容，也是他一贯坚持的思想。孙中山通过对西方国家三权分立政治制度利弊的考察，结合中国封建社会沿袭的科举考试制度和台谏制度，提出了"五权宪法"的设想，即立法、司法、行政、监察、考试五权分立，互相制衡。根据孙中山"五权宪法"的设想，中央政府五院中的监察院应具有很强的独立性。他主张，监察院的院长由总统经立法院同意委任，但不对总统及立法院负责，而是对国民大会负责。监察院的职权是对各院失职人员向国民大会提出弹劾。孙中山曾多次在不同场合反复强调监察权必须独立于立法机关，由独立的监察机关行使，只有这样才能避免外国监察制度和中国古代监察制度的弊端。

第二，党政分察思想。党政分察是指设置两个相互独立且有联系的监察机构，对党政两个系统分别行使监察权。一个设立于中国国民党党内，受国民党全国代表大会领导，专司监督党内以及在政府内任职的国民党党员的违法失职行为；另一个隶属于国民政府，对国民政府所属的行政、司法等机关公务人员行使监察权。该思想是孙中山"以党治国"理论在其监督思想中的集中体现，也是南京国民政府监察制度的特点之一，这种监督思想对于中华民国时期的监察体制产生了重要影响，在民国初期对其政治体制的架构设计发挥了重要作用。

第三，弹惩合一思想。弹惩合一是指监察机构将弹劾和惩戒连为一体，具有弹劾与惩戒的双重职能。可以认为，弹惩合一思想是孙中山监察权独立思想的深化和发展，是防止行政权干涉监察、影响监察效能的有效制度设计，也是其思想最具有特色的地方。

但是，孙中山的政治构想并未能真正付诸实施，中华民国时期的监察制度虽然保持了孙中山设想的制度外壳，其内涵却与之大相径庭，成为政党专制和个人独裁的工具。

## 二、当代中国的监督思想

当代中国的监督思想是在马克思主义基本理论的指导下，根据中国革命和中国特色社会主义建设的客观需要，在借鉴和研究国外监督理论与实践的基础上逐步建立和发展起来的。这些监督思想以中国共产党不同时期领导人的监督思想和党的重要报告等为载体，成为我国监督和反腐败的指导思想。其中，主要的、具有代表性的监督思想有以下六方面。

### （一）让人民监督政府

毛泽东认为，党必须坚持群众路线，向群众学习，接受群众监督。他在1945年与民主人士黄炎培的一次谈话中，提出了著名的让人民监督政府的思想。他提出，只有让人民监督政府，政府才不敢松懈，只有人人负责，才不会人亡政息，才能跳出历代王朝"其兴也勃焉，其亡也忽焉"的历史周期律。让人民监督政府的实质就是实行群众监督，把党和政府的活动放在人民群众的监督之下，使党永远成为全心全意为人民服务的马克思主义政党。毛泽东在革命和建设的实践中得出了一个重要结论，即依靠群众，深入发动群众反对各种腐败现象和丑恶行为，才能巩固人民政权。

邓小平认为，群众监督是权力监督体系的重要组成部分，是其他监督机制的基础，也是人民群众当家做主权利的重要体现。群众监督的比较好的方式是群众组织监督，即群众通过群众组织实施监督。他指出："要让群众能经常表达自己的意见，在人民代表大会上，政协会议上，职工代表大会上，学生代表大会上，或者在各种场合，使他们有意见就能提，有气就能出。"[①] 邓小平还特别强调了人民代表大会和政协会议对实现群众监督的作用，"要使党和国家的各种会议，特别是各级党的代表大会和人民代表大会，成为充分反映群众意见、开展批评和争论的讲坛。"[②] 为使群众监督更加规范有效，邓小平还强调要健全和完善关于群众监督的各项法律制度，使群众敢于监督、善于监督；要把群众监督与信访、评议等专门机构监督结合起来，建立群众监督的导向机制、激励机制和保障机制。

让人民监督政府是人民民主的体现，而人民民主则是共产党始终追求的目标。对此，中国共产党十七大报告指出，人民民主是社会主义的生命，发展社会主义民主政治是我们党始终不渝的奋斗目标。要健全民主制度，丰富民主形式，拓宽民主渠道，依法实行民主选举、民主决策、民主管理、民主监督，保障人民的知情权、参与权、表达权、监督权。

### （二）加强党内监督

中国共产党是中国第一大党，是长期执政的党，是中国社会主义事业的领导核心。为了提高共产党的执政能力，有效预防和制止国家干部的腐败，毛泽东将加强党内监督提到了

---

① 邓小平. 共产党要接受监督 // 邓小平文选：第1卷. 北京：人民出版社，1994：273.
② 邓小平. 关于修改党的章程的报告 // 邓小平文选：第1卷. 北京：人民出版社，1994：224.

非常高的地位，反复强调要强化党内监督。毛泽东认为，必须加强党内监督，尤其是在中国共产党成为执政党以后，更要加强党内监督。毛泽东提出要从思想上建党，这是毛泽东监督思想的突出特点之一。中国的特殊国情决定了中国共产党建设的特殊性，其特殊性在于党建是在无产阶级先天不足的基础上进行的，是在落后思想充斥的环境下进行的。因此，毛泽东一贯强调要从思想上建党，强调党员要不断加强学习，提高理论水平，增强自我监督的自觉性。

邓小平提出了党内监督的三个重要方面：一是党组织对普通党员的监督。党组织对党员的监督是最直接的，通过党组织的监督，每个党员的言行能够符合党章的规定，代表人民的利益和要求，也使整个党组织保持先进性。二是党组织对党的领导干部的监督。党是整个社会的表率，党的各级领导又是全党的表率，对党的领导干部的监督是党内监督的重点。要促进社会风气的进步，就必须先搞好党风，特别是党的各级领导同志要起表率作用。三是党员对党组织的监督。党员对党、对工作、对问题、对领导人都有权按组织原则，在党的范围内提出批评和意见，并且有权保留自己的意见。

### （三）发展党内民主，以制度保障党内民主

毛泽东提出要健全党内民主生活，开展批评与自我批评，认为党内民主、党内互相监督是制约权力和使党的肌体免受侵蚀的有效途径，"定期召开会议，进行批评和自我批评，这是一种同志间互相监督，促使党和国家事业迅速进步的好办法。"①

之所以要发展党内民主是因为，党内民主是党的生命，发展党内民主是提高党的执政能力、抑制党内腐败的保证，党内民主还能带动人民民主。为发展党内民主，中国共产党十八大报告提出了多项制度建设和完善的任务，这些制度主要有：（1）健全党员民主权利保障制度，保障党员主体地位，开展批评和自我批评，营造党内民主平等的同志关系、民主讨论的政治氛围、民主监督的制度环境，落实党员知情权、参与权、选举权、监督权；（2）完善党的代表大会制度，提高工人、农民代表比例，落实和完善党的代表大会代表任期制，试行乡镇党代会年会制，深化县（市、区）党代会常任制试点，实行党代会代表提案制；（3）完善党内选举制度，规范差额提名、差额选举，形成充分体现选举人意志的程序和环境；（4）完善常委会议事规则和决策程序，完善地方党委讨论决定重大问题和任用重要干部票决制；（5）完善党员定期评议基层党组织领导班子等制度，扩大党内基层民主，推行党员旁听基层党委会议、党代会代表列席同级党委有关会议等做法，增强党内生活原则性和透明度。

### （四）充分发挥民主党派的监督作用

在民主革命时期，毛泽东始终强调要做好统战工作，要求共产党员要同民主人士搞好

---

① 毛泽东. 在中国共产党全国代表会议上的讲话 // 毛泽东文集：第6卷. 北京：人民出版社，1999：406.

民主合作，多听取他们的意见，不能一意孤行，不能包办一切。在新民主主义革命即将胜利前夕，毛泽东广邀各民主党派，共商建国大事，成功召开了中国人民政治协商会议，组成了广泛吸收民主党派人士参与的中央人民政府。毛泽东还与各民主党派的主要负责人保持着亲密关系，认真听取民主党派反映的意见。1956年4月，毛泽东在《论十大关系》的讲话中，提出把"长期共存，互相监督"作为处理共产党同民主党派关系的基本方针。毛泽东认为，民主党派监督共产党并非权宜之计，而是出于人民群众根本利益的长远考虑，因而必须在共产党和其他民主党派之间建立起长期的互相监督的党际关系。毛泽东说："究竟是一个党好，还是几个党好？现在看来，恐怕是几个党好。不但过去如此，而且将来也可以如此，就是长期共存，互相监督。"[1] 共产党必须让民主党派真正担当起批评者的角色，"对民主人士，我们要让他们唱对台戏，放手让他们批评。如果我们不这样做，就有点像国民党了。"[2]

1982年，中国共产党十二大明确提出了中国共产党同民主党派"长期共存、互相监督、肝胆相照、荣辱与共"的方针。民主党派和无党派民主人士的监督是权力监督体系不可缺少的组织部分。邓小平在《共产党要接受监督》一文中，把接受民主党派和无党派民主人士的监督作为对共产党监督的重要部分。他说："共产党总是从一个角度看问题，民主党派可以从另一个角度看问题，出主意。这样，反映的问题更多，处理问题会更全面，对下决心会更有利，制定的方针政策会比较恰当，即使发生了问题也比较容易纠正。"[3]

1979年10月，邓小平在《各民主党派和工商联是为社会主义服务的政治力量》的讲话中再次强调，由于我们党的执政党地位，一些同志很容易沾染上主观主义、官僚主义和宗派主义的习气。因此，对于我们党来说，更加需要听取来自各个方面包括各民主党派的不同意见，需要接受各个方面的批评和监督，以利于集思广益，取长补短，克服缺点，减少错误。邓小平指出，毛泽东提出的同各民主党派"长期共存、互相监督"的方针，是一项长期不变的方针，加强同民主党派的合作，实行互相监督，充分发扬社会主义民主，这对于增强和维护安定团结、共同搞好国家大事是十分重要的。

### （五）健全党和国家监督体系，让权力在阳光下运行

中国共产党十九大报告提出，要加强对权力运行的制约和监督，让人民监督权力，让权力在阳光下运行，把权力关进制度的笼子。强化自上而下的组织监督，改进自下而上的民主监督，发挥同级相互监督作用，加强对党员领导干部的日常管理监督。加强巡视监督，建立巡视巡察上下联动的监督网。深化国家监察体制改革，监察机关同党的纪律检察机关合署办公，实现对所有行使公权力的公职人员监察全覆盖。制定国家监察法，依法赋予监察委员会职责权限和调查手段，用留置取代"两规"措施。改革审计管理体制，完善统计体制。构建党统一指挥、全面覆盖、权威高效的监督体系，把党内监督同国家机关监督、民主监督、司

---

[1] 毛泽东. 论十大关系 // 毛泽东文集：第7卷. 北京：人民出版社，1999：34.
[2] 毛泽东. 在省市自治区党委书记会议上的讲话 // 毛泽东选集：第5卷. 北京：人民出版社，1977：355.
[3] 邓小平. 共产党要接受监督 // 邓小平文选：第1卷. 北京：人民出版社，1994：273.

法监督、群众监督、舆论监督贯通起来,增强监督合力。

### (六) 严惩权力腐败

毛泽东认为,与贪污腐化作斗争是共产党人的天职。1931年11月,中华苏维埃共和国临时中央政府在瑞金成立,毛泽东当选为政府主席,将惩治腐败列为当时中央政府的一项重要任务;1933年12月5日,毛泽东签署了中央执行委员会第26号训令《关于惩治贪污浪费行为》;在中国共产党七届二中全会上,毛泽东提醒全党不要在"糖衣炮弹"攻击面前打败仗。毛泽东还主张严惩腐败分子,轻者要进行批评教育,重者要撤职、惩办、劳动改造、判处徒刑甚至死刑,认为只有这样才能使腐败分子受到应有惩罚,才能起到警示作用。在"三反""五反"期间,毛泽东亲自批准处决了大贪污犯刘青山、张子善。在对刘青山、张子善的处理上,有人为其说情,说他们立过功,请求免除死罪。毛泽东顶住了各方压力,毅然决定处决。他说,正因为他们两人的地位高、功劳大、影响大,所以才下决心处决他们。只有处决他们,才可能挽救20个、200个、2 000个、20 000个犯有各种不同程度错误的干部。

中国共产党十四大报告提出,坚持反腐败斗争是密切党同人民群众联系的重大问题。要充分认识这个斗争的紧迫性、长期性和艰巨性。在改革开放的整个过程中都要反腐败,把端正党风和加强廉政建设作为一件大事,下决心抓出成效,取信于民。廉洁奉公,勤政为民,要从各级领导机关和领导干部做起。党员领导干部首先是高中级干部,要严以律己,以身作则,教育好子女,并且带头同腐败现象作斗争。廉政建设要靠教育,更要靠法制。要切实加强各级党组织和纪律检查机关对党员干部的监督,加强人民群众、各民主党派和无党派人士对我们党的监督,建立健全党内和党外、自上而下和自下而上相结合的监督制度。特别要在执法部门和直接掌握人、财、物的岗位,建立有效防范以权谋私和行业不正之风的约束机制。腐败分子危害党和人民,不论是什么人,都必须依照党纪国法,坚决予以惩处。

中国共产党十九大报告提出,人民群众最痛恨腐败现象,腐败是我们党面临的最大威胁。只有以反腐败永远在路上的坚韧和执着,深化标本兼治,保证干部清正、政府清廉、政治清明,才能跳出历史周期律,确保党和国家长治久安。反腐败要坚持无禁区、全覆盖、零容忍,坚决防止党内形成利益集团。在市县党委建立巡察制度,加大整治群众身边腐败问题的力度。不管腐败分子逃到哪里,都要缉拿归案、绳之以法。推进反腐败国家立法,建设覆盖纪检监察系统的检举举报平台。强化不敢腐的震慑,扎牢不能腐的笼子,增强不想腐的自觉,通过不懈努力换来海晏河清、朗朗乾坤。

## 三、国外监督思想综述

在政治思想史上,西方政治思想家也对权力监督进行了多方有益的探讨,留下了宝贵的思想财富。这些思想有些已转化为政治制度成果，决定和影响着西方国家的政治实践。梳理和研究国外的监督思想对于丰富监督学的内容十分必要。这里介绍几种有代表性的国外监督思想。

**（一）政治原罪思想**

政治原罪思想是基于"人性恶"和"权力恶"的假设提出的。"人性恶"假设认为，人本身就有趋利避害、贪图利禄的本性；"权力恶"假设认为，权力具有作恶和滥用的自然本性，权力会产生腐败，不受任何约束的权力必然导致腐败，即所谓"绝对的权力绝对地导致腐败"。人在行使权力的过程中必然会发生滥用权力而侵犯公民权利的情形，因而必须对权力的行使进行监督和约束。在西方国家，政治原罪思想被社会普遍接受。这种思想从"人性恶"出发，认为人一旦掌握了政治权力，就可能被私欲驱使而滥用权力。由于政治权力具有作恶的倾向，所以必须对政治权力进行监督。政治原罪思想的主要内容是：

第一，人性原罪。人性原罪是西方基督教的一个基本教理。人性原罪的思想来源于《圣经》对人类祖先亚当、夏娃的记载。人类祖先亚当、夏娃在伊甸园里生活，受到蛇的引诱后，夏娃偷吃了禁果，于是两人有了情欲、性爱和子孙。这一切都说明了人性的脆弱，一旦人性被邪恶挫败而失去了纯洁本真，反映人类灵魂完美、绝对善良的自然法就必然要被意定法所取代。也就是说，人易受诱惑的、恶的天性必须用理性的、外在的制度去制约。人类原罪的思想意在说明人性是恶的（趋利避害），而尼采则把人性归之为"权力意志"，即人总是要千方百计地去攫取权力、征服别人、征服世界，而这种由权力欲支配的人即是政治中作恶的主体。

第二，权力原罪。西方人普遍接受"权力有作恶和被滥用的自然本性"的观点，认为权力是一种工具，这种工具被性恶的人所掌握，就会变成作恶的手段。由于权力的这种本性，许多资产阶级学者都尖锐地指出，"权力是要腐败的，绝对的权力绝对地导致腐败"。马克斯·韦伯甚至说，权力即使在面临反对的情况下也有实现自己愿望的能力，也能够被滥用和借此贪赃。

第三，政治原罪的必然性。政治，是指围绕着公权力的获取与运行等而形成的一类社会现象。简言之，政治就等于公权力现象。人有趋利避害的本性，公权力有腐败的本性，由这样的人掌握这样的公权力，公权力先天就带有了恶性，掌握公权力的人在获取和行使公权力的过程中会做出种种恶行。罗素在《权力论》中提出，在人类无限的欲望中，居首位的是权力欲和荣誉欲，这种欲望是永无休止的，只有在上帝的无限境界里才能得到安息。政治具有原罪性，因而握有权力的人在行使权力时出现滥用权力和贪赃就不可避免。孟德斯鸠说，一切有权力的人都很容易滥用权力，这是万古不易的一条经验。在官僚制度出现之后，滥用权力则成了职业官僚的特权。爱森斯达在《各帝国的政治制度：历史上官僚社会的兴衰》一书中认为，只要政府借用官僚形式，政府官员自然会强烈意识到他们手中的职权赋予了他们个人特权，具体而言，就是拼命地运用职权以营私。由于政治原罪的存在，政治领域必须建立一定的制约机制对政治权力的行使给予必要的监督和约束，这是权力本性和人的本性的共同需要。

### （二）法治主义监督思想

西方法治主义监督思想可以追溯到古希腊柏拉图、亚里士多德的政治哲学。柏拉图在《法律篇》中提出，服从法律的统治是监督得以实现的核心。他认为："如果一个国家的法律处于从属地位，没有权威，我敢说，这个国家一定要覆灭；然而，我们认为一个国家的法律如果在官吏之上，而这些官吏服从法律，这个国家就会获得诸神的保佑和赐福。"

近代，法治主义监督思想逐渐发展，内容主要有四：一是法律至上，即法律具有极大的权威，任何组织和个人都要服从法律的统治，都不能凌驾于法律之上；二是法律面前人人平等，任何人都必须接受法律的约束而不能享有特权；三是通过制定宪法和法律为权力行使划定明确边界，并保护和扩大个人的自由权利；四是防止腐败必须以权力制约权力，而以法律制约权力是实现权力制约权力的制度形式。

法治主义的监督思想是三权分立与制衡理论的重要思想来源，也成为很多国家宪法至上原则和有限政府理论的直接基础。法治主义监督思想所表达的法律至上、法律面前人人平等、服从法律、以法监督等思想也成为西方各国监督制度的重要思想基础。

### （三）自由主义监督思想

自由主义监督思想从限制公权力行使范围的角度探讨对公权力的约束机制，强调公权力的行使界限。自由主义监督思想认为，由于权力滥用具有不可避免性，因此，不仅要强调对公权力的行使过程、行使结果进行监督与约束，还要从公权力的源头防止权力的滥用，将公权力的行使限定在最小范围内，以实现对权力的约束。

自由主义监督思想包括古典自由主义监督思想和新自由主义监督思想。古典自由主义监督思想以政府与市场的关系为出发点，从界定政府角色与职能的角度阐述其监督主张。古典自由主义主张"管得最少的政府是最好的政府"，政府只是一种"必要的恶"，要将政府职能限制在最小范围，政府只应该扮演国家和社会财富"守夜人"的角色。新自由主义监督思想是在自由资本主义向垄断资本主义过渡的过程中出现的，它继承并发扬了古典自由主义监督思想，摒弃了其中的不合理因素，重新审视政府的角色定位，认可了国家在维护自由权方面的作用。但新自由主义监督思想仍然坚持认为国家权力具有侵犯公意的危险，主张为防止权力的滥用，必须对权力的行使进行严格的限制和约束，而对政府权力监督的有效办法就是建立和加强行政系统内部的权力监督，即强化行政监察权的监督作用。

自由主义监督思想对西方国家监督制度的建设产生了重要影响。它从抽象原则和权力实践运作两个层面界定了政府权力的地位和性质，即行政权必须是有限的，需要其他权力对其进行监督和约束。当代，行政权的活跃以及政府职能的扩张已是不争的事实，只有严格监督行政权才能保证行政权的规范行使，并保证公意和民主的实现。

## 四、中西方监督思想的宏观比较

不同的历史、国情、文化等,形成了中西方不同的监督思想。这种不同只有差异之分而无高低优劣之分。中西方监督思想的差异可以从哲学基础、权力制约机制、权力制约主体三方面进行比较。

### (一)哲学基础的不同

中国权力监督思想的哲学基础是"性善论"。在中国古代关于人性的讨论中,"性善论"占统治地位。以孔孟为代表的儒家认为,人天生具有善的本性,"人之初,性本善",只要注意后天对善的本性的存养,"人皆可以为尧舜"。以"性善论"为哲学基础,中国古代思想家认为,作为统治者,只要自己修身养性,为臣民垂范道德人格,就可以实现天下大治。孟子曾说过:"君仁莫不仁,君义莫不义,君正莫不正,一正君而国定矣"(《孟子·离娄上》)。

西方权力监督思想的哲学基础是"性恶论"。从古希腊开始,苏格拉底、柏拉图等先哲就开始了对人性的探索。进入中世纪后,由于基督教绝对的精神统治地位,"性恶论"超越了一切关于人性的多种可能性的讨论。在西方文化中,"性恶论"对权力监督思想的形成有重大意义,正如马基雅维利所言,谁想要建立国家并制定相应的法律,都必须从"所有人都是恶的,并且只要有机会,他们总是准备表现自己邪恶的本性"这一假设出发。因为人性是恶的,所以需要以法来约束人,即使是最高君主也不例外。由于人性的不完善和不可靠,人性需要有宗教和法律制度的双重制约,这就为制度的建设与变革提供了合理性。在上帝面前人人平等,没有人能成为上帝之外的第二个道德裁判者,因此君主也要受法律制裁和监督。

### (二)权力制约机制的不同

中国古代的权力制约机制以道德制约为主、法律制约为辅,"徒善不足以为政,徒法不能以自行"(《孟子·离娄上》),即儒家"德法兼用""德主法辅"思想的简明概括。德治要求执政者"为政以德",以道德约束统治者的权力,规范掌权者的行为。从中国古代的统治经验看,即或君主凌驾法律之上,不受法律制约,也害怕道德非议。汉唐以来每任皇帝嗣位,都由史臣撰写先帝"实录",如实记载皇帝的言行,包括私生活。有的皇帝害怕其丑闻或者恶行被记入史书,常不得不接受臣下的进谏而约束自己的行为。我国古代这种以道德制约权力的机制,在实现过程中对君主本人的道德觉悟有很强的依赖性,因而近乎是一种空想。

西方从古希腊开始就有了以法律制约权力的权力制约观。在西方,法律在政治生活中居于核心地位,具有至上的权威。柏拉图在《法律篇》中提出,一个国家的法律必须拥有至上的权威，官吏必须服从法律，这显然是法律约束政治权力主张的萌芽。亚里士多德发展了这一主张，他认为，政治权力一旦专有或者不加限制，便有被滥用的可能，因此需要以法律制度消除权力的扩张。古希腊的这一思想在当时的政治实践中得到了充分的体现，例如，梭伦改革以立法形式确立了雅典民主政体。到了近代，资产阶级将"天赋人权""三权分立""法律面前人人平等"等一系列民主口号和理论以法律的形式确定下来，将政治权力纳入了法律的控制之中。

### （三）权力制约主体的不同

《中华人民共和国宪法》第四十一条规定："中华人民共和国公民对于任何国家机关和国家工作人员，有提出批评和建议的权利；对于任何国家机关和国家工作人员的违法失职行为，有向有关国家机关提出申诉、控告或者检举的权利。"宪法的这一赋权性规定表明，监督权是我国宪法赋予公民的一项基本权利，同时也表明人民群众是我国权力监督的主体。

在西方，一些思想家则把普通民众排除在了政治之外。孟德斯鸠认为，人民是完全不适宜讨论事情的，而且无论是大国还是小国，由人民议事有诸多不便，所以人民参与政府仅限于选举代表、制定法律而已。代表按地域由选民选出，有权决定具体问题；公民选举代表时应该有投票权，但"那些社会地位过于卑微以至于被认为没有自己意志的人则除外"。他认为，那些在家庭出身、社会地位、个人声望、私有财产等方面具有优势地位的人的意见，对于国家的稳定有重要作用。他看到了"贵族团体"和"平民团体"的差别和对立，因而主张分别成立立法机关的两院，即上议院和下议院。可见，孟德斯鸠所主张的分权从本质上是"阶级分权"。

## 第二节　监督理论

监督理论是监督思想不断发展和完善的结果，是在对监督思想不断进行论证、推理、演绎、归纳的基础上所形成的系统化、理论化的监督思想。综合中西方监督制度和实践，比较重要的监督理论有以下几种。

### 一、人民主权理论

人类早期民主思想中就蕴含人民主权的观念，古希腊文中"民主"一词的原意即"人民的统治"。古希腊奴隶主民主政治的杰出代表伯里克利把民主制度解释为政权在全体人民手中的制度。亚里士多德认为，参与城邦的最高治权是公民的本质特征。人民主权理论从国家起源出发，确定了国家权力的地位，将国家权力放在人民主权（立法权）之下，确立了人民监督国家权力的正当性。人民主权理论中的全民公决、权力监督、法律至上等内容，都是对滥用权力的防范和补救，是现代民主政治的基本内容和特征。

人民主权理论首先由荷兰政治思想家格劳秀斯提出。他认为，"国家是一群自由人为享受权利和他们的共同利益而结合起来的完全的联合。国家起源于契约，但在通常情况下是人民把他们的主权交给了统治者。统治者在明显地篡权或公然滥用权力时，人民具有反抗统治者的权利"。这一观点为人民交出权力组成国家时保留了"反抗权"，也为人民监督政权的权利设置了空间，为统治者行使权力应受到监督提供了理论依据。其后，英国思想家洛克和法国思想家孟德斯鸠等人对人民主权理论作了进一步论述。洛克在提出分权制衡理论的同时，还提出了人民具有革命权的思想，并且他还认为，人民平时就要有预防权力滥用的办法，这个办法就是法律。人民的立法权是不可以转让的，法律是高于一切的，它对政府本身就有绝对的效力。孟德斯鸠也强调了法制的健全和法律的权威。

卢梭认为，民主国家是在社会契约的基础上产生的，每个缔约者毫无例外地向它交出了自己的全部权力，因此每个公民都是国家权力的主人。公民之所以要订立契约结成国家，目的就是要保证自己的自由平等权利。国家为了实现这一目的，就需要有一种基于"公意"的强制性的统治权力，即主权。国家主权应当属于人民（主权者、公民集体）。卢梭还认为，主权是不可转让、不可分割的，是绝对的、至高无上的、神圣不可侵犯的，人民把权力委托给政府，政府是主权者的执行人，是人民的仆从。政府如果不按人民的意志活动，人民就可以撤换它。"行政权力的受任者绝不是人民的主人，而只是人民的官吏，只要人民愿意就可以委任他们，也可以撤换他们"。

马克思主义的人民主权理论对社会主义国家的政治制度建设有着重要影响和决定作用。马克思、恩格斯等把卢梭的社会契约的人民主权理论扬弃为历史唯物主义的人民主权决定论。该决定论认为，国家的合法性来自人民的认可，人民才是真正的国家统治者，是历史发展的决定者，国家只是人民权力的外在表现形式。人民主权以人民"公意"为代表，因此，无产阶级的民主共和国要真正建立起"通过人民自己实现的人民管理制"。人民主权处于至高无上地位的外在形式就是法律，法律是人民意志的自觉表现，同人民意志一起产生并由人民意志所创立。

## 二、分权制衡理论

近代西方资产阶级的三权分立学说，同样是在反对封建专制的过程中产生的。一些思想家（如洛克、孟德斯鸠）鉴于君主专制制度下个人大权独揽的弊端，提出了由不同个人和社会集团分掌国家部分权力并互相制约的主张。分权制衡理论提倡的一些基本原则对西方资产阶级国家政权体系的产生和发展起到重要作用，是监督的另一个最直接的理论依据。

洛克在《政府论》中提出把国家权力分为立法权、执行权和对外权，并论述了人民对国家权力的制约问题。他指出，立法权虽然是一种最高权力，但它只是一种受委托的权力,当人民发现立法者的行为与他们的委托相抵制时,"人民仍然享有最高的权力来罢免或更换立法机关,并重新授予他们认为最有利于他们的安全和保障的人"。执行机构握有国家实权,如果它利用这种权力来阻碍立法机关正常行使职权,立法机关就可以发动人民,用强力把它推翻。他说:"对于滥用职权的真正有效的纠正办法,就是用强力对付强力。越权使用强力,常使使用强力的人处于战争状态而成为侵略者,因而必须把他当作侵略者来对待。"

孟德斯鸠关于国家权力的划分较之洛克更为完善。他提出,每个国家都有三种权力,即立法权、行政权、司法权。"依据第一种权力,国王或执政官制定临时的或永久的法律,并修正或废止已制定的法律。依据第二种权力,他们媾和或宣战,派遣和接受使节,维护公共安全,防御侵略。依据第三种权力,他们惩罚犯罪或裁决私人争讼"。孟德斯鸠认为,一切握有权力的人都容易滥用权力,所以三种权力必须分别交由不同的人和不同的机构来行使。防止权力滥用的途径就是使每个人和每个机构掌握的权力都有一定的界限,使权力的运用到此必须停止。"从事物的性质来说,要防止滥用权力,就必须以权力约束权力"。

### 三、议行合一理论

议行合一理论是指立法权、行政权等权力都同属于一个国家最高权力机关,即同属于由人民直接或者间接选举代表组成的人民代表机关。国家行政机关和其他国家机关都由人民代表机关产生,并对人民代表机关负责,受人民代表机关监督。国家权力机关与其他国家机关之间不是分权关系,而是基于职能不同的分工关系,其他国家机关隶属于国家权力机关。国家权力机关不受其他国家机关的制约,只对人民负责,受人民监督。

法国启蒙思想家卢梭指出:"制定法律的人要比任何人都更加清楚,法律应该怎样执行和怎样解释。因此看来,人们所能有的最好的体制似乎莫过于能把行政权与立法权结合在一起的体制了。"卢梭在《社会契约论》中提出有关立法权、行政权统一于一种主体的学说,被视为议行合一思想的近代渊源。马克思在吸收卢梭的直接民主思想的基础上,总结巴黎公社的实践经验,提出了著名的议行合一原则。他在《法兰西内战》中指出:"公社不应当是议会式的,而应当是同时兼管行政和立法的工作机关。"马克思的这一名句后来被人们认为是巴黎公社的议行合一原则。

在我国,早在第二次国内革命战争时期,中国共产党领导人民在苏区建立的苏维埃政权实行的就是议行合一制度。中华人民共和国成立后,我国吸取国际无产阶级的政权建设经验,结合中国的具体实践,创建了人民代表大会制度。我国宪法明确规定,中华人民共和国的一切权力属于人民。人民行使国家权力的机关是全国人民代表大会和地方各级人民代表大会,全国人民代表大会和地方各级人民代表大会都由民主选举产生,对人民负责,受人民监督。国家行政机关、审判机关、检察机关都由人民代表大会产生,对它负责,受它监督。根据民主集中制原则建立起来的国家机构就是议行合一的国家机构。

### 四、新滥用权力理论

新滥用权力是相对于传统滥用权力的含义而言的。滥用权力原指超越法律界限而胡乱地、过度地使用权力。新滥用权力不仅有这一含义,还有权力在合法范围内不合理使用的含义。这种对滥用权力的理解是当代行政权力不断扩张的结果。以滥用权力的目的为标准,新滥用权力理论将滥用权力分为两种类型:一是金钱目的的滥用权力;二是非金钱目的的滥用权力,多指具有隐蔽性、貌似合法而实质不合法的各种官僚主义和不当行政。新滥用权力理论对各国的权力监督和廉政建设都产生了积极的影响,一些国际组织(如透明国际)专门从权力公开和透明的角度评估一个国家或地区的廉洁指数,以此来推动权力制约和监督的运动,促进廉洁政府的建设。

20世纪中叶,法国率先发展了孟德斯鸠的滥用权力理论,提出了新滥用权力理论。该理论认为,滥用权力既包括不合法使用权力,也包括不合理使用权力,虽然二者均侵害了公民权益和公共利益,但前者可以通过合法性审查并予以纠正,而后者通常具有合法的外衣。新滥用权力理论的最大特点是强调用现代价值标准衡量政府的行政行为,政府的某些合法行为因不合理、不公平也属于滥用权力,而滥用权力者均应接受司法审查。基于新滥用权力理论,法国的行政法院在"越权"之诉中,在原有的无权限和形式缺陷理由外,新增加了权力滥用的理由,在行政诉讼中被广泛运用,取得了一定的社会效果,成为对自由裁量权司法控制的有力武器。

## 案 例

### 马伯里诉麦迪逊案

在1800年美国总统大选中,联邦党(美国一般将联邦党看作现共和党的前身)候选人约翰·亚当斯(时任美国总统)落选,民主党候选人托马斯·杰弗逊当选。新总统定于1801年3月4日正式就职。

为了日后联邦党人能长期控制司法机关,亚当斯在杰弗逊正式就职前采取了一系列紧急措施,例如任命他的国务卿约翰·马歇尔为联邦最高法院首席法官、成倍增加联邦党法官人数、在哥伦比亚地区任命42名治安法官等。以上新增法官人选全由亚当斯总统提名,也全都是联邦党人。1801年3月3日,这些人选由参议院连夜批准,由亚当斯总统连夜颁发委任状。但是,由于时间过于匆忙,有些委任状并未发出,3月4日新总统就上任了。

新总统杰弗逊就职后,命令他的国务卿麦迪逊扣发了这些未发出的委任状,以减少联邦党人对司法的控制,马伯里就是被任命为治安法官而又未拿到委任状的人之一。

为此，马伯里与其他几个未拿到委任状的人一起，请求联邦最高法院向执行部门颁发执行命令，向其颁发委任状。因为，根据美国国会1789年颁布的司法条例第十三项规定，联邦最高法院有权对公职人员颁发执行命令。

联邦最高法院根据马伯里的申请，命令国务卿麦迪逊说明不颁发委任状的原因，以考虑如何处理此案。但是，杰弗逊和麦迪逊对联邦党人控制下的法院极为轻视，认为在理论上，民选的代表即使不具有绝对的最高性，也具有相对的独立性，否认司法机关有权向执行机关发布司法命令。此外，经过改选，国会已控制在民主党人手中，并且正在对上届国会通过的巡回法院法案展开激烈辩论。在这种形势下，如何判决马伯里一案，最高法院处于两难境地：如果驳回马伯里的请求，显然是向杰弗逊的民主党屈服；如果颁发委任状，杰弗逊和麦迪逊显然不会执行，从而贻笑全国。采用任何一种做法都会形成行政和立法两部门不受司法部门牵制的危险局面。

1803年，联邦最高法院运用违宪审查的手段摆脱了两难境地。首席法官马歇尔在他起草并经联邦最高法院全体法官同意的判决书中，先是承认马伯里被任命为法官是合法的，他有权得到委任状，而总统和国务卿不予颁发是没有理由的，马伯里的正当权利由此而遭到侵犯，有权得到补偿；其后又说，联邦最高法院不能颁发这样的执行命令，因为这超出了美国宪法第三条关于最高法院管辖权的规定。根据美国宪法第三条的规定，联邦最高法院除对极少数案件有第一审管辖权外，只能审理上诉案件，因而1789年颁布的司法条例第十三项的规定是违宪的。最后，他就联邦国会立法权的界限、宪法的最高法律地位、法院何以有审查法律的权力等问题作了长篇论证，明确宣布"违宪的法律不是法律""阐明法律的意义是法院的职权"。这一判决为联邦最高法院争得了违宪审查权，确立了最高法院解释宪法的最高权威以及司法独立于行政的最高权威。

马伯里诉麦迪逊案是美国历史上的重要案件。该案开创了美国联邦最高法院审查国会法律的先例，确立了最高法院的"违宪审查权"，即最高法院有权决定议会通过的法案或者总统的行为是否符合宪法。此案使"三权分立"中的司法权真正起到了制衡立法权、行政权的作用。

## 案例思考题

"马伯里诉麦迪逊案"包含着哪种监督理论？本案中，司法权是如何制约立法权和行政权的？

## 重要概念

1. 监督思想　2. 监督理论　3. 五权宪法　4. 议行合一　5. 新滥用权力

## 思考题

1. 中国古代有哪些具有代表性、影响深远的监督思想?
2. 清末的政党监督思想对政党监督的价值是如何认识的?
3. 孙中山监督思想的核心内容是什么?
4. 简述当代中国的监督思想。
5. 政治原罪思想的主要内容是什么?
6. 中西方监督思想有何差异?
7. 试述人民主权理论、分权制衡理论、议行合一理论的主要内容。

# 第三章 中国古代和近代监察制度

本章阐述了中国古代和近代监察制度。从秦汉到清末,中国古代监察制度日渐完备,成为封建政治制度的重要组成部分。中华民国时期,孙中山组织制定了中国历史上第一部具有宪法性质的文件《中华民国临时约法》;南京国民政府颁布了《国民政府监察院组织法》,建立了比较完备的监察制度,但实施效果有限。红色根据地和解放区建立了一系列监察制度,在中国的民族解放事业中发挥了重要作用。

## 第一节 中国古代监察制度

### 一、中国古代监察制度概述

对执政者进行有效的监督是保证国家机构正常运转的重要环节。中国古代对执政者的监督主要有两大内容:一是君主对臣下的监督,一般称为"监察";二是臣民对君主的监督,通常称为"谏"。古代君主为了加强统治,及时检举、纠察和制止官吏玩忽职守、违法乱纪、贪污腐败等现象,建立了一整套由君主直接控制的监察体系。古代对官吏的监察,有对"京官"和对"外官"的监察之分。京官是指中央机关和京都地方的官吏,外官则主要指地方官吏。对京官的监察旨在防止违法乱纪、贪污受贿、结党营私、玩忽职守,推动国家政令法律的实施等;对地方官吏的监察除上述内容外,还有防止分裂割据,在更广泛的范围内整饬吏治的用意,是维护国家统一和中央集权制度、维护法律秩序的保证。中国古代监察制度历史久远,大体上可以划分为五个时期。

#### (一)先秦时期:监察制度的萌芽与逐步形成

中国古代监察制度是在战国末年至秦统一中国这一时期确立并发展起来的,但是监察作为社会特定职能,其产生可以上溯到春秋时期,作为一种社会现象更可以上溯到原始社会晚期。

中国原始社会晚期,固有的权力所有者与执行者之间出现了分离,简单的对权力执行者进行监督的机制逐渐形成。这种机制体现为：一方面是部落联盟首领须接受民主性监督，另一方面是部落联盟首领对所统辖的地方部落首领进行监督、巡察。

夏商王朝的建立，使权力监督的性质、格局发生了变化，开始以维护专制王权为价值取向，以诸侯、官吏为监督对象。这一时期，首先由王承担权力监督职能，其主要形式是巡狩，巡狩的主要目的是考核方国诸侯政绩以及地方官吏的执政情况。这一时期还规定诸侯要定期朝觐述职，以对其进行监督考核。商王派驻"四方之史"长驻方国，也负有巡察、监督之责。殷墟发现的卜辞中，有"朕御史""我御史""北御史"的记载，虽然此处的御史与后世作为监察官的御史有所不同，但其记言、记事之外的部分职能已反映出早期的监察意识。另外，在夏商制定的法律中已经出现了针对官吏犯罪的规定和罪名，已开始重视运用法律管理官吏，为权力监督提供了依据。

西周时期，出现了监督机构专门化的趋势，监督方式也渐趋多样。随着疆域的扩大，王亲自进行的巡察逐渐减少，取而代之的是有固定职守的官吏或周王派出的使者。此时，随着政权机构的发展，负有监督职责的职官增多，大宰、小宰、宰夫、太史、御史等都有监督职责。行使监督职权的官吏的增多，监督职权的扩大与监督事项的扩展，表明权力监督机制的发展。但是，这一时期监督职权多为官吏的兼职，尚无专门履行监察权的官吏和机构，也没有专门的监察法规。

西周还出现了对王谏议的监督方式，其中包括贵族谏议、专职官吏进谏、国人谤政等。这些对于集中统治经验和智慧、了解民间舆论、保证决策正确以及改正错误等，都具有重要的作用，但这些监督都缺乏确定的制度保证。

春秋战国时期，贵族世袭的"世卿世禄"制逐渐废除，封建的职业官僚制度逐步建立起来。在废除封邦食邑的分封制的同时，中央与地方一体的郡县制度逐步形成。专制主义中央集权的政治制度，为古代监察制度的确立和发展奠定了政治基础，监察立法也得到了一定发展。这一时期，君主加强了对臣下的监督，齐、魏、赵、韩、秦等国君主派掌管文书档案的御史（楚国称为御书）监察朝廷与郡县官吏。各国君主对地方郡县的巡行视察和对各级官吏的考核也都是重要的监督方式。另外，春秋时期已经开始出现专职谏官，谏议逐渐走向制度化。监察制度的正式形成是在战国末年。秦统一六国之前，在中央设置"御史大夫"，负责监察文武百官。御史大夫一职的设置，标志着中国古代监察制度的正式形成。

### （二）秦汉魏晋南北朝时期：御史机构与监察制度的发展

秦统一中国后，仍以御史大夫主管监察。在地方各郡设有监御史，专职负责监督和纠察各地各级官吏的活动。

西汉初年，承袭秦制设御史府，长官仍为御史大夫，地位仅次于丞相。御史府的职责一是保管宫廷图书档案，二是监察朝廷和郡国长官。汉武帝时增设丞相司直作为监察官员。为了加强对地方的控制，汉武帝将全国分为十三州部，每州为一监察区，设刺史一人，对地方官吏进行监督纠察，刺史专门监察全国地方官吏的政治制度由此形成。为了加强监察京师百官和京师附近的三辅（京兆、冯翊、扶风）、三河（河东、河内、河南）、弘农七郡，又专设司隶校尉一职。

东汉时期进一步加强了监察制度。御史台转隶少府，成为专门的监察机关，不设御史大夫，以御史中丞为长官。对朝廷百官的监察主要由侍御史负责。司隶校尉的职权也有所扩大。汉成帝时曾将此官废除，东汉初复置，主管察举中央百官和本部各郡事务。在其他各州，各设刺史一人，以监察地方。

魏晋南北朝时期，基本上沿袭汉代的御史建制，设有御史台并分设御史大夫、殿内御史、治书侍御史、监察御史、检校御史、侍御史等职，并设郡县一级的刺史监督机构，逐步发展和完善了监察法制，使监察机构成为以监察官员法纪为主的国家司法的重要组成部分和具有独立性的国家权力机构。

### （三）隋唐五代时期：一台三院制的建立

隋唐五代时期是中国古代监察制度进一步完备的阶段，在这一时期，以官吏监督和言官谏议为主要内容的监察制度有了很大的发展。

隋代曾设御史、司隶、谒者三台，负责百官法纪监察。唐代进一步完善机构，明确职责，以御史台为最高监察机构，以御史大夫为御史台最高长官，御史中丞为副长官。御史台之下又设台院、殿院、察院，形成一台三院制，三院分别设侍御史、殿中侍御史、监察御史等，分工负责各方面的监察事宜。御史的职责明确规定为执行国家刑律、官吏行政考课及法纪监察。御史监察成为国家行政管理和法纪监督中的重要内容，从而对国家管理产生重大影响。唐代为了进一步加强中央对地方的控制，还建立了地方监察制度，把全国分为十道，"凡十道巡按，以判官二人为佐，务繁则有支使"（《新唐书·百官志三》）。唐玄宗时又改分全国为十五道，每道派高级官员一人，称巡察使或称按察使、采访使。唐代的监察制度已相当发达和完备，不仅在当时的政治生活中起着显著作用，而且对后世有重大影响。

### （四）宋元时期：御史台的进一步发展

宋代从建立之初，中央集权不断加强，逐步建立起一套以台谏机构为核心的监察系统。宋代以御史中丞为御史台长官，御史台有侍御史一人、殿中侍御史二人、监察御史六人。在对地方的监察方面，路一级的转运使和提点刑狱皆有举刺官吏之责。州府一级设通判，通判为州府副长官，有监察所在州府官吏之权。

元代中央监察机构仍为御史台。长官为御史大夫，下设御史中丞二人、侍御史二人、治书侍御史二人。御史台设殿中司和察院，殿中司有殿中侍御史二人，察院有监察御史三十二人。元代在地方设行御史台，全国划分为二十二个监察区，即二十二道，分隶于御史台和行御史台。元初，诸道有提刑按察司，后改为肃正廉访司，每道设肃政廉访使二人。设置行御史台，使御史台由单纯的中央监察机构转变为全国性的监察系统，御史台对地方的间接监察变成了直接监察。地方监察机构与中央监察机构形成组织上的隶属关系，提高了地方监察机构的权威性，加强了中央对地方的控制。

宋元时代的监察与隋唐时代相比较有三点不同。第一，言察相混。究其原因一是御史兼任言谏，二是元代轻言重察，因此造成了监察制度中言谏的逐步衰弱，这是古代监察制度的一个重大转折。第二，加强了对御史监察官员的反监。在尚书省特设都侍御史，其职责就是监察御史的失职违法，这是中国古代监察制度的一个进步。第三，对地方官的监察大为增强，这使汉至唐代一向重中央轻地方的趋势得到根本扭转，相应地也使地方官吏的法制水准得以提高和增强。中国职官监察制度的严密和成熟首推唐与元两代，唐代的贡献在于中央监察机构的职能完备化，元代的贡献则是对地方监察职能的强化。

### （五）明清时期：院科道监察体系的完善与古代监察制度的瓦解

明清时期的监察发生了突出的变化，由以前的台院制演变为都察院科道制，台院逐渐合并，察监言职合一，言谏功能削弱，君权日增。君主专权达到高峰，监察机构也更为集中和简化。

明初改御史台为都察院。这一改变不但是名称的变动，在机构设置和职权上也发生了一些重大变化。首先是"一院四司"的建立，将唐宋的"一台三院"（御史台，台院、殿院、察院）改为一院四司，一院即都察院，四司即经历司、司务厅、照磨所、司狱司，分司处理京官朝臣的法律监督；其次是在都察院设置十三道监察御史，在内主纠百司之官，在外出任巡按，代天子巡察；同时设立六科给事中，分科监察六部百司之事，主要是章奏、言论。十三道和六科并称为"科道"。这样的分层次监察，明确规定了对中央和地方官员分道而察，对司法机构与监察机构实行反监，这就体现了朝野分治、科道并施的吏治原则，标志着封建社会的监察制度已经成熟。

清代都察院仍为最高监察机构。雍正年间，将拥有封驳职权的六科并入都察院。都察院的长官是都御史和副都御史。都察院下辖十五道和六科，其长官分别为十五道监察御史和六科给事中。清代以省为地方设置，提刑按察使司为省级监察机关，其监察机构与职能与明朝一脉相承，大同小异。清代加强了监察制度的建设，制定了完备的监察法规，监察职能和监察对象进一步扩大，使中国古代监察制度发展到了顶点。

明清时期监察的目的更倾向于强化皇权以及由皇帝直接控制对官吏的法律处置权，这就使监察机构在发挥其职能时丧失了有限的独立性，在一定意义上仅仅作为帝王的耳目而存在。清末吏治腐败，贪污成风，监察制度严重失效，随着君主专制制度的动摇，中国古代监察制度逐步走向瓦解。

## 二、中国古代监察机构领导体制及其职权

广义的中国古代监察包括对官吏的监察、弹劾和对君主的谏诤。这里所说的监察是狭义的，仅指对官吏的监察和弹劾，对君主的谏诤将在后面叙述。中国古代各个时期监察机构的

领导体制与监察权既有共同之处，也有明显的不同。由于先秦时期还是中国古代监察制度的萌芽和逐步形成阶段，本节从秦汉时期开始叙述中国古代监察机构的领导体制与职权。

**（一）秦汉监察机构领导体制及其职权**

秦始皇统一中国，在全国范围内建立起自上而下的御史监察制度，设置御史府作为总管图书档案和监察官吏的中央机构，御史府的长官御史大夫位列三公，与丞相、太尉共处国家中枢地位，但此时的御史大夫作为监察长官，同时又是丞相的副职，受到丞相的辖制，监察还没有成为独立于行政之外的政治实体。秦代的御史府负责监察朝廷百官。地方各郡的监御史专职负责监督和纠察地方各级官吏的活动。

汉初因袭秦代监察制度，在此基础上，随着统治区域的扩大、行政部门的增多，逐步建立起了更加严密的监察制度，中央集权制度得到空前加强。汉代的监察机构包括中央与地方两级，对朝廷与郡县官吏分级监督与监察。

汉代监察机构几经变更。在中央机构方面，汉初设御史府，由御史大夫任其长官，职掌监察和执法，如纠举官吏、典掌刑狱，以及约束、审讯有罪官吏等。御史大夫为丞相辅弼，有副丞相之称，当丞相一职出缺时，可依次序升迁，处理政务时多与丞相协调行动，如有分歧，由皇帝裁决。御史大夫的属官有御史中丞和侍御史等，侍御史直接隶属于御史中丞。此时的御史大夫兼有行政和监察长官的性质，这种监察组织形式的弊端在于，御史大夫受制于丞相，致使监察机构对行政的监督受到局限和制约，也容易造成御史大夫与丞相之间的摩擦。

汉武帝后期，为了加强监察京师百官和三辅（京兆、冯翊、扶风）、三河（河东、河内、河南）、弘农七郡，又专设司隶校尉一职，秩二千石，治所位于长安。司隶校尉几乎无所不察，对下而言，居中央而职司地方督察，更有强大的威慑力量。

西汉末年至东汉初年，监察机构及其职权发生了重大变化。西汉成帝时，依据御史大夫何武的建议，设三公官，改丞相为司徒，太尉为司马、御史大夫为司空。司空作为副相分管土木营造等，不再管监察。与此同时，朝廷专设了御史台，以御史中丞为主官，专司监察。御史台的建立和中丞制的实行是中国古代监察制度发展的重要标志，相对独立的专职监察机构由此建立起来，监察与行政分离的趋势也由此明显地表现出来。

东汉初期，光武帝在监察制度方面有所调整和强化，采取了一系列加强监察的措施，对御史中丞的地位和司隶校尉的职权进行了较大的调整。光武帝上承西汉末年的调整，确认御史大夫改为司空，不常设，且不再负监察之责，而是负责重大水利工程。御史中丞为中央最高监察机构御史台（府）的长官，职掌监察百官。此时的御史中丞隶属于少府，而不隶属于司空。御史台亦称宪台或兰台寺。兰台本是宫中收藏图书秘籍之处，因而御史中丞还兼管兰台秘书图籍。

御史中丞下有治书侍御史二人，掌管对法律条文的解释；侍御史十五人，掌管察举官吏违法，接受公卿、郡吏奏事、刻印、斋祀等。官吏朝见或皇帝祭天、祀庙及其他大典时，侍御史或御史中丞都要到场监察威仪。侍御史还奉旨安抚郡国，出督军旅、约束、审问有罪官员。

司隶校尉的职权也有所扩大。汉成帝时曾将此官废除，东汉初复置，并在原先权力的基础上领一州，秩二千石，主管察举中央百官和本州事务，对封侯及三公以下无所不纠，地位甚至高于御史中丞。东汉光武帝对御史中丞和司隶校尉与当时总领纪纲的尚书令同样看重，特诏朝会时三官"会同并专席而坐"，称为"三独坐"。

汉代中央对地方的监察最初是采用两种方式：一是派员长驻，在诸郡是沿秦制设监御史，在封国是由中央委派的傅、丞相、中尉对王、侯负监察之责；二是不定期派监察御史监察各郡。

汉初的地方监察体制不久就暴露出了明显的弱点。一是设郡越来越多，继续实行监御史制不便管理。在当时交通、信息传递与处理落后的情况下，对地方监察的管理显得头绪纷繁，难以处理。二是诸侯王国屡屡叛乱，而中央委派的有监察之责的官员还往往参与策划和密谋。三是御史监察已不可信，汉文帝时就发现了"御史不奉法，下失其职"（《通典·职官一四》）的现象。这种情况显然不利于中央对地方的控制。

为解决这些问题，汉武帝在元封五年（公元前106年）建立了刺史制度，分天下为十三州部，每州为一监察区，设刺史一人，秩六百石，主要负责对郡国长官的监察。刺史每年八月开始到各郡国巡察，称为"行部"，年底到京城汇报工作，其余的时间在治所受理吏民告发等事。其时，对刺史的职责和监察方式等都有严格的规定。

刺史监察的主要对象是州部内的各郡守。监察的内容是汉武帝制定的《刺史六条》，其中除一条涉及地方豪强外，其余五条都与二千石即郡守有关，包括不遵奉诏令、断狱不公、选举不平、不能约束子弟与当地豪强勾结等。刺史监察不能超出六条，否则即为违法，要受到惩处。刺史对监察对象只能"劾奏"，没有罢免、处罚和代治之权。刺史采取巡行方式，无固定治所。刺史由御史中丞统属，受御史中丞和丞相司直监督。这就将刺史置于双重监督之下，使其轻易不敢有非法之举。

刺史由皇帝直接委派，垂直向下延伸皇权，没有任何官僚可与之抗衡。刺史的职权明确，任务单一，除监察外，别无他务，且监察对象以二千石为主，纠葛牵扯较少。刺史秩卑，有功却有厚赏，且任职九年才有望迁高官，因此，刺史往往近顾厚利而远瞻高官，竭尽全力去监纠非法。刺史对下可以"威风大行"，对上不仅秩卑，其活动行为要受御史中丞和丞相司直的监督，其劾奏亦要经"三公案验"，能较好地保障其不脱离正确执行监察的轨道。

刺史制度对加强控制地方郡守起到了重要作用，促进了吏治的清明，维护了地方的稳定。但是在武帝之后，特别是东汉以后，刺史制度逐渐异化，最后终于成为皇权的分裂者。这主要是自东汉以后逐步扩大了刺史的职权范围，使其获得地方的政权、兵权，发展成为权倾一方的地方长官。

从武帝起，和刺史制度相配合的还有一种监察特使，由皇帝临时派遣办理专案，称绣衣御史或绣衣直指、绣衣直指御史等，是侍御史的一种，隶御史中丞，只是不常设置。绣衣御史专办大案要案，出使时持节杖、着绣衣，有发郡国兵的权力，可以独断赏罚，直至诛杀地方官员。新莽时，改称绣衣执法。东汉时，曾选派朝官为特使巡察州郡，刺史亦在督察之列。

另外，还有丞相的高级助手丞相司直协助丞相督录州郡、纠劾不法。丞相司直秩二千石，直到东汉，其职司虽有变化，但地位一直很高。

郡国长官对属县有监察职责。西汉初年曾遣都吏巡行属县，西汉中期以后设置专门的监察官员督邮。督邮作为郡国守相的耳目，职权颇重，主要职责是督送邮书、督察郡内各县，除此之外，督邮还兼及宣达教令、案系盗贼、点隶囚徒等事。县长官派廷掾巡察各乡。

御史台、司隶校尉、州刺史三套监察机构，各自为用又相互配合，加强了皇帝对百官的控制，强化了中央对地方的监督，对于防止政治腐败和提高工作效率等都起到了重要的促进作用。

综上所述，汉代监察制度较秦更加严密。这主要表现在：首先，建立了由皇帝直接控制的、既有分工又相互补充的、多路并行的监察机构，国家所有官员都被置于多方位的监督之中；其次，监察重点放在要害地区和中高级行政官员；最后，开始区分监察权和行政权。

### （二）魏晋南北朝监察机构领导体制及其职权

魏晋南北朝时期政局多变，君主为了稳定政权，防止大权旁落，不断加强对各级官吏的监察，逐渐形成了多层次、多渠道的官吏监察机构。全国的最高监察机构是御史台，亦称兰台、南台、宪台。曹魏时，御史台从少府独立出来，成为直接由皇帝操纵的高级监察机关，其长官御史中丞，总领全国监察事务。世家显宦一般不得担任御史中丞，以免其有所瞻徇回护。御史中丞下设治书侍御史二人，分统若干侍御史。侍御史分曹纠察。西晋时侍御史九人，分吏、课第、直事、印、中都督、外都督、媒、符节、水、中垒、营军、算、法共十三曹办公，涉及国家行政活动的各方面。另有殿中侍御史若干人，掌管宫廷礼仪法度方面的监察。又有符节御史（亦称符节令史），掌授节、铜武符、竹使符。

魏晋时期，司隶校尉的权力有所扩大，与御史中丞分督百僚。在制度上，御史中丞与司隶校尉略有分工，前者专纠行马（宫门和官府前拦阻人马通行的木架）之内，后者专纠行马之外，但实际上往往并无限制。

魏晋南北朝时期，皇帝还让尚书台（省）介入监察事务。尚书令与御史中丞更相廉察，左仆射和左丞则具体办理纠弹之事。尚书台（省）与御史台相互牵制，既可以减少监察失误，又利于皇帝控制监察。南北朝时，还不断有门下省介入监察之事。

这一时期，在单线垂直型的御史台监察系统之外，还有横向型的各部门和地方州、郡、县自身的监察系统。例如尚书台（省）的左丞"主台内禁令""得奏弹（尚书）八座"（《唐六典·尚书都省》）。州设都官或治中从事、部郡国从事、功曹从事等。郡有功曹史、五官掾、五部督邮等，县有功曹史、吏曹史等，分别负责对所辖地区下属官吏的监察工作。由此形成从中央到地方、上下通达、纵横交错而严密的监察网络。

对于中央各部门官吏，监察的方式主要是纠弹，即严密监督各级官吏，对违反典制礼仪和法律者，随时予以检举和弹劾。魏晋以来，御史台纠弹的范围逐步扩大。"初不得纠尚书，后亦纠之"，乃至于"自皇太子以下，无所不纠"（《通典·职官六》）。对中、高级官员的纠弹，由御史中丞负责，治书侍御史则"举劾官品第六以下"（《隋书·百官上》）。在监察工作中，御史台采取督察与举报相结合的做法，鼓励社会上检举官吏不法之事。当时还特准御史"风闻弹事"，即不必掌握真凭实据，仅凭传闻即可进行弹劾。御史台的权力因此而进一步扩张。

中央对地方官吏监察的方式主要是不定期派官员巡察和地方长官自察下属官吏。魏晋以后，汉代的州由监察区变为行政区。在州成为地方最高行政机构之后，地方上已无中央派驻的监察机关，司隶校尉便成了州郡监察的主要负责者，故又名司州。东晋以后，废除司隶校尉，其监察职权归于御史台。御史台增设检校御史若干人，负责对外官监察，至南北朝，相沿不改。

此外，从三国时期的魏、吴开始，在正式监察机构之外，皇帝还派亲信进行秘密监察，以了解中央和地方官吏的状况。曹魏、东吴的校事官和北魏的侯官即承担此类任务，属于秘密侦探。这类监察往往不依据事实，以致造成冤案，例如曹魏校事刘慈数年间刺举吏民奸罪数以万计，但多属冤屈。

### （三）隋唐监察机构领导体制及其职权

隋朝初年，沿用北齐制度，以御史台为全国最高监察机构，设御史大夫一人，为御史台最高长官；治书侍御史二人，掌台内文书、行政等事；侍御史八人，监察京师文武百官；殿内侍御史十二人，监察殿内非法之事；监察御史十二人，分巡天下，监察地方官吏。此外，尚书左仆射负责监督御史台工作，御史举劾不当，左仆射可以奏弹。

隋炀帝大业三年（607年），又在御史台之外设司隶、谒者二台，三台共掌监察。其分工为御史台主要纠察中央百官，司隶台监察京畿和郡县官员，谒者台奉诏出使巡察。司隶台以大夫为长官，其僚属有别驾二人，分察畿内；刺史十四人，巡察畿外，由诸郡从事四十人协助刺史巡察。别驾、刺史每年二月乘轺车巡察郡县，十月至京师汇报。后来废司隶台，改为临时选京官清廉明正者，挂司隶从事之名衔，巡按地方。

唐代监察机构进一步完善。唐初废谒者台，仍以御史台为最高监察机构，其最高长官为御史大夫，副长官为御史中丞。武则天在位时，改御史台为左肃政台，另增置右肃政台，仿左台设官。左台专管京师百官及军旅监察，右台专管京畿和地方州县文武百官监察。后来又改回御史台。自唐玄宗以后，东西两京长安和洛阳各有一套中央机构，东都洛阳的御史台称东都留台，简称东台、留台。

唐代的御史大夫、御史中丞除了主持御史台之外，还具体承担以下事务：一是与刑部尚书、大理卿组成三司，联合审判案件；二是有时奉皇帝之命审查囚徒；三是管理御史弹奏之事。御史将弹奏之事告大夫或中丞，小事署名同意，大事则亲自上表章弹奏。安史之乱后，御史大夫不常置，御史中丞成为实际上的最高长官。唐代御史中丞设两人，一人在长安负责御史台事务，一人在洛阳负责留台事务。

御史台之下又设台院、殿院、察院。三院分别设侍御史、殿中侍御史、监察御史等，监察的侧重点不同，各有分工，但三者的职责常有交叉，且有共同职责，例如纠弹即为三院御史共有的职责。一台三院的中央监察体制，构成了一个严密的监察系统。

侍御史属台院，主要职责是弹奏不法，其次是审理狱讼。唐代把京城百司及诸州分成东西两部分，各由一名侍御史负责审理相关狱讼，称为东西推。凡是以皇帝名义交付审问的案件，审后将情况上奏，一般案件审后再交大理寺判决。

殿中侍御史属殿院，主要职责是纠察殿廷仪卫，其次是以左右巡使的身份分巡京城内外，纠察违法之事，另外还有与东西推侍御史共掌推鞠以及监督仓库出纳的职责。

监察御史属察院，主要职责是分察京师百官和分巡地方州县。朝廷百司的监察都有专人分别负责，尚书省诸司七品以上官员开会须先报御史台，由监察御史一人与会，进行监督。监察御史还常常以使职名义监察某一方面。开元以前，常由御史任监军使，此后也常任监屯田使、监铸钱使等。监督郊庙、祭祀的馆驿使和监祭使更是一贯由监察御史担任。监察御史还负责监督处决囚犯，最后一次听取囚犯申诉。

为了保证监察机构不受行政机构的非法干预，唐代的御史完全不受主管人事的吏部的支配，或者直接由皇帝任命，或者由御史台的主官委派。

御史台专掌纠察内外百官，职权甚重。为防止其任意专横，唐代沿用前代做法，令尚书省左、右丞对御史台工作进行监督，御史台与尚书省左、右丞互相牵制，有利于监察工作的正常进行。

另外，唐代在刑部增设比部司，凡国家财计无所不加勾覆，无所不加审理，成为一个专门的财政监察、审计部门。这是唐代监察制度的一大特色。

唐朝还创立了知匦制度。武则天在位时，于朝廷置铜匦四只，以受四方上访书信。朝廷设知匦使一人，以谏官为之。另设理匦使一人，以御史中丞、侍御史一人为之。这一制度实际上是御史台之外的另一条监察渠道，它不仅在唐代发挥了重要作用，而且对后世的监察制度也产生了影响。

为了进一步加强对地方的控制，唐代设置了"道"。唐初，全国分为十道，玄宗时又改分为十五道。每道由中央政府选派级别较高的官员一人担任特使，称为巡察使（按察使、采访使、观察使），巡视地方。中唐以后，巡察使多由节度使兼任。节度使、巡察使又多带御史台长官头衔。对地方州县的巡察，贞观以前不定期进行，自唐太宗将天下分为十道后，监察御史分别负责十道监察。武则天在位时，在每年春秋两季，令御史分巡地方。后以监察御史分任各道巡按，与诸道观察使、采访使上下配合，掌一道监察。为了使监察有章可循，唐太宗时颁发"监察六事"作为监察部门的办事依据，监察范围涉及吏治、户籍、赋役、储备、狱讼、生产、治安等各个方面。唐代规定监察法纪与考核政绩同时并举，由巡察御史担任考课的职责。

### （四）宋代监察机构领导体制及其职权

宋代监察制度体制比较完备，宋初沿前代旧制在中央设御史台，以御史中丞为御史台长官，御史台下设三院，即台院、殿院、察院。侍御史隶属于台院，专掌台事；殿中侍御史隶属于殿院，兼左、右巡使；监察御史隶属于察院，兼监察使。监察御史负责督察六部百司，不再巡察州郡，其职能与隋唐时期有所不同。宋真宗时，增置言事御史，宋仁宗时增置殿中侍御史里行与监察御史里行，任职满二年，即去"里行"二字，转为御史。

为对皇帝的过失进行规谏，宋代还特设与御史台平行的谏院，负责规谏朝政，纠正君主的过失，同时也检举臣下的越轨行为。这是宋代监察制度的一个重要变化，从此开始了台谏合一的过程。为了强化御史台的作用，在令谏官兼行奏劾的同时，准许台官在原有职掌之外兼行谏诤。由于增加了规谏皇帝的职权，御史台的职权范围扩大，权威进一步提高，对内外群臣和行政事务分片包干，全面监察。但是，此时的台谏机构主要是皇帝驾驭群臣、钳制宰相的得力工具，宋朝宰相有多人就是受台官、谏官的弹劾而被罢免的，对皇帝进行规谏的职责往往只是虚名而已。神宗元丰改制，台官、谏官各归本职，罢知谏院，御史台职掌如故，谏官不兼弹劾之事。哲宗即位，又令谏官兼行弹劾。

为强化中央集权和君主专制，使各部门之间互相牵制，朝廷对台官、谏官的失职和其他过错也设弹劾之法。首先是令台官、谏官互相纠察；其次是规定行政中枢机构尚书省具有上奏御史失职的权力。宋神宗时，在尚书省设都司御史房，专管弹劾御史按察失职，还在都司御史房置簿册，记录御史监察状况，作为升黜的依据。这样一来，实施监督的御史台又被置于被监督的行政机构尚书省或中书省的监督和控制之下，造成了职能的混淆和抵牾，不利于监察作用的发挥。

严密的弹劾网由皇帝总握其纲绳。为使这张网能收举自如，台官、谏官的任命权不由宰相掌握，而由皇帝掌握，宰相要严格避嫌，宰相的亲戚故旧和被宰相荐举做官的人，不得任御史。另外，未历两任知县者亦不得任御史。

宋代允许御史"风闻弹人"，奏弹不当不负任何责任。规定御史每月必须奏事一次，称为月课。御史只要敢于奏事，不论虚实，皆无过而有赏，但如上任后百日内无纠弹，则罢黜为外官或罚"辱台钱"。御史以寻找官吏的过失为能事，弄得朝廷上下人人惶恐，不求有功，但求无过。

宋代在地方诸路设有转运司、提点刑狱、提举常平司等机构，各机构皆由中央派官员担任转运使等职。这些机构是中央派至诸路分管某项行政事务的官署，其长官转运使等有监察本路官吏之责。在路以下的州府则设通判，通判为州府副长官，有监察所在州府官吏之权。诸路又有走马承受公事，以三班使臣或内侍充任，专门负责刺探兵防动静、州郡不法，及时奏闻；每季取索本路州军粮草账目上奏朝廷。各路转运使、提点刑狱失职，则由御史台采访弹奏。而且命令诸路监司互相纠举，庇匿不举则以同罪论处。对走马承受，则由所在监司和帅臣进行监察。虽然宋代重视对地方的监察，但是从制度层面看，由于在中央不设对地方官吏的专职监察机构，因此对地方官吏的监察与唐相比实际上有所削弱。

宋代从中央到地方，形成了一个庞大的监察网，宰相以下、县吏以上，无不在其监督之中。宋代监察制度具有以下特点：首先，开台谏合一之端，加强对宰执大臣的遏制；其次，皇帝直接掌握台谏官的任命权，使台谏官有效地监察宰执大臣；最后，监察官本身受监察，使监察官置于皇权的严密控制之下。宋代监察制度之所以有上述特点，原因在于藩镇之患消除以后，皇帝必须考虑如何保存削藩的成果，同时防止大臣专权篡位，这就需要制定一系列加强皇权的制度，以防微杜渐。

### （五）元代监察机构领导体制及其职权

元代中央监察机构仍为御史台，掌纠察百官善恶、政治得失，长官称御史大夫，只有蒙古贵族才能担任，下设御史中丞二人、侍御史二人、治书侍御史二人。御史台设殿中司、察院，殿中司有殿中侍御史二人，察院有监察御史三十二人。与前代相比，御史台主要官员人数增加，品秩提高，其权势比前代加重。

元代监察制度的一个变化是在地方设行御史台，有江南诸道行御史台、陕西诸道行御史台。行御史台设官品秩，与内台相同。全国划分为二十二个监察区，即二十二道，分隶于御史台和行御史台。元初，诸道有提刑按察司，后改为肃政廉访司。每道设肃政廉访使二人。腹里地区八道肃政廉访司隶属御史台，江南十道隶属江南行台，陕西四道隶属陕西行台。设置行御史台、肃政廉访司，使御史台由单纯的中央监察机构转变为全国性的监察系统，结束了北宋以来中央监察与地方监察分别进行、多头负责的局面，改由御史台全权负责，御史台对地方的间接监察变成了直接监察。地方监察机构与中央监察机构形成组织上的隶属关系，上下连成一体，提高了地方监察机构的权威性，加强了中央对地方的控制。

### （六）明代监察机构领导体制及其职权

明初沿用前代旧制，在中央设御史台。洪武十三年（1380年）废御史台，十五年（1382年）设都察院作为最高监察机构，这是中国古代中央监察机构的一个重要变化。都察院的长官为左、右都御史各一人，其下有左右副都御史各一人、左右佥都御史各一人。都御史负责都察院的全面工作，在进行朝觐和考察大典时，会同吏部对官员是否贤能、有无贪污渎职违纪等进行了解，提出处理意见。对重大案件，还可会同刑部、大理寺共同审理。在明代，都御史与六部尚书共称七卿，威权甚高。

都察院内部机构有经历司、司务厅、照磨所、司狱司等。都察院下设十三道，以一布政司为一道，共置监察御史一百一十人，每道设七至十一人不等。监察御史既是中央派出分掌地方监察事务的官员，同时也分工兼管中央各机构的监察事务。

监察御史的监察活动是多方面、多层次的，可以奉旨在京城或地方专门审理或监理某事，也可以根据需要由都察院派出监察某些专门工作。例如检查档案，巡视京营，充任乡会试监考，巡视某些行政机构，巡视仓场、内库、皇城、学校、漕运、盐政、钞关、屯田等。

遇有战事，监察御史可以派往军队监军，发现地方官府有审案不实、不遵法律等情况，也可吊刷案卷，提审罪囚。监察御史的品秩不过是正七品，但权力很大，这是一种以小制大的办法。监察御史权力虽大，但也要受到约束限制。首先，对监察御史的选拔比较严格，一般须进士、举人出身，而且要经过考选试职之后方可实授。其次，监察御史虽有对各级政府官员及各项工作的监察权，但一般只能将了解的情况及处理意见上报皇帝而不能擅自处理。

御史之监察纠劾必须具体，确有实据，不许虚文泛诋，也不得以烦琐细微之事滥奏塞责。御史如挟私苛求及纠言不实要抵罪。奉命外出监理某事者，事毕回京要向都察院报告工作，都御史对其是否称职要写出评语上报。此外，御史本身必须清廉，以为表率。凡御史犯法，罪加三等，有赃从重论处。

明朝还建立了"巡按御史"制度，在明前期对王朝的巩固确实起到了一定作用。御史常代表皇帝出使巡察地方，具有相当大的权威。巡按御史以钦差大臣的身份巡行地方，考核吏治，惩治贪官，"大事奏裁，小事立断"（《明史·职官二》），权力极大，地方官皆畏之。这一制度的建立，限制了地方官贪赃枉法，对百姓也起了安抚作用。巡按御史出使期间，与当地省级长官地位平等，知府、知县谒见时要行跪拜礼，这就保证了监察的顺利进行。御史出巡期间，除行使监察权外，还往往被皇帝特命兼管某一专项工作，因而常常兼某职某差。这一制度后来逐渐演变为总督、巡抚之制。兼管行政、民政者，一般称为巡抚，兼管军务及行政、民政者一般称为总督。巡抚、总督比一般的巡按御史权力更大，可以"便宜行事"，但在组织系统上仍隶属于都察院。另外，也有一些总督在派出前先被任命为兵部尚书或侍郎，在组织系统上属于兵部。监察官员兼管行政、民政、军务，这既是监察权限的扩大，也是行政与监察权限的混淆。

为了加强对行政机关的监督，明初还设置了六科作为独立的监察机构。六科是按礼、户、吏、兵、刑、工六部而划分，各设都给事中一人，左右给事中各一人，给事中四至十人不等，直接对皇帝负责而不附属于任何机构。六科给事中与十三道监察御史合称科道官。

六科是明代废除中书省，由皇帝直接控制六部形成行政中枢后，为了加强对六部的监督而设立的，其主要职责是协助皇帝妥善处理政务，稽察驳正六部违误，对官吏进行监察，对皇帝进行规谏。明初规定，六科有封驳权，凡以皇帝名义发出的制敕，给事中要进行复核，看其中有无不当，如有不当可以封还并奏报，但这一规定在明中期已行不通了。六科以监察为主要职责，凡六部奏请皇帝施行之事，须先经给事中审查，如有不当之处，给事中有权驳回。内外所上章疏，给事中分类抄出，交给有关各部，如发现违误，可提出驳正意见。吏部尚书选任文官，要与吏科都给事中一同奏报皇帝。

六科给事中也可专门审理或监理某一事务，如监临科举考试，充任使臣，参加对重大刑狱案件的鞫问，其威权与御史相近。相比之下，六科的主要任务是对职能部门及其业务进行监察，在工作进行之中便发现并纠正可能出现的问题和偏差，避免可能造成的损失，有防患未然之意。而监察御史则比较侧重于对已经出现的违纪、犯罪行为进行弹劾。这种分工并不绝对，给事中也可像御史一样对各级机构和官吏进行弹劾，也可上疏议论朝政得失。

虽然从分工上看，都察院着重监察全国官吏和一般政府机关，而六科则按吏、户、礼、兵、刑、工六部的业务进行对口监察，但实际上六科给事中无所统属的组织形式势必侵夺都察院的权力，甚至造成互相对峙，给监察制度带来不利影响。

明代对地方监察机构也作了充实和调整，除在中央的都察院按十三行省建立了十三监察道外，各省设置提刑按察使司，一方面掌管司法，另一方面也是监察机构，负责监察本省官员。各省掌管行政、民政的承宣布政使司也有对下属官员的监察之责。提刑按察使司下属的分巡道以及承宣布政使司下属的分守道，都负有对地方官吏进行监督，以保证各项政策贯彻执行的职责。

在法定监察机构之外，明代还建立了庞大的特务组织，即锦衣卫及东厂、西厂、内行厂等。特务组织是皇帝对官员及人民进行监视、统治的工具。他们无视法纪，为非作歹，滥杀无辜，却不受监督、追究，致使正常的监察制度遭到严重破坏。

明朝的监察制度是在君主专制极端强化的情况下建立的，与前代相比，具有以下特点。

第一，机构完备，制度严密。全国上下任何一级部门的任何一个官员都处于被监察的地位，使其不敢有任何越轨行为，从而维持了国家纲纪，保证了皇权的极端强化。

第二，监察范围扩大。明代的监察范围超过以往历朝，渗透到各个工作环节，甚至将思想活动也列入监察范围，封建社会晚期大兴文字狱，与监察机构职责的扩大是紧密相关的。

第三，以内制外，以小制大。明朝的科道官是中央机构的官员，品秩不高，但皇帝却授予他们很大的权力，希望以此取得最佳监察效果。

第四，法外制度起着重要作用。明代厂卫是专制皇权极端强化的产物，其对官员的监察虽是法外制度，但却比法定制度的影响更大。

第五，监察机构完全成为天子的耳目，以往对皇权的制约作用完全丧失。

### （七）清代监察机构领导体制及其职权

清代加强了监察制度的建设，实现了台谏合一，建立了从中央到地方的监察系统，监察职能和监察对象进一步扩大，中国封建社会监察制度发展到了顶点。清末，随着君主专制制度的动摇，吏治腐败，贪污成风，监察制度严重失效，中国古代监察制度逐步走向瓦解。

清朝的监察体制与前朝相比，特点是监察权集中，更适应君主专制政体发展的需要。清朝初年效仿明制，分设六科与都察院。由于六科给事中无所统属的组织形式，极易侵夺御史机构的权力，甚至造成互相对峙，对监察制度带来不利影响，雍正年间，为了加强皇权，提高监察机关的效能，将六科并入都察院，都察院成为唯一的总管监察事务的中央机构。六科给事中稽查六部百司之事，十五道监察御史"纠察内外百司之官邪"，二者合称"科道"。六科并入都察院，简化机构，统一事权，扩大了都察院的权力。科道制的实行，强化了对国家行政机关的监督作用，是中国古代监察制度进一步强化和完备的重要标志。

都察院设左都御史为最高长官，左副都御史为副职，负责都察院的全面事务。右都御史为各地总督的兼衔，右副都御史为各省巡抚的兼衔，并非京官，所以中央都察院官衔特点为左系衔。

都察院享有弹劾权,可弹劾失职官吏;享有人事参与权,与吏部会同考核官员功过;享有会审大案要案权,凡死刑均由刑部、大理寺及都察院会同复核;享有甄别冤案权;还负责登记转抄皇帝批件及封驳,监察科举考试;巡视军营、仓库;负责朝会和典礼纠仪等。总之,都察院对行政、人事、司法都有监督权。

都察院下设十五道御史和六科给事中、五城察院、宗室御史处、稽察内务府御史处。

十五道御史按省区划分。每道一般设掌印御史满汉各一人,监察御史不等。清乾隆十四年(1749年),明确了十五道的职责,十五道除稽核各省刑名案件之外,同时分工稽察在京各衙门事务。中央各衙门都受监察机关的稽察,只有军机处不在稽察之列。另外,十五道本身无人稽察。

六科是吏、户、礼、兵、刑、工六科,每科各有掌印给事中满汉各一人、给事中满汉各一人。六科给事中的主要职责是:掌发"科抄",封还诏书,驳正题本违失,分稽各科相关政务。吏科稽察官员铨选、考核等;户科审查财赋,稽核捐项、杂税、漕粮、盐课、户关等;礼科稽察各种典礼、科举考试;兵科稽察军政、武官考试、考察等;刑科稽察刑名、参加秋审和朝审,监视朝审处决的行刑;工科稽察工程营建等。

六科并入都察院后,以监督弹劾百官为主要业务,加强了对中央各行政机构的监督,这在中国监察制度史上是一个较大的机构变革。另外,六科并入都察院后,皇帝通过军机处发布谕旨,给事中不再染指,使皇帝脱离了科臣的牵制,君主专制集权进一步加强。

五城察院负责监察京都地方,宗室御史处和稽察内务府御史处分别负责对宗人府和内务府进行财务监督。

清代针对地方设置的监督机构有两个系统,一个是都察院的十五道,由监察御史分管所辖地区,监察地方各级官吏;另一个是由地方长官组成的系统,总督、巡抚兼任的右都御史、右副都御史以及省级司法监察长官提刑按察使、财政民政长官承宣布政使和省下各道员,都有监察下属官员的权责。

### 三、中国古代监察法规建设

中国古代的监察法规经过历代的发展变化,逐步形成了一个体系完备、内容丰富的监察法规体系。该体系大致包括三个部分,一是行政法典(法规)中的察吏规定;二是官吏监督的特别规定;三是历代刑律中的吏律。

**(一)春秋战国时期的监察法规建设**

从传世和出土的文献看,春秋战国时期已有关于监察的法律规定。《周礼》一书为记载西周的典章制度,但据历代学者考证,实际反映的是春秋至战国时期的情况。《周礼·天官冢宰》记载了小宰、宫正、宰夫等的职责。小宰的职责是"掌建邦之宫刑,以治王宫之政令，凡宫之纠禁"，这里的纠禁就是"纠察职责"。宫正的职责是"掌王宫之戒令纠禁""辨内外而时禁，稽其功绪，纠其德行"，这里的纠禁是指对宫廷官吏遵守法令的监察，而稽功则是运用考监手段，察其德行以辨识官员执法与守法的情况。宰夫的职责是"掌治朝之法，以正王及三公六卿大夫群吏之位，掌其禁令""以官刑诏冢宰而诛之"。这说明，宰夫的重要职责之一就是根据官刑监察并惩治官吏中的不法行为。这些监察法纪并依法论处的规定，反映了当时职官法纪监察的基本内容和特点。

魏国有成文法《法经》，其条文涉及假借不廉、逾制等职官犯罪行为，将规范官吏行为、惩治职官犯罪行为作为立法的重点之一。

湖北云梦睡虎地出土秦简所涉时代跨秦统一前后，其中记载了秦代的法律条文、法律解释和法律文书，有关官吏履行职务与管理等方面的规定是其核心部分，涉及行政、人事、经济、司法、军事等多方面的国家事务，为监察活动提供了行为准则和法律依据。监察的内容是官吏不法行为，惩治手段是行政罢黜与刑罚。

### （二）秦汉魏晋南北朝时期的监察法规建设

秦在中央设御史大夫，负责监察百官，在地方设监御史，负责监察诸郡官员。秦代虽然还没有集中的监察法规，但从带有监察法性质的诏、令、律中可以看出，秦代的监察法规已逐渐趋于独立。

汉代继承秦的御史制，进一步发展了监察法规。汉初立《监御史九条》，亦称《御史九法》。惠帝三年（公元前192年），"相国奏谴御史监三辅"。"词讼、盗贼、铸伪钱、狱不直、徭赋不平、吏不廉、吏苛劲、逾侈及弩力十石以上、作非所当服，凡九条"，御史依此九条进行监察，但监察范围仅限于朝官和国都附近的三辅地区。

汉武帝元封元年（公元前110年），废御史。元封五年（公元前106年），设州刺史，并制定了古代第一部地方监察法规《刺史六条》，亦称《六条问事》《六条察郡法》，规定按其列举的内容巡察郡县。征和四年（公元前89年）又设置司隶校尉，按《刺史六条》监察京畿三辅、三河和弘农七郡的法纪。这些法规在加强对地方官吏监察的同时，进一步加强对朝官的监察。

《刺史六条》的内容是："一条，强宗豪右田宅逾制，以强凌弱，以众暴寡。二条，二千石不奉诏书遵承典制，倍公向私，旁诏守利，侵渔百姓，聚敛为奸。三条，二千石不恤疑狱，风厉杀人，怒则任刑，喜则淫赏，烦扰刻暴，剥截黎元，为百姓所疾，山崩石裂，妖祥讹言。四条，二千石选署不平，苟阿所爱，蔽贤宠顽。五条，二千石子弟恃怙荣势，请托所监。六条，二千石违公下比，阿附豪强，通行货赂，割损政令也"（《汉书·鲍宣传》）。以上六条之中，五条针对郡国守相、一条针对强宗豪右，显然重在举劾郡守紊乱纲纪的不法行为，是刺史督察所部的法律依据和范围。《刺史六条》不仅是地方郡守的基本行为准则，而且是约束刺史监察活动、防止滥用权力的重要工具。汉代对刺史的评价和升黜，往往是以执行《刺史六条》的情况为标准的。中国历史上系统的具有重大影响的监察法规，应首推《刺史六条》。《刺史六条》具有深远的历史影响,后世隋唐时期的监察法规仍采用《刺史六条》的形式。

魏晋南北朝时期的监察法规,基本上继承了汉代的法律规定,但在某些方面也有所发展,使监察法规进一步完善。这一时期的监察法规建设,主要是制定了一批对地方官吏在执法和履行政务方面的非法之举进行监察的法规。

曹魏以汉《刺史六条》为基础,制定《察吏六条》,具体内容是"察民疾苦冤失职者,察墨绶长吏以上居官政状,察盗贼为民之害及大奸猾者,察犯田律四时禁者,察民有孝悌廉洁行修正茂才异等者,察吏不薄入钱谷放散者,所察不得过此。"(《三国志·贾逵传》)

西晋制定了《察长吏八条》作为察吏的标准,内容是"若长吏在官公廉,虑不及私,正色直节,不饰名誉者,及身行贪秽,谄黩求容,公节不立,而私门日富者,并谨察之"。另外还颁布《五条律》,监察郡国官员,"一曰正身,二曰勤百姓,三曰抚孤寡,四曰敦本息末,五曰去人事"(《晋书·武帝纪》)。

北周以"九条监诸州","一曰决狱科罪,皆准律文。二曰母族绝服外者听婚。三曰以杖决罚,悉令依法。四曰郡县当境贼盗不擒获者,并仰录奏。五曰孝子顺孙义夫节妇,表其门闾,才堪任用者即宜申荐。六曰或昔经驱使,名位未达,或沉沦蓬荜,文武可施,宜并采访,具以名奏。七曰伪齐七品以上已敕收用,八品以下爰及流外,若欲入仕皆听预选,降二等授官。八曰州举高才博学者为秀才,郡举经明行修者为孝廉,上州上郡岁一人,下州下郡三岁一人。九曰年七十以上依式授官,鳏寡困乏不能自存者,并加禀恤。"(《周书·宣帝纪》)

### (三)隋唐时期的监察法规建设

隋唐时期的监察法规比较具体,简明易行,监察程序严格,主要的监察法规是隋的《司隶六条》和唐的《监察六法》。

隋炀帝时增置监察机构司隶台,并规定其以《司隶六条》监察地方,具体内容是:"一察品官以上理政能不。二察官人贪残害政。三察豪强奸猾,侵害下人及田宅逾制官司不能禁者。四察水旱虫灾不以实言枉征赋役及无灾妄蠲免者。五察部内贼盗不能穷逐,隐而不伸者。六察德行孝悌,茂才异行,隐不贡者"(《隋书·百官志》)。后来虽然撤司隶台,改以京官临时任司隶从事,巡察地方,但这六条依然是监察的依据。

唐代规定十道巡按依据《监察六法》监察地方。《监察六法》是参照隋制在唐初制定的,具体内容是:"其一,察官人善恶;其二,察户口流散,籍帐隐没,赋役不均;其三,察农桑不勤,仓库减耗;其四,察妖猾盗贼,不事生业,为私蠹害;其五,察德行孝悌,茂才异等,藏器晦迹,应时用者;其六,察黠吏豪宗,兼并纵暴,贫弱冤苦不能自申者"(《新唐书·百官志》)。《监察六法》通过对吏治、户口、财政、生产、治安、人事、司法等方面政绩的稽察,对地方官吏的品行作出评价,然后报请皇帝进行黜陟。《监察六法》的实施对贞观之治的形成起到重要的作用。

武则天时，制定《风俗廉察四十八条》，进一步充实了监察法规的内容并使之系统化。

从隋的《司隶六条》和唐的《监察六法》可以看出，隋唐两代的监察侧重于惩治贪官污吏，强调对官员的考核和发现人才，注重对农业生产以及官员任内的经济发展等。

**（四）宋元时期的监察法规建设**

宋代的监察法规基本上继承唐的《监察六法》，按照"岁行所部，检察储积，稽考帐籍，凡吏蠹民瘼，悉条以上达，及专举刺官吏之事"（《宋史·职官志七》）五方面进行。在官吏权力方面，重点监察植党专权，为官跋扈，假权报怨等；在官风方面，主要纠举不学无术等；在礼仪方面，主要追究入朝失仪，不守正，事交结等；对于官员能力和素质的监察，重在不能经边事、老疾不任事、轻变禁法等方面。

此外还颁行了《诸路监司互察法》，规定诸路各机构及下属官员要互相监察对方的不法行为。监司郡守对下属官员违法者，必须依法按治。

金代虽然是少数民族入主中原，但对监察制度的建设却相当重视，尤其是严格而周密地规定了监察官的责任。金世宗大定年间，明文规定"纠弹之官，知有犯法而不举者，减犯人一等科之"。对不称职的监察官"大则降罚，小则决责"，受到惩处后仍不许去官。宣宗贞祐年间还制定了《监察御史黜陟格》，将监察官的任职表现分为三等，"以所察大事至五，小事至十，为称职；数不及，且无切务者为庸常；数内有二事不实者为不称职"（《金史·志》），然后定其升擢或降免。兴定年间，又订《监察御史失察法》等监察法规。

元代的监察法规主要是御史台的《宪台格例》，行御史台的《行台体察等例》，提刑按察司的《察司体察等例》《察司合察事理》，廉访司的《合行条例》等。

《宪台格例》"定台纲三十六条"，规定了御史台的职权范围和工作规范。根据这一法规，御史台的职权甚重，例如，规定御史台可"弹劾中书省、枢密院、制国用使司等内外百官奸邪非违，肃清风俗，刷磨诸司案牍，并监察祭祀及出使之事""中书省、枢密院、制国用使司，凡有奏禀公事与御史台官一同闻奏""诸诉讼人等，先从本管官司陈告，如有冤抑，民户经左右部，军户经枢密院，钱谷经制国用使司，如理断不当，赴中书省陈告，究问归着。若中书省看循或理断不当，许御史台纠弹。"（《元典章·台纲》）

《行台体察等例》共三十条，规定行御史台监察"行中书宣慰司及以下诸司官吏"，条款更为具体严格。

《察司体察等例》共三十条，规定纠举京府州县诸路官吏的违法事件，条款侧重于察劾对谋反叛逆的镇压失利、农桑谋事失职以及其他经济问题。监察的范围更为广泛，规定更为详细。

**（五）明清时期的监察法规建设**

明代的监察法规建设较前代有进一步的发展，清代更是集历代之大成，制定了最完备的监察法规，使中国古代监察制度发展到了顶点。明清时期的监察法规不仅明确规定了监察机构的各项权限、监察官员的活动方式和法律职责,而且制定了具体的部门监察法规以及实施细则。

明清时期的监察法规主要有行政法典《明会典》《清会典》中的察吏规定、都察院工作规范与实施细则《宪纲条例》《钦定台规》《都察院则例》,以及刑律《明律》《清律》中的相关条款。这些法规的内容可概括为:

第一,都御史有三劾权。三劾权一是大臣奸邪,小人构党,作威福乱政者纠劾;二是百官猥茸贪冒,坏官纪者纠劾;三是学术不正、上书陈言变乱成宪,希进用者纠劾。显然这三劾权主要是针对京都官员而行使的。

第二,都御史出外任巡抚,以六条巡察,即清吏治、惩盗贼、肃边政、恤灾黎、进耆老、便人民。

第三,监察御史出任巡按(又称巡按御史),以七条巡察,即雪冤狱、清军役、正官风、劾官邪、清属吏、正法纪、肃盗匪。由此可见,巡按的职权范围相当广泛,权威甚重。

第四,清顺治时期制定互监法,规定监察御史"操守当洁清,举劾当得宜,抚按当互纠"。"凡定差不公,考核不当,巡按贤者不荐,不肖者不纠,诸御史亦得论劾。"(《清史稿·朱弼之传》)同时还规定,监察御史除正确执行监察规定外,履行职责也必须尽心尽力,一旦发生错误要负全部责任。互监法强调了对监察御史职权的再监察,增强其不避权贵的信心。

第五,在《明律》和《清律》中还规定了监察官员违律追究的刑律条款。

## 四、中国古代的谏诤制度

中国古代臣民对君主的规劝通常称为"谏",其实质也是一种自下而上的监督,对君主的最高权力起到了一定的制约作用。中国古代监察制度有一个致命缺陷,即缺乏对君主的监察,而谏诤制度的确立,是对君主廉政与勤政的有限度的监察。通俗地说,谏诤是对君主言行违失的直言批评,规劝其改正错误。谏官源于宫廷侍从官,常随侍君主左右,可直接面奏君主并可直接参与朝廷决策;其言事范围大,独立性强,凡涉及朝政方针之事及皇帝个人举止言行,均可提出批评、建议,无所限制,而且谏官言事无须任何人批准,更不受行政长官的牵制,直接对君主个人负责。谏诤制度是监督君主决策缺失的重要机制,是国家监督的重要组成部分,为统治者普遍重视。

夏商时期,臣下对君主的监督主要来自辅政的长老和近臣,但这种监督并无制度上的保障。君主可以听,也可以不听,甚至可以致进谏者于死地。夏末关龙逢,商末梅伯、比干等进谏被杀,就是典型的事例。

西周时期,吸取商亡的教训,君主对来自贵族内部的监督比较重视。不仅长老、近臣可以规谏,下层贵族、平民也可以批评,称之为诽谤。所谓"国人谤王",就是指平民批评君主的情况。但是,从制度方面看,无论是公卿的规谏,还是平民的诽谤,对君主都没有强制性约束力,君主可听可不听,甚至可能会惩办谏者、谤者。

春秋战国时期，大国争霸，为使国家富强，少数开明的君主广开言路，鼓励进谏和谤议，设置专职谏官或采取特殊的奖励措施。春秋齐桓公时设大谏，战国赵武灵王时设左右司过，都是专职谏官。齐威王悬赏纳谏，宣布："群臣吏民，能面刺寡人之过者，受上赏；上书谏寡人者，受中赏；能谤讥于市朝，闻寡人之耳者，受下赏"，此后曾一度出现"群臣进谏，门庭若市"（《战国策·齐一》）的盛况。

秦始皇统一全国后，建立起极端的专制集权统治，把臣民对君主的批评、议论定为最严重的犯罪，要处以极刑。秦代虽然设置掌管论议的谏议大夫，但却备而不用，君主成为完全不受监督的统治者。

汉代设置谏大夫或谏议大夫，废除了秦"诽谤者族"及惩治"妖言"的法令，但实际上，批评皇帝的过失还是要治罪的。在汉朝的法律中，有"非所宜言"的罪名，又有"腹非"罪的决事比（决事比即可以比附定罪的案例）。一些大臣因言得罪，谏官往往不敢放手履行职责。

魏晋南北朝时期，皇权衰落，政局不稳。君主为了减少失误，稳定政权，比较重视谏官，注意发挥谏议的作用来改善统治。东汉时期隶属于少府的侍中寺，至晋代发展成与尚书省、中书省并列的门下省，其主要职责就是谏议。南北朝时期增设的集书省，亦有谏议的职责。梁武帝在隶属于门下省的公车府设置谤木函，东魏在宫门放置纸笔，其目的都是提倡鼓励谏议、批评。

隋朝的言谏制度基本沿袭北齐，只是将集书省并入门下省。内史、门下二省的官员都有进谏的职责，但主要负责进谏的是门下省散骑常侍、通直散骑常侍、谏议大夫、散骑侍郎、给事等。虽然设置了这些谏职，但隋文帝、隋炀帝都厌恶进谏，后者尤甚。隋文帝猜忌苛刻，处事独断；隋炀帝对谏者更是视若仇敌。他曾说："我性不喜人谏，若位望通显而谏以求名者，弥所不耐。至于卑贱之士，虽少宽假，然卒不置之地上"（《资治通鉴》）。因此，隋朝的谏议制度形同虚设。拒谏是隋亡的重要原因之一。

唐初统治者深刻吸取隋亡的教训，注意集思广益，避免失误，十分重视谏官的作用。唐太宗诚心求谏，虚心纳谏，奖励谏者，言官谏议制度因此而发展、完备起来。除了继承前代做法，令高级官员随时进谏外，唐太宗即位之初就制定了谏官随宰相入阁议事的制度，在门下省、中书省分别设置专职的谏官左右散骑常侍和左右谏议大夫。武则天时增设左右拾遗和左右补阙。左散骑常侍等隶门下省，右散骑常侍等隶中书省，两省各设一套谏官，目的是保证言谏范围的广泛。谏官言事的方式主要有廷争与上封事两种。廷争是在朝廷上当面指出皇帝的失误，上封事是书面指陈朝政得失。唐代先后有谏官十日一上封事和每月一上封事的规定。谏官言事的内容主要分两类，一类是对皇帝的讽谏，另一类是对宰相过失的指斥。每逢廷议，谏官优先于其他官员言事。除了专职谏官言事外，武则天以后的知匦制，设招谏匦，也是谏议的一种方式。尚书省左右丞和门下省给事中行使封驳权力，纠正皇帝、宰相违失，则是特殊意义上的谏诤。

在专制君主制度下，无论统治者名义上、制度上如何重视谏诤，其实际效果毕竟有限。

《唐律》"十恶"大罪中有大不敬罪,大不敬的表现之一就是"指斥乘舆,情理切害"。谏言与大不敬之间实际上是很难严格划清界限的,即使是号称求谏不倦、从谏如流的唐太宗,有时也把谏言当作讪谤。

宋代为适应进一步专制集权的需要,谏官的作用逐渐缩小,台官的作用却逐渐增强。宋初虽设置谏官,但徒有其名,谏官之谏议大夫、补阙、拾遗,多出领内外职任,而不专负谏诤之责。宋太宗时,改左右补阙为左右司谏,左右拾遗为左右正言。宋真宗时,设谏官六员,并规定谏官在规谏皇帝纠正过失的职责之外,增加奏劾检举臣下不法行为的权力。这是宋朝监察制度上的一个重要变化,从此开始了台谏合一的过程。为了强化谏官奏劾百官的职能,宋仁宗时,将谏官由中书、门下省分出,设置谏院,谏院与御史台平行。谏院设官六员,以司谏、正言或两省官供职,谏议大夫、司谏、正言除特旨供职者外,不再负责谏诤之事,其谏官的称谓成了虚衔,这进一步弱化了谏诤制度,谏官的功能进一步向以监督朝廷百官为主转化。同时,又准许台官兼行谏诤,台谏之职趋于合一。

元代不设专职谏官。规谏在政治活动中的作用进一步弱化。

明代延续自宋代开始的台谏合一的趋势,已不设专职的谏官,但设置了有规谏之责的六科给事中。六科给事中是明代废除中书省改由皇帝直接控制六部后,为加强对六部的监督而设置的,按礼、户、吏、兵、刑、工六部分为六科,各设都给事中一人,左右给事中各一人,给事中四至十人不等,其主要职责是协助皇帝妥善处理政务,稽察驳正六部违误,对官吏进行监察,同时也负责对皇帝进行规谏。

清代实行台谏合一制。雍正时期,有规谏之责的六科给事中并入都察院,规谏制度也趋于衰亡。

### 五、中国古代监察制度的特点

中国古代的监察制度具有以下特点:

1. 为皇权服务,直接向皇帝负责

中国古代监察制度的根本目的在于维护皇权统治,是否效忠皇权是中国古代监察机构制定政策和弹劾、监察的根本出发点。宋以后,监察部门长官改由皇帝直接任命,监察宰相以下百官。明代的巡按御史可代表皇帝出巡,督察地方,更是体现了直接向皇帝负责的特点。

2. 为维护中央集权服务,严密控制地方

中国古代历代针对地方的监察制度周密而完备。这对保证中央对地方的控制,有效贯彻实施中央的政令,整肃地方吏治,防止地方长官搞独立王国,保证国家统一起到了重大作用。但由于控制过紧,地方官员积极性受到压抑,创造性难以发挥。中国古代官场唯上是从、唯命是从等习气的形成均与此有关。

3. 重视惩治职务犯罪

中国古代监察的主要任务之一是对官员的劣政与不法行为依法监察,惩办贪官污吏,惩治职务犯罪。凡在任期间有身行贪黩、诏黩求容、挟私报怨、悖礼弃常、不率法令、失察失报、农桑荒废、公节不立、私门日富、家人扰害等劣政及行为的，在官风、礼律、度量、教化、课事、名节、法令、廉行等方面违制不法的，均视为职务犯罪，要受到监察，并以律问罪。

4. 监察官员的地位相对独立

为了发挥监察机构的作用，历代王朝还赋予监察机构属下的监察官吏以相对独立的地位，在纠弹官吏时直接对皇帝负责，而不受监察机构主官的牵制，从而保证各级监察官本身通过"互纠"而纳入接受监督和弹劾的范围以内。所谓"台官无长官"就是此意。唐以前已有这样的惯例。唐代除了开国初期，御史弹事无须禀告大夫。宋代自神宗时起，允许御史直接弹事。元明两代，监察官员的独立性更加明显。统治者允许监察官独立行使弹劾权，目的在于减少壅隔，提高监察效能；也是为了对官吏进行广泛的监督，即使监察官员本身也可以互纠，而无人可以免于监察，不论是主官还是属员。

5. 对监察者实行再监督

在我国历代的监察立法中，规定了监督者的尽责与反坐。不仅明确要求监督者要循法不避权贵，不违法纪，真正做到秉公执法，而且把失职违法规定为最严重的职务犯罪，规定察吏不得因贵废法、以功废法、以恩废法、以亲废法，凡有徇情枉法者以同罪论，规定监察官吏的法律责任高于一般官员，对监察者实行再监督，失职者要依法论处。

6. 既严厉处罚诬告又允许根据传闻进行弹劾

中国古代大多对监察官员利用职权挟私诬陷他人者处罚十分严格，一般以诬告罪实行反坐，即科以诬告他人所犯罪名应处的刑罚；但是也对一般纠举失实的情况不予深究，有时甚至允许御史"风闻弹事"，就是监察官员可以根据风闻所知弹劾官吏而不论是否属实。至少在东晋以后已实行"风闻弹事"的制度。唐武则天时，也"许谏官御史得以风闻言事"，随后"宋人因按以为故事"。清朝又允许都察院弹劾贝勒大臣，"即所奏涉虚，亦不坐罪"。虽然这势必产生捕风捉影、中伤污蔑的弊端，显得十分荒谬，但在皇帝看来，要求监察官员言必有实据会束缚监察机关的手脚，允许"风闻弹事"是为了使监察机关放胆地行使弹劾权，有利于以"风闻访知"的名义隐略诉主的姓名，保护其权益不受侵犯。至于当政者利用御史弹劾作为打击政治反对派的工具，"风闻弹事"更有特殊的作用。因此，历代统治者往往不去顾及由此可能产生的反面效果。

7. 监察制度基本上有章可循，但尚不科学完备

汉武帝时制定的《刺史六条》、唐玄宗时正式颁行的《监察六法》、宋代关于御史的有关规定、明代关于监察的十项权责，是中国古代监察制度法律化、制度化的具体体现。但总的来看，这些制度尚不够科学和完备。如魏晋南北朝时期，监察部门的职权比汉代大大强化，御史中丞"无所不纠"，这虽然有利于纠正动荡社会中的混乱吏治，但对监察部门自身的监察却不完备，造成了监察官员权倾朝野、缺乏制约的现象。宋代虽然规定了监察官员应具备的资历和素质，在这方面比前代更完备，但在弹劾程序上又很粗疏，规定可以凭道听途说进行弹劾，事后又可不受追究。这就容易造成冤案，一些官员的才干也难以施展。

### 8. 职责重复，机构重叠

中国古代官僚机构的臃肿与扯皮推诿、办事效率低下等现象，在监察部门同样有所体现。如唐代一台三院中的察院与台院和殿院、宋代的御史台与谏院、明代的都察院与六科都不同程度地存在职责重复、机构重叠的问题，都容易形成扯皮推诿之风。

### 9. 监察权和行政权的混淆影响了监察效率

中国古代虽然对行政权和监察权已有所区分，但仍常出现行政权和监察权混一的现象，造成监察职能的弱化甚至丧失。如西汉时的御史大夫为丞相辅弼，兼有行政和监察长官的性质。御史大夫受制于丞相，致使监察机构对行政的监督受到局限和制约。东汉末年的州牧由原来的监察刺史演化为地方长官，监察职能完全丧失。唐宋时期派出的巡察大使，如按察使、观察使等，也由监察转化为操纵地方行政，这些既是监察权限的扩大，也是行政与监察权限的混淆，致使监察效率降低，法纪混乱。明代的"巡按御史"兼管地方行政、民政、军事，与行政权严重混淆，更是造成了监察部门职能上的混乱。清朝中后期，巡抚作为一级监察官员，直接进入地方，成为地方行政长官，同时又兼任副都御史衔，以致重蹈前代的覆辙。

## 第二节 中国近代监察制度

### 一、中华民国的监察制度

1911年爆发的辛亥革命推翻了清王朝的统治。1912年元旦，孙中山在南京宣誓就任临时大总统，正式宣告了中华民国的成立，结束了中国两千多年的封建帝制。不久，在帝国主义、袁世凯、革命阵营内部一些人施加的强大的内外压力下，以孙中山为首的革命党人同意让出政府，袁世凯则表示赞成共和，并逼迫清帝退位。2月15日，临时参议院选举袁世凯为临时大总统。孙中山为了限制、约束袁世凯，防止其独裁，组织制定了《中华民国临时约法》，并于1912年3月11日予以颁布。《中华民国临时约法》根据资产阶级"三权分立"的原则，在中国确立了资产阶级政治制度，确认了中华民国为资产阶级民主共和国。《中华民国临时约法》是中国第一部具有宪法性质的文献，在反对专制、对权力进行监督方面具有深远的历史意义。

#### （一）北洋军阀统治时期的监察制度

1912年3月至1928年6月，是中国历史上的北洋军阀统治时期。北洋政府是袁世凯窃夺辛亥革命成果后建立的封建军阀独裁政权。袁世凯上台后便一步步破坏《中华民国临时约法》，于1914年5月颁布《中华民国约法》，将总统的权力规定得与皇帝相差无几，其目的就是摆脱监督，实行专制统治。北洋政府初期，法律尚待制定，故监察机构并未设置。后因机构组建日趋完备，官吏人数激增，相伴而来的违法失职行为举目皆是，在一定程度上危及袁世凯的统治，于是在"民国"三年（1914年）4月10日公布《纠弹条例》，设置平政院肃政厅，专司违法和失职官吏的举发。

平政院设院长一人，特任，直属大总统，指挥、监督全院事务，院长有事故时由官等最高的评事代理。平政院置总会议，由院长和评事组成，院长为议长，议决的事项由院长决定。平政院分设三个审判庭，掌理行政诉讼审理权，每庭由评事五人组成，对中央或地方各级行政官署的违法不当行为、损害人民权利的案件等，经人民陈诉进行审理。平政院设肃政厅行使纠弹权。肃政厅设都肃政史一人，由大总统任命，指挥监督全厅事务；设肃政史，定额为十六人，肃政史的选任由平政院院长、各部部长、大理院院长及高等咨询机关密荐，呈大总统选命。肃政厅设总会议，由都肃政史及肃政史组成。都肃政史为议长，议决事项除特别规定外，由都肃政史经肃政史四人以上同意方可决定。肃政厅于民国五年（1916年）裁撤。北洋政府时期，一直没有设置地方监察机构或中央在地方派驻的监察机构。

民国初年，政党林立，国会中有由同盟会扩大而来的国民党与立宪派的进步党对峙制衡，对政府形成监督。1913年11月，袁世凯解散国会中的国民党党团，此后多党制的政党监督不复存在。

**（二）南京国民政府时期的监察制度**

1. 南京国民政府监察制度的形成

1924年，孙中山接受中国共产党的建议，改组国民党，组成革命统一战线。1925年6月，国民党中央执行委员会政治委员会决议设立监察机关；7月，中华民国国民政府在广州正式宣告成立，并颁布了《国民政府监察院组织法》；8月，成立监察院，设监察委员5人，但实际上的最高监察机构是国民党中央监察委员会。该委员会拥有监察党政的职权。

1926年7月，国民政府发动了北伐战争，于1928年6月摧毁了北洋政府在中国的统治。1927年4月18日，在南京建立了以蒋介石为首的国民政府。1928年10月，国民党中央常务委员会通过了《训政纲领》，宣布对全国人民实行"训政"。《训政纲领》根据孙中山"五权宪法"的学说，把整个国家权力分为政权和治权两个部分，即以选举、罢免、创制、复决组成的政权和以行政、立法、司法、考试和监察组成的治权。在以蒋介石为首的国民党的把持下，《训政纲领》法定国民党为最高训政者，事实上把国民党的中央政治会议提高到了支配政府和整个国家的地位。

1928年10月8日，国民党负责训政的最高机构中央政治会议分别通过了立法、行政、司法、考试、监察等五院组织法。同年10月10日，五院制国民政府在南京成立。立法院为最高立法机关，行政院为最高行政机关，司法院为最高司法机关，考试院为最高考试机关，监察院为最高监察机关。五院在名义上相互联系、相互制约又彼此独立。

《国民政府监察院组织法》规定：监察院依法行使弹劾、审计权。监察院对主管事项，可向立法院提出议案。监察院由院长、副院长各1人，监察委员19至29人（1931年12月增加为30至50人)及秘书处等幕僚机关组成。院长、副院长由国民党中央选任,监察委员最初是由监察院长提请国民政府任命,1937年规定其中一半由法定人民团体选举。监察院本部掌管中央监察事宜,由监察委员行使弹劾权。另由监察院派出监察使,分赴各监察区行使弹劾权。监察使由监察委员兼任,监察区由监察院决定。此外,原为独立机构的审计部门,也于1931年2月归入监察院,称为审计部。

1931年5月5日召开的国民会议讨论并通过了《训政时期约法》。1936年5月5日,国民政府正式公布了经国民党中央审查修改并经蒋介石批准的宪法草案,即《五五宪草》。《五五宪草》套用了孙中山先生"五权宪法"的形式,掩盖了其集大权于总统一身的实质。

抗日战争胜利后,迫于全国人民的压力,国民党于1946年1月10日在重庆召开有共产党人和各民主党派以及无党派民主人士参加的政治协商会议,达成了召开国民大会、改组国民政府和关于宪法问题的协议。这些协议,显然不利于国民党一党专政和蒋介石个人独裁。不久,蒋介石撕毁了政协决议,并于1946年11月15日召开了共产党、各民主党派及无党派民主人士拒绝参加的"国民大会",通过了与《训政时期约法》和《五五宪草》一脉相承的《中华民国宪法》。

1947年12月25日,《中华民国宪法》开始实施;1948年3月,行宪国民大会召开,选举总统、副总统;5月组成行宪政府,把训政时期的五院转为宪政时期的五院,但基本制度无大变化。依照《中华民国宪法》,国民政府监察院为国家最高监察机关。监察院设监察委员,由各省市议会和蒙古、西藏地方的议会及华侨团体选举。监察院设院长、副院长各1人,由监察委员互选。监察委员任期六年,连选得连任。监察委员享有不受逮捕权,除现行犯外,非经监察院许可,不得逮捕和拘禁。

2. 南京国民政府监察院及其职责

监察院主要行使同意、弹劾、纠举及审计等监察权,其主要内容包括:

第一,同意权。同意权的内容是:司法院院长、副院长、大法官,考试院院长、副院长、考试委员,都由总统提名,经监察院同意后由总统任命。监察院拒绝时,总统要另行提名。监察院行使同意权时,须由监察委员过半数通过。

第二,调查权。监察院为行使监察权,可向行政院及其各部会调阅其所发布之命令及各种有关文件。

第三,纠正权。监察院按行政院及其各部会之工作,分设若干委员会,调查一切设施,注意其是否违法或失职。监察院经各委员会之审查及决议,可提出纠正案,移送行政院及其有关部会,使其注意改善。同时明确规定,行政院或有关部会,在接到纠正案后,应即为适当之改善与处置,并应以书面答复监察院。如逾两个月仍未将改善与处置之事实答复监察院,监察院有权质问。

第四,纠举权。对于中央及地方之公务人员,监察院认为有失职或违法情事的,可提出纠举案。纠举权针对的是公务人员的违法失职行为,与上述纠正权有所区别。

第五,弹劾权。对于中央及地方之公务人员,监察院认为有失职或违法情事的,可提出弹劾案。监察院弹劾公务员或司法、考试人员，须由监察委员1人以上提议、9人以上审查及决定，方可提出；弹劾总统、副总统须有全体监察委员四分之一以上之提议，全体监察委员过半数之审查及决议，方可向国民大会提出。

第六，审计权。审计权由监察院行使。监察院设审计长，由总统提名，经立法院同意任命。审计长应于行政院提出决算后三个月内，依法完成其审核，并向立法院提出审核报告。

除此以外，监察院还依法享有监试权。1933年的《中华民国监试法》明确规定：举行考试时，由考试院或考选机关，分请监察院或监察委员行署派员监试。凡组织典试委员会办理之考试，应咨请监察院派监察委员监试。凡考试院派员或委托有关机关办理之考试，得由监察机关就地派员监试。监试时如发现有潜通关节、改换试卷或其他舞弊情事者，应由监试人员报请监察院依法处理之。考试事竣，监试人员应将监试经过情形呈报监察机关。

3.南京国民政府监察制度的特点

第一，监察机构独立设置，分区监察。首先，在中央政府设置独立的监察院，将监察权与立法、行政、司法、考试等国家权力并立，有利于对国家机关及其公务人员进行全面的监督，有利于监察权的统一行使，有利于强化国家监察权的效能。其次，划分监察区并派出监察使分赴各监察区，这一做法与汉代设置部州和州刺史很相似。上述均为南京国民政府监察制度的重要特点，也是其深受中国古代监察制度影响的具体表现。

第二，监察机构拥有较广泛的监察权。监察权中最主要的两项是弹劾权和审计权，加上其他各项监察权，构成了一个主次分明的权力系统。但在实际中，监察机构往往不敢执法，形同虚设。

第三，监察法规体系较为完备，但往往徒具虚文。南京国民政府除颁布《中华民国国民政府组织法》，确立监察院的地位及职权外，还专门制定了《中华民国国民政府监察院组织法》，具体规定了监察院的组织及其权限。1947年《中华民国宪法》明确规定了监察院为国家最高监察机关。此外，根据宪法的原则规定，还先后制定了《中华民国监察法》《中华民国监察法实施细则》《中华民国审计法》《中华民国审计法实施细则》等具体法规。这些法规从字面上看比较严密，但多数是抄录西方国家的法规条文，在实际中始终未能真正发挥作用。

第四，个人控制。南京国民政府设立的五院，虽然在形式上遵循孙中山先生的"五权分立"学说，但实际上五院包括监察院均由国民党或蒋介石个人控制。在这一政治体制下建立的监察机构，难以真正依法进行监察。

## 二、革命根据地和解放区的监察制度

### （一）土地革命时期红色根据地的监察制度

1.监察委员会的设立及其职责

红色根据地政权建立之初，由于物质条件极为艰苦，贪污腐化少。但这时并不是没有贪腐现象，另外也还存在其他违法失职行为。为此，红色根据地建立了早期的监察制度。最早在红色根据地建立监察制度的是鄂豫皖苏区。

在中华苏维埃共和国成立之前，鄂豫皖苏区就根据1931年7月颁布的《鄂豫皖区苏维埃政府临时组织大纲》的规定，建立了工农监察委员会。苏区及所辖县、乡都分别由同级苏维埃代表大会组建工农监察委员会，在代表大会的领导下进行工作，与同级苏维埃执行委员会处于同等的法律地位。

1931年7月《鄂豫皖苏区苏维埃政府工农监察委员会条例》颁布，规定工农监察委员会的职权主要是：（1）考察各级政府执行政策法令的情况；（2）检查苏维埃工作人员的官僚腐化和违法失职行为；（3）接受工农群众对公职人员的控告和申诉事件；（4）工农监察委员会的工作人员可以参加苏维埃的各种会议，查阅有关文件、记录和账册，并于必要时与执行委员会共同决定，由工农监察委员会颁布清洗苏维埃机关的条例，领导并执行这一工作。

2. 检察机关的设立及其任务

1931年11月，中华苏维埃第一次全国代表大会在江西瑞金召开，宣告了中华苏维埃共和国的正式成立，颁布了《中华苏维埃共和国宪法大纲》，并按照该宪法大纲设立了作为共和国最高行政机关的人民委员会。人民委员会下设的"工农检察人民委员部"，是兼有行政监察、职务犯罪检察等职能的监督监察机关。该委员部隶属于政府，是国家行政机关的组成部分，在体制上与鄂豫皖苏区那种与同级苏维埃执行委员会平行的工农监察委员会显著不同。后来，工农检察人民委员部更名为工农检察委员会，原设在省、市、县、区各级地方政府内部的工农检察部也更名为工农检察委员会。各级检察机关的主要任务是：（1）监督行政机关、公营企业及其工作人员坚决维护工农利益，正确执行苏维埃政纲和各项法律、法令；（2）受理工农群众对机关、公营企业及其工作人员的控告；（3）领导人民同苏维埃机关中的官僚主义作斗争。

为保证上述任务的执行，工农检察委员会可以对监督对象采取两种监督方式。一是临时性的突击检查，二是有计划的检查。无论是临时性的还是有计划的检查，都要将检查结果公之于众，一方面向工农检察部门的全体工作人员报告检查情况，另一方面在报刊上公布结果以期引起各方面的关注。公布检查结果是红色区域工农检察机关活动的一个重要特点，也是土地革命时期初创的监察制度的一个重要特色。工农检察委员会对于检查发现的问题，有责任分情况依法处理。一般来说，属于工作上的问题，可以直接向被检查部门提出改进建议，被检查部门如果不予采纳，提请政府的执行委员会以命令执行；属于行政工作人员违反纪律的问题，可以建议执行委员会给予纪律处分；属于触犯刑律、构成犯罪的问题，须将案件移送司法机关，由司法机关依法处理。作为监察机关，当时的工农检察委员会的主要职权是检察，而且主要是通过检查来实施监督，对具体问题并不享有直接的最后处理权。

3. 改善监察制度的措施

红色区域的工农检察机关，在有效地监督国家行政机关及其工作人员的行政活动、保证依法行政、加强政府工作、支援革命战争等方面，都起到了重要作用。但是，工农检察机关在建立初期也存在不少问题，以致响了正常的监察工作。为改变这种局面，中央临时政府在总结实践经验的基础上，采取了一系列措施以改善监察制度：（1）加强中央工农检察委员会的领导力量；（2）明确规定省和中央直属市由13至21人、县和省属市由9至11人、区和县属市由5至7人组成各级工农检察委员会；（3）工农检察委员会主要负责人不兼职、不轻易调动，以保持工农检察队伍的领导的稳定性；（4）确定编制定员和工作人员职守，以建立一支专职工作队伍，省工农检察机关配备固定工作人员9至10人、县7至9人、市区5至7人，各司其职，分工处理各项日常工作，不担负与检察工作无关的其他任务；（5）在一切国家机关、企业、作坊、学校、社会团体、城市街道及广大乡村中，广泛发展通讯员，组织通信网，吸收公正无私、密切联系群众的活跃分子参加监督检察工作。这些措施的贯彻执行推进了工农检察机关的建设，加强和逐步完善了红色区域的监察制度。

抗日战争时期，由于客观环境的变化，抗日根据地政权废止了监察机构的建制，已经初步建立起来的监察制度也停止了发展。

### （二）解放区的监察制度

解放战争时期，监察制度在华北解放区和陕甘宁边区得到了较大发展。1948年8月，华北人民政府设置了人民监察院，根据《华北人民政府组织大纲》和《华北人民政府各部门组织规程》的规定，华北人民监察院是华北人民政府所属的行政监察机关。监察院设院长1人，由华北人民政府一名副主席兼任。监察院在院长领导下，设人民监察委员会，由院长和政府任命的人民监察委员5至9人组成。人民监察院的主要任务是：（1）检查、检举并拟议处分各级行政人员、司法人员、公营企业人员的违法失职、贪污浪费、违反政策、侵犯群众利益等行为；（2）接受人民和公务人员对各级行政人员、司法人员以及公营企业人员的控诉与举发，并拟议处理办法；（3）其他有关整肃政风事项。监察院在实施监察的职务活动中，有权对有关机关进行调查，有关机关必须接受调查，并提供必要的材料。决议交法院审判的，须提交法院审理，法院对这类案件应予以受理，并应在审结以后函告监察院；决议涉及有关行政机关的，须提请华北人民政府主席批交各有关行政机关处理。

继华北人民政府设置监察院之后，陕甘宁边区也在1949年4月设置了隶属于边区政府的人民监察委员会，其性质、任务、职责权限和活动原则与华北人民监察院基本相同。

虽然解放区建立监察制度的时间不长，相关制度尚不完善，但却发挥过重要作用。华北人民监察院曾严肃查处过违反政策和纪律的个别领导干部，提请华北人民政府撤销了他们的职务。针对某些地方、某些部门、某些干部违法失职的现象，人民监察院也曾及时派出监察小组进行巡视，认真查处违法失职案件，有力地推动了华北地区整肃政风工作的开展。东北解放区也制定了惩治职务犯罪的法令，以监督和惩治公职人员的职务犯罪行为。例如，《东北解放区惩治贪污暂行条例》就具体规定了七种行为以贪污罪论处。

解放区监察制度的建立，为新中国的监察制度奠定了基础。

## 案例

### 铁面御史钱沣反贪腐[①]

中国古代的御史是"天子之耳目,朝廷之腹心",主要职责是"掌以刑法典章纠正百官之罪恶""彰善瘅邪、整饬纲纪",对官员的贪腐行为实施监督。清乾隆年间出了一个铁面御史钱沣。

钱沣(1740—1795年),云南昆明人,乾隆二十六年(1761年)进士,官至御史。他置毁誉、得失、祸福、死生于不顾,不阿权贵、不畏豪强、敢作敢为,令贪枉之徒心惊肉跳,惶惶不可终日。

1. 受命监察御史,立即弹劾封疆大吏

乾隆三十九年(1774年)三月,陕甘总督勒尔谨上奏朝廷,称甘肃近年粮食丰收,民众家有余粮,请求皇上准许该省实行"捐监"(买"监生"学历),但捐监用粮而不用钱,以充实粮仓。乾隆准奏。开捐监不久,甘肃又连年报旱灾,开仓放粮。这样折腾了七年,甘肃闹出民变。朝廷立即派大臣和珅、阿桂赴甘肃镇压。两人上奏,当地雨水不断,军队行动极为困难,这让皇帝起了疑心。派人一查,发现勒尔谨等人一边实收捐纳粮,一边虚放赈灾粮,把粮款全都收入自己的口袋。皇帝大怒,涉案官员自勒尔谨以下被处死刑者达56人,史称"甘肃捐监冒赈案"。就在案件将结时,新任监察御史钱沣上疏弹劾继任陕甘总督毕沅,指责他在任陕西巡抚时曾多次代理勒尔谨的总督之职,且陕甘两省接壤,对勒尔谨等人的事不可能不知,但七八年来竟然不报,实属欺君,要求"比照议处"。毕沅百般辩解,仍被处以降为三品顶戴和停俸的处罚。

2. 不阿权贵

浦霖任湖南巡抚后的第一件事是大办寿诞贺典,与官员联络感情,检验下属忠心,趁机发财。当时,湖南正遇大旱,灾情日甚一日,有良知的官员忧心如焚,但攀附、谄媚之流却蜂拥献礼。钱沣时任湖南学政,从内心鄙视、憎恶这种恶劣风气,但又不得不随些人情。他决定礼要送,态度也要表明。他送的礼品是一对蜡烛和几斤莲藕。蜡烛寓意"直",莲藕寓意"节","直"与"节"是士人的高标。他警示新任巡抚正直而有节,同时也间接表达了对巡抚的不满。浦霖对钱沣的贺礼很是不满,但又害怕被参,只得退回收取的贺礼,停办寿庆。

3. 弹劾国泰,叫板和珅

和珅是乾隆皇帝的宠臣,满朝文武多对他噤若寒蝉,钱沣却多次拒绝和珅的笼络,甚至当面痛斥。山东巡抚国泰是和珅死党、皇亲国戚,一贯骄横无礼,为官贪纵刻薄,为所欲为。钱沣以监察御史应有的胆略,决心扳倒国泰。他上书乾隆皇帝,弹劾山东

---

[①] 根据冯佐哲《清代御史钱沣》一文改写。载《清史镜鉴——部级领导干部清史读本》(第一辑),国家图书馆出版社2008年版。

巡抚国泰和布政使于易简，指斥他们"贪纵营私""纵情索贿""吏治败坏""仓库亏空"等行为。钱沣深知，依清朝当时的法律，参奏重臣可能会触怒皇帝，反被治罪，因而他递上奏后便回府整装，做好随时被发落的准备。乾隆皇帝亲自召见钱沣，详细询问所奏情况，当即命和珅为首，刘墉、钱沣协同，共赴山东，查办国泰一案。

钱沣预先得到消息，说是和珅要派人前往山东，于是派下属在中途等候，记下了此人的相貌。就在钱沣等人快到济南时，见到和珅所派之人完成任务后正要返京。钱沣当即下令抓住此人，并从其身上搜出了国泰给和珅的回信，国泰、于易简二人准备借银填库、蒙混过关的秘密败露。钱沣当即将此信快马奏报乾隆皇帝。和珅感觉事情棘手，欲收买钱沣，遭钱沣直言拒绝。当和珅、刘墉、钱沣等人来到历城县时，该县已提前做好了准备，府库帑银已补齐，抽查未发现库银短缺。和珅想草草收场回京，但钱沣敏锐地发现了其中的破绽，不同意回京，提出封存府库、彻底清查的意见。和珅心里有鬼，不敢固执己见，只得表示同意。钱沣命人贴上封条，次日继续查检。当他们将库银逐包拆开后，问题便暴露了，银子成色不一，这不符合统一的库银标准，倒像是商人的私银。钱沣在各大街贴出告示，要求商人在规定的期限内自行领回自己的银两，否则罚没充库。商人们闻知，争先恐后前来取银，银库顷刻一空，查出银库亏空4万两。接着又盘查粮仓，查出粮仓缺少3万余石。复查各县的结果也是库库皆亏，全省共亏空200多万两白银。至此，山东的问题水落石出。乾隆大怒，令国泰、于易简两人伏法自尽。钱沣反贪腐获全胜，朝野震动。

4. 借债斗贪，置生死于外

在专制君主制度下，无论统治者名义上、制度上如何重视谏诤，其实际效果毕竟有限，谏官稍有不慎，还会被安上妄参大臣的罪名。为了自保，谏官对朝臣的贪腐行为往往睁一只眼闭一只眼，钱沣对此深恶痛绝。他愤怒抨击道："国家设立谏官，原欲拾遗补阙，今诸臣皆尸位素餐，致使豺狼遍野而上不知，安用谏官为哉。"钱沣参奏的国泰、于易简等人都出身权臣之家，背景和后台复杂，但钱沣却将个人安置之度外。一天，他来到好友翰林邵晋涵家，向他借钱十千。邵说，钱可以借，但要说明用途。钱沣摇头道："这个你就别问了，等我需要的时候，我派儿子来取。"国泰案被查处后，邵晋涵给钱沣道贺。邵问钱："你上次向我借钱，大概就是为了这件事吧？"钱沣道："弹劾国泰、于易简，事情不成，等待我的将是流放，所以向你借钱做些准备。"邵晋涵感叹："如果当今大臣个个都像钱沣，哪会有贪官污吏的藏身之地啊！"

乾隆六十年（1795年），钱沣病故，终年55岁。他的儿子在其枕下发现一份长达数千言的参奏和珅的草稿，详细列举了和珅的20余条大罪。这些罪状无论哪一条都能将和珅送上断头台。这份奏稿在钱沣生前没能上奏乾隆皇帝，但却成为后来嘉庆皇帝处死和珅的有力依据。钱沣一生与乾隆一朝相伴，面对繁华背后的腐败丛生，他做到了"正色立朝，遇事直陈"，对于朝中的贪腐官员"权杆怒喷"，为官清正廉洁，刚正不阿，"素以直声震天下"，被誉为清代知识分子的泰山北斗。

## 案例思考题

结合钱沣反贪腐的史实,理解中国古代监察制度的特点。

## 重要概念

1. 御史府　2.《刺史六条》　3. 一台三院　4. 风闻弹事　5. 唐代十道监察区　6. 台谏合一　7. 都察院　8. 巡按御史　9. 科道合一　10. 谏诤

## 思考题

1. 试述中国古代监察体制的演变。
2. 简述中国古代监察制度的特点。
3. 简述南京国民政府监察制度的特点。
4. 简述革命根据地和解放区监察制度的特点。

# 第四章 中国当代监察制度

中国当代监察制度经历了从行政监察到国家监察的历史演进。在《中华人民共和国监察法》颁布之前,监察是指行政监督,即监察机关依法对国家行政机关工作人员、行政机关任命的其他人员的违法违纪行为进行的监察、督察、纠正等活动。监察法颁布后,行政监察概念被包容在国家监察概念中,而国家监察是我国监督体系的重要构成部分。国家监察是指各级监察委员会依法对行使公权力的公职人员的职务违法和职务犯罪行为实施的监督。国家监察制度主要涉及监察体制、监察对象、监察事项、监察权限与程序、反腐败国际合作、对监察机关和监察人员的监督等内容。中国当代监察制度经历了四个时期,即人民监察委员会时期、初次设立监察部时期、国家监察部恢复重建时期、国家监察委员会设立和运行时期。本章阐述了从1949年中华人民共和国成立至今的监察制度。

## 第一节 从行政监察到国家监察的演进

### 一、人民监察委员会时期的行政监察制度

中华人民共和国成立初期,依据《中国人民政治协商会议共同纲领》和《中华人民共和国中央人民政府组织法》的规定,在政务院内部设立了最高行政监察机构——人民监察委员会,负责监察政府机关和公务人员是否履行职责。1950年10月,《政务院人民监察委员会试行组织条例》(以下简称《组织条例》)颁布。根据该条例第二条的规定,人民监察委员会的职权主要有三:一是监察全国各级国家机关和各种公务人员是否违反国家政策、法律、法令或损害人民及国家之利益,并纠举其中违法失职的机关和人员;二是指导全国各级监察机关之监察工作,颁发决议和命令,并审查其执行情况;三是接受及处理人民和人民团体对各级国家机关和各种公务人员违法失职行为的控告。

根据《组织条例》第十二条的规定,人民监察委员会处理事件,分别使用检举、纠正、惩处、建议或表扬等方法;对于中央各机关及国营企业部门或其高级工作人员之监察案件,应分别呈请中央人民政府委员会或政务院核定处理。根据《组织条例》第十三条的规定,人

民监察委员会"行使监察权时,如认为有犯罪嫌疑者,应移交检察机关办理""前项移送案件,在刑事程序未终结前,得停止该案之处理,如经处分不起诉或判决无罪者,人民监察委员会仍得分别予以处理"。在政府内部设立的监察机构,可以通过检举、纠正、惩处、建议或表扬等方法行使国家赋予的行政监察权,依法对法定的监察对象实施行政监督。

1951年9月,政务院在所辖与财经有关的各部设立专门的监察司;1952年12月,政务院在各大区及省财政各厅等经济部门设立监察室。这些监察司(室)实行上级与平级双重领导,主要负责审计工作,监督经济运行。另外,1951年6月,政务院还公布了《关于处理人民来信和接见人民来访工作的决定》,对政府机关各部门受理人民来信来访作了具体规定。

## 二、初次设立监察部时期的行政监察制度

1954年,新中国第一部宪法颁布以后,政务院改组为国务院,人民监察委员会改组为中华人民共和国监察部。1955年11月,根据1954年宪法和当时国务院组织法的规定,国务院常务会议批准了《中华人民共和国监察部组织简则》(以下简称《组织简则》)。《组织简则》第二条规定:监察部为维护国家纪律,贯彻政策法令,保护国家财产,对国务院各部门、地方各级国家行政机关、国营企业、公私合营企业、合作社企业实施监督。其任务如下:(1)检查国务院各部门、地方各级行政机关、国营企业及其工作人员是否正确执行国务院的决议、命令;(2)检查国务院各部门、地方各级行政机关、国营企业执行国民经济计划和国家预算中存在的重大问题,并对上述部门、机关、企业和公私合营企业、合作社的国家资财的收支、使用、保管、核算情况进行监督;(3)受理公民对违反纪律的国家行政机关、国营企业及其工作人员的控告和国家行政机关工作人员不服纪律处分的申诉,并审议国务院任免人员的纪律处分事项。

根据《组织简则》第四条、第五条、第六条、第七条、第八条的规定,监察部享有以下监察权:(1)对本法第二条规定的监察对象有权进行有计划的或者临时性的检查。(2)对国家资财的使用、支付,可以实行事先审查,在审查中发现并且确认有违反制度或者不合理地使用、支付国家资财的时候,可以通知被审查的单位停止使用、支付。(3)可以向被检查部门提出改进工作的建议,被检查部门应当根据建议采取措施,并且将改进工作的情况通知监察部,监察部认为必要的时候,还可以对建议的执行情况进行检查。(4)监察部发现并确定国务院各部门、地方各级国家行政机关、国营企业有下列事实的时候,应当根据具体情况作出处理:一是对于未执行国务院决议、命令或者国家计划的,可以建议其执行或者通知其主管部门督促执行;二是对于发布不适当的决议、命令、指示的,可以建议其改正或者通知其主管部门予以改正。如果主管部门有不同意见,监察部应当报请国务院处理。(5)监察部发现并且确认国家行政机关工作人员有下列事实的时候,应当分别处理:一是对于违反纪律的,作出结论后建议其主管部门按照纪律处分,或者报请国务院批准予以纪律处分;二是对于受纪律处分后工作有显著成绩或者经过考验证明确已改正错误的,建议其主管部门或者报请国务院批准撤销其处分;三是对于损害国家财产的,督促其主管部门依法令其赔偿;四是对于有犯罪事

实的,应将案件移送人民检察院处理;五是对于向违反纪律行为作坚决斗争的或者在国家财产遭受损害时抢救有功的,建议其主管部门或者直接予以表扬、奖励。根据《组织简则》第十四条的规定,监察部按照需要"可以在国务院所属财经部门设立国家监察局"。

此时的国家监察部拥有比中华人民共和国成立初期建立的政务院人民监察委员会更为广泛的监督权,从而使国家行政机关内部的行政法制监督进一步加强。20世纪50年代,行政监察工作逐步走上了制度化、法律化的道路。除前述两个组织法规以外,为进一步加强行政监察工作,国务院(政务院)和各级国家监察部门在宪法和法律规定的职权范围内,还制定和发布了有关行政监察工作的一系列法律规范。这些法律文件的制定和发布,为建立和健全国家行政机关内部行政监察制度奠定了坚实的法制基础。1955年3月,中共中央监察委员会和地方各级监察委员会重建,其职能也由只检查中共党员扩展到非党员干部,把党内监督扩展到行政监督领域,与政府监察部发生了职能重叠。由于"左"的指导思想的影响,1959年4月,第二届全国人大第一次会议撤销了监察部,各级行政监察机构也随之取消,其职能并入了党的纪检系统,在国家行政系统内部建立行政监察机构的做法从此停止多年。

### 三、国家监察部的恢复

1986年12月,第六届全国人大常委会第十八次会议作出《关于设立中华人民共和国监察部的决定》,恢复了国家监察机构的建制,行政监察工作得以重新恢复和发展。1987年6月,国家监察部正式成立。此后,全国县以上各级政府逐步重新建立了行政监察机构。

1990年12月,国务院颁发《中华人民共和国行政监察条例》;1997年,第八届全国人大常委会第二十五次会议通过《中华人民共和国行政监察法》。该法规定:国务院监察机关主管全国的监察工作。县级以上地方各级人民政府监察机关负责本行政区域内的监察工作,对本级人民政府和上一级监察机关负责并报告工作,监察业务以上级监察机关领导为主。县级以上各级人民政府监察机关根据工作需要,经本级人民政府批准,可以向政府所属部门派出监察机构或者监察人员。监察机关派出的监察机构或者监察人员,对监察机关负责并报告工作。监察机关依法行使职权,不受其他行政部门、社会团体和个人的干涉。重新设立的国家监察部,注重监察机构的组织建设和业务建设。各级行政监察部门在吸取以往监察工作经验和教训的基础上,围绕改革开放和政府廉政建设的需要积极开展工作,成效显著。

### 四、监察体制改革和国家监察委员会的成立

2016年12月,国家启动监察体制改革,第十二届全国人大常委会第二十五次会议决定,在北京市、山西省、浙江省开展国家监察体制改革试点工作。试点地区监察体制改革的具体做法包括:(1)由省(市)人民代表大会产生省(市)监察委员会,监察委员会是行使国家监察职能的专责机关;(2)党的纪律检查委员会、监察委员会合署办公;(3)整合反腐

败资源力量,将政府监察机构、预防腐败局,以及人民检察院查处贪污贿赂、失职渎职、预防职务犯罪等部门相关职能整合至监察委员会;(4)监察委员会按照管理权限,对本行政区域所有行使公权力的公职人员依法实施监察,履行监督、调查、处置职责;(5)监察委员会履行职责可以采取谈话、讯问、询问、查询、冻结、调取、查封、扣押、搜查、勘验检查、鉴定、留置等措施。国家监察体制改革的目标是"建立中国共产党统一领导下的国家反腐败工作机构。实施组织和制度创新,扩大监察范围,丰富监察手段,实现对行使公权力的公职人员监察全面覆盖,建立集中统一、权威高效的监察体系,履行反腐败职责,深入推进党风廉政建设和反腐败斗争,构建不敢腐、不能腐、不想腐的有效机制"。

2017年11月4日,第十二届全国人大常委会第三十次会议通过关于在全国各地推开国家监察体制改革试点工作的决定,提出在总结北京市、山西省、浙江省开展国家监察体制改革试点工作经验的基础上,在全国各地推开国家监察体制改革试点工作。首先,通过机构整合设立地方各级监察委员会;其次,确定监察委员会的职责,包括监督、调查、处置等;最后,暂时调整或者暂时停止有关法律的适用,例如暂调或者暂停适用《中华人民共和国行政监察法》,《中华人民共和国刑事诉讼法》第三条、第十八条、第一百四十八条以及第二编第二章第十一节关于检察机关对直接受理的案件进行侦查的有关规定等。

2018年3月11日,第十三届全国人大一次会议通过了《中华人民共和国宪法修正案》,宪法第一百二十五条规定了国家监察委员会的法律地位,"中华人民共和国国家监察委员会是最高监察机关"。2018年3月20日,第十三届全国人大一次会议表决通过了《中华人民共和国监察法》。2018年3月23日,国家监察委员会在北京正式挂牌成立。国家监察委员会的设立,改变了我国的政治权力架构,从人民代表大会下的"一府两院"变成了"一府一委两院",提高、加强了监督机关在政治体系中的地位和力量,对于深化国家监察体制改革、加强对所有行使公权力的公职人员的监督、实现国家监察全面覆盖、深入开展反腐败工作、推进国家治理体系和治理能力现代化意义重大。

## 第二节 国家监察体制和制度

如前所述,《中华人民共和国监察法》是一部有关监察的宪法性法律,规定了我国的监察体制和相关监察制度。主要内容包括:

### 一、监察体制

监察体制是指监察主体和各主体之间制度化的关系模式。监察体制的构成要素主要有二,一是监察主体(监察委员会)的架构,二是由制度所规制的不同监察主体之间的关系。《中华人民共和国监察法》规定了我国的监察体制,为监察机关履行职责提供了体制保障。

## （一）监察主体

监察主体是各级监察委员会。各级监察委员会是行使国家监察职能的专责机关，依法对所有行使公权力的公职人员进行监察，调查职务违法和职务犯罪，开展廉政建设和反腐败工作，维护宪法和法律的尊严。根据监察机关在监察体系中的地位，我国的监察机关可以分为国家监察机关和地方监察机关；各级监察机关内部设立不同机构，分工负责某一方面的监察工作；各级监察机关还可以向本级其他公权力机关和公共部门派驻或者派出监察机构、监察专员。

### 1. 国家监察机关

国家监察机关是指国家监察委员会。国家监察委员会是最高监察机关。国家监察委员会由全国人民代表大会产生，负责全国监察工作。国家监察委员会由主任、副主任若干人、委员若干人组成；主任由全国人大选举，副主任、委员由国家监察委员会主任提请、全国人大常委会任免。国家监察委员会主任每届任期与全国人大每届任期相同，连续任职不得超过两届。国家监察委员会对全国人大及其常委会负责，并接受其监督。

### 2. 地方监察机关

地方监察机关是指地方各级监察委员会，包括自治区、直辖市、自治州、县、自治县、市、市辖区监察委员会。地方各级监察委员会由本级人大产生，负责本行政区域内的监察工作。地方各级监察委员会由主任、副主任若干人、委员若干人组成，主任由本级人大选举，副主任、委员由监察委员会主任提请、本级人大常委会任免。地方各级监察委员会主任每届任期与本级人大每届任期相同。地方各级监察委员会对本级人大及其常委会和上一级监察委员会负责，并接受其监督。

### 3. 内设机构

在我国，各级监察委员会与中国共产党纪律检查机关合署办公。目前，中央纪委国家监察委员会内设机构由三部分组成，即内设职能部门、直属单位和派驻纪检监察组。

内设职能部门具体为办公厅、组织部、宣传部、研究室、法规室、党风政风监督室、信访室、中央巡视工作领导小组办公室、案件监督管理室、第一监督检查室至第十一监督检查室、第十二审查调查室至第十六审查调查室、案件审理室、纪检监察干部监督室、国际合作局、机关事务管理局、机关党委、离退休干部局。

直属单位具体为中国纪检监察杂志社、中国纪检监察报社、中国方正出版社、网络中心、网络技术中心、机关综合服务中心、信息中心、中国纪检监察学院、中国纪检监察学院北戴河校区等。

派驻纪检监察组是指经党中央批准，中央纪委国家监委依法依规统一设立的派驻机构。派驻纪检监察组的名称为"中央纪律检查委员会国家监察委员会派驻纪检监察组"。驻在部门新设或更名的，派驻机构名称作相应变更。派驻纪检监察组对派驻或者派出它的机关负责，根据授权，按照管理权限依法对公职人员进行监督，提出监察建议，依法对公职人员进行调查、处置。

4. 派出机构

各级监察委员会可以向本级中国共产党机关、国家机关、法律法规授权或者委托管理公共事务的组织和单位以及所管辖的行政区域、国有企业等派驻或者派出监察机构、监察专员。监察机构、监察专员对派驻或者派出它的监察委员会负责。派驻或者派出的监察机构、监察专员根据授权，按照管理权限依法对公职人员进行监督，提出监察建议，依法对公职人员进行调查、处置。

### （二）监察主体的内外关系

在我国，监察机关实行上下级垂直领导，即国家监察委员会领导地方各级监察委员会的工作，上级监察委员会领导下级监察委员会的工作。各监察主体内部实行部门相互协调、制约机制。《中华人民共和国监察法》第三十六条规定："监察机关应当严格按照程序开展工作，建立问题线索处置、调查、审理各部门相互协调、相互制约的工作机制。"

除了监察主体之间的关系，《中华人民共和国监察法》还规定了监察工作中的公务合作，这种合作既指监察机关与其他公权力机关的合作，也指其他公权力机关与监察机关的合作。例如，《中华人民共和国监察法》第四条规定："监察机关办理职务违法和职务犯罪案件，应当与审判机关、检察机关、执法部门互相配合，互相制约。监察机关在工作中需要协助的，有关机关和单位应当根据监察机关的要求依法予以协助。"第三十四条规定："人民法院、人民检察院、公安机关、审计机关等国家机关在工作中发现公职人员涉嫌贪污贿赂、失职渎职等职务违法或者职务犯罪的问题线索，应当移送监察机关，由监察机关依法调查、处置。被调查人既涉嫌严重职务违法或者职务犯罪，又涉嫌其他违法犯罪的，一般应当由监察机关为主调查，其他机关予以协助。"第四十三条规定："监察机关采取留置措施，可以根据工作需要提请公安机关配合。公安机关应当依法予以协助。"

## 二、监察对象

各级监察委员会依法对所有行使公权力的公职人员进行监察。公职人员的范围比较宽泛，主要包括六类。

### （一）公务员和参公管理人员

根据《中华人民共和国公务员法》的规定，公务员是指依法履行公职、纳入国家行政编制、由国家财政负担工资福利的工作人员。公务员包括八类人员，即中国共产党机关公务员、人大及其常委会机关公务员、政府公务员、监察委员会公务员、人民法院公务员、人民检察院公务员、政协各级委员会机关公务员、民主党派机关和工商联机关公务员。参公管理人员是指法律、法规授权的具有公共事务管理职能的事业单位中除工勤人员以外的工作人员，经批准参照公务员法进行管理的人员，例如中国证券监督管理委员会、中国银保监会等机关是参照公务员法管理的事业单位。列入参公管理的事业单位,应当严格按照规定的条件、程序和权限进行审批。公务员和参公管理人员是监察的重点对象。

### (二) 授权组织和受委托组织中的公务人员

授权组织又称法律、法规、规章授权组织。行政授权是指法律、法规、规章将某项或者某一方面的行政职权明确授予行政机关以外的其他组织行使的法律行为。享有经法律、法规、规章授予的行政职权,能以自己的名义实施行政行为,并能独立承担法律责任的组织统称为授权组织。在公共管理过程中,由于专业条件或者技术条件的限制,行政机关、授权组织会委托某些具备特殊资格的组织行使某项或者某些行政职权,这类受委托行使行政职权的组织,一般称为受委托组织。授权组织和受委托组织中有大量行使公权力、执行公务的人员,为实现国家监察全覆盖,有必要将其纳入监察对象范围。

### (三) 国有企业管理人员

国有企业管理人员是指国有独资企业、国有控股企业(含国有独资金融企业和国有控股金融企业)及其分支机构的领导班子成员。这些人员包括:(1)设董事会的企业中由国有股权代表出任的董事长、副董事长、董事,总经理、副总经理,党委书记、副书记、纪委书记,工会主席等;(2)未设董事会的企业的总经理(总裁)、副总经理(副总裁),党委书记、副书记、纪委书记,工会主席等;(3)对国有资产负有经营管理责任的国有企业中层和基层管理人员,包括部门经理、部门副经理、总监、副总监、车间负责人等;(4)在管理、监督国有财产等重要岗位上工作的人员,包括会计、出纳人员等。此外,国有企业所属事业单位领导人员、国有资本参股企业和金融机构中对国有资产负有经营管理责任的人员,也应当理解为国有企业管理人员。国有企业管理人员涉嫌职务违法和职务犯罪的,监察机关可以依法调查。

### (四) 公办单位管理人员

公办单位管理人员是指公办教育、科研、文化、医疗卫生、体育等单位及其分支机构的中层和基层管理人员。这些人员包括:(1)管理岗六级以上职员,从事与职权相联系的管理事务的其他职员;(2)在管理、监督国有财产等重要岗位上工作的人员,包括会计、出纳人员,采购、基建部门人员等;(3)临时从事与职权相联系的管理事务,例如依法组建的评标委员会、竞争性谈判采购中谈判小组、询价采购中询价小组的组成人员等。公办单位管理人员涉嫌职务违法和职务犯罪的,监察机关可以依法调查。

### (五) 基层群众自治组织管理人员

基层群众自治组织管理人员是指村(居)民委员会中从事管理的人员,包括村(居)民委员会主任、副主任、委员以及其他受委托从事管理的人员。依据法律、法规的授权,基层群众自治组织也承担一定的公共管理职能,并协助政府等国家机关进行其他管理工作,如救灾、优抚、扶贫、移民、社会捐助款物管理、国有土地经营与管理、土地征用补偿费管理、代征代缴税款、户籍、收养、征兵等。基层群众自治组织管理人员涉嫌职务违法和职务犯罪的，监察机关可以依法调查。

### （六）其他依法履行公职的人员

为避免列举不全而导致"漏监"的情形，实现监察对象全覆盖，《中华人民共和国监察法》第十五条第六项规定了兜底条款，即"其他依法履行公职的人员"。凡前五项未列举但属于行使公权力、执行公务的人员都可以理解为"其他依法履行公职的人员"。也就是说，判断某人是否是监察对象，其标准就在于他是否行使公权力，是否在行使公权力时损害了公权力的廉洁性。

## 三、监察职责和权力

《中华人民共和国监察法》第十一条规定了监察委员会的监督、调查、处置三项职责。与此相适应，监察委员会有监督权、调查权和处置权。

### （一）监督

监察委员会对公职人员开展廉政教育，对其依法履职、秉公用权、廉洁从政从业以及道德操守情况进行监督检查。监督是监察委员会的首要职责和基础工作，目的是使公职人员牢固树立正确的世界观、人生观、价值观、权力观、地位观、利益观，使遵守法律规则成为公职人员的自觉行动，确保权力在阳光下运行而不被滥用，把权力关进制度的笼子。

### （二）调查

监察委员会对公职人员的职务违法和职务犯罪进行调查。职务违法是指行使公权力的公职人员利用职务便利进行违法活动但尚未触犯刑律，应当依法给予政务处分的行为。职务犯罪是指行使公权力的公职人员利用职权贪污贿赂、渎职和侵犯公民人身权利，依照刑法应当予以刑事处罚的犯罪。职务违法和职务犯罪有相同之处，也有不同之处。相同之处是两者都是公职人员违反国家对公务活动的法律规范；不同之处是两者违法情节不同，当事人受处罚适用的法律不同。职务违法行为情节较轻，依法予以党纪政务处分；职务犯罪行为情节严重，依法予以刑事处罚。

职务犯罪可以划分为三大类，即贪污贿赂、渎职和侵犯公民人身权利民主权利。贪污贿赂犯罪包括贪污罪、挪用公款罪、受贿罪、单位受贿罪、行贿罪、对单位行贿罪、介绍贿赂罪、单位行贿罪、巨额财产来源不明罪、隐瞒境外存款罪、私分国有资产罪、私分罚没财物罪等。渎职犯罪包括滥用职权、玩忽职守、枉法追诉裁判罪、私放在押人员罪、国家工作人员签订（履行）合同失职被骗罪等。侵犯公民人身权利民主权利的犯罪包括刑讯逼供罪、报复陷害罪等。为加强调查工作的针对性和实效性，《中华人民共和国监察法》采用列举方式规定了监察委员会的调查范围。

根据公职人员职务违法和职务犯罪的实际情况，以下重点阐述贪污、受贿、滥用职权、玩忽职守、徇私舞弊、巨额财产来源不明、挪用公款、权力寻租、利益输送、浪费国家资财这十类职务违法和职务犯罪。

1. 贪污罪

贪污罪是指公职人员利用职务上的便利，侵吞、窃取、骗取或者以其他手段非法占有公共财物的行为。贪污罪的主体是所有行使公权力的公职人员；贪污罪的主观方面表现为故意，并且以非法占有公共财物为目的。贪污罪侵犯的客体是复杂客体，即公共财产所有权和国家廉政制度；贪污罪的客观方面表现为公职人员利用职务上的便利，侵吞、窃取、骗取或者以其他手段非法占有公共财物的行为。贪污公共财物并非都构成贪污罪，《中华人民共和国刑法》第三百八十三条规定了贪污罪的情节，包括贪污数额较大、巨大、特别巨大等。贪污罪与非罪的界限按照有关司法解释的规定加以认定。贪污罪的认定需划清下述界限：

（1）贪污罪与职务侵占罪的界限。这两种犯罪主观方面都表现为故意，客观方面都表现为利用职务之便侵吞、窃取、骗取财物的行为。二者的主要区别在于：一是犯罪主体不同。贪污罪的主体是国家工作人员和受国家机关、国有公司、企业、事业单位，人民团体委托管理和经营国有财产的人员；而职务侵占罪的主体则是公司、企业或者其他单位中不具有国家工作人员身份的工作人员。二是犯罪客体和犯罪对象不同。贪污罪侵犯的客体是复杂客体，即公共财产所有权和国家廉政制度；犯罪对象是公共财物；而职务侵占罪侵犯的客体是单位财产所有权；犯罪对象是单位财物。

（2）贪污罪与盗窃罪、诈骗罪的界限。这三种犯罪主观方面都表现为故意，并且都以非法占有财物为目的；在客观方面，贪污罪也主要采用窃取、骗取财物的方法，因此容易混淆。贪污罪与盗窃罪、诈骗罪的主要区别在于：一是犯罪主体不同。贪污罪的主体是特殊主体，即国家工作人员和受国家机关、国有公司、企业、事业单位，人民团体委托管理和经营国有财产的人员；而盗窃罪和诈骗罪的主体是一般主体。二是犯罪客体和犯罪对象不同。贪污罪侵犯的客体是复杂客体，即公共财产所有权和国家廉政制度；犯罪对象是公共财物；而盗窃罪、诈骗罪侵犯的客体是简单客体，即公私财产所有权；犯罪对象是公私财物。三是犯罪客观方面不完全相同。贪污罪窃取、骗取财物的行为是利用职务上的便利实施的；而盗窃罪、诈骗罪不存在利用职务上的便利的问题。

（3）贪污罪的共同犯罪。《中华人民共和国刑法》第三百八十二条第三款规定，与国家工作人员或者受国家机关、国有公司、企业、事业单位、人民团体委托管理和经营国有财产的人员勾结，伙同贪污的，以共犯论处。《最高人民法院关于审理贪污、职务侵占案件如何认定共同犯罪几个问题的解释》（法释〔2000〕15号）规定，非国家工作人员与国家工作人员相勾结，利用国家工作人员职务上的便利共同非法占有公共财物的，按贪污罪的共同犯罪处理；国家工作人员与非国家工作人员相勾结，利用非国家工作人员职务上的便利共同非法占有该单位财物的,按职务侵占罪的共同犯罪处理;国家工作人员与非国家工作人员相勾结,分别利用各自的职务便利,共同将本单位财物非法占为己有的,按主犯的犯罪性质定罪。

2. 受贿罪

受贿罪是指公职人员利用职务上的便利,索取他人财物或者非法收受他人财物,为他人谋取利益的行为。受贿罪的主体是特殊主体,只有公职人员才能构成该罪;受贿罪的主观方面表现为故意,并且具有非法获取财物的目的。受贿罪侵犯的客体是国家的廉政制度;受贿罪的客观方面表现为利用职务上的便利,索取他人财物或者非法收受他人财物,为他人谋取利益的行为。受贿罪的罪名还有"单位受贿罪",即国家机关、国有公司、企业、事业单位、人民团体,索取、非法收受他人财物,为他人谋取利益,情节严重的行为。受贿罪的认定需划清下述界限:

(1)受贿罪与非罪的界限。在司法实践中,要正确区分受贿罪和以下行为的界限:一是受贿罪与获取合法报酬的界限。合法报酬,是指行为人在法律、法规、政策和组织纪律允许的范围内,利用自己的知识技能,为他人提供服务而获得的报酬。二者的区别主要在于行为人是否利用了职务上的便利和是否付出了劳务。获取合法报酬是付出劳务所得,不存在利用职务上的便利为他人谋取利益的问题。二是受贿罪与接受馈赠的界限。馈赠是指亲友之间出于亲情与友谊而赠予的财物。受贿和接受馈赠表面上都是收受他人财物,有时很难区分。二者的区别主要在于:行为人是否利用职务上的便利为赠予财物者谋取利益。利用职务上的便利为赠予人谋取利益的,构成受贿罪,否则属于接受馈赠。三是受贿罪与一般受贿行为的界限。区分二者主要看受贿数额的大小和情节的轻重,受贿情节一般的,不能以犯罪论处。

(2)受贿罪与贪污罪的界限。两罪在犯罪主体、主观方面和利用职务之便谋取财物方面有相同之处。二者的主要区别在于:一是犯罪的手段方式不同。受贿罪表现为行为人利用职务上的便利,索取他人财物或者非法收受他人财物,为他人谋取利益;而贪污罪则表现为行为人利用职务上的便利,采用侵吞、窃取、骗取或者其他方法非法占有公共财物。二是犯罪对象和侵犯的客体不同。受贿罪犯罪对象是公私财物,侵犯的客体主要是国家的廉政制度,或者说是国家工作人员的职务廉洁性;而贪污罪犯罪对象是公共财物,侵犯的客体主要是公共财产所有权。

(3)受贿罪与敲诈勒索罪的界限。以索贿方式构成的受贿罪有时容易与敲诈勒索罪相混淆。二者的区别除了主体、客体不同外,关键是看客观方面行为人索取他人财物是利用了职务上的便利还是采用了暴力、胁迫手段。索贿行为是利用职务上的便利,乘人有求于己时,主动索要财物;而敲诈勒索行为则表现为使用暴力、胁迫手段,给被害人造成精神上的恐惧,被迫交出财物。

(4)受贿罪与公司、企业人员和其他人员受贿罪的界限。两罪在主观方面都表现为故意,客观方面都表现为利用职务上的便利,索取或者非法收受他人财物的行为。二者的区别在于:一是犯罪主体不同。受贿罪的主体是国家工作人员;而公司、企业人员和其他人员受贿罪的主体是非国有公司、企业中不具有国家工作人员身份的工作人员和其他人员。二是犯罪客体不同。受贿罪的客体是国家的廉政制度，或者说是国家工作人员的职务廉洁性；而公司、企业人员和其他人员受贿罪的客体是公司、企业和其他单位的管理秩序和公平竞争的市场交易秩序。

（5）受贿罪的共犯。《最高人民法院、最高人民检察院关于办理受贿刑事案件适用法律若干问题的意见》（法发〔2007〕22号）规定，国家工作人员利用职务上的便利为请托人谋取利益，授意请托人以交易、收受干股、合作开办公司、委托投资理财、赌博、挂名领取薪酬等形式，将有关财物给予特定关系人的，以受贿论处。特定关系人与国家工作人员通谋，共同实施上述行为的，对特定关系人以受贿罪的共犯论处。特定关系人以外的其他人与国家工作人员通谋，由国家工作人员利用职务上的便利为请托人谋取利益，收受请托人财物后双方共同占有的，以受贿罪的共犯论处。这里的特定关系人是指国家工作人员的家人、情人等。

3. 滥用职权罪

滥用职权罪是指公职人员故意超越职权，违法决定、处理其无权决定、处理的事项，或者违反规定处理公务，致使公共财产、国家和人民利益遭受重大损失的行为。滥用职权罪的主体是行使公权力的公职人员；滥用职权罪的主观方面表现为故意，即行为人明知自己违法行使职权、超越职权的行为会使公共财产、国家和人民利益遭受重大损失而放任这种危害后果的发生。滥用职权罪侵犯的客体是国家机关的正当管理活动；滥用职权罪的客观方面表现为行为人滥用职权，致使公共财产、国家和人民利益遭受重大损失。滥用职权罪的认定需划清下述界限：

（1）滥用职权罪与非罪的界限。二者的区别在于滥用职权的行为是否造成了重大损失。未造成重大损失的，不能构成犯罪，可由行为人所在单位或者上级主管机关给予行政处分。

（2）滥用职权罪与其他滥用职权犯罪的界限。规定滥用职权罪的《中华人民共和国刑法》第三百九十七条规定："本法另有规定的，依照规定。"这表明本条是对滥用职权罪的概括性规定，属于普通法条，适用一般滥用职权罪。对于某些发生在特定领域或由特定主体实施的滥用职权情节严重的行为，在其他条文中将其规定为独立的犯罪。例如《中华人民共和国刑法》第四百零三条规定的滥用管理公司、证券职权等犯罪行为，第四百零七条规定的违法发放林木采伐许可证等犯罪行为，第四百一十条规定的非法批准征收、征用、占用土地等犯罪行为。这些法条属于特别法条，与《中华人民共和国刑法》第三百九十七条形成法条竞合关系。在认定相关犯罪时，应当正确区分滥用职权罪与特别的滥用职权犯罪的界限，对于符合上述特别法条规定的犯罪行为，不应当按一般滥用职权罪处理。

4. 玩忽职守罪

玩忽职守罪是指公职人员严重不负责任，不履行或者不认真履行职责，致使公共财产、国家和人民利益遭受重大损失的行为。玩忽职守罪的主体是行使公权力的公职人员；玩忽职守罪的主观方面表现为过失，即行为人应当预见自己玩忽职守的行为会使公共财产、国家和人民利益遭受重大损失，由于疏忽大意而没有预见或已经预见但轻信能够避免，致使这种结果发生。玩忽职守罪侵犯的客体是国家机关的正常管理活动；玩忽职守罪的客观方面表现为行为人玩忽职守，致使公共财产、国家和人民利益遭受重大损失。玩忽职守罪的认定需划清下述界限：

（1）玩忽职守罪与非罪的界限。首先，要区别玩忽职守罪与工作失误的界限。工作失误是指因对法律、法规、政策理解和认识上的偏差而决策不当，因业务水平和能力所限对客观条件的变化和处理的相关事务产生错误判断，导致公共财产、国家和人民利益遭受损失的行为。工作失误者本意是想把工作做好，但实际上事与愿违。这一点与主观上存在过失的玩忽职守行为有本质区别。其次，要区别玩忽职守罪与一般玩忽职守行为的界限。二者的区别关键在于玩忽职守行为是否造成了公共财产、国家和人民利益的重大损失。如果玩忽职守行为没有造成重大损失，不能构成犯罪，按一般玩忽职守行为给予行为人相应的行政处分。

（2）玩忽职守罪与重大责任事故罪的界限。本罪与重大责任事故罪在主观方面都表现为过失，客观方面都有严重危害后果。二者的区别有三：一是犯罪主体不同，玩忽职守罪的主体是行使公权力的公职人员，重大责任事故罪的主体是工厂、矿山、林场、建筑企业或者其他企业、事业单位的工作人员；二是侵犯的客体不同，玩忽职守罪侵犯的客体是国家机关的正常管理活动，重大责任事故罪侵犯的客体是公共安全；三是犯罪发生的场合不同，玩忽职守罪发生在国家机关的管理活动中，重大责任事故罪则发生在生产、作业过程中。

（3）玩忽职守罪与滥用职权罪的界限。二者侵犯的客体、造成的后果、构成的主体是相同的。二者的区别在于：一是犯罪的主观方面不同，玩忽职守罪是出于过失，滥用职权罪是出于故意；二是犯罪的行为方式不同，玩忽职守是以不作为或作为方式表现出的不履行或不正确履行职责的行为，而滥用职权是以作为方式表现出的胡乱、随意使用职权或超越职权的行为。

（4）玩忽职守罪与其他玩忽职守犯罪的界限。《中华人民共和国刑法》除在第三百九十七条规定一般玩忽职守罪外，还在其他条文中规定了发生在特定领域或由特定主体实施的特别的玩忽职守犯罪。例如《中华人民共和国刑法》第四百条"私放在押人员罪"，第四百零六条"国家机关工作人员签订、履行合同失职被骗罪"，第四百零八条"环境监管失职罪"，第四百零九条"传染病防治失职罪"，第四百一十九条"失职造成珍贵文物损毁、流失罪"等犯罪。玩忽职守罪与这些犯罪之间存在普通法条与特别法条竞合关系，对于符合特别法条规定的玩忽职守犯罪，不能按照本罪定罪处罚。

5. 徇私舞弊罪

徇私舞弊罪是指公职人员利用职权和职务便利，故意采用欺骗手段获取不当或者非法利益的行为。徇私舞弊罪的主体是行使公权力的公职人员；徇私舞弊罪的主观方面表现为故意，即行为人明知自己的行为是徇私枉法却故意为之。徇私舞弊罪侵犯的客体是公权力行使的公平公正和透明度；徇私舞弊罪的客观方面表现为追诉无罪、包庇犯罪、枉法裁判、徇私枉法减刑等。与其他职务犯罪相比，徇私舞弊罪的重要特征有三：一是徇私，例如谋取私利、维护私情等；二是枉法，包括民事枉法、刑事枉法、行政枉法等；三是隐蔽，因为徇私的违法性和不正当性，徇私舞弊行为只能搞暗箱操作。

《中华人民共和国刑法》对国家公职人员的徇私舞弊罪及其量刑有着明确的规定。例如第四百零一条规定："司法工作人员徇私舞弊，对不符合减刑、假释、暂予监外执行条件的罪犯，予以减刑、假释或者暂予监外执行的，处三年以下有期徒刑或者拘役；情节严重的，处三年以上七年以下有期徒刑。"第四百零二条规定："行政执法人员徇私舞弊，对依法应当移交司法机关追究刑事责任的不移交，情节严重的，处三年以下有期徒刑或者拘役；造成严重后果的，处三年以上七年以下有期徒刑。"第四百零三条规定："国家有关主管部门的国家机关工作人员，徇私舞弊，滥用职权，对不符合法律规定条件的公司设立、登记申请或者股票、债券发行、上市申请，予以批准或者登记，致使公共财产、国家和人民利益遭受重大损失的，处五年以下有期徒刑或者拘役。上级部门强令登记机关及其工作人员实施前款行为的，对其直接负责的主管人员，依照前款的规定处罚。"《中华人民共和国刑法》对税务、土地管理、海关、商检、动植物检疫、公务员录用等国家机关工作人员的徇私舞弊罪及其量刑也作了明确的规定。

6. 巨额财产来源不明罪

巨额财产来源不明罪是指国家工作人员的财产或者支出明显超过合法收入且差额巨大，而本人不能说明其来源是合法的行为。巨额财产来源不明罪的主体是行使公权力的公职人员；巨额财产来源不明罪的主观方面表现为直接故意，即行为人明知明显超过其合法收入的巨额财产的真实来源，却在被责令说明其来源时不予说明。巨额财产来源不明罪侵犯的客体是国家廉政制度和公私财产所有权；巨额财产来源不明罪的客观方面表现为公职人员不能说明其明显超过合法收入的巨额财产来源合法。具体包括两项内容：

第一，国家工作人员的财产或者支出明显超过合法收入，且差额巨大。国家工作人员的财产是指国家工作人员实际拥有的房屋、车辆、存款、现金、有价证券、生活用品等；支出是指各种消费及其他开支；合法收入是指依法获得的财物，例如工资、资金、津贴、合法继承的遗产、接受的合法赠予、合法报酬等。巨额财产来源不明罪的定罪数额用如下公式表示：

$$现有全部财产 + 所有支出 - 合法收入 - 其他犯罪所得 - 违纪所得 = 来源不明的巨额财产数额$$

第二，本人不能说明与合法收入差额巨大的财产或者支出的来源合法。不能说明巨额财产来源合法，包括拒不说明财产来源合法、编造财产来源合法但被司法机关的调查所否定。巨额财产来源不明罪的举证责任是超常规责任。因为该罪的举证责任发生了转移，被告负有证明自己无罪的责任。这与刑事立法通例中被告人不负证明自己无罪的责任是不同的。

7. 挪用公款罪

挪用公款罪是指国家工作人员利用职务上的便利，挪用公款归个人使用、进行非法活动，或者挪用公款数额较大、进行营利活动，或者挪用公款数额较大、超过三个月未还的行为。挪用公款归个人使用包括多种情况。例如将公款供本人、亲友或者其他自然人使用；以个人名义将公款供其他单位使用；个人决定以单位名义将公款供其他单位使用，谋取个人利益等。挪用公款罪的主体是国家工作人员；挪用公款罪的主观方面表现为故意。挪用公款罪侵犯的客体是公共财产所有权和国家的廉政制度；挪用公款罪的客观方面表现为行为人利用职务上的便利，挪用公款归个人使用、进行非法活动，或者挪用公款数额较大、进行营利活动，或者挪用公款数额较大、超过三个月未还。挪用公款罪的认定需划清下述界限：

（1）挪用公款罪与非罪的界限。挪用公款行为是否构成犯罪，要从挪用公款的数额、时间、目的、用途、是否归还等方面综合分析认定。对于一般违反财经制度的挪用公款行为，不以挪用公款罪处理。

（2）挪用公款罪与贪污罪的界限。两罪侵犯的客体和罪过形式相同，客观方面都具有利用职务便利的特点。二者的区别主要有三：一是主观目的不同。挪用公款罪以非法使用公款为目的；贪污罪以非法占有公共财物为目的。二是主体范围不同。挪用公款罪的主体只能是国家工作人员；贪污罪的主体除国家工作人员外，还包括受国有单位委托管理、经营国有财产的人员。三是客观方面表现不同。挪用公款罪的客观方面表现为利用职务便利，挪用公款、进行非法活动，或者挪用公款数额较大、进行营利活动，或者挪用公款数额较大、超过三个月未还；贪污罪的客观方面表现为利用职务便利，以侵吞、窃取、骗取或者其他手段非法占有公共财物。根据有关司法解释的规定，行为人携带挪用的公款潜逃的，应当以贪污罪定罪处罚。

（3）挪用公款罪与挪用资金罪的界限。两罪的主观方面都表现为故意，并具有非法使用单位资金的目的；客观方面都表现为利用职务便利挪用单位资金。二者的区别在于：一是犯罪主体不同。挪用公款罪的主体是国家工作人员；挪用资金罪的主体是非国有单位的不具有国家工作人员身份的工作人员。二是犯罪侵犯的客体和犯罪对象不同。挪用公款罪侵犯的客体是复杂客体，包括公共财产所有权和国家廉政制度，犯罪对象是公款；挪用资金罪侵犯的客体是简单客体，即单位财产所有权，犯罪对象是非国有单位的资金。

（4）挪用公款罪与挪用特定款物罪的界限。《中华人民共和国刑法》第三百八十四条规定，国家工作人员利用职务便利，挪用国家用于救灾、抢险、防汛、优抚、扶贫、移民、救济款物归个人使用的，构成挪用公款罪，从重处罚。如果违反特定款物专用制度，将用于救灾、抢险、防汛、优抚、扶贫、移民、救济款物挪作他用，情节严重，致使国家和人民群众利益遭受重大损害的，构成《中华人民共和国刑法》第二百七十三条规定的挪用特定款物罪。

8.权力寻租

权力寻租是指公职人员利用公权力，违反或者规避法律规定，以权力为资本换取物质利益的行为。权力寻租的主体是行使公权力的公职人员；权力寻租的主观方面表现为故意，即行为人明知自己的行为是权钱交易却故意为之。权力寻租侵犯的客体是国家工作人员的职务廉洁性和公平竞争的市场环境；权力寻租的客观方面是以权力换取物质利益，包括金钱、财物等。严格来说，权力寻租并不是一个罪名。在实践中，公职人员的权力寻租活动有的构成受贿罪，有的则构成滥用职权罪、徇私舞弊罪等。

权力寻租更多地发生在经济领域政府的市场监管活动中。政府的市场监管活动必须遵循一定的原则，划清政府与市场的界限，对不该管的事不管，对该管的事要管住并管好。政府监管市场的原则包括市场优先原则、公共利益原则、必要性原则等；政府监管市场的界限包括是否符合依法行政的原则、是否超越公共产品的边界、是否符合行业整体发展的需要、是否是保护消费者权益之必要、是否符合市场主体自主经营的需要、是否便利社会公众的生活等。

在市场监管活动中，公职人员不依法行政就可能导致权力寻租，例如对不符合法定条件的申请人准予行政许可，或者超越法定职权作出准予行政许可的决定；对符合法定条件的申请人不准予行政许可，或者不在法定期限内作出准予行政许可的决定；依法应当根据招标、拍卖结果或者考试成绩择优作出准予行政许可的决定，但未经招标、拍卖或者考试，或者不根据招标、拍卖结果或者考试成绩择优作出准予行政许可的决定等。此外，信息歧视也会对其他市场主体的公平竞争权构成侵害。需要指出的是，权力寻租虽然大量存在于经济领域，但并不是说在其他领域不存在，政治领域干部选拔任用中的买官和卖官现象也是某种形式的权力寻租。

9. 利益输送

利益输送是指公职人员利用职权或者职务影响，以违反或者规避法律的手段，将公共财产等利益给予有关组织或者个人的行为。利益输送的主体是行使公权力的公职人员；利益输送的主观方面表现为故意，即行为人明知自己的行为违反法律规定却故意为之。利益输送侵犯的客体是公权力行使的公平性和廉洁性；利益输送的客观方面表现为将公共财产不正当地给予有关组织或者个人，使公共财产变为私有财产。

利益输送与其他职务违法和职务犯罪相比，其重要特征是行为主体的利益输送活动并不立即获取金钱、财物等利益回报，却可以作为一种"恩惠储备"，在以后需要的时候得到回报。利益输送是经济体制变革、利益格局调整等新的社会条件下的新型职务违法和职务犯罪。按照现行法律规定，利益输送并不是一个罪名。在实践中，公职人员的利益输送活动可能构成贪污罪、滥用职权罪、徇私舞弊罪等，例如私分国有资产罪，私分罚没财物罪，违法发放林木采伐许可证罪，非法低价出让国有土地使用权罪，非法批准征用、占用土地罪，徇私舞弊低价折股、出售国有资产罪，徇私舞弊不征、少征税款罪等。

10. 浪费国家资财

浪费国家资财是指公职人员违反国家财务管理制度，挥霍公款、铺张浪费的行为。浪费国家资财的主体是行使公权力的公职人员；浪费国家资财的主观方面表现为故意，即行为人明知自己的行为违反国家财务制度却故意为之。浪费国家资财侵犯的客体是国家的财政制度和公权力的廉洁性；浪费国家资财的客观方面表现为挥霍公款，铺张浪费，例如违反规定配备使用小汽车、公款吃喝、公费旅游、用公款为个人购房、包租占用客房供个人使用、建豪华办公大楼、采购奢侈豪华物品等。公职人员浪费国家资财危害巨大，影响恶劣，严重阻碍经济社会发展，败坏政风政纪。

按照现行法律规定，浪费国家资财不是一个罪名。在实践中，公职人员浪费国家资财视情节给予从警告直至开除的纪律处分，有关处分依据分散在《中华人民共和国监察法》《中华人民共和国公务员法》《中华人民共和国法官法》《中华人民共和国检察官法》《行政机关公务员处分条例》《事业单位工作人员处分暂行规定》《国有企业领导人员廉洁从业若干规定》《农村基层干部廉洁履行职责若干规定（试行）》等法律和文件中。例如，《中华人民共和国公务员法》第五十九条是对公务员纪律的规定，对公务员的行为规定了十八个"不得"，其中第九项即不得"违反财经纪律，浪费国家资财"；《行政机关公务员处分条例》第二十四条规定："违反财经纪律，挥霍浪费国家资财的，给予警告处分；情节较重的，给予记过或者记大过处分；情节严重的，给予降级或者撤职处分。"

### （三）处置

监察委员会根据监督、调查结果，对公职人员的职务违法和职务犯罪进行处置。处置主要通过以下方式：（1）对有职务违法行为但情节较轻的公职人员，按照管理权限，直接或者委托有关机关、人员，进行谈话提醒、批评教育、责令检查，或者予以诫勉；（2）对违法的公职人员依照法定程序作出警告、记过、记大过、降级、撤职、开除等政务处分决定；（3）对不履行或者不正确履行职责负有责任的领导人员，按照管理权限对其直接作出问责决定，或者向有权作出问责决定的机关提出问责建议；（4）对涉嫌职务犯罪的，监察机关经调查认为犯罪事实清楚、证据确实、充分的，制作起诉意见书，连同案卷材料、证据一并移送人民检察院依法审查，提起公诉；（5）对监察对象所在单位廉政建设和履行职责存在的问题等提出监察建议。监察建议是指监察委员会针对监察对象所在单位廉政建设、履行职责方面存在的问题提出的改进意见。与一般的工作建议有所不同，监察建议具有一定的法律效力，被建议单位无正当理由必须履行监察建议设定的义务，否则就要承担相应的法律责任。

2020年6月20日，第十三届全国人大常委会第十九次会议通过《中华人民共和国公职人员政务处分法》，规定了政务处分的对象、政务处分的种类和适用、违法行为及其适用的政务处分、政务处分的程序、复审与复核等。该法的发布和实施，为监察机关提供了对公职人员实施政务处分的法律依据，有针对性地解决了监察实践中对某些公职人员的违法行为"政纪不适用，党纪管不了"的问题。在法律制度上，《中华人民共和国公务员法》《行政机关公务员处分条例》等法律、行政法规规定的"处分"和《中华人民共和国公职人员政务处分法》规定的"政务处分"相结合，实现了对所有行使公权力的公职人员的监督全覆盖，这对于促进公职人员依法履职、秉公用权、廉洁从政从业、坚持道德操守是十分必要的。

## 四、监察权限与程序

### （一）监察权限

为保障监察机关履行监察职责，《中华人民共和国监察法》规定了监察机关的权限，主要有 12 项。

1. 调查取证

监察机关有权依法向有关单位和个人了解情况，收集、调取证据，有关单位和个人应当如实提供，任何单位和个人不得伪造、隐匿或者毁灭证据。

2. 讯问、询问

监察机关对涉嫌贪污贿赂、失职渎职等职务犯罪的被调查人可以进行讯问，要求其如实供述涉嫌犯罪的情况。在调查过程中，监察机关可以询问证人等人员。

3. 留置

监察机关调查涉嫌贪污贿赂、失职渎职等严重职务违法或者职务犯罪，已经掌握被调查人部分违法犯罪事实及证据，仍有重要问题需要进一步调查，并有下列情形之一的，经监察机关依法审批，可以将被调查人留置在特定场所：（1）涉及案情重大、复杂的；（2）可能逃跑、自杀的；（3）可能串供或者伪造、隐匿、毁灭证据的；（4）可能有其他妨碍调查行为的。对涉嫌行贿犯罪或者共同职务犯罪的涉案人员，监察机关可以依照上述规定采取留置措施。

4. 查询、冻结

监察机关调查涉嫌贪污贿赂、失职渎职等严重职务违法或者职务犯罪，根据工作需要，可以依照规定查询、冻结涉案单位和个人的存款、汇款、债券、股票、基金份额等财产。有关单位和个人应当配合。

5. 搜查

监察机关可以对涉嫌职务犯罪的被调查人以及可能隐藏被调查人或者犯罪证据的人的身体、物品、住处和其他有关地方进行搜查。在搜查时，应当出示搜查证，并有被搜查人或者其家属等见证人在场。搜查女性身体，应当由女性工作人员进行。监察机关进行搜查时，可以根据工作需要提请公安机关配合。公安机关应当依法予以协助。

6. 调取、查封、扣押

监察机关在调查过程中，可以调取、查封、扣押用以证明被调查人涉嫌违法犯罪的财物、文件和电子数据等信息。采取调取、查封、扣押措施，应当收集原物原件，会同持有人或者保管人、见证人，当面逐一拍照、登记、编号，开列清单，由在场人员当场核对、签名，并将清单副本交给财物、文件的持有人或者保管人。监察机关对调取、查封、扣押的财物、文件，应当设立专用账户、专门场所，确定专门人员妥善保管，严格履行交接、调取手续，定期对账核实，不得毁损或者用于其他目的。对价值不明物品应当及时鉴定，专门封存保管。查封、扣押的财物、文件经查明与案件无关的，应当在查明后三日内解除查封、扣押，予以退还。

7. 勘验检查

监察机关在调查过程中，可以直接或者指派、聘请具有专门知识、资格的人员在调查人员主持下进行勘验检查。勘验检查情况应当制作笔录，由参加勘验检查的人员和见证人签名或者盖章。

8. 鉴定

监察机关在调查过程中，对于案件中的专门性问题，可以指派、聘请有专门知识的人进行鉴定。鉴定人进行鉴定后，应当出具鉴定意见并签名。

9. 技术调查措施

监察机关调查涉嫌重大贪污贿赂等职务犯罪，根据需要并经过严格的批准手续，可以采取技术调查措施的，按照规定交有关机关执行。批准决定应当明确采取技术调查措施的种类和适用对象，自签发之日起三个月以内有效；对于复杂、疑难案件，期限届满仍有必要继续采取技术调查措施的，经过批准，有效期可以延长，每次不得超过三个月。对于不需要继续采取技术调查措施的，应当及时解除。

10. 通缉

监察机关可以决定在本行政区域内通缉依法应当留置但在逃的被调查人，由公安机关发布通缉令，将其追捕归案。通缉范围超出本行政区域的，应当报请有权决定的上级监察机关决定。

11. 限制出境

监察机关为防止被调查人及相关人员逃匿境外，经省级以上监察机关批准，可以对被调查人及相关人员采取限制出境措施，由公安机关依法执行。对于不需要继续采取限制出境措施的，应当及时解除。

12. 提出从宽处罚建议

监察机关对于涉嫌职务犯罪但主动认罪认罚的被调查人，有下列情形之一的，经领导人员集体研究，并报上一级监察机关批准，可以在移送人民检察院时提出从宽处罚的建议：（1）自动投案，真诚悔罪悔过的；（2）积极配合调查工作，如实供述监察机关还未掌握的违法犯罪行为的；（3）积极退赃，减少损失的；（4）具有重大立功表现或者案件涉及国家重大利益等情形的。此外，职务违法犯罪的涉案人员揭发有关被调查人职务违法犯罪行为，查证属实的，或者提供重要线索，有助于调查其他案件的，监察机关经领导人员集体研究，并报上一级监察机关批准，可以在移送人民检察院时提出从宽处罚的建议。

(二) 监察程序

监察程序是指监察机关调查、处置职务违法和职务犯罪的方式和步骤。监察程序主要有四，即立案、调查、处置、救济。

1. 立案

监察机关收到报案，举报职务违法和职务犯罪的问题线索，应当按照有关规定进行线索处置、立案：（1）对于不属于本机关管辖的，应当移送主管机关处理；（2）对问题线索进行整理与初步核实；（3）撰写初步核实情况报告，提出分类处理建议；（4）将初步核实情况报告和分类处理建议报监察机关主要负责人审批；（5）对监察对象涉嫌职务违法犯罪，需要追究法律责任的，按照规定的权限和程序办理立案手续，由监察机关主要负责人依法批准立案。

2. 调查

监察机关对职务违法和职务犯罪案件,应当进行调查,收集被调查人有无违法犯罪以及情节轻重的证据,查明违法犯罪事实,形成相互印证、完整稳定的证据链。

3. 处置

监察机关根据监督、调查结果,依法作出处置。监察机关经调查,对没有证据证明被调查人存在违法犯罪行为的,应当撤销案件,并通知被调查人所在单位。

4. 救济

监察对象对监察机关作出的涉及本人的处理决定不服的,可以在收到处理决定之日起一个月内,向作出决定的监察机关申请复审,复审机关应当在一个月内作出复审决定;监察对象对复审决定仍不服的,可以在收到复审决定之日起一个月内,向上一级监察机关申请复核,复核机关应当在两个月内作出复核决定。复审、复核期间,不停止原处理决定的执行。复核机关经审查,认定处理决定有错误的,原处理机关应当及时予以纠正。

### 五、对监察机关和监察人员的监督

监察机关和监察人员专司监察,权力大,责任重,理应受到严格监督,以保证监察机关和监察人员自身清正廉洁,建设忠诚、干净、担当的监察队伍。《中华人民共和国监察法》规定了对监察机关和监察人员的监督制度,主要内容有以下方面:

第一,人民代表大会的监督。各级监察委员会应当接受本级人民代表大会及其常务委员会的监督,国家监察委员会对全国人民代表大会及其常务委员会负责,并接受其监督。国家监察委员会由全国人民代表大会产生,国家监察委员会主任由全国人民代表大会选举,副主任、委员由国家监察委员会主任提请全国人民代表大会常务委员会任免。地方各级监察委员会由本级人民代表大会产生,主任由本级人民代表大会选举,副主任、委员由监察委员会主任提请本级人民代表大会常务委员会任免。各级人民代表大会常务委员会听取和审议本级监察委员会的专项工作报告,组织执法检查。县级以上各级人民代表大会及其常务委员会举行会议时,人民代表大会代表或者常务委员会组成人员可以依照法律规定的程序,就监察工作中的有关问题提出询问或者质询。

第二,报告。办理监察事项的监察人员,遇到打听案情、过问案件、说情干预的,应当及时报告。有关情况应当登记备案。办理监察事项的监察人员未经批准接触被调查人、涉案人员及其特定关系人,或者存在交往情形的,知情人应当及时报告。有关情况应当登记备案。

第三,离职纪律和就业限制。监察机关涉密人员离岗离职后,应当遵守脱密期管理规定,严格履行保密义务,不得泄露相关秘密。监察人员辞职、退休三年内,不得从事与监察和司法工作相关联且可能发生利益冲突的职业。

第四,被调查人及其近亲属的申诉权。被调查人及其近亲属发现监察机关及其工作人员有下列行为之一的,有权向该机关申诉:(1)留置法定期限届满,不予以解除的;(2)查封、扣押、冻结与案件无关的财物的;(3)应当解除查封、扣押、冻结措施而不解除的;(4)贪污、挪用、私分、调换以及违反规定使用查封、扣押、冻结的财物的;(5)其他违反法律法规、侵害被调查人合法权益的行为。受理申诉的监察机关应当在受理申诉之日起一个月内作出处理决定。申诉人对处理决定不服的,可以在收到处理决定之日起一个月内向上一级监察机关申请复查,上一级监察机关应当在收到复查申请之日起两个月内作出处理决定,情况属实的,及时予以纠正。

第五,法律责任追究。监察机关及其工作人员在行使权力的过程中出现违法行为的,要追究法律责任。《中华人民共和国监察法》第六十五条列举了下列违法行为:"(一)未经批准、授权处置问题线索,发现重大案情隐瞒不报,或者私自留存、处理涉案材料的;(二)利用职权或者职务上的影响干预调查工作、以案谋私的;(三)违法窃取、泄露调查工作信息,或者泄露举报事项、举报受理情况以及举报人信息的;(四)对被调查人或者涉案人员逼供、诱供,或者侮辱、打骂、虐待、体罚或者变相体罚的;(五)违反规定处置查封、扣押、冻结的财物的;(六)违反规定发生办案安全事故,或者发生安全事故后隐瞒不报、报告失实、处置不当的;(七)违反规定采取留置措施的;(八)违反规定限制他人出境,或者不按规定解除出境限制的;(九)其他滥用职权、玩忽职守、徇私舞弊的行为。"监察机关及其工作人员有上述行为之一的,对负有责任的领导人员和直接责任人员依法给予处理;构成犯罪的,依法追究刑事责任;侵犯公民、法人和其他组织的合法权益造成损害的,依法给予国家赔偿。

## 第三节 香港、澳门特别行政区和台湾地区监察制度

### 一、香港特别行政区以廉政公署为核心的监督制度

香港的监督制度是以廉政专员公署为核心的,廉政专员公署简称廉政公署,其英文缩写是ICAC,意为反腐败独立委员会。廉政公署并非香港独有,很多国家都设有此类机构。

#### (一)廉政公署的建立

香港曾被英国占领一百多年,在其发展的初期与中期,腐败盛行一时,贪污成为日常生活的组成部分。早在1897年,香港已有法例明文禁止贪污贿赂。1948年,香港仿效英国法律,立法通过了《防止贪污条例》;20世纪50年代,香港警队成立了检举贪污组,但贪污仍然日益猖獗。20世纪60年代末至70年代初,香港经济高速发展,批文、办照、拿证、领牌等社会服务需求随之增多,政府部门、公共机构贪污受贿现象相当普遍,连负责反贪的

警务部门也成为贪污受贿十分严重的部门。贪污受贿日趋严重,普通市民深受其害,社会公众对此反应十分强烈。

1971年,港英当局颁布了《防止贿赂条例》,规定如果公务员所拥有的财产与其收入不相称,而本人又不能合理解释其财产来源时,就可以假定这些财产来自贪污或其他违法行为,反贪污部就可以对其进行调查起诉。1973年,港英当局根据《防止贿赂条例》,要求当时的总警司葛柏对其巨额私人财产作出解释,但在港英当局对他诉诸法律之前,葛柏竟把赃款分存于6个国家的银行并偷渡潜逃至英国。此事激起市民反贪污受贿的万人大游行,引起社会震动,也使港英当局震惊。同年10月,港督麦里浩宣布建立一个独立的、不隶属于任何政府机关的、专门从事肃贪倡廉工作的机构取代反贪污部。1974年,港英当局颁布了《总督特派廉政专员公署条例》(简称《廉署条例》),随后于2月15日正式成立了廉政公署。

(二)廉政公署的组织机构

廉政公署不隶属于任何政府机关,起初直接隶属于总督,现直接隶属于特区行政长官。廉政专员起初由总督委任,现由特区行政长官委任,向特区行政长官负责。廉政公署实行四级编制,在廉政专员之下,设立行政总部和执行处、防止贪污处、社区关系处三个处级业务部门。行政总部负责行政工作。执行处负责接受举报,调查核实有关贪污受贿等腐败行为的指控。防止贪污处负责审查政府部门和公共机构的制度和工作程序,提出建议,以纠正可能出现贪污的工作方式,涉及的范围包括采购程序、员工管理、执法工作、合约管理、发牌及监管制度等。社区关系处负责向市民宣传贪污的危害,以取得市民对反贪工作的支持与合作。另外还有若干分处,分处是设在香港地区内的方便市民举报的机构。

廉政公署重视对职员进行专业培训,除在本港培训外,还有每年与海外同类机构互派人员交流的计划。廉政公署实行高薪制,其工作人员的薪酬高于政府部门同级公务员。廉政公署的经费由政府在每年的预算案中单独列支。

(三)廉政公署的职责权力

根据《廉署条例》《防止贿赂条例》《舞弊及非法行为条例》,廉政公署拥有以下权力:

第一,如果公务员拥有的财产与其收入不相称,而本人又不能作出合理解释时,廉政公署有权对其进行调查起诉。与一般司法机关"告诉即受理"原则不同,廉政公署在无人举报的情况下,如果认为任何政府官员有贪污或其他违法行为,也可进行调查。

第二,在调查案件时,廉政公署拥有广泛的调查、逮捕、搜查、检取权。当发现有人涉嫌违法时,廉政专员可以书面授权调查人员进行调查。调查人员出示该授权证书时,可以调查及查阅有关人员的任何股份账目、购买账目、俱乐部账目、捐助账目,以及任何保管箱、任何银行或公司账册;要求该人透露有关上述各项之全部资料,并提取该项账目及簿册或其中任何有关记录的副本;如果调查需要,经廉政专员同意,调查人员可以搜查任何公共机构或其使用的任何房间;调查人员还有权限制涉嫌人员的活动,迫其交出有关证件;在发现涉嫌人员确有违反相关条例的行为或犯有其他严重罪行时，调查人员可以行使拘捕权。

第三，廉政公署有权审查政府部门及公共机构的办事程序和资金的使用情况；在不妨碍各部门工作的前提下，有权修改"不良的惯例"。这说明，廉政公署一方面要检查政府部门工作中的漏洞，另一方面也要尽力帮助政府和公共机构健全制度，改进办法，以杜绝贪污受贿。

**（四）廉政公署的工作程序与纪律监察**

廉政公署有一套完整的工作程序，举报中心24小时接受市民的举报，执行处到举报后，将资料分类并立即立案调查。如果要中止某项调查，必须经有关的委员会批准。对于调查结果，要整理成书面报告呈交有关部门，在可能时还要向举报人通报。廉政公署还有一套有效的保密措施。

廉政公署内部纪律严明，违反条例者要受到惩治。为防止滥用权力和官僚主义，使廉政公署的工作处于社会监督之下，廉政公署还成立了不同的委员会，分别对各方面的工作进行监督。这些委员会的成员来自社会各阶层，大都是具有专门知识和经验的人士。其中，廉政公署事宜投诉委员会负责审查对廉政公署及其职员的投诉，并提出处理意见；贪污问题咨询委员会负责对廉政公署的一般政策作深入的检讨，向特区行政长官提供意见；审查贪污举报咨询委员会监督执行处的工作；防止贪污咨询委员会监督防止贪污处的工作；社区关系市民咨询委员会监督社区关系处的工作。这些委员会对于促进及监督廉政公署的工作起着重要的作用。

香港廉政公署是世界著名的监察机构，在反腐肃贪方面成效显著，使当今香港成为世界上廉洁度极高的地区之一。香港廉政公署不仅受到香港市民的赞扬，也受到世界许多国家和地区的关注。世界上一些地方借鉴香港的经验建立了相似的机构。例如，澳大利亚于1989年在新南威尔士州设立了廉政公署，韩国于2002年成立了与廉政公署相似的反腐败委员会，澳门廉政公署的设立也借鉴了香港的成功经验。

## 二、澳门特别行政区的监督制度

澳门的监督制度与香港类似，也是以廉政专员公署为核心，廉政专员公署简称廉政公署。澳门廉政公署的设立，受到香港廉政公署一定的影响。

**（一）廉政公署的建立**

澳门廉政公署是专门负责反贪和行政申诉的部门，其前身是反贪污暨反行政违法高级专员公署，简称反贪公署。澳门的贪污犯罪一度相当猖獗。反贪公署的设立是经过澳门社会各界多年努力才得以实现的。1975年，当时的总督李安道倡议成立专门对付贪污的肃贪机关。此后，在香港廉政公署打击贪污成效显著的影响下，澳门社会各界亦不断要求成立肃贪机关,以对付日益猖獗的贪污犯罪。1987年,立法会制定专门的肃贪法律《贿赂处分制度》。1990年,立法会通过反贪公署的权力法规。1991年,澳门总督韦奇立任命来自葡萄牙的薛克法官为首任反贪专员。1992年,立法会通过反贪公署的内部组织法。此后,反贪公署正式展开工作。反贪公署的规格相当于政务司级,运作上独立于以澳门总督为首的行政系统,也不是法院和检察院一类的司法机关,既不受总督统率也不受立法会指挥,是一个相对独立的执法机关。

1999年12月20日,澳门特别行政区成立,根据《中华人民共和国澳门特别行政区基本法》的规定,澳门特别行政区设立廉政公署,反贪公署由廉政公署完全取代。

(二)廉政公署的组织机构

廉政公署独立工作,其最高长官为廉政专员,由特区行政长官提名并报请中央人民政府任命。廉政专员对行政长官负责。廉政公署实行四级编制,在廉政专员之下,设立廉政专员办公室以及反贪局和行政申诉局等局级业务部门,局下设厅,厅下设组。

廉政专员办公室直属廉政专员并辅助其履行职务。办公室下设综合事务厅、社区关系厅及资讯中心。

反贪局负责对相关犯罪及行为的调查、侦查工作及其他相关工作。对于兼属刑事及行政申诉范畴的个案,由反贪局局长负责与行政申诉局协调处理。

行政申诉局负责分析及处理行政申诉,研究及建议发出劝谕旨在简化行政程序及改善公共部门运作,以及研究及分析有利于预防及遏制违法、贪污及由公务员作出的欺诈行为的措施。

(三)廉政公署的职责权力

按照2000年8月颁布的《澳门特别行政区廉政公署组织法》,廉政公署的权力为:

第一,查明具有充分依据使人怀疑发生贪污或欺诈行为的事实迹象或消息,以及查明具有充分依据使人怀疑发生针对公有财产的犯罪、滥用公共职能、损害公共利益的行为等的事实迹象或消息。

第二,进行履行其职责所需的一切调查及侦查行为。廉政专员及助理专员在其权限内的刑事诉讼行为方面,具有刑事警察当局地位。由廉政专员领导的侦查包括按照刑事诉讼法规定的一切属刑事警察当局及刑事警察机关权限的诉讼行为及措施,以及属检察院权限的搜查、搜索及扣押。廉政专员可不经通知,进入任何公共实体范围检查,查阅文件,听取有关公务员所述或要求提供认为适当的资料;可要求所有自然人及法人在其权利及正当利益受保障的情况下合作。

第三,调查公共实体与私人关系范围内的行政行为及程序合法性;监督涉及财产利益的行为的规范性及行政正确性。

第四,将其查清的违法行为迹象,向有权采取纪律行动的实体检举;因应情况所需,跟进有权实体进行的刑事或纪律程序；将主要调查结果报告行政长官。

第五，就所发现的法规缺点，特别是使人的权利、自由、保障或正当利益受到影响的缺点，作出解释、修改或废止有关法规的劝谕或建议，或作出制定新法规的劝谕或建议，但涉及属立法会权限的法规时，只是将公署的立场制成报告书呈交行政长官。

第六，建议行政长官作出规范性行为，以改善公共部门的运作及对依法行政的遵守，尤其消除各种有利于贪污及实施不法或道德上应受责备的行为的因素；向行政长官建议采取行政措施，以改善公共服务。

第七，直接向有权机关提出劝谕，以纠正违法或不公正的行政行为或行政程序；与有权机关及部门合作，谋求最适当的解决办法，以维护人的正当利益及改善行政工作。

2006年3月，国际调查公司"政经风险评估"发表亚洲贪污趋势年报，在该评估报告涉及的13个亚洲国家及地区中，澳门的廉洁度排名第4，廉洁水平仅次于新加坡、日本和中国香港地区。在2007年3月的同一评估报告中，澳门在13个亚洲国家及地区中，廉洁度仍然排名第4。2006年11月，非政府国际反腐败组织"透明国际"公布2006国际清廉指数，澳门首次被纳入评选之列，在亚太区25个国家及地区中排行第6，仅次于新西兰、新加坡、澳大利亚、中国香港地区及日本；在全球163个国家及地区中，排名第26。"透明国际"指出，澳门地区第一次上榜即以66分的高分跻身前列，这跟当地反贪机构大力倡导反腐败运动的努力是分不开的。

### 三、中国台湾地区的监察制度

当代台湾地区的政治制度是中华民国政治制度的延续，虽然进行了多次"修宪"，台湾地区现行"宪法"仍以1947年南京国民政府公布的《中华民国宪法》为蓝本，现行政治体制的基本结构仍保留了原中华民国宪政体制，现行监察制度经历次调整，虽有很大变化，但与南京国民政府时期的监察制度仍是一脉相承的。在台湾地区的监察体系中，最主要的是"监察院"的监督，另外"立法院"和"行政法院"也发挥一定的监督作用。

#### （一）"监察院"监督内容的调整

在我国历史上，国民政府"监察院"成立于1925年8月。1992年5月，台湾地区第二次"修宪"，对"监察院"的性质、职权、产生方式作了很大的改革，"监察院"失去了民意代表机关的性质和职权，成为单纯的准司法机关。主要变化是：

第一，"监察院"为台湾地区最高监察机关，行使弹劾、纠举及审计权，不再享有对司法院、考试院的人事同意权。

第二，监察委员的产生，由南京国民政府时期规定的由省市议会议员间接选举产生，改为由"总统"提名，经"国民大会"同意任命，2000年第六次"修宪"又改为经立法院同意任命。

第三,"监察院"不再具有对"总统""副总统"的弹劾提案权,改为由立法院提出。

第四,"监察院"对于"中央"、地方公务人员及司法院、考试院人员的弹劾案,须经监察委员2人以上提议、9人以上审查及决定才能提出。

### (二)"监察院"的职权

"监察院"依据"宪法"与法律的规定,行使弹劾、纠举及审计权,可以提出纠正案,享有收受人民书状、巡回监察、调查、监试等权力。民众如果认为公务人员有违法失职行为,可以直接向"监察院"或监察委员告发。经监察委员调查后,提出调查报告,属于纠正案性质的,交由各有关委员会处理;属于弹劾或纠举性质的,经过监察委员审查成立,移交司法院公务员惩戒委员会处理,或送交被纠举人员的主管长官或上级长官处理。公务员惩戒委员会是负责对有违法失职行为的公务员进行惩戒的机构,负责审议惩戒案件。凡经监察院弹劾,或者由各院部会长官、地方行政长官送请审议的案件,均由公务员惩戒委员会审议。

"监察院"依法受理公职人员财产申报。台湾地区《公职人员财产申报法》规定,"总统"、"副总统"、五院院长和副院长、政务官、有给职之"总统府"资政、"国策"顾问及战略顾问、依法选举产生的乡(镇、市)级以上政府机关首长、县(市)级以上各级民意机关民意代表,均应向"监察院"申报财产。公职人员无正当理由不申报或故意申报不实的,处新台币6万~30万元的罚款;逾期不报或不补正的,可处一年以下有期徒刑或拘役或处新台币10万~50万元的罚款;依法可在政府公报公告其姓名。

台湾对于财务的预决算和审计有较为明确的分工,立法机关负责议决预算案;行政机关负责提出预算案,并执行法定预算;审计机关负责监督预算执行和审定决算。审计权是监察权的一部分,由"监察院"的审计部行使。审计长应当在行政院提出决算后3个月内依法完成审核,并提出审核报告呈交立法院。

# ━━ 案 例 ━━

## 对国家公职人员监察全覆盖

2018年3月20日,《中华人民共和国监察法》颁布实施。该法第十五条规定了国家监察的六种对象,实现了对国家公职人员监察全覆盖。

1. 参照《中华人民共和国公务员法》管理的人员

1984年,重庆市丰都县罐头食品厂陷入困境,资产负债严重。时任县供销社副主任的张茂杰临危受命,担任县罐头食品厂厂长,带领这家濒临倒闭的国有企业扭亏为盈,走出困境。2003年,张茂杰当选为县政协副主席。

张茂杰对商人坐豪车、喝好酒、吃大餐、一掷千金的生活和派头羡慕不已,大为动心,认为自己的经商才能绝不亚于这些人。此后,张茂杰分别以儿子、侄孙的名义经商，经营范围涉及酒业、贵金属、饲养、饲料销售等行当，终因经营不善债台高筑。面对各种方式的催债，张茂杰用单位公款偿还个人借款和从事经营活动。案发前，张茂杰挪用公款169万元。2018年4月16日，重庆市丰都县纪监委对张茂杰依法采取留置措施。23天后，张茂杰被移送检察院。2018年9月5日，张茂杰案一审宣判。

本案中，张茂杰是参照《中华人民共和国公务员法》管理的人员，属于《中华人民共和国监察法》第十五条规定的监察对象。这类人员包括参公机关人员和参公事业单位人员。

2. 在授权或者委托组织中从事公务的人员

2017年1月，李继林成为云南保山市物资再生利用有限责任公司临时工，具体工作是根据保山市交警支队车管所的委托登录公安专网办理二手车转移登记、报废机动车注销业务。2017年3月，李如焕（另案处理）通过微信主动联系李继林，请托李继林为其违规办理北京号牌车辆注销业务，并承诺给予李继林每辆车人民币3 000元到7 000元不等的好处费。"反正是临时工，有钱为啥不赚"，李继林毫不犹豫地办理了李如焕请托事项。事成后，李如焕将好处费打给了李继林。得钱如此容易，李继林利令智昏，走上了疯狂敛财之路。2017年5月底至8月11日期间，李继林利用职务便利违规注销北京号牌车辆500余辆，非法收受人民币300余万元。

2018年初，交通部发现保山市大量违规注销北京车牌，李继林的事情败露。"我只是个临时工，你们找我干什么？"这是2018年4月李继林见到云南保山市隆阳区监委工作人员时的第一反应。"你们监委不是查当官的吗？我把钱退回去，公司把我辞退不就行了？"面对监委工作人员，李继林很是困惑，监委工作人员对其释法，"判断一个人是不是公职人员，关键是看他是否行使公权力、执行公务，因此你也是我们的监察对象。"2018年4月19日，云南保山市隆阳区监委对李继林依法采取留置措施。同年7月，保山市隆阳区人民检察院以涉嫌受贿罪依法对嫌疑人李继林实施逮捕。

本案中，李继林所在的公司虽为企业，但其办理的二手车转移登记、报废机动车注销业务属于保山市交警支队车管所依法委托管理的公共事务，所以李继林是在授权或者委托组织中从事公务的人员，属于《中华人民共和国监察法》第十五条规定的监察对象。

3. 国有企业管理人员

2004年8月，刚履新两个多月的厦门市翔安投资集团有限公司副总经理李苏飞便开始在其"小圈子"里散播消息，"我们公司的项目招投标都由我负责，给我3%的回扣，我就能让你中标。"

李苏飞生财有三个原则，一是形式上要合规，二是工程质量要过关，三是只找"自己人"做。如此缜密的"生财经"，李苏飞感觉自己完全可以高枕无忧。李苏飞还将自己民主党派人士的"特殊身份"当作挡箭牌，认为纪委管不着他。截至2018年，李苏飞共收受投标商贿赂款上百万元人民币。

2018年5月3日,李苏飞被厦门市翔安区监委依法留置,2018年7月被移送检察机关。李苏飞案办案人员解释说:李苏飞虽不是共产党员,但他是国企高管,不仅是监察对象,还属于监察对象中的"关键少数"。

本案中,李苏飞是国有企业管理人员,属于《中华人民共和国监察法》第十五条规定的监察对象。作为监察对象的国有企业管理人员,主要包括国有独资企业、国有控股企业及其分支机构的领导班子成员,对国有资产负有经营管理责任的国有企业中层和基层管理人员,在管理、监督国有财产等重要岗位上工作的人员,国有企业所属事业单位领导人员,国有资本参股企业和金融机构中对国有资产负有经营管理责任的人员等。

4. 公办教科文卫体等单位从事管理的人员

黄兴是四川省成都市新津县职业高中原副校长。2017年,他年满50岁,自感就要退出领导岗位,何不趁有权捞几把。黄兴认为,自己的职业有很强的专业技术性,加之从事会计教学多年,"隔行如隔山,我只要把账做平,一般不会被发现。"抱着这种侥幸心理,黄兴利用职务之便在食堂食材采购、会计专业实训室采购、物流专业实训室采购等项目中收受回扣逾百万元。

黄兴的专业能力和手段并不能掩盖其违纪违法的事实。新津县纪监委通过调取供货商的账单,很快固定了黄兴违纪违法的证据。2018年4月4日,黄兴被新津县纪监委依法留置。同年7月初,黄兴被开除党籍和公职。

本案中,黄兴是公办教科文卫体单位管理人员,属于《中华人民共和国监察法》第十五条规定的监察对象。作为监察对象的这类管理人员,主要包括该单位及其分支机构的领导班子成员、国家工作人员、中层和基层管理人员、临时从事与职权相联系的管理事务的人员等。

5. 基层群众自治组织中从事管理的人员

2018年6月21日,江西省萍乡市上栗县纪监委对上栗县赤山镇麻田村村委会原主任曾加喜依法采取留置措施。与其他被留置人员不同,他显得很轻松。原来,曾加喜意识到自己东窗事发后,便对案件相关知情人进行了一系列软硬兼施的"嘱咐"。熟人社会下,曾加喜自信没人会"出卖"他。

办案人员一方面给曾加喜普法,一方面积极联系案件相关人员,说服他们出来作证,熟人社会的藩篱就此打破。随着普法的深入和留置时间的拉长,曾加喜意识到了问题的严重性,开始坦白。最终查明,曾加喜任赤山镇麻田村村委会主任期间,在村级账务代理室重复报销两笔资金共计23.48万元;利用职务便利,伙同他人,采取虚报户头的方式骗取国家征地补偿款38万余元。2018年10月21日,江西省上栗县人民法院一审判决曾加喜犯贪污罪、职务侵占罪、非法侵入住宅罪,数罪并罚,决定执行有期徒刑3年,并处罚金、退缴赃款。

本案中,曾加喜是基层群众自治组织中从事管理的人员,属于《中华人民共和国监察法》第十五条规定的监察对象。这类人员包括村民委员会、居民委员会的主任、副主任和委员，以及其他受委托从事管理的人员。

6. 其他依法履行公职的人员

《中华人民共和国监察法》第十五条还通过兜底条款规定了第六类监察对象，即"其他依法履行公职的人员"，如人大代表、政协委员、党代会代表、人民陪审员、人民监督员、仲裁员等。兜底条款旨在防止出现对监察对象列举不全的问题。对于"其他依法履行公职的人员"不能作扩大解释，"履行公职的人员"的判断标准主要是看其是否行使公权力，所涉嫌的职务违法或者职务犯罪是否损害了公权力的廉洁性。

## 案例思考题

对国家公职人员监察全覆盖有何重要意义？

## 重要概念

1. 行政监察　2. 国家监察　3. 监察体制　4. 国家监察机关　5. 地方监察机关　6. 职务犯罪

## 思考题

1. 简述国家监察委的法律地位和设立意义。
2. 各级监察委员会依法对哪六类行使公权力的公职人员进行监察？
3. 监察委员会有哪些职责？
4. 《中华人民共和国监察法》主要列举了公职人员哪些职务违法和职务犯罪行为？
5. 监察机关有哪些权限？
6. 监察机关调查、处置职务违法和职务犯罪行为有哪些程序？
7. 人民代表大会如何监督各级监察委员会？
8. 简述我国香港特别行政区廉政公署。
9. 简述我国澳门特别行政区廉政公署。
10. 简述我国台湾地区"监察院"。

# 第五章 人民代表大会的监督

在我国，人民行使国家权力的机关是人民代表大会。依据宪法规定，人民代表大会监督行政机关、监察机关、审判机关、检察机关，因此，人民代表大会的监督是我国最重要的监督形式。本章在阐述人民代表大会监督的概念和特征、地位和作用等基本知识的基础上，着重介绍了人民代表大会监督的范围和内容、方式和程序。

## 第一节 人民代表大会的监督概述

### 一、人民代表大会监督的含义和特征

人民代表大会的监督亦称国家权力机关的监督，简称人大监督，是指各级人民代表大会及其常务委员会根据法定权限和程序，对各级国家行政机关、监察机关、审判机关和检察机关的工作，对同级人民代表大会常务委员会和下级人民代表大会及其常务委员会的工作，对宪法和法律的实施情况等进行的了解、审议、督促、处置等行为。

#### （一）人民代表大会监督的内涵

1. 监督的主体

人民代表大会监督的主体是各级人民代表大会及其常务委员会，包括全国人民代表大会及其常务委员会、地方各级人民代表大会及其常务委员会。只有人民代表大会及其常务委员会实施的监督才属人民代表大会的监督，除此之外，任何组织实施的监督都不是人民代表大会的监督。

2. 监督的对象

人民代表大会监督的对象包括各级国家行政机关、监察机关、审判机关和检察机关，也包括各级人民代表大会对本级常务委员会的监督、上级人民代表大会及其常务委员会对下级人民代表大会及其常务委员会的监督。需要特别注意的是，全国人民代表大会的监督对象还包括国家主席和中央军事委员会。

### 3. 监督的依据

人民代表大会监督的依据是宪法和法律。人民代表大会及其常务委员会作为监督主体，与监督对象之间的关系是由《中华人民共和国宪法》《中华人民共和国各级人民代表大会常务委员会监督法》《中华人民共和国全国人民代表大会组织法》《中华人民共和国地方各级人民代表大会和地方各级人民政府组织法》等法律明确规定的。人民代表大会监督的权限、范围、程序和方式都由宪法和法律明确规定，对哪些对象、哪些事务进行监督，根据什么程序、通过什么方式进行监督，都必须依据宪法和法律的明确授权。各级人民代表大会及其常务委员会不能在宪法和法律没有规定的情况下进行监督，也不能超越、违反宪法和法律规定的权限、范围、程序和方式进行监督。

### 4. 监督的内容

人民代表大会监督的内容是法律监督和工作监督。法律监督是指各级人民代表大会及其常务委员会根据法定权限和程序，对宪法、法律、法规以及上级、同级人民代表大会及其常务委员会通过的决议、决定在所辖区域内的实施情况进行的监督。工作监督是指各级人民代表大会及其常务委员会依法对行政机关、监察机关、审判机关和检察机关的日常工作进行的监督，以及本级人民代表大会对同级常务委员会、上级人民代表大会及其常务委员会对下级人民代表大会及其常务委员会的日常工作进行的监督。

### 5. 监督的目的

人民代表大会监督的目的是保证宪法和法律的实施，维护人民的利益和法律的尊严。作为人民行使国家权力的机关，人民代表大会必须对由其产生的行政机关、监察机关、审判机关和检察机关等行使权力的情况进行监督，保证人民的意志得到贯彻，保证人民的利益得到维护，保证体现人民意志的宪法和法律的尊严得到维护。

## （二）人民代表大会监督的特征

### 1. 民主性

根据宪法的规定，人民代表大会是人民行使国家权力的机关，它由人民通过直接或间接的方式选举产生，对人民负责，受人民监督，代表人民行使国家权力。人民代表大会的产生与组成机制，体现了中国政治制度的民主性，反映了我国一切权力来自人民的本质属性。同样，通过民主选举产生的人民代表大会实施的监督，也具有民主性的特征。人民代表大会监督的民主性体现在监督主体的构成上，也体现在人民代表大会的工作机制上。人民代表大会在工作中实行合议制，无论是制定法律，还是就重大问题作出决定，或者是重要的人事任免，都按照民主集中制的原则，充分发扬民主，集思广益，最终通过投票表决的方式进行，以真正集中和代表人民的意志和利益。具体到监督领域，人民代表大会监督的民主性体现在采用合议方式作出监督决定。总之，人民代表大会监督从根本上说是代表人民实施的监督，体现了人民的意志和利益，反映了人民的呼声和要求，是民主政治制度在公权力监督领域的直接表现。相较于其他监督方式而言，民主性是人民代表大会监督的首要特性。

2. 根本性与全局性

人民代表大会是人民选举产生的行使国家权力的机关,它关注的是全局性的问题,而不是具体领域中单一的、专业性的事务。在制定法律时,人民代表大会关注的是全局性的问题,并且是制度性而不是暂时性地解决这些问题;在就重大问题作出决议和决定时,人民代表大会不仅要解决所针对的具体问题,更要解决与该问题同类的或者相近的问题。相比较而言,行政机关、监察机关、审判机关和检察机关所要做的就是按照法律和人民代表大会的决定,解决相关的具体问题。例如,在行政许可领域,作为立法机关的人民代表大会,关注的是如何完善行政许可制度,而行政机关更关注的是解决具体的行政许可问题,监察委员会关注的是公权力机关和公职人员在行政许可中的职务违法和职务犯罪行为,法院关注的是行政许可争议的解决,检察院关注的是公诉和对诉讼活动实行法律监督。可见,人民代表大会的工作需要从全局入手,解决根本性的、全局性的问题。具体到监督领域,人民代表大会的监督也需要站在全局的高度,紧紧围绕党和国家工作大局,抓住关系改革、发展、稳定的重大问题,抓住和群众切身利益密切相关、社会普遍关注的重大问题进行监督。

3. 权威性

人民代表大会是国家权力机关,相较于其他国家机关而言,它的权力直接来自人民,它所实施的监督是代表国家和人民进行的监督,是最高层次的监督,也是具有法律效力的监督,因而具有权威性。与人民代表大会的监督相比,其他国家机关的监督尽管也具有相应的法律效力,但这种法律效力来自法律的授权,来自人民代表大会的授权,因而相对于人民代表大会的监督而言是第二层面的监督,人民代表大会的监督比其他国家机关的监督更具权威性。

4. 公开性

公开性是指人民代表大会的监督应该是公开的、透明的,除了法律规定的特别情况之外,人民代表大会应当向社会公布与监督有关的所有信息,而不能隐瞒相关的监督信息。比如,人民代表大会在审议政府工作报告和政府的预决算报告、对政府部门负责人提出质询和询问、审查法规和规章的合法性与适当性的时候,应当通过报纸、电视、网络等新闻媒介向社会公开相关信息,甚至可以通过听证会、质询会的形式向公众开放整个监督过程。人民代表大会监督的公开性,是由人民代表大会制度的性质、地位和作用决定的。根据宪法规定,人民代表大会由人民选举产生,对人民负责,受人民监督。要达到这一要求,就要让人民群众了解包括人民代表大会监督工作在内的所有工作情况。只有让人民群众充分了解人民代表大会行使职权的情况,才能确保人民对权力机关的控制,确保国家权力机关按照人民的意志和利益行使监督权。

5. 多样性

多样性是指人民代表大会的监督根据监督对象、监督内容和监督目的的不同,采取灵活多样的方式进行监督。比如,人民代表大会对行政机关制定规范性文件的监督可以采用行政法规和规章备案的方式进行；对特定事项可以采取组织调查委员会的方式进行。在监督过程中，人民代表大会可以进行一般性的了解、调查，也可以通过召开听证会等方式，吸收社会公众参与到调查程序中来；可以对不胜任职务的干部进行罢免，也可以就特定的事项向相关人员进行质询，还可以就某些事项提出意见和建议；可以就由人民代表大会产生的机关的全面工作听取报告，也可以就经济社会发展等方面的专门情况听取报告、进行审议并作出相应决定。总而言之，与其他机关特别是司法机关的监督相比，人民代表大会的监督在方式上更具多样性，可以有针对性地进行监督，以取得最佳的监督效果。

## 二、人民代表大会监督的地位和作用

### （一）人民代表大会监督的地位

人民代表大会制度是人民民主专政的政权组织形式，是中国的根本政治制度。在人民代表大会制度之下，国家的一切权力属于人民，由民主选举产生的全国人民代表大会和地方各级人民代表大会是人民行使国家权力的机关，是国家机构的核心。行政机关、监察机关、司法机关都由人民代表大会产生，对它负责，受它监督。与人民代表大会制度的特性相适应，人民代表大会的监督是我国社会主义民主与法制的重要组成部分，是我国最重要的监督形式。对于人民代表大会的监督，我国宪法和法律都作了明确的规定，在我国的政治法律生活中具有无可比拟的崇高地位。

人民代表大会监督的这一崇高地位，须从我国的国体以及国体与政体的关系上来理解。《中华人民共和国宪法》规定，我国是工人阶级领导的、以工农联盟为基础的、人民民主专政的社会主义国家，这是我国的国体；人民代表大会制度是我国的根本政治制度，这是我国的政体。我国的国体与政体决定了人民是国家的主人，"中华人民共和国的一切权力属于人民""人民行使国家权力的机关是全国人民代表大会和地方各级人民代表大会。"人民代表大会的监督是代表人民实施的监督，是人民意志和利益的体现，是人民当家做主、管理国家事务、行使国家权力的体现。人民代表大会的监督是我国各种监督制度中最根本的、层次最高的、最具有法律效力和最有权威性的监督。行政机关、监察机关、审判机关、检察机关均由国家权力机关产生，对权力机关负责，只有接受权力机关监督的义务而没有制约权力机关的权力。

### （二）人民代表大会监督的作用

人民代表大会的监督，在我国的政治法律生活中具有重要的作用，具体表现在以下几方面：

1. 保证人民当家做主的实现

由于政治、经济、社会乃至文化传统等方面的原因，"一切权力属于人民，人民当家做主"并不像理论上设计的那样容易实现,现实生活中的国家权力的所有权和实际行使权是相分离的,即权力是人民所有的,但不可能真正做到完全由作为权力所有者的人民亲自行使,而必须将权力授予特定的组织和人员,由他们来具体行使,从而实现人民的利益。在这样的情况之下,为保证权力的具体行使者真正按照人民的意愿行使权力,实现人民当家做主,保证人民政治、经济、文化等各方面的权力得以真正实现,就必须对他们所行使的权力加以限制,进行有效监督。人民代表大会监督的根本任务,也正在于通过权力的控制和制约机制,保证权力真正掌握在人民手中,实现人民当家做主。权力的具体行使者只能按照人民的意愿作出特定的决定,其根本目的在于维护人民的利益。

### 2. 促进依法行政

现代社会中,国家权力通常被划分成立法权、行政权、司法权三大类。法律意义上的行政是指公共行政主体按照法定的权限与程序,贯彻执行法律,将立法的意图转化成现实的活动。换句话说,行政就是执行法律的活动。行政的这一特性,决定了行政主体的整个行为过程都必须严格按照法律的规定实施,不能超越法定的权限与程序。然而,与其他任何形式的权力一样,行政权也可能被其实际行使者滥用,达不到其应然的目的,反而形成对法律的违背、对公共利益和公民权利的侵害。为了保证行政权不被滥用,就必须设置完善的监督机制,对行政权的行使进行监督,人民代表大会对行政权的监督也有效地发挥了这一作用。人民代表大会通过听取工作报告、就特定事项进行调查、罢免特定人员、开展执法检查等方式,可以有效纠正行政机关不依法行政甚至违法行政的行为,并使相关责任人员受到惩罚,从而促进行政机关及其工作人员依法行使职权。

### 3. 维护司法公正

一般而言,司法是指特定的国家机关按照法定的权限和程序,将相关法律适用于具体案件的专门化活动,专门负责进行这一活动的机关是司法机关,它所拥有的权力是司法权力。在我国,司法机关包括人民法院和人民检察院,两者行使职权的活动都是司法活动。在社会发展过程中,司法已经成了一种必不可少的国家活动,离开司法,社会纠纷无从解决,违法犯罪行为不能得到有效制裁,社会的正常运行与发展也就难以为继。司法活动的最基本要求是司法公正,即司法机关应当处于不偏不倚的位置,公正对待争议双方,居中作出裁决。一旦失去公正性,司法就会失去人们的信任,其功能也就难以发挥。但在现实生活中,司法不公的现象总在一定程度上存在着,有些地方甚至出现了比较严重的权钱交易、枉法裁判等司法不公现象,影响了司法的公信力,损害了法制的尊严。人民代表大会通过各种方式对司法实施监督,可以纠正司法不公,树立司法的公正形象,赢得人们对司法的信任,提高司法的社会效益。

### 4. 维护法制统一和法律尊严

法制的统一和法律的尊严是建立社会主义法治国家的必然要求。做到这一点,离不开各个国家机关严格执法、依法办事。但是,在现实生活中,要求所有国家机关都真正做到完全按照宪法和法律的规定行事是不现实的,总会有这样或者那样的违反宪法和法律的情形出现。在这一现实之下，人民代表大会的监督对维护法制的统一和法律的尊严就具有了特别重要的意义，承担了特别重要的使命，是维护社会主义法制的统一和尊严的基本保证。通过人民代表大会的监督，可以有效防止下位法违背上位法的情况，防止出现破坏法制统一的现象，也可以及时防止和纠正其他有损于法制统一和法律尊严的现象，维护法制的统一和法律的尊严。

5. 规范和制约公权力，遏制腐败行为

权力是社会活动中不可或缺的因素，没有权力的存在，社会生活就难以有效地组织起来，就难以保证社会的稳定与秩序，难以保证经济的发展和人民生活水平的提升。国家公权力是人民所拥有的，是服务于人民的，从其运行的机制上，国家公权力由相关的国家机关掌握和行使。但国家机关是由一个个公务员通过一定的机制组织起来的，因此，在现实生活中，权力总是具体掌握在某一部分人手里，通过这些人来实施权力，达到既定的目的。然而，"一切权力都有腐败的趋势，绝对的权力将绝对地导致腐败"，公权力在其行使过程中，也不可避免地会出现腐败和被滥用的现象。正是由于权力的这种特性，人们必须通过一定的途径对权力的行使进行制约，以预防和减少掌握权力的人超越界限，导致腐败行为的产生。人民代表大会的监督就是制约公权力，遏制腐败行为的一种有效途径。具体而言，宪法与法律规定，人民依照法定程序选举代表组成人民代表大会，并通过人民代表大会产生行政机关、监察机关、审判机关和检察机关。为了防止这些国家机关及其工作人员产生腐败行为，宪法与法律授予人民代表大会以监督权，可以通过听取报告、实施调查、罢免相应领导人员等方式对这些机关进行监督。

6. 防治腐败、实现勤政廉政的有力保障

邓小平同志早在1980年就指出，官僚主义现象是我们国家政治生活中广泛存在的一个大问题。经过四十余年的改革开放，国家机关中的官僚主义和腐败现象依然存在，在某些领域还呈现出越来越严重的倾向。为了有效遏制腐败行为，制止权力滥用现象，真正做到权为民所用、利为民所谋，就必须积极发挥人民代表大会的监督功能，及时发现和制止腐败行为，促使其严格按照法定的权限和程序办事，保证改革开放和社会主义现代化建设顺利进行。

## 三、人民代表大会监督的法律框架

### (一)《中华人民共和国宪法》有关人民代表大会监督的规定

宪法是国家的根本大法，《中华人民共和国宪法》对人民代表大会的监督作出了明确的规定。

第一，《中华人民共和国宪法》第二条规定，中华人民共和国的一切权力属于人民。人民行使国家权力的机关是全国人民代表大会和地方各级人民代表大会。第三条规定，全国人民代表大会和地方各级人民代表大会都由民主选举产生,对人民负责,受人民监督。国家行政机关、监察机关、审判机关、检察机关都由人民代表大会产生,对它负责,受它监督。这些规定表明,人民代表大会拥有监督权,对其他国家机关进行监督。

第二,《中华人民共和国宪法》第六十二条规定,全国人民代表大会负责监督宪法的实施、审查和批准国民经济和社会发展计划和计划执行情况的报告、审查和批准国家的预算和预算执行情况的报告、改变或者撤销全国人民代表大会常务委员会不适当的决定。第六十三条规定,全国人民代表大会有权罢免中华人民共和国主席、副主席、国务院总理、副总理、国务委员、各部部长、各委员会主任、审计长、秘书长,中央军事委员会主席和中央军事委员会其他组成人员,国家监察委员会主任,最高人民法院院长,最高人民检察院检察长。这些规定明确了全国人民代表大会具体的监督权。

第三,《中华人民共和国宪法》第六十七条规定,全国人民代表大会常务委员会有权解释宪法,监督宪法的实施;在全国人民代表大会闭会期间,审查和批准国民经济和社会发展计划、国家预算在执行过程中所必须作的部分调整方案;监督国务院、中央军事委员会、国家监察委员会、最高人民法院和最高人民检察院的工作;撤销国务院制定的同宪法、法律相抵触的行政法规、决定和命令;撤销省、自治区、直辖市国家权力机关制定的同宪法、法律和行政法规相抵触的地方性法规和决议。第七十一条规定,全国人民代表大会和全国人民代表大会常务委员会认为必要的时候,可以组织关于特定问题的调查委员会,并且根据调查委员会的报告,作出相应的决议。第七十三条规定,全国人民代表大会代表在全国人民代表大会开会期间、全国人民代表大会常务委员会组成人员在常务委员会开会期间,有权依照法律规定的程序提出对国务院或者国务院各部、各委员会的质询案。受质询的机关必须负责答复。这些规定明确了全国人民代表大会常务委员会及全国人民代表大会代表的监督权。

第四,《中华人民共和国宪法》第九十九条规定,县级以上地方各级人民代表大会审查和批准本行政区域内的国民经济和社会发展计划、预算以及它们的执行情况的报告;有权改变或者撤销本级人民代表大会常务委员会不适当的决定。第一百零一条规定,县级以上地方各级人民代表大会选举并且有权罢免本级监察委员会主任、本级人民法院院长和本级人民检察院检察长。选出或者罢免人民检察院检察长,须报上级人民检察院检察长提请该级人民代表大会常务委员会批准。第一百零四条规定,县级以上地方各级人民代表大会常务委员会讨论、决定本行政区域内各方面工作的重大事项;监督本级人民政府、监察委员会、人民法院和人民检察院的工作;撤销本级人民政府的不适当的决定和命令;撤销下一级人民代表大会的不适当的决议;依照法律规定的权限决定国家机关工作人员的任免;在本级人民代表大会闭会期间,罢免和补选上一级人民代表大会的个别代表。这些规定明确了地方各级人民代表大会及其常务委员会的监督权。

(二) 组织法有关人民代表大会监督的规定

有关组织法也对人民代表大会的监督权进行了规定。例如,现行《中华人民共和国地方各级人民代表大会和地方各级人民政府组织法》第四十四条规定，县级以上的地方各级人民代表大会常务委员会行使下列监督职权：监督本级人民政府、人民法院和人民检察院的工作，联系本级人民代表大会代表，受理人民群众对上述机关和国家工作人员的申诉和意见；撤销下一级人民代表大会及其常务委员会的不适当的决议；撤销本级人民政府的不适当的决定和命令；在本级人民代表大会闭会期间，决定副省长、自治区副主席、副市长、副州长、副县长、副区长的个别任免；按照人民法院组织法和人民检察院组织法的规定，任免人民法院副院长、庭长、副庭长、审判委员会委员、审判员，任免人民检察院副检察长、检察委员会委员、检察员，批准任免下一级人民检察院检察长；省、自治区、直辖市的人民代表大会常务委员会根据主任会议的提名，决定在省、自治区内按地区设立的和在直辖市内设立的中级人民法院院长的任免，根据省、自治区、直辖市的人民检察院检察长的提名，决定人民检察院分院检察长的任免；在本级人民代表大会闭会期间，决定撤销个别副省长、自治区副主席、副市长、副州长、副县长、副区长的职务；决定撤销由它任命的本级人民政府其他组成人员和人民法院副院长、庭长、副庭长、审判委员会委员、审判员，人民检察院副检察长、检察委员会委员、检察员，中级人民法院院长，人民检察院分院检察长的职务。

**（三）《中华人民共和国各级人民代表大会常务委员会监督法》有关人民代表大会监督的规定**

《中华人民共和国各级人民代表大会常务委员会监督法》是一部专门对人民代表大会常务委员会的监督进行规定的法律。这部法律对有关人民代表大会常务委员会监督的原则、性质、内容、方式、程序等都进行了比较详尽的规定，全文总计九章四十八条，其中监督的方式包括：听取和审议人民政府、人民法院和人民检察院的专项工作报告；审查和批准决算，听取和审议国民经济和社会发展计划、预算的执行情况报告，听取和审议审计工作报告；法律和法规实施情况的检查；规范性文件的备案审查；询问和质询；特定问题调查；撤职案的审议和决定。

**（四）《中华人民共和国立法法》有关人民代表大会监督的规定**

《中华人民共和国立法法》是一部有关立法的宪法性法律，其中对各级人民代表大会在立法方面的监督权作了较为详尽的规定。根据《中华人民共和国立法法》第九十七条规定，全国人民代表大会有权改变或者撤销它的常务委员会制定的不适当的法律，有权撤销全国人民代表大会常务委员会批准的违背宪法和本法第七十五条第二款规定的自治条例和单行条例；全国人民代表大会常务委员会有权撤销同宪法和法律相抵触的行政法规，有权撤销同宪法、法律和行政法规相抵触的地方性法规，有权撤销省、自治区、直辖市的人民代表大会常务委员会批准的违背宪法和本法第七十五条第二款规定的自治条例和单行条例；省、自治区、直辖市的人民代表大会有权改变或者撤销它的常务委员会制定的和批准的不适当的地方性法规；地方人民代表大会常务委员会有权撤销本级人民政府制定的不适当的规章。此外，根据《中华人民共和国立法法》第九十八条的规定，行政法规、地方性法规、自治条例和单行条例、规章应当在公布后的三十日内报国家权力机关备案（详见下述）。

### （五）其他法律法规有关人民代表大会监督的规定

除了上述法律对人民代表大会的监督进行了规定之外，其他的一些法律法规也都对人民代表大会的监督权进行了规定。例如《中华人民共和国各级人民代表大会常务委员会监督法》发布后，许多地方制定了相应的实施办法，对人民代表大会常务委员会的监督进行了细化规定。这些法律法规与前述法律一起，共同构成了我国人民代表大会监督的基本法律框架。

## 第二节 人民代表大会监督的范围和内容

### 一、人民代表大会监督的范围

人民代表大会监督的范围是指人民代表大会及其常务委员会对哪些对象实施监督。具体而言，人民代表大会监督的范围包括四方面。

#### （一）对行政机关的监督

人民代表大会对行政机关的授权立法行为、贯彻实施宪法和法律的情况以及日常工作进行监督。

第一，对行政机关的行政立法行为进行监督。按照《中华人民共和国立法法》的规定，我国一些行政机关被赋予了一定的立法权：国务院可以制定行政法规；国务院各部、委员会、中国人民银行、审计署和具有行政管理职能的直属机构，可以根据法律和国务院的行政法规、决定、命令，在本部门的权限范围内制定规章；省、自治区、直辖市和设区的市的人民政府，可以根据法律、行政法规和本省、自治区、直辖市的地方性法规制定规章。人民代表大会须对行政机关的这些立法行为进行监督。

第二，对行政机关制定行政法规和规章之外的规范性文件的行为进行监督。行政机关除了进行行政立法之外，在工作中还存在大量的制定规范性文件的行为，这些文件对行政管理工作的开展具有重要的意义，必须保证它们是合法制定的，否则将对公民权利的维护产生严重的损害。

第三，对行政机关实施宪法和法律的情况进行监督。行政机关必须严格按照宪法和法律的规定实施相应的管理行为，确保将宪法和法律落到实处。为达到这个目标，人民代表大会需要对行政机关进行监督，促进其按照宪法和法律的规定依法行政。

第四，对行政机关的日常工作进行监督，促进行政机关按照依法行政的要求，加强服务意识，提高行政能力，改善行政方法，及时发现存在的问题，真正做到体现人民的意志，维护人民的利益。

（二）对监察机关的监督

人民代表大会及其常务委员会对各级监察委员会的日常工作和执行法律情况进行监督。

1. 工作监督

各级人民代表大会常务委员会（以下简称人大常委会）可以有选择、有计划地安排听取和审议本级监察委员会的专项工作报告；监察委员会也可以向本级人大常委会主动报告专项工作。人大常委会对专项工作报告的审议意见交由本级监察委员会研究处理，监察委员会应当将研究处理情况向本级人大常委会提交书面报告。本级人大常委会认为必要时，可以对专项工作报告作出决议，监察委员会应当在决议规定的期限内将执行决议的情况向本级人大常委会报告。

2. 执法监督

各级人大常委会可以有选择、有计划地对涉及监察工作的法律法规的执行情况组织执法检查。执法检查结束后，执法检查组应当及时将执法检查报告提请人大常委会审议，审议意见连同执法检查报告一并交由本级监察委员会研究处理。监察委员会应当将研究处理情况向本级人大常委会报告。

（三）对司法机关的监督

人民法院和人民检察院是我国的司法机关，负责通过司法活动贯彻实施宪法和法律。人民代表大会对司法机关的监督首先是由司法权力的性质决定的。与任何一种权力一样，司法权力也存在被滥用的可能性，因此必须受到监督。人民代表大会对司法机关的监督也是由人民代表大会制度作为我国根本政治制度的性质决定的，在人民代表大会制度下，人民代表大会与司法机关并不是平衡的相互制约关系，而是监督与被监督的关系。人民代表大会对司法机关的监督还是由我国司法现实决定的，由于历史的和现实的社会、政治、经济等方面的原因，目前我国司法还存在不公正的现象。为保证公正司法目标的实现，加强人民代表大会对司法机关的监督是不可或缺的。人民代表大会对司法机关的监督范围主要有：

第一，对司法政策的监督。人民代表大会监督司法机关在执行法律过程中是否围绕改革、发展、稳定的大局，制定并执行适当的司法政策，保证司法工作积极服务于国家当前的根本任务。

第二，对司法机关制定规范性文件的监督。在我国的司法实践中，司法机关有权制定具有普遍适用力的规范性文件，特别是最高人民法院和最高人民检察院制定的司法解释，在司法实践中具有重要的影响力。为保证这些规范性文件符合宪法和法律的精神，人民代表大会就需要对其进行监督。

第三，对个案的监督。人民代表大会的个案监督，在理论界存在一定争议，有人认为个案监督影响了司法独立，是违背法治精神的。但在实践中，个案监督是存在的，至少在个案层面上对促进司法公正仍具有意义。

第四，对司法机关日常工作的监督。监督司法机关的日常工作是否遵守宪法和法律的规定，是否存在需要改进的地方等。

### （四）对本级人大常委会和下级人大及其常委会的监督

常务委员会是人民代表大会的常设机关，由本级人民代表大会选举产生。为保证本级人大常委会真正贯彻人民代表大会的意图，就必须由产生它的人民代表大会加强对它的监督。人民代表大会及其常务委员会还应当对下级人民代表大会及其常务委员会进行监督。《中华人民共和国宪法》规定，全国人大常委会有权撤销省、自治区、直辖市国家权力机关制定的同宪法、法律和行政法规相抵触的地方性法规和决议；《中华人民共和国地方各级人民代表大会和地方各级人民政府组织法》规定，县级以上地方各级人民代表大会有权改变或者撤销本级人大常委会的不适当的决议。《中华人民共和国立法法》对此也有相应的规定。

## 二、人民代表大会监督的内容

人民代表大会的监督制度是人民代表大会制度的重要组成部分。人民代表大会监督的内容是由人民代表大会的性质和地位决定的，宪法赋予了各级人民代表大会及其常务委员会作为国家权力机关的性质和地位，也就决定了它具有相应的监督权力，可以对相应的事项作出监督。概括言之，人民代表大会监督的内容有两方面，一是监督宪法和法律的实施，即法律监督；二是监督相关对象特别是"一府一委两院"的工作，即工作监督。

### （一）法律监督

法律监督可以从多个层面进行理解。在最广义层面上，法律监督是指所有的国家机关、社会组织和公民对法律的实施情况和各种法律活动的合法性进行的监督。在狭义层面上，法律监督是指专门的法律监督机关即各级人民检察院根据宪法和法律的授权和规定，依照法定的程序、方式和手段，对法律实施的各个环节所进行的监督，特别是对公安机关的侦查活动、人民法院的审判活动以及对监狱、看守所的活动所进行的监督。

人民代表大会监督意义上的法律监督不是指上述两类监督，而是指各级人民代表大会及其常务委员会根据法定的权限和程序，对宪法、法律、行政法规、地方性法规以及上级和同级人民代表大会及其常务委员会通过的决议、决定在所辖区域内的实施情况进行监督。具体包括：全国人民代表大会及其常务委员会监督宪法和法律的实施；地方各级人民代表大会及其常务委员会在本行政区域内，保证宪法、法律、行政法规和上级人民代表大会及其常务委员会决议的遵守和执行。

1. 立法监督

立法监督是指各级人民代表大会及其常务委员会依据法定职权和程序对立法活动所进行的监督。此处的"立法"是广义的立法，不仅指国家制定的法律，还指有关主体制定的其他规范性法律文件，包括全国人民代表大会及其常务委员会作出的决定，国务院制定的行政法规和作出的决定、命令，地方各级人民代表大会及其常务委员会制定的地方性法规和作出的其他决议和决定，其他行政机关制定的规章和作出的决定、命令，司法机关作出的司法解释等。有关立法监督的内容，是我国在长期的实践过程中作出的经验总结，现行宪法对此进行了相应规定，2015年修订的《中华人民共和国立法法》中对此也有进一步的明确。此外，《地方各级人民代表大会和地方各级人民政府组织法》及全国人民代表大会1985年通过的《关于授权国务院在经济体制改革和对外开放方面可以制定暂行的规定或者条例的决定》等法律文件也对此作了规定。根据这些规定，人民代表大会享有立法监督权。

2. 执法监督

执法监督是指各级人民代表大会及其常务委员会对宪法、法律、行政法规、地方性法规、上级人民代表大会和本级人民代表大会决议的执行情况实施的监督。法律的生命在于其是否在现实生活中得到切实的贯彻实施，是否真正适用于人们的生活。如果不能得到切实的实施，那么法律的制定将毫无意义。执法监督主要是监督各级国家行政机关、监察机关、审判机关、检察机关及其工作人员是否根据法律的规定，依法履行职责。

人民代表大会执法监督首先是监督国家行政机关是否严格依法行政，正确实施宪法、法律、地方性法规和各级人民代表大会的有关决议。现代社会日趋复杂，人们生活的各个方面都需要国家的介入与干预，在绝大部分情况之下，承担干预人们生活职责的国家机构都是国家行政机关，这决定了国家行政机关在现实生活中所具有的重要地位和发挥的重要作用。与此同时，这也意味着行政机关是否依法行政对宪法和法律的正确实施具有重要的作用，意味着人民代表大会对行政机关的执法监督对于保证宪法和法律的正确实施具有重要的意义。

人民代表大会的执法监督还包括人民代表大会及其常务委员会对监察机关和司法机关的监察活动、司法活动进行的监督。在我国，监察机关是专司监察的机关，司法机关是负责将法律适用于具体案件的机关，包括人民法院和人民检察院。这些机关均由国家权力机关产生，对国家权力机关负责，受国家权力机关监督。作为国家权力机关的各级人民代表大会及其常务委员会对各级监察机关和司法机关进行执法监督既有必要性，也有可能性，这对于保证监察机关和司法机关按照宪法和法律的规定开展活动，正确实施法律，防止权力滥用和克服司法不公、司法腐败等具有重要意义。

具体而言，人民代表大会对监察机关和司法机关的监督包括以下几个方面：(1)对监察机关和司法机关行使职权情况进行监督，保证其按照分工负责、互相配合、互相制约的要求行使职权，保证准确有效地执行法律。(2)对监察机关和司法机关制定规范性文件的行为进行监督，保证监察机关和司法机关制定规范性文件的行为严格依照法定程序作出，避免出现与法律冲突的现象。(3)对具体案件进行监督，避免出现徇私舞弊、司法不公、司法腐败等现象。当然，我国宪法明确规定了监察机关和司法机关依照法律规定独立行使监察权、审判权和检察权，不受行政机关、社会团体和个人的干涉。因此，人民代表大会在行使执法监督权，特别是对具体案件进行监督时，必须尊重监察机关和司法机关依照法律规定独立行使权力，不得直接介入监察和司法活动，更不得对案件的决定进行直接干涉。

### （二）工作监督

人民代表大会的工作监督是指各级人民代表大会及其常务委员会依法对行政机关、监察机关、审判机关、检察机关的日常工作进行的监督，以及本级人民代表大会对同级常务委员会、上级人民代表大会及其常务委员会对下级人民代表大会及其常务委员会的日常工作进行的监督，具体包括总体监督、决策监督、绩效监督、廉政监督和人事监督等方面。

总体监督是指人民代表大会及其常务委员会对国家行政机关、监察机关和司法机关贯彻、执行党和国家路线、方针、政策的总体工作进行的监督。这是我国人民代表大会作为国家权力机关的性质在监督方面的体现。

决策监督是指人民代表大会及其常务委员会对国家行政机关、监察机关和司法机关的决策活动是否依据宪法和法律进行，是否体现执政党的路线、方针和政策，是否反映人民的意愿和本地区实际而进行的监督。依据我国宪法规定，县级以上地方各级人大常委会负责讨论、决定本行政区域内各方面工作的重大事项，但人民代表大会作为权力机关的性质决定了它对这些事项不可能事无巨细地都作出决定，而必须将大部分具体事项的决策权交由其他机关特别是行政机关，同时对这些机关的决策权进行监督。

绩效监督是指人民代表大会及其常务委员会对国家行政机关、监察机关和司法机关及其组成人员履行法定职责业绩、效率、效能情况进行的监督。宪法和法律规定了国家机关的相应职责，人民代表大会对这些机关是否切实履行了相应职责、取得了何种实效所进行的监督就是绩效监督。例如《中华人民共和国宪法》第六十二条规定，全国人民代表大会负责审查和批准国民经济和社会发展计划和计划执行情况的报告，审查和批准国家的预算和预算执行情况的报告。第六十七条规定，在全国人民代表大会闭会期间，全国人民代表大会常务委员会审查和批准国民经济和社会发展计划、国家预算在执行过程中所必须作的部分调整方案。根据上述规定，各级行政机关承担着执行社会发展计划和国家预算的职责，而它到底是否依法实施社会发展计划和国家预算，取得了哪些成效、存在哪些问题等，需要由国家权力机关负责监督。

廉政监督是指人民代表大会及其常务委员会对国家行政机关、监察机关和司法机关及其组成人员是否真正做到清正廉洁进行的监督。具体包括：监督行政机关、监察机关和司法机关及其组成人员在工作中是否存在假公济私、谋取个人或小集体利益的行为；监督相关工作人员是否有收受贿赂、贪污挪用、敲诈勒索等行为；监督相关工作人员是否有利用职权打击报复和陷害无辜人员的行为，等等。

人事监督是指对由人民代表大会及其常务委员会选举、任命、决定、批准任命的国家机关工作人员进行的监督。人事监督包括三个环节，即任前了解、任命表决和任后监督。其中，任前了解主要是了解和公布被提名人的有关情况，使代表在投票表决时掌握相关信息，做到心中有数，避免盲目投票或表决；任命表决是人民代表大会对相关工作人员进行表决和任命的过程，表决和任命同时也是一种监督，是对提名人实施具有否决权的监督；任后监督主要是对已经上任的有关机关工作人员的守法情况、履职情况、廉政情况等进行监督。

## 第三节 人民代表大会监督的方式和程序

### 一、人民代表大会监督的方式

人民代表大会监督的方式是指人民代表大会在行使监督权实施监督时所采取的方法和形式。按照宪法和法律的规定，目前人民代表大会监督的主要方式包括以下几种：

#### （一）法律文件的改变与撤销

全国人民代表大会有权改变或者撤销它的常务委员会制定的不适当的法律，有权改变或者撤销全国人大常委会不适当的决定，有权撤销全国人大常委会批准的违背《中华人民共和国宪法》和《中华人民共和国立法法》规定的自治条例和单行条例。

全国人大常委会有权撤销同宪法和法律相抵触的行政法规，有权撤销国务院制定的同宪法和法律相抵触的决定和命令；有权撤销同宪法、法律和行政法规相抵触的地方性法规；有权撤销省、自治区、直辖市国家权力机关作出的同宪法、法律和行政法规相抵触的决议；有权撤销省、自治区、直辖市的人大常委会批准的违背《中华人民共和国宪法》和《中华人民共和国立法法》规定的自治条例和单行条例；有权撤销或纠正最高人民法院、最高人民检察院所作的违反宪法或法律及其立法精神的司法解释。

省、自治区、直辖市的人民代表大会有权改变或者撤销本级人大常委会制定和批准的不适当的地方性法规；地方人大常委会有权撤销本级人民政府制定的不适当的规章。

县级以上地方各级人民代表大会有权改变或者撤销本级人大常委会不适当的决定；县级以上地方各级人大常委会有权撤销本级人民政府的不适当的决定和命令，撤销下一级人民代表大会的不适当的决议。

#### （二）法律文件的备案

全国性的行政法规报全国人大常委会备案；省、自治区、直辖市的人民代表大会及其常务委员会制定的地方性法规，报全国人大常委会和国务院备案；设区的市、自治州的人民代表大会及其常务委员会制定的地方性法规，由省、自治区的人大常委会报全国人大常委会和国务院备案；自治州、自治县的人民代表大会制定的自治条例和单行条例，由省、自治区、直辖市的人大常委会报全国人大常委会和国务院备案；自治条例、单行条例报送备案时，应当说明对法律、行政法规、地方性法规作出变通的情况。部门规章和地方政府规章报国务院备案；地方政府规章应当同时报本级人大常委会备案；设区的市、自治州的人民政府制定的规章应当同时报省、自治区的人大常委会和人民政府备案。根据授权制定的法规应当报授权决定规定的机关备案；经济特区法规报送备案时，应当说明对法律、行政法规、地方性法规作出变通的情况。

### （三）法律文件的审查

各级人民代表大会及其常务委员会按照法定的权限和程序，对有关机关制定的法律文件进行审查，以保证其符合宪法和法律的要求。人民代表大会对法律文件进行审查的权限与程序，在《中华人民共和国宪法》与《中华人民共和国立法法》中已有详尽规定，此处不再赘述。

人民代表大会对法律文件进行审查的缘由主要有两种，一是在日常工作中发现法律文件有违法之处，二是在备案过程中发现备案法律文件有违法之处。另外，根据《中华人民共和国立法法》第九十九条的规定，其他国家机关和社会团体、企业事业组织以及公民认为行政法规、地方性法规、自治条例和单行条例同宪法或者法律相抵触的，可以向全国人大常委会书面提出进行审查的建议。

### （四）执法检查

执法检查是各级人民代表大会及其常务委员会为了维护法律的尊严，促进法律的贯彻执行，对法律和有关法律问题的决议、决定贯彻实施的情况进行的检查监督活动。执法检查是在长期的实践中逐步建立起来的监督检查制度，它已成为我国人民代表大会法律监督的一种基本方式，在实践中发挥了重要作用。

1993年9月2日，第八届全国人大常委会第三次会议通过了《全国人民代表大会常务委员会关于加强对法律实施情况检查监督的若干规定》，对执法检查的内容与重点、方式与程序、目的与手段等都作了明确规定。从那时开始，全国人大常委会的执法检查工作就进入了制度化、常态化和规范化的状态，极大地加强了人民代表大会的法律监督。

在实践中，大部分省级人大常委会也开展了执法检查工作，并制定了有关加强执法检查的地方性法律和规定，对完善执法监督机制、促进法律的正确实施具有重要的意义。例如，江苏省、天津市、四川省的人大常委会分别于1993年、1994年、1995年通过了本省（市）关于加强对法律法规实施情况检查监督的若干规定；安徽省人大常委会于1997年通过了《安徽省各级人民代表大会常务委员会执法检查工作条例》。一些地市级甚至县级人大常委会也制定了相关规定，例如山东省德州市人大常委会于2000年、湖南省岳阳市下属的县级临湘市人大常委会于2004年分别通过了当地关于加强法律、法规实施情况检查监督的若干规定，等等。

### （五）听取行政机关、审判机关和检察机关的工作报告

在每年举行的人民代表大会上，由行政机关、审判机关和检察机关的负责人对上一年度的工作情况及下一年度的工作计划进行全面汇报，然后由人民代表大会代表进行集体审议，并根据审议情况提出相应的批评、意见和建议，最后通过报告。

根据《中华人民共和国宪法》第九十二条和第一百一十条的规定，国务院对全国人民代表大会负责并报告工作；在全国人民代表大会闭会期间，对全国人大常委会负责并报告工作；地方各级人民政府对本级人民代表大会负责并报告工作，县级以上地方各级人民政府在本级人民代表大会闭会期间，对本级人大常委会负责并报告工作。

根据《中华人民共和国宪法》第一百三十三条、第一百三十八条的规定，最高人民法院对全国人民代表大会和全国人大常委会负责并报告工作，地方各级人民法院对产生它的国家权力机关负责并报告工作；最高人民检察院对全国人民代表大会和全国人大常委会负责并报告工作，地方各级人民检察院对产生它的国家权力机关和上级人民检察院负责并报告工作。听取行政机关、审判机关和检察机关的工作报告是人民代表大会对这些机关的工作进行全面监督的一种主要方式，也是我国人民代表大会处于权力核心地位的"议行合一"政治制度的体现，这一方式对于加强人民代表大会对行政机关和司法机关的监督具有特别重要的意义。

### （六）听取行政机关、监察机关和司法机关的专项工作报告

在人民代表大会闭会期间，人大常委会根据工作需要，选择若干关系改革、发展、稳定大局和群众切身利益的、社会普遍关注的重大问题，有计划地安排听取和审议"一府一委两院"对特定事项的专项报告。这一监督方式主要有四个特点：

一是经常性，人民代表大会一年召开一次会议，不可能做到对相关机关的经常性监督，而人大常委会每年至少召开六次以上的会议，通过听取和审议专项工作报告这一监督方式，可以对相关机关的工作进行经常性的监督；二是广泛性，人大常委会可以根据工作需要，确定所要听取和审议的专项工作报告的内容，这一内容包括了人民代表大会监督的各个主要方面；三是针对性，人大常委会听取和审议专项工作报告，针对的是某一方面的工作，可以使监督更具针对性，目标更集中，更能体现监督工作实效；四是及时性，听取和审议专项工作报告没有时间限定，可以由人大常委会根据需要及时开展，当政治和经济生活中出现需要汇报的情况时，人大常委会就可以要求相应机关进行专项汇报，有利于及时处理一些影响社会政治和经济发展的重大问题，增强监督的时效性。

### （七）审查和批准国民经济和社会发展计划、财政预决算，听取和审议审计工作报告

《中华人民共和国宪法》第六十条规定，全国人民代表大会有权审查和批准国民经济和社会发展计划和计划执行情况的报告；审查和批准国家的预算和预算执行情况的报告。第

六十七条规定，全国人大常委会在全国人民代表大会闭会期间，审查和批准国民经济和社会发展计划、国家预算在执行过程中所必须作的部分调整方案。《中华人民共和国各级人民代表大会常务委员会监督法》第十五条、第十六条和第十七条则具体规定，国务院应当在每年六月将上一年度的中央决算草案提请全国人大常委会审查和批准；国务院和县级以上地方各级人民政府应当在每年六月至九月期间，向本级人大常委会报告本年度上一阶段国民经济和社会发展计划、预算的执行情况；国民经济和社会发展计划、预算经人民代表大会批准后，在执行过程中需要作部分调整的，国务院和县级以上地方各级人民政府应当将调整方案提请本级人大常委会审查和批准。《中华人民共和国各级人民代表大会常务委员会监督法》第二十一条还规定，国民经济和社会发展五年规划经人民代表大会批准后，在实施的中期阶段，人民政府应当将规划实施情况的中期评估报告提请本级人大常委会审议。规划经中期评估需要调整的，人民政府应当将调整方案提请本级人大常委会审查和批准。

有关对审计的监督，《中华人民共和国各级人民代表大会常务委员会监督法》第十九条和第二十条规定，人大常委会每年审查和批准决算的同时，听取和审议本级人民政府提出的审计机关关于上一年度预算执行和其他财政收支的审计工作报告，必要时，可以对审计工作报告作出决议。

### （八）询问和质询

询问是指人民代表大会代表为了解有关情况，向相关国家机关提出问题，并要求进行答复的一种监督方式。通过询问，要求政府有关部门对工作中不清楚的事项作进一步的解释和说明，使人民代表大会代表更好地了解相关事项的情况，以便就相关事项作出正确的决定。《中华人民共和国全国人民代表大会组织法》对全国人民代表大会代表的询问作出了明确的规定：在全国人民代表大会审议议案的时候，代表可以向有关国家机关提出询问，由有关机关派人在代表小组或者代表团会议上进行说明。《中华人民共和国各级人民代表大会常务委员会监督法》规定，各级人大常委会会议审议议案和有关报告时，本级人民政府或者有关部门、人民法院或者人民检察院应当派有关负责人员到会，听取意见，回答询问。

质询是指人民代表大会代表对本级行政机关、监察机关、审判机关和检察机关及其组成人员提出的具有法律强制性的质问，有关机关和人员必须对此作出回答。质询一般是针对有关国家机关及其工作人员在工作中出现的重大失误，或实施了重大违法行为而实施的一种监督手段。与询问相比，质询更加正式，更具强制性，程序上也更严格。《中华人民共和国宪法》第七十三条规定，全国人民代表大会代表在全国人民代表大会开会期间，全国人大常委会组成人员在常务委员会开会期间，有权依照法律规定的程序提出对国务院或者国务院各部、各委员会的质询案，受质询的机关必须负责答复。《中华人民共和国各级人民代表大会常务委员会监督法》第三十五条规定，全国人大常委会组成人员十人以上联名，省、自治区、直辖市、自治州、设区的市人大常委会组成人员五人以上联名，县级人大常委会组成人员三人以上联名，可以向常务委员会书面提出对本级人民政府及其部门和人民法院、人民检察院的质询案。《中华人民共和国监察法》第五十三条规定，县级以上各级人民代表大会及其常务委员会举行会议时，人民代表大会代表或者常务委员会组成人员可以依照法律规定的程序，就监察工作中的有关问题提出询问或者质询。

### （九）就特定问题进行调查

特定问题调查是指人民代表大会及其常务委员会为查证某个重大问题而依照法定程序成立专门的调查委员会开展调查，并作出调查报告。特定问题调查是人民代表大会实施监督的一种重要方式，也是法定的调查方式，它一般针对重大决策失误、司法腐败和在社会上产生了重大影响的其他事件进行。

### （十）组织代表视察

人大常委会组织一定数量的代表，对国家行政机关、审判机关和检察机关的工作进行视察，提出建议、批评和意见。组织代表视察一般是在人民代表大会闭会期间由常务委员会组织的活动，其目的在于在人民代表大会闭会期间加强对国家行政机关、审判机关和检察机关的监督。

根据《中华人民共和国全国人民代表大会和地方各级人民代表大会代表法》第二十二条的规定，县级以上各级人民代表大会代表根据本级人大常委会的统一安排，对本级或者下级国家机关和有关单位的工作进行视察。在进行视察期间，代表可以提出约见本级或者下级有关国家机关负责人，被约见的有关国家机关负责人或者由他委托的负责人员应当听取代表的建议、批评和意见，代表还可以持代表证就地进行视察。县级以上地方各级人大常委会根据代表的要求，联系和安排本级或者上级的代表持代表证就地进行视察。代表视察时，可以向被视察单位提出建议、批评和意见，但不直接处理问题。

### （十一）受理公民和组织的申诉、控告和检举

对于国家行政机关、监察机关、审判机关和检察机关及其工作人员的违法失职行为，公民和组织有向人民代表大会及其常务委员会进行申诉、控告和检举的权利。对于公民的申诉、控告或者检举，有关国家机关必须查清事实，负责处理，对任何人不得实施压制和打击报复。

对于公民和组织的申诉、控告和检举，县级以上人大常委会应当受理，并视所反映问题的性质和程度启动相应的程序。对于其中的重大问题，要进行必要的调查，被调查的机关和人员须配合，并提供相关的情况。调查之后，人大常委会根据调查的结果，作出相应的处理，或提出意见交有关行政机关、监察机关、审判机关或检察机关进行处理，并要求限期报告处理结果。对调查和处理的有关情况，应当告知提出申诉、控告和检举的公民和组织。

### （十二）提出罢免案

各级人民代表大会对由其选举或决定产生的国家行政机关、监察机关、审判机关或检察

机关的领导人，或本级人大常委会的组成人员，因存在违法失职行为或不能很好履行职责的行为，提案免去其担任的职务。罢免是人民代表大会实施的一种严厉的监督方式，也是保证国家机关工作人员忠于职守，防止滥用职权和滋生官僚主义的一种有效方式。

根据《中华人民共和国宪法》第六十三条和第六十五条规定，全国人民代表大会有权罢免中华人民共和国主席、副主席；国务院总理、副总理、国务委员、各部部长、各委员会主任、审计长、秘书长；中央军事委员会主席和中央军事委员会其他组成人员；国家监察委员会主任；最高人民法院院长；最高人民检察院检察长；全国人大常委会的组成人员。

根据《中华人民共和国宪法》第一百零一条和第一百零三条规定，地方各级人民代表大会有权罢免本级人民政府的省长和副省长、市长和副市长、县长和副县长、区长和副区长、乡长和副乡长、镇长和副镇长；县级以上地方各级人民代表大会有权罢免本级监察委员会主任、本级人民法院院长和本级人民检察院检察长，罢免人民检察院检察长，须报上级人民检察院检察长，提请该级人大常委会批准；县级以上地方各级人民代表大会有权罢免本级人大常委会的组成人员。

**（十三）其他监督方式**

监督是人民代表大会的权力，其监督方式是开放的，除了上述监督方式之外，人民代表大会还可通过其他方式进行监督，例如可以通过提出建议、意见的柔性方式进行监督。

## 二、人民代表大会监督的程序

程序是主体从事一定行为时须遵循的方法、步骤、时间、顺序等方面的规则及其相互关系的总和。人民代表大会监督的程序，是人民代表大会及其常务委员会作为监督的主体，在实施监督行为时须遵循的方法、步骤、时间、顺序等方面的规则及其相互关系的总和。在现代民主国家中，为了防止和控制国家权力的掌控者滥用权力，保护人民的权利不致遭受无端侵害，国家机关的一切实施权力的行为都须遵循一定的程序，人民代表大会及其常务委员会实施监督行为时也不例外。宪法与相关组织法对人民代表大会监督的程序进行了相应的规定，《中华人民共和国各级人民代表大会常务委员会监督法》则对人大常委会的监督程序进行了相对详尽和规范的规定。

人民代表大会的监督是通过多种不同的方式实施的，不同的监督方式由于其性质所限，呈现出不同的特征，需要遵循不同的程序。下文选择听取和审议工作报告、执法检查、质询、特定问题调查等监督方式，对人民代表大会监督的程序进行说明。

**（一）听取和审议工作报告的程序**

人民代表大会在全体会议上听取和审议国家行政机关、审判机关和检察机关的工作报告，遵循以下程序：（1）由国家行政机关、审判机关和检察机关向人民代表大会报告，报告须由有关机关的负责人口头进行,但同时必须附有正式的文稿。(2)人民代表大会代表对工作报告进行讨论、审议。一般而言,由于全体会议人数较多,故代表讨论、审议报告时都分组进行,报告机关的代表分别参加各小组讨论,听取意见,并就与报告相关的问题回答代表的询问。(3)意见的整理与报告的修改。大会主席团及相关的办事机构对工作报告讨论和审议过程中的意见进行收集整理,并交给报告机关。报告机关根据代表的意见,对报告进行修改,必要时可就报告中的有关问题向会议作出专门的说明。(4)主席团的审议。在报告机关对报告进行修改后,会议主席团对修改后的报告进行审议,决定是否提交人民代表大会进行表决,如果主席团认为报告仍不成熟而不同意提交大会表决,则由报告机关根据主席团的审议意见进行再次修改。(5)人民代表大会对报告进行表决。对主席团决定提交表决的工作报告,人民代表大会进行表决。表决以全体代表的过半数同意为通过。如果报告未获得过半数通过,则须由报告机关再次进行修改后,再付诸表决;如果报告获得通过,大会须形成决议,对工作报告作出评价。

## (二)执法检查的程序

### 1. 执法检查计划的确定

人民代表大会及其常务委员会每年均须制定年度执法检查计划,有计划地对有关法律的实施情况组织执法检查。年度执法检查计划,经委员长会议或者主任会议通过,印发常务委员会组成人员并向社会公布。执法检查的内容是关系改革发展稳定大局和群众切身利益、社会普遍关注的重大问题,这些问题根据以下途径确定:(1)本级人大常委会在执法检查中发现的突出问题;(2)本级人民代表大会代表对人民政府、监察委员会、人民法院和人民检察院工作提出的建议、批评和意见集中反映的问题;(3)本级人大常委会组成人员提出的比较集中的问题;(4)本级人民代表大会专门委员会、常务委员会工作机构在调查研究中发现的突出问题;(5)人民来信来访集中反映的问题;(6)社会普遍关注的其他问题。

### 2. 执法检查内容的确定与执法检查组的组成

年度执法检查计划确定以后,由本级人民代表大会有关专门委员会或者常务委员会有关工作机构具体组织实施。常务委员会根据年度执法检查计划,确定要进行执法检查的内容,按照精干、效能的原则,组织执法检查组。执法检查组的组成人员,从本级人大常委会组成人员以及本级人民代表大会有关专门委员会组成人员中确定,并可以邀请本级人民代表大会代表参加。

### 3. 执法检查的实施

执法检查组组成后,即针对相关内容开展执法检查工作。通常,执法检查组采取实地调研、查看文件档案、查询资料、召开座谈会等形式调查了解法律法规的实施情况。全国人大常委会和省、自治区、直辖市的人大常委会根据需要,可以委托下一级人大常委会对有关法律法规在本行政区域内的实施情况进行检查。受委托的人大常委会应当将检查情况书面报送上一级人大常委会。

4. 执法检查报告的提出与提交

执法检查结束后,执法检查组应当及时完成执法检查报告,由委员长会议或者主任会议决定提请常务委员会审议。执法检查报告包括下列内容:(1)执法检查组的组成、执法检查的时间和地点、执法检查的过程等基本情况;(2)对相关法律、法规实施情况的介绍;(3)对相关法律法规实施情况进行评价,提出执法中存在的问题和改进执法工作的建议;(4)对相关法律法规提出修改完善的建议。执法检查报告完成后,需提交常务委员会进行审议。

5. 执法检查报告的审议与处理

常务委员会组成人员对执法检查报告的审议意见连同执法检查报告,一并交由本级人民政府、监察委员会、人民法院或者人民检察院研究处理。人民政府、监察委员会、人民法院或者人民检察院应当将研究处理情况由其办事机构送交本级人民代表大会有关专门委员会或者常务委员会有关工作机构征求意见后,向常务委员会提出报告。必要时,由委员长会议或者主任会议决定提请常务委员会审议,或者由常务委员会组织跟踪检查;常务委员会也可以委托本级人民代表大会有关专门委员会或者常务委员会有关工作机构组织跟踪检查。常务委员会的执法检查报告及审议意见,人民政府、监察委员会、人民法院或者人民检察院对其研究处理情况的报告,向本级人民代表大会代表通报并向社会公布。

(三)质询程序

根据《中华人民共和国全国人民代表大会议事规则》和《中华人民共和国各级人民代表大会常务委员会监督法》等法律的规定,质询的程序如下:

1. 质询的提起

全国人民代表大会会议期间,一个代表团或者三十名以上的代表联名,有权书面提出对国务院和国务院各部委、国家监察委、最高人民法院、最高人民检察院的质询案。县级以上地方各级人民代表大会代表有权依照法律规定的程序提出对本级人民政府及其所属各部门、监察委、人民法院、人民检察院的质询案。乡、民族乡、镇的人民代表大会代表有权依照法律规定的程序提出对本级人民政府的质询案。质询案应当写明质询对象、问题和内容。

2. 质询案的提交

向全国人民代表大会提出的质询案,由大会主席团决定交给受质询的机关,由受质询机关的负责人在主席团会议、有关的专门委员会会议或者有关的代表团会议上口头答复,或者由受质询机关书面答复。向地方人民代表大会提出的质询案,由主席团决定交由受质询机关在主席团会议、大会全体会议或者有关的专门委员会会议上口头答复,或者由受质询机关书面答复。向人大常委会提出的质询案,由委员长会议或者主任会议决定交由受质询的机关答复。委员长会议或者主任会议可以决定由受质询机关在常务委员会会议上或者有关专门委员会会议上口头答复,或者由受质询机关书面答复。

3. 质询案的答复

受质询的机关负责人在收到质询案后,应当依法作出答复。在全国人民代表大会开会期间，有关机关在主席团会议或者专门委员会会议上答复的，提出质询案的代表团团长或者代表有权列席会议，发表意见。提出质询案的代表或者代表团对答复质询不满意的，可以提出要求，经主席团决定，由受质询机关再作答复。在专门委员会会议或者代表团会议上答复的，有关的专门委员会或者代表团应当将答复质询案的情况向主席团报告。主席团认为必要的时候，可以将答复质询案的情况报告印发会议。质询案以书面答复的，受质询机关的负责人应当签署，由主席团决定印发会议。

在地方各级人民代表大会上提出的质询案，受质询机关在主席团会议或者专门委员会会议上答复的，提出质询案的代表有权列席会议，发表意见；主席团认为必要的时候，可以将答复质询案的情况报告印发会议。质询案以口头答复的，应当由受质询机关的负责人到会答复；质询案以书面答复的，应当由受质询机关的负责人签署，由主席团印发会议或者印发提质询案的代表。

在各级人民代表大会闭会期间向常务委员会提出的质询案，受质询机关须按委员长会议或者主任会议的安排进行答复。在专门委员会会议上答复的，提质询案的常务委员会组成人员有权列席会议，发表意见。委员长会议或者主任会议认为必要时，可以将答复质询案的情况报告印发常务委员会会议。提出质询案的常务委员会组成人员的过半数对受质询机关的答复不满意的，可以提出要求，经委员长会议或者主任会议决定，由受质询机关再作答复。质询案以口头答复的，由受质询机关的负责人到会答复；质询案以书面答复的，由受质询机关的负责人签署。

**（四）特定问题调查程序**

根据《中华人民共和国宪法》《中华人民共和国全国人民代表大会议事规则》《中华人民共和国地方各级人民代表大会和地方各级人民政府组织法》《中华人民共和国各级人民代表大会常务委员会监督法》等法律的规定，人民代表大会或其常务委员会就特定问题开展调查的程序如下：

1. 调查程序的启动

全国人民代表大会认为必要的时候，可以组织关于特定问题的调查委员会。全国人民代表大会主席团、三个以上的代表团或者十分之一以上的代表联名，可以提议组织关于特定问题的调查委员会，由主席团提请大会全体会议决定。县级以上地方各级人民代表大会可以组织关于特定问题的调查委员会。地方各级人民代表大会主席团或者十分之一以上的代表书面联名，可以向本级人民代表大会提议组织关于特定问题的调查委员会，由主席团提请全体会议决定。

在人民代表大会闭会期间，各级人大常委会对属于其职权范围内的事项，需要作出决议、决定，但有关重大事实不清的，可以组织关于特定问题的调查委员会。委员长会议或者主任会议可以向本级人大常委会提议组织关于特定问题的调查委员会，提请常务委员会审议。五分之一以上常务委员会组成人员书面联名，可以向本级人大常委会提议组织关于特定问题的调查委员会，由委员长会议或者主任会议决定提请常务委员会审议，或者先交有关的专门委员会审议、提出报告,再决定提请常务委员会审议。

2. 调查委员会的组成

人民代表大会开会期间组成的调查委员会由主任委员、副主任委员若干人和委员若干人组成,由主席团在代表中提名,提请大会全体会议通过。调查委员会可以聘请专家参加调查工作。

人民代表大会闭会期间组成的调查委员会由主任委员、副主任委员和委员组成,由委员长会议或者主任会议在本级人大常委会组成人员和本级人民代表大会代表中提名,提请常务委员会审议通过。调查委员会可以聘请有关专家参加调查工作。与调查的问题有利害关系的常务委员会组成人员和其他人员不得参加调查委员会。

3. 调查的实施

调查委员会成立后,即开展相应的调查工作。调查委员会进行调查的时候,一切有关的国家机关、社会团体和公民都有义务如实提供必要的材料。提供材料的公民要求调查委员会对材料来源保密的,调查委员会应当予以保密。调查委员会在调查过程中,可以不公布调查的情况和材料。

4. 调查报告的提出

调查委员会应当通过人民代表大会或产生它的人大常委会提出调查报告。人民代表大会根据调查委员会的报告,可以作出相应的决议。人民代表大会可以授权它的常务委员会在人民代表大会闭会期间,听取调查委员会的调查报告,并可以作出相应的决议,报人民代表大会下次会议备案。常务委员会根据调查委员会提交的报告,可以作出相应的决议、决定。

## 案 例

### 全国人大常委会开展《中华人民共和国安全生产法》执法检查[①]

安全生产事关人民群众生命财产安全和经济社会发展大局。按照全国人大常委会2016年监督工作计划的安排,全国人大常委会执法检查组从当年4月开始对《中华人民共和国安全生产法》实施情况进行检查。

为搞好这次检查,财经委员会组成调研组,先后赴浙江、上海、广东、天津、辽宁、山东、内蒙古、新疆8个省(区、市)开展执法检查前期调研,听取地方对开展执法检查的意见和建议,明确了此次执法检查的重点。

9月12日,检查组召开第一次全体会议,听取安监总局、工信部、公安部、住建部、交通运输部、前农业部、质检总局、安全生产科学研究院8个部门和单位的情况汇报。随后,全国人大常委会派出5个小组赴山西、上海、江苏、安徽、河南、海南、

---

[①] 资料来源:2016年12月21日第十二届全国人大常委会第二十五次会议,全国人大常委会执法检查组关于检查《中华人民共和国安全生产法》实施情况的报告。

重庆、西藏、陕西、新疆10个省（区、市）和新疆生产建设兵团进行检查。检查组在地方检查期间，听取了当地政府及其有关部门的情况汇报，召开了企业、农业合作社、专业服务机构和专家学者的座谈会，实地检查和抽查了部分企业、市场和工地，深入厂矿车间、田间地头，听取职工和基层干部群众的意见和建议。此外，检查组还委托北京、河北、吉林、黑龙江、福建、江西、湖北、湖南、广西、四川、贵州、云南、甘肃、青海、宁夏15个省（区、市）人大常委会开展自查。本次执法检查覆盖了全国31个省（区、市）和新疆生产建设兵团。

11月21日，检查组召开第二次全体会议，研究讨论了执法检查报告稿。12月21日，第十二届全国人大常委会第二十五次会议审议了全国人大常委会执法检查组关于检查《中华人民共和国安全生产法》实施情况的报告。

报告指出，从检查情况看，该法自2002年颁布实施以来，总体效果是好的，安全生产形势逐年好转，事故起数由2002年的107.3万起下降至2015年的28.2万起，同期死亡人数由13.9万人下降至6.6万人，连续13年实现事故起数和死亡人数"双下降"。2015年，反映安全发展水平的亿元国内生产总值生产安全事故死亡率、工矿商贸就业人员10万人生产安全事故死亡率、道路交通万车死亡率及煤矿百万吨死亡率4项主要相对指标降至历年最低。据初步统计，当年1月至11月，全国生产安全事故起数和死亡人数同比分别下降6.3%和4.8%。

报告同时指出，全国安全生产局面虽然总体稳定向好，但形势依然严峻，特别是重特大安全事故频发势头尚未得到有效遏制。报告列举了天津港特别重大火灾爆炸事故、广东深圳光明新区渣土受纳场特别重大滑坡事故、宁夏石嘴山林利煤矿瓦斯爆炸事故、重庆永川金山沟煤矿瓦斯爆炸事故，以及江西宜春丰城电厂施工平台发生坍塌特大安全生产事故等多起重特大事故。分析这些事故原因，报告认为，在安全生产法落实中还存在安全生产基础不牢固、监管体制机制不完善和不适应、安全生产配套法规和标准制定和修订工作滞后、企业主体责任落实不到位、农村和农业安全生产监管薄弱等问题。

报告指出，当前我国正处于经济转型期，经济下行压力大，不稳定、不确定因素多，安全生产工作丝毫不能放松，必须进一步贯彻实施安全生产法。为此，提出以下建议：一是要坚持安全发展理念，树立更加积极的安全生产观；二是要加快安全生产法配套法规和标准的制定和修订；三是要进一步完善监管体制，深化安全生产监管执法体制改革，严格规范公正文明执法，增强监管执法效能；四是要严格落实企业主体责任，进一步强化企业在安全生产和职业健康方面的责任；五是要积极发挥市场机制作用；六是要加强对农村和农业安全生产的监管，包括国务院要进一步明确各领域的安全生产监督管理部门，增加对农村和农业安全生产薄弱环节的投入，建立农业部门与公安部门的联合执法机制和全国联网的农业机械信息登记管理系统，将农村建房全部纳入住建部门的监管范围。

## 第五章　人民代表大会的监督

### 案例思考题

1. 人大常委会执法检查对促进法律的实施有什么意义？通过什么机制实现执法检查的目的？
2. 当前我国人民代表大会的监督存在哪些问题与不足？应该采取哪些措施改善人民代表大会的监督？

### 重要概念

1. 人民代表大会的监督　2. 法律监督　3. 工作监督　4. 立法监督　5. 执法监督　6. 质询与询问　7. 执法检查　8. 特定问题调查

### 思考题

1. 什么是人民代表大会的监督？人民代表大会的监督有什么特征？
2. 人民代表大会监督的地位和作用是什么？
3. 人民代表大会监督的法律框架是什么？
4. 人民代表大会监督包括哪几方面内容？
5. 人民代表大会监督有哪些方式？
6. 人民代表大会监督的程序包括哪些内容？
7. 法律监督的含义是什么？
8. 工作监督的含义是什么？
9. 听取和审议工作报告要遵循什么程序？
10. 质询的程序是什么？
11. 执法检查的程序是什么？

# 第六章 中国共产党的党内监督

中国共产党的党内监督对于加强党的建设，全面从严治党，保持党的先进性和纯洁性意义重大。本章首先阐述了中国共产党党内监督的基本理论，包括党内监督的概念、特征、目的，党内监督的主体、对象、内容，党内监督的规则建设，党内监督的主要制度等。在此基础上，对党组织的监督、党的纪律检查机关的监督和党员的监督分别作了阐述与说明。

## 第一节 党内监督概述

### 一、党内监督的含义、特征与目的

#### （一）党内监督的含义

中国共产党的党内监督简称为"党内监督"。关于党内监督的概念，学界存在不同认识。有的认为，党内监督是党运用自身力量，依据党纪国法进行的自我监督和约束，其目的是保持党的先进性和纯洁性；有的认为，党内监督是指党内各主体（包括全体党员和各级组织）之间，依照党章和党内法规相互监察、相互督促的活动；还有的认为，党内监督是党的各级组织、专责机关和全体党员，按照党章和党的其他规章制度的要求，对党的各种组织活动以及党员尤其是党员领导干部的行为实施的监察和督促活动。

本章认为，党内监督是指中国共产党的各级组织、专门的监督机关和党员，按照宪法、法律、党章及其他党内法规和规章制度，对党组织和其他党员的活动进行的监督。党内监督概念可以从以下方面理解：第一，党内监督是中国共产党的内部监督，它既不是党对外的监督，也不是外部力量对党的监督。第二，党内监督的主体是党的各级组织、专门的监督机关和全体党员，其中党的各级组织包括党的中央组织、各级党委（党组）、党的基层组织；专门的监督机关是指党的各级纪律检查机关。第三，党内监督的重点对象是党的领导机关和领导干部，特别是主要领导干部，但党的各级组织和全体党员也要受到监督。在一定意义上，党的所有组织和所有党员都是党内监督主体，也都是被监督对象。第四，党内监督的直接依据是党章及其他党内法规和规章制度。与此同时，宪法规定，"一切国家机关和武装力量、各政党和各社会团体、各企业事业组织都必须遵守宪法和法律"，党章也规定了党必须在宪法和法律规定的范围内活动，因此，在进行党内监督时还要监督党组织和党员的活动是否符合宪法和法律的要求，在这个意义上，宪法和法律也是党内监督的依据。

理解党内监督概念，要注意区分党内监督与党的监督两个概念。相对于党内监督而言，党的监督含义更为宽泛，包括多方面含义：一是党内监督；二是党对国家权力的监督，即中国共产党作为执政党，对国家立法权、行政权和司法权的监督；三是中国共产党与其他民主党派之间的党际监督，中国共产党与各民主党派合作的基本方针是"长期共存，互相监督，肝胆相照，荣辱与共"，其中的"互相监督"即党际监督。可见，党内监督与党的监督是不同的，前者只是后者的一个组成部分，只是中国共产党的对内监督；而后者则不但包含对内监督，也包含党的对外监督以及其他政党对中国共产党的监督。

理解党内监督概念，还要分清党内监督和党纪监督的关系。党纪监督也称党的纪律监督，即对共产党员是否遵守党的纪律进行的监督，对违反党纪的党员进行制止和惩处。党章规定，共产党员必须"自觉遵守党的纪律，首先是党的政治纪律和政治规矩，模范遵守国家的法律法规，严格保守党和国家的秘密，执行党的决定，服从组织分配，积极完成党的任务"。党纪监督是党内监督的一个方面、一种形式，相对党纪监督而言，党内监督的外延更加宽广，不仅包括党的纪律监督，还包括政治监督等方面，例如对党员是否起到先锋模范作用进行的监督。

### （二）党内监督的特征

#### 1. 广泛性

党内监督的广泛性是指监督主体、监督对象和监督内容的广泛多样。一是监督主体的广泛性。《中国共产党党内监督条例》（以下简称《党内监督条例》）规定了五种党内监督主体，即党的中央组织、党委（党组）、党的纪律检查委员会、党的基层组织、党员。二是监督对象的广泛性，《党内监督条例》规定，党内监督的重点对象是党的领导机关和领导干部，特别是主要领导干部。上述规定只是指明了党内监督的重点对象，除了重点监督对象之外，一切党的组织和全体党员都应当按照党章和其他党内法规的规定接受党内监督。中国共产党的组织和党员分布在各级党的机关、国家权力机关、行政机关、监察机关、司法机关和各行各业，党内监督对所有党的组织和全体党员进行全面监督，其广泛性是显而易见的。三是监督内容的广泛性，党内监督涉及对党组织和党员思想、行为等各个方面的监督，对党员而言，党内监督涉及政治、经济、文化等方面的行为，涉及学习、工作、生活、思想等多个层面。

#### 2. 有限性

尽管党内监督的主体、对象和内容具有广泛性，但这种广泛性是受到必要限制的。首先，党内监督只能在党内进行，只能由党内监督主体对党内监督对象进行监督，这是由党内监督的本质决定的，一旦超出了党内监督的范围，这种监督就不是党内监督了。其次，党内监督在手段上是有限的，任何监督都要采取一定的手段，否则监督就不可能取得实际效果。党内监督对保持党的先进性与纯洁性具有重要意义，但在手段上是受到限制的，不能采取剥夺他人财产和限制人身自由等强制手段，更不能采取剥夺他人生命的强制手段，因为这些手段都是作为合法暴力机器的国家所特有的。中国共产党作为执政党，虽然对这些国家暴力手段的确定与运用有影响力，但党组织终究不是国家机关，因而不能也不应当直接采取这些手段。最后，党内监督在内容上也是有限的。党内监督内容广泛，涉及对党的组织和党员的学习、工作、生活、思想等各个方面的监督，但党内监督的内容并非不受任何限制，对超出党章及其他党内法规要求的党员的一般家庭生活内容，就不宜进行监督；对党员及其他社会成员之间正常的普通朋友性质的交往，也不宜进行监督；对党员个人纯粹思想性而不表现为外在行为的活动，也不宜进行监督。

3.强制性

任何监督都具有一定的强制性，党内监督也不例外。党内监督的强制性首先要求所有党的组织和全体党员都要无条件地接受党内监督，在监督过程中，如果确实需要对监督对象施以一定的制裁，那么无论监督对象主观上是否愿意，都必须接受这种制裁。党内监督的强制性在实施党的纪律处分时尤其明显，纪律处分一旦作出，受处分的党员除可以依规定进行申诉外，还必须接受党组织对其作出的纪律处分。再如，对有违法违纪嫌疑的党员采取"双规"措施，被调查的党员应当按要求在规定的时间内到规定的地点接受调查。由于中国共产党是执政党，党内监督的强制性还体现在对党员政治生活的影响上，一个党员一旦因党内监督而受到党纪处分，有时意味着他不能再参与党和国家的政治生活，或应离开党和国家机关的特定工作岗位。在一定程度上，正是党内监督的这种强制性，才使得中国共产党作为执政党的路线、方针、政策得到坚决的贯彻实施，从而巩固和加强其执政地位。

（三）党内监督的目的

党内监督的实质是党从人民利益出发，按照"党要管党"、全面从严治党的要求，进行自我约束、自我净化、自我完善、自我革新、自我提高能力。党内监督的核心问题是通过各种方式对党组织和党员权力进行有效制约，保证这些权力根据正确的目的、按照正确的方式得到规范的运用。党内监督的任务是确保党章、党规、党纪在全党有效执行，维护党的团结统一，重点解决党的领导弱化、党的建设缺失、全面从严治党不力、党的观念淡漠、组织涣散、纪律松弛，管党治党宽松软的问题，保证党的组织充分履行职能，发挥核心作用，保证全体党员发挥先锋模范作用，保证党的领导干部忠诚、干净、有担当。

从党内监督的实质、核心问题、任务等，可以概括出党内监督的目的，即全面从严治党，加强党的建设，构建不敢腐、不能腐、不想腐的有效机制，保持党的先进性和纯洁性。《党内监督条例》第一条规定了条例制定的目的，即"坚持党的领导，加强党的建设，全面从严治党，强化党内监督，保持党的先进性和纯洁性"，条例制定的目的同时也是党内监督的目的。中国共产党是中国最高政治领导力量，"打铁还要自身硬"，党的领导资格和执政基础就是搞好自身建设，保持自身的先进性和纯洁性，而严格的、无禁区的党内监督是党搞好自身建设，保持自身的先进性和纯洁性的前提和条件。

## 二、党内监督的主体、对象与内容

### （一）党内监督的主体

党内监督的主体是指负责实施党内监督的机构或个人。监督主体是监督权力（利）、监督责任和监督能力的合一体。监督权力（利）是监督主体享有的党内监督的权力或权利，具体而言，党章和其他党内法规赋予了党的组织和专责机关以监督权力，而党员则具有相应的监督权利，这些权力和权利主要体现为知情权、参与权、批评权、咨询权、检举权、罢免权等。监督责任是监督主体所承担的进行监督的职责，只有承担监督的职责，才可能有监督的动力和自觉性，并实施有效的监督。监督能力是监督主体实际上进行监督的能力和力量，是监督主体实施监督的必要条件。根据《党内监督条例》的规定，党内监督的主体主要包括党的中央组织、各级党委（党组）、党的纪律检查委员会、党的基层组织和党员。

1. 党的中央组织

党的中央组织是党的首脑机关，由党的全国代表大会、中央委员会、中央政治局、中央政治局常务委员会和中央政治局常务委员会办事机构中央书记处等组成。《党内监督条例》规定，党的中央委员会、中央政治局、中央政治局常务委员会全面领导党内监督工作。党的中央组织作为党内监督主体，不仅包括一级组织，还包括中央组织的成员。《党内监督条例》具体规定了党的中央组织的监督职责。

2. 各级党委（党组）

党的各级委员会，即党委，是同级党的代表大会选举产生的机构，是党的各级领导机关；党组是经批准在中央和地方国家机关、人民团体、经济组织、文化组织和其他非党组织的领导机关中设立的党的领导机构。党的各级委员会及其常务委员会，在各级代表大会闭会期间，执行上级党组织的指示和同级代表大会的决议，领导党的工作。党组在单位发挥领导核心作用，负责贯彻执行党的路线、方针、政策；讨论和决定本单位的重大问题；做好干部管理工作；团结党外干部和群众，完成党和国家交给的任务；指导机关和直属单位党组织的工作。党委（党组）在党内监督中的主体地位是党章和《党内监督条例》等党内法规确定的，《党内监督条例》规定了党委（党组）在党内监督方面的具体职责。

3. 党的纪律检查委员会

党的纪律检查委员会是专门负责党内监督的机关。从纪律检查委员会的性质而言，其党内监督主体地位是天然具备的。党章规定，党的各级纪律检查委员会的主要任务是：维护党的章程和其他党内法规，检查党的路线、方针、政策和决议的执行情况，协助党的委员会推进全面从严治党、加强党风建设和组织协调反腐败工作。《党内监督条例》更是明确规定，党的各级纪律检查委员会是党内监督的专责机关，履行监督执纪问责职责，加强对所辖范围内党组织和领导干部遵守党章党规党纪、贯彻执行党的路线方针政策情况的监督检查。

4. 党的基层组织

党的基层组织是党在企业、农村、机关、学校、科研院所、街道社区、社会组织、人民解放军连队和其他基层单位设立的组织。党的基层组织是党的全部工作的基础。在党内监督方面，党的基层组织也是重要的监督主体，履行《党内监督条例》规定的监督职责。

5. 党员

党是按民主集中制原则由千千万万党员组成的统一整体。党员是党的组成细胞，也是党内监督的主体。广大党员通过运用监督权，及时地揭露错误、反映问题，从而对党内不良问题的发生和发展构成经常性的抑制和约束力量，是党内监督的基础。党员履行下列监督义务：（1）加强对党的领导干部的民主监督，及时向党组织反映群众意见和诉求；（2）在党的会议上有根据地批评党的任何组织和任何党员，揭露和纠正其工作中存在的缺点和问题；（3）参加党组织开展的评议领导干部活动，勇于触及矛盾问题、指出缺点错误，对错误言行敢于较真、敢于斗争；（4）向党负责地揭发、检举党的任何组织和任何党员违法违纪的事实，坚决反对一切派别活动和小集团活动，同腐败现象作坚决斗争。

上述五种主体是党内监督的最主要主体，但并不是说这就是党内监督的全部主体。在上述主体之外还存在其他监督主体，如党的各级代表大会就是党内监督的重要主体之一。党章明确规定，党的各级委员会向同级代表大会负责并报告工作，这正是党的代表大会监督权的体现。

### （二）党内监督的对象

监督对象是指对哪些个人或者组织的行为进行监督，或者说其行为必须接受监督的个人或者组织。党章规定，党的一切组织和全体党员都要接受监督，都是党内监督的对象，要"加强对党的领导机关和党员领导干部特别是主要领导干部的监督，不断完善党内监督体系""不允许有任何不参加党的组织生活、不接受党内外群众监督的特殊党员""上下级组织之间要互通情报、互相支持和互相监督"。具体而言，党内监督的对象包括：

1. 党的领导机关和领导干部，特别是主要领导干部

这是党内监督的重点对象。将这些机关和人员作为党内监督的重点对象，是根据党内监督实践和存在问题而提出的。这些机关和人员掌握着党和人民赋予的重要权力，如何运用好这些权力为人民服务，是党内监督要解决的重点问题。如何加强对这些机关和人员的监督，也是党内监督实践中的难点和薄弱环节。这个问题如果能得到较好的解决，就可以带动党内监督其他工作的顺利进行。在长期的执政过程中，党拥有大量的决策权和管理权，拥有大量的对人、财、物等资源的调配权，这些权力主要掌握在党的领导机关和领导干部，特别是主要领导干部手中。从党目前的领导体制和工作机制看，"一把手"的权力过于集中，集人、财、物大权于一身，有的"一把手"大权独揽，搞家长制，甚至有恃无恐，胡作非为。"一

把手"权力过于集中已经成为党内各种问题的焦点，许多不受监督的"一把手"最终堕入腐败。也正因如此，将党的各级领导机关和领导干部，特别是各级领导班子主要负责人列为党内监督的主要对象是必需的。

2. 党员

党章规定，每个党员，不论职务高低，都必须编入党的一个支部、小组或者其他特定组织，参加党的组织生活，接受党内外群众的监督。党员领导干部还必须参加党委、党组的民主生活会。不允许有任何不参加党的组织生活、不接受党内外群众监督的特殊党员。这说明，中国共产党的全体党员，不论是领导干部还是普通党员，都必须接受党内监督，自觉根据党章和其他党内法规的要求来规范自己的思想和行为，努力发挥先锋模范作用，全心全意为人民服务。

3. 党的领导机关之外的其他组织

党的各级组织和机关都要接受党内监督，例如党的纪律检查机关，尽管是专司党内监督的机关，但其自身的行为也应当接受党内监督，而不能脱离党内监督。党组织的派出机关也要接受党内监督，包括派出它的机关的监督，也包括其他党内监督主体的监督。

（三）党内监督的主要内容

党内监督的内容是指监督主体对监督对象的哪些行为进行监督。根据《党内监督条例》的规定，党内监督的主要内容如下：

第一，遵守党章党规，坚定理想信念，践行党的宗旨，模范遵守宪法和法律情况。中国共产党是一个纪律严明的政党，党的所有组织和全体党员都应当遵守党的章程，遵守党的规章制度，都要有坚定的理想信念，努力践行党的宗旨。同时，作为执政党，党的组织和党员还应当模范遵守宪法和法律。党章规定，"党必须在宪法和法律的范围内活动""坚持科学执政、民主执政、依法执政"，模范遵守宪法和法律是中国共产党执政的基本要求，也是党内监督的重要内容。

第二，维护党中央集中统一领导，牢固树立政治意识、大局意识、核心意识、看齐意识，贯彻落实党的理论和路线方针政策，确保全党令行禁止情况。中国共产党是执政党，肩负着领导全国各族人民建设中国特色社会主义的重任，为完成这一任务，必须有坚强的领导核心，必须维护党中央的集中统一领导，党内监督要对党的组织和党员的行为是否符合这方面的要求实施监督。

第三，坚持民主集中制，严肃党内政治生活，贯彻党员个人服从党的组织、少数服从多数、下级组织服从上级组织、全党各个组织和全体党员服从党的全国代表大会和中央委员会的原则。民主集中制既是党的根本组织原则，也是群众路线在党的生活中的运用，是党的建设必须实现的四项基本要求之一。没有民主集中制就没有党的建设的发展。

第四，落实全面从严治党责任，严明党的纪律特别是政治纪律和政治规矩，推进党风廉政建设和反腐败工作情况。全面从严治党是对党的建设的新设计、新谋划，党的第十九次全国代表大会报告提出，必须"坚持民主集中制，严肃党内政治生活，严明党的纪律，强化党内监督，发展积极健康的党内政治文化，全面净化党内政治生态，坚决纠正各种不正之风，以零容忍态度惩治腐败，不断增强党自我净化、自我完善、自我革新、自我提高的能力，始终保持党同人民群众的血肉联系"。因此，严明党的纪律，全面推进党风廉政建设和反腐败工作，也是党内监督的主要内容之一。

第五，落实中央八项规定精神，加强作风建设，密切联系群众，巩固党的执政基础情况。改进工作作风、密切联系群众，关乎党和人民事业的成败。中央政治局于2012年通过了《十八届中央政治局关于改进工作作风、密切联系群众的八项规定》，《党内监督条例》将落实八项规定的情况作为党内监督的主要内容之一。

第六，坚持党的干部标准，树立正确选人、用人导向，执行干部选拔任用工作规定情况。干部是党的事业的骨干，是人民的公仆，干部的选拔和任用事关社会主义现代化建设的全局，在选拔和任用干部时必须树立正确的选人、用人导向，严格执行党和国家的有关规定，努力实现干部队伍的革命化、年轻化、知识化、专业化。为达到这一目标，《党内监督条例》将干部的选拔和任用列为党内监督的重要内容之一。

第七，廉洁自律、秉公用权情况。没有广大党员的廉洁自律，就不能有效促进党的建设。在这个意义上，党员是否廉洁自律、秉公用权，事关党的兴废存亡。因此，廉洁自律、秉公用权情况也是党内监督的主要内容。

第八，完成党中央和上级党组织部署的任务情况。党的领导作用的有效发挥，要求党必须建立强有力的领导体系和领导机制，要求下级党组织和党员必须完成党中央和上级党组织部署的任务，为此，《党内监督条例》将完成党中央和上级党组织部署的任务情况也列为监督的主要内容。

### 三、党内监督的规则建设

中国共产党党内监督的规则建设经历了一个不断发展和完善的过程。中国共产党第一次代表大会通过的党纲规定："工人、农民、士兵和学生等地方组织的人数很多时，可以派他们到其他地区去工作，但是一定要受当地执行委员会最严格的监督"（俄文译稿）。到中共五大时，党章专门把"监察委员会"列为一章，选举产生了由10人组成的中央监察委员会。中共七大党章对党的各级监察委员会的产生办法、任务与职权、领导体制等作了明确的规定。

中华人民共和国成立后，党中央于1949年11月发出《关于成立中央及各级党的纪律检查委员会的决定》，并成立了中共中央纪律检查委员会；与此同时，各中央局和一些省市也开始建立纪律检查机关。1955年3月，中国共产党全国代表会议通过《关于成立党的中央和地方监察委员会的决议》，选举产生了中央监察委员会。党的八大党章增加了各级监委的任务，对上下级监委的关系也作了规定："党的中央委员会，省、自治区、直辖市、自治州委员会和县、自治县、市委员会,都设立监察委员会",用党章的形式把党的监察委员会作为必须设立的党的纪律检查机关固定下来。

"文化大革命"期间,党的纪律遭到严重破坏,党的监察机关陷于瘫痪。"文化大革命"结束后,党内监督制度开始逐步恢复。党的十一届三中全会决定重建党的纪律检查机关,选举产生了中央纪律检查委员会,并规定了其根本任务,即"维护党规党法,切实搞好党风"。此后,县级以上党委绝大多数都建立了纪律检查机关。1982年党的十二大党章对中纪委的任务提出了明确要求,发展了党内监督机制。1992年党的十四大党章对各级纪律检查机关领导人的选举办法及任期的规定更明确,突出"双重领导",提高了纪委的地位。党的十六大党章增加了纪律检查机关"组织协调反腐败工作""对党员领导干部行使权力进行监督"等职能。2003年,中共中央颁布实施《党内监督条例》,此后又制定颁布了一批党内监督方面的规范性文件,党内监督制度进一步完善。党的十八大以后,中央对反腐败工作高度重视,党内监督进一步得到加强,党内监督的规则体系也日趋完善。现时,党内监督的规则体系主要由以下层次的党内法规构成:

第一层次,《中国共产党章程》。现行党章由党的十九大修改通过,对党内监督有着明确的规定,提到"监督"一词的地方多达23处,对加强党内监督提出了明确要求。

第二层次,《党内监督条例》。该条例于2003年通过并发布试行,这是中国共产党历史上第一个专门的党内监督法规。2016年10月27日,党的十八届六中全会修订通过并正式实施该条例,对党内监督的各个方面作出了详尽规定,是实施党内监督的主要依据。

第三层次,其他有关党内监督的规范性文件。例如,2001年发布的《中共中央关于加强和改进党的作风建设的决定》,2002年发布的《党政领导干部选拔任用工作条例》,2003年发布的《党政领导干部选拔任用工作监督检查办法(试行)》,2009年发布的《关于实行党政领导干部问责的暂行规定》,2012年通过的《十八届中央政治局关于改进工作作风、密切联系群众的八项规定》,2015年修订通过的《中国共产党巡视工作条例》(2017年再次修订),2015年修订通过的《中国共产党纪律处分条例》(2018年再次修订),2017年通过的《中国共产党党务公开条例(试行)》,2019年修订通过的《中国共产党纪律检查机关监督执纪工作规则》等。

## 第二节 党内监督的主要制度

党内监督必须通过一定的方式和手段,没有这些方式和手段,监督的作用无从发挥,也就达不到监督的目的。中国共产党在长期的党内监督实践中,形成了一系列监督方式和手段,对加强党内监督、保持党的先进性和纯洁性起到了重要作用。《中国共产党党内监督条例》《中国共产党巡视工作条例》《中国共产党问责条例》等党内法规规定了党内监督的方式和手段,提炼出一些行之有效的党内监督制度。

## 一、巡视制度

巡视制度是指中央和省一级党委,按照有关规定派出巡视组,对下级党组织领导班子及其成员进行监督的制度。巡视是党内监督的重要方式。按照《中国共产党巡视工作条例》的规定,党的中央和省、自治区、直辖市委员会实行巡视制度,建立专职巡视机构,在一届任期内对所管理的地方、部门、企事业单位党组织进行全面巡视。中央有关部委、中央国家机关部门党组(党委)可以实行巡视制度,设立巡视机构,对所管理的党组织进行巡视监督。党的市(地、州、盟)和县(市、区、旗)委员会建立巡察制度,设立巡察机构,对所管理的党组织进行巡察监督。开展巡视巡察工作的党组织承担巡视巡察工作的主体责任。

巡视内容上,巡视组对巡视对象执行党章和其他党内法规、遵守党的纪律、落实全面从严治党主体责任和监督责任等情况进行监督,着力发现党的领导弱化、党的建设缺失、全面从严治党不力、党的观念淡漠、组织涣散、纪律松弛,管党治党宽松软问题:(1)违反政治纪律和政治规矩,存在违背党的路线方针政策的言行,有令不行、有禁不止,阳奉阴违、结党营私、团团伙伙、拉帮结派,以及落实意识形态工作责任制不到位等问题;(2)违反廉洁纪律,以权谋私、贪污贿赂、腐化堕落等问题;(3)违反组织纪律,违规用人、任人唯亲、跑官要官、买官卖官、拉票贿选,以及独断专行、软弱涣散、严重不团结等问题;(4)违反群众纪律、工作纪律、生活纪律,落实中央八项规定精神不力,搞形式主义、官僚主义、享乐主义和奢靡之风等问题;(5)派出巡视组的党组织要求了解的其他问题。

## 二、组织生活和民主生活会制度

民主生活会是指党员在支部、党小组中,以交流思想、开展批评与自我批评为主要形式的组织活动。民主生活会是中国共产党实行多年的一项制度,其目的是统一思想,改进作风,加强监督,增进团结,提高党依靠自身力量解决问题和矛盾的能力。《党内监督条例》规定,严格党的组织生活制度,民主生活会应当经常化,遇到重要或者普遍性问题应当及时召开。民主生活会重在解决突出问题,领导干部应当在会上把群众反映、巡视反馈、组织约谈函询的问题说清楚、谈透彻,开展批评和自我批评,提出整改措施,接受组织监督。上级党组织应当加强对下级领导班子民主生活会的指导和监督,提高民主生活会质量。

## 三、谈话制度

党内谈话制度包括提醒谈话和诫勉谈话。《党内监督条例》规定,要坚持党内谈话制度,认真开展提醒谈话、诫勉谈话。发现领导干部有思想、作风、纪律等方面苗头性、倾向性问题的,有关党组织负责人应当及时对其提醒谈话;发现轻微违纪问题的,上级党组织负责人应当对其诫勉谈话,并由本人作出说明或者检讨,经所在党组织主要负责人签字后报上级纪委和组织部门。

### 四、干部考察考核制度

干部考察考核制度是指干部选拔和使用中的调查审察和考核评价制度。《党内监督条例》规定,要严格执行干部考察考核制度,全面考察干部的德、能、勤、绩、廉表现,既重政绩又重政德,重点考察贯彻执行党中央和上级党组织决策部署的表现,履行管党治党责任,在重大原则问题上的立场,对待人民群众的态度,完成急难险重任务的情况。考察考核中,党组织主要负责人应当对班子成员实事求是地作出评价。考核评语在同本人见面后载入干部档案。落实党组织主要负责人在干部选任、考察、决策等各个环节的责任,对失察失责的应当严肃追究责任。

### 五、领导干部述责述廉制度

述责述廉是指党的相关组织和领导人员向有关监督主体汇报履行职责的情况和保持廉洁的情况。《党内监督条例》规定,党的领导干部应当每年在党委常委会(或党组)扩大会议上述责述廉,接受评议。述责述廉重点是执行政治纪律和政治规矩、履行管党治党责任、推进党风廉政建设和反腐败工作以及执行廉洁纪律情况。述责述廉报告应当载入廉洁档案,并在一定范围内公开。

### 六、领导干部个人有关事项报告制度

领导干部个人有关事项报告制度是指领导干部个人依规对应当报告的事项向党组织如实汇报,自觉接受监督。《党内监督条例》规定,坚持和完善领导干部个人有关事项报告制度,领导干部应当按规定如实报告个人有关事项,及时报告个人及家庭重大情况,事先请示报告离开岗位或者工作所在地等。有关部门应当加强抽查核实。对故意虚报或瞒报个人重大事项、篡改伪造个人档案资料的,一律严肃查处。关于领导干部报告个人哪些重大事项,《党内监督条例》未作具体规定。根据中共中央办公厅、国务院办公厅2017年2月8日修订发布的《领导干部报告个人有关事项规定》,领导干部应当报告的事项有两类,一类是婚姻家庭事项,另一类是经济收入事项。

第一,领导干部应当报告本人婚姻和配偶、子女移居国(境)外、从业等事项。这些事项包括:(1)本人的婚姻情况;(2)本人持有普通护照以及因私出国的情况;(3)本人持有往来港澳通行证、因私持有大陆居民往来台湾通行证以及因私往来港澳、台湾的情况;(4)子女与外国人、无国籍人士通婚的情况;(5)子女与港澳以及台湾居民通婚的

情况；（6）配偶、子女移居国（境）外的情况，或者虽未移居国（境）外，但连续在国（境）外工作、生活一年以上的情况；（7）配偶、子女及其配偶的从业情况，含受聘担任私营企业的高级职务，在外商独资企业、中外合资企业、境外非政府组织在境内设立的代表机构中担任由外方委派、聘任的高级职务，以及在国（境）外的从业情况和职务情况；（8）配偶、子女及其配偶被司法机关追究刑事责任的情况。

第二，领导干部应当报告收入、房产、投资等事项。这些事项包括：（1）本人的工资及各类奖金、津贴、补贴等；（2）本人从事讲学、写作、咨询、审稿、书画等劳务所得；（3）本人、配偶、共同生活的子女为所有权人或者共有人的房产情况，含有单独产权证书的车库、车位、储藏间等（已登记的房产，面积以不动产权证、房屋所有权证记载的为准，未登记的房产，面积以经备案的房屋买卖合同记载的为准）；（4）本人、配偶、共同生活的子女投资或者以其他方式持有股票、基金、投资型保险等的情况；（5）配偶、子女及其配偶经商办企业的情况，包括投资非上市股份有限公司、有限责任公司，注册个体工商户、个人独资企业、合伙企业等，以及在国（境）外注册公司或者投资入股等的情况；（6）本人、配偶、共同生活的子女在国（境）外的存款和投资情况。

### 七、领导干部插手干预重大事项记录制度

领导干部插手干预重大事项记录制度，是指对领导干部插手干预重大事项的问题，有关党组织应当记录在案，随时备查。发现领导干部利用职务便利违规干预干部选拔任用、工程建设、执纪执法、司法活动等问题，应当及时向上级党组织报告。这项制度的目的在于，要求领导干部严格做到克己奉公，严守自己的职责边界，尽责而不越界，不违法违纪插手任何重大事项，防止出现违反廉洁要求乃至腐败等各种不正常的现象。

### 八、问责制度

问责制度是党内监督的重要制度。为规范和强化党内问责工作，实现全面从严治党，2016年6月28日，中共中央政治局审议通过了《中国共产党问责条例》；2019年9月4日，中共中央印发修订后的《中国共产党问责条例》，对党内问责制度作了全面规定。

#### （一）问责制度的概念和问责情形

问责制度是指由党组织按照职责权限，追究在党的建设和事业中失职失责党组织和党的领导干部的主体责任、监督责任和领导责任的制度。党组织和党的领导干部违反党章和其他党内法规，不履行或者不正确履行职责，有下列十一种情形之一的，应当予以问责：（1）党的领导弱化，"四个意识"不强，"两个维护"不力，党的基本理论、基本路线、基本方略没有得到有效贯彻执行，在贯彻新发展理念，推进经济建设、政治建设、文化建设、社会建

设、生态文明建设中，出现重大偏差和失误，给党的事业和人民利益造成严重损失，产生恶劣影响的；（2）党的政治建设抓得不实，在重大原则问题上未能同党中央保持一致，贯彻落实党的路线方针政策和执行党中央重大决策部署不力，不遵守重大事项请示报告制度，有令不行、有禁不止，阳奉阴违、欺上瞒下，团团伙伙、拉帮结派问题突出，党内政治生活不严肃、不健康，党的政治建设工作责任制落实不到位，造成严重后果或者恶劣影响的；（3）党的思想建设缺失，党性教育特别是理想信念宗旨教育流于形式，意识形态工作责任制落实不到位，造成严重后果或者恶劣影响的；（4）党的组织建设薄弱，党建工作责任制不落实，严重违反民主集中制原则，不执行领导班子议事决策规则，民主生活会、"三会一课"等党的组织生活制度不执行，领导干部报告个人有关事项制度执行不力，党组织软弱涣散，违规选拔任用干部等问题突出，造成恶劣影响的；（5）党的作风建设松懈，落实中央八项规定及其实施细则精神不力，"四风"问题得不到有效整治，形式主义、官僚主义问题突出，执行党中央决策部署表态多、调门高、行动少、落实差，脱离实际、脱离群众，拖沓敷衍、推诿扯皮，造成严重后果的；（6）党的纪律建设抓得不严，维护党的政治纪律、组织纪律、廉洁纪律、群众纪律、工作纪律、生活纪律不力，导致违规违纪行为多发，造成恶劣影响的；（7）推进党风廉政建设和反腐败斗争不坚决、不扎实，削减存量、遏制增量不力，特别是对不收敛、不收手，问题线索反映集中、群众反映强烈，政治问题和经济问题交织的腐败案件放任不管，造成恶劣影响的；（8）全面从严治党主体责任、监督责任落实不到位，对公权力的监督制约不力，好人主义盛行，不负责、不担当，党内监督乏力，该发现的问题没有发现，发现问题不报告、不处置，领导巡视巡察工作不力，落实巡视巡察整改要求走过场、不到位，该问责不问责，造成严重后果的；（9）履行管理、监督职责不力，职责范围内发生重特大生产安全事故、群体性事件、公共安全事件，或者发生其他严重事故或事件，造成重大损失或者恶劣影响的；（10）在教育医疗、生态环境保护、食品药品安全、扶贫脱贫、社会保障等涉及人民群众最关心、最直接、最现实的利益问题上，不作为、乱作为、慢作为、假作为，损害和侵占群众利益问题得不到整治，以言代法、以权压法、徇私枉法问题突出，群众身边腐败和作风问题严重，造成恶劣影响的；（11）其他应当问责的失职失责情形。

### （二）问责的方式

根据对象的不同，问责方式分为对党组织的问责方式和对党的领导干部的问责方式。

1. 对党组织的问责方式

第一，检查。对履行职责不力、情节较轻的，应当责令其作出书面检查并切实整改。

第二，通报。对履行职责不力、情节较重的，应当责令整改，并在一定范围内通报。

第三，改组。对失职失责、严重违反党的纪律且本身无法纠正的，应当予以改组。

2. 对党的领导干部的问责方式

第一，通报。对履行职责不力的，应当严肃批评，依规整改，并在一定范围内通报。

第二，诫勉。对失职失责、情节较轻的，应当以谈话或者书面方式进行诫勉。

第三，组织调整或者组织处理。对失职失责、情节较重，不适宜担任现职的，应当根据情况采取停职检查、调整职务、责令辞职、降职、免职等措施。

第四，纪律处分。对失职失责应当给予纪律处分的，依照《中国共产党纪律处分条例》追究纪律责任。

### （三）问责权限与程序

问责决定应当由有管理权限的党组织作出。其中，对同级党委直接领导的党组织，纪委和党的工作机关报经同级党委或者其主要负责人批准，可以采取检查、通报方式进行问责。采取改组方式问责的，按照党章和有关党内法规规定的权限、程序执行。对同级党委管理的领导干部，纪委和党的工作机关报经同级党委或者其主要负责人批准，可以采取通报、诫勉方式进行问责，提出组织调整或者组织处理的建议。采取纪律处分方式问责的，按照党章和有关党内法规规定的权限、程序执行。

问责决定作出后，应当及时向被问责党组织、被问责领导干部及其所在党组织宣布并督促执行。有关问责情况应当向纪委和组织部门通报，纪委应当将问责决定材料归入被问责领导干部廉政档案，组织部门应当将问责决定材料归入被问责领导干部的人事档案，并报上一级组织部门备案；涉及组织调整或者组织处理的，相应手续应当在1个月内办理完毕。

被问责领导干部应当向作出问责决定的党组织写出书面检讨，并在民主生活会、组织生活会或者党的其他会议上作出深刻检查。建立健全问责典型问题通报曝光制度，采取组织调整或者组织处理、纪律处分方式问责的，应当以适当方式公开。

## 第三节　党组织的监督

### 一、党组织监督的含义和特点

党组织是党内按照一定宗旨和规则建立起来的集体，是由党的各级组织构成的组织体系。在我国，党的组织系统包括党的中央组织、地方组织、党组和基层组织。党组织的监督是指党组织作为监督主体对本组织之外的其他党组织和党员进行的党内监督。党组织监督具有以下特点：

### （一）层级性与系统性

党组织监督是由党的组织实施的监督，因此，党组织的特性决定了党组织监督的特性。中国共产党的组织是一个严密、完整的组织体系，包括党的中央组织、地方组织和基层组织。党组织具有严格的层级性与系统性，从作为党的最高领导机关的全国代表大会和中央委员会,到省级代表大会和委员会,再到地级、县级代表大会和委员会,一直到基层代表大会(党员大会)和委员会,此外还包括党组织的派出机关和在非党组织中设立的党组,这些不同层级的党组织构成了一个金字塔形的组织体系。由党组织的层级性与系统性所决定,党组织作为监督主体所实施的监督也呈现出层级性和系统性的特征。

### (二)单向性与相互性

党的组织体系呈现出单向性的特征,下级组织要向上级组织请示和报告工作,执行上级党组织的指示,上级党组织向下级党组织发布命令和指示。党的组织体系的单向性决定了党组织监督也呈现出单向性的特征,即上级党组织领导下级党组织,对下级党组织实施党内监督。但与此同时,党组织监督的单向性并不是绝对的,党章在规定上级党组织对下级党组织的领导监督权的同时,还规定"上下级组织之间要互通情报、互相支持和互相监督""党的上级组织要经常听取下级组织和党员群众的意见,及时解决他们提出的问题"。也就是说,党组织监督还呈现出上下级党组织相互监督的特性。

### (三)强制性与有效性

民主集中制是党的建设的基本要求,而民主集中制的基本原则之一是党员个人服从党的组织,少数服从多数,下级组织服从上级组织,全党各个组织和全体党员服从党的全国代表大会和中央委员会。党的民主集中制决定了党组织所实施的党内监督具有一定的强制性,下级组织服从上级组织的监督,党员个人服从党组织的监督,各个党组织和全体党员服从党的全国代表大会和中央委员会的监督。党组织监督的强制性也决定了这种监督的有效性,有效地保证了党的各级组织和全体党员团结在党中央周围。

### (四)全面性与广泛性

如前所述,党的组织是一个严密的组织体系,在全党和全国范围内形成了一个完整的组织网络。不仅如此,按照党章的规定,每个党员,不论职务高低,都必须编入党的一个支部、小组或其他特定组织,参加党的组织生活,接受党内外群众的监督。也就是说,党的组织体系不仅本身严密,而且所有党员也都被纳入这一体系之中。党组织的这种完整性,决定了它作为监督主体所实施的党内监督是全面的监督,没有任何组织、任何党员能脱离党组织的监督。同时,党组织的监督还具有广泛性,即监督主体对监督对象与其职责和义务有关的各方面事务都实施监督,例如对党员履行义务情况的监督,对党员领导干部履行职责和承担义务情况的监督等。

## 二、党的中央组织的监督

党的中央组织全面领导党内监督工作。中央委员会全体会议每年听取中央政治局工作报告，监督中央政治局工作，部署加强党内监督的重大任务。中央政治局、中央政治局常务委员会定期研究部署全党学习教育工作，查找问题，纠正偏差；听取和审议全党党风廉政情况汇报，加强作风建设情况监督检查；听取中央纪律检查委员会常务委员会工作汇报；听取中央巡视情况汇报，在一届任期内实现中央巡视全覆盖。

党的中央组织不仅要全面领导党内监督工作，也要加强自身建设和对自己的监督。《中国共产党党内监督条例》规定，中央政治局每年召开民主生活会，进行对照检查和党性分析，研究加强自身建设措施。

党的中央组织的成员也要加强自我监督与对外的监督，《中国共产党党内监督条例》规定，中央委员会成员必须严格遵守党的政治纪律和政治规矩，发现其他成员有违反党章、破坏党的纪律、危害党的团结统一的行为应当坚决抵制，并及时向党中央报告。对中央政治局委员的意见，署真实姓名以书面形式或者其他形式向中央政治局常务委员会或者中央纪律检查委员会常务委员会反映。有关中央政治局委员的监督职责，《中国共产党党内监督条例》规定，中央政治局委员应当加强对直接分管部门、地方、领域党组织和领导班子成员的监督，定期同有关地方和部门主要负责人就其履行全面从严治党责任、廉洁自律等情况进行谈话。中央政治局委员应当严格执行中央八项规定，自觉参加双重组织生活，如实向党中央报告个人重要事项。带头树立良好家风，加强对亲属和身边工作人员的教育和约束，严格要求配偶、子女及其配偶不得违规经商办企业，不得违规任职或兼职取酬。

### 三、党委（党组）的监督

《中国共产党党内监督条例》规定，党委（党组）在党内监督中负主体责任，书记是第一责任人，党委常委会委员（党组成员）和党委委员在职责范围内履行监督职责。党委（党组）履行以下监督职责：（1）领导本地区、本部门、本单位党内监督工作，组织实施各项监督制度，抓好督促检查；（2）加强对同级纪委和所辖范围内纪律检查工作的领导，检查其监督执纪问责工作情况；（3）对党委常委会委员（党组成员）、党委委员，以及同级纪委、党的工作部门和直接领导的党组织领导班子及其成员进行监督；（4）对上级党委、纪委工作提出意见和建议，开展监督。

有关党委（党组）监督的具体任务，《中国共产党党内监督条例》规定，党内监督必须加强对党组织主要负责人和关键岗位领导干部的监督，重点监督其政治立场、加强党的建设、从严治党，执行党的决议，公道正派地选人用人，责任担当、廉洁自律，落实意识形态工作责任制情况。上级党组织特别是其主要负责人，对下级党组织主要负责人应当平时多过问、多提醒，发现问题及时纠正。领导班子成员发现班子主要负责人存在问题，应当及时向其提出，必要时可以直接向上级党组织报告。党组织主要负责人个人有关事项应当在党内一定范围公开，主动接受监督。

### 四、党的基层组织的监督

按照党章规定，党的基层组织有"维护和执行党的纪律，监督党员切实履行义务，保障党员的权利不受侵犯"的职责。根据《中国共产党党内监督条例》的规定，党的基层组织应当履行的监督职责包括：（1）严格党的组织生活，开展批评和自我批评，监督党员切实履行义务，保障党员权利不受侵犯；（2）了解党员、群众对党的工作和党的领导干部的批评和意见，定期向上级党组织反映情况，提出意见和建议；（3）维护和执行党的纪律，发现党员、干部违反纪律问题应及时教育或者处理，问题严重的应当向上级党组织报告。

## 第四节 党的纪律检查机关的监督

### 一、纪律检查机关的地位与作用

从地位看，党的纪律检查机关（纪律检查委员会）是党内监督专责机关，由党的代表大会选举产生，对党组织和党员遵守党纪情况进行监督、检查，对违纪党组织和党员执行纪律处分。从地位看，党的纪律检查机关在党的建设和党的各项事业中发挥着重要作用，通过行使监督、检查、调查、建议、处分等职权，保证党的路线、方针、政策的贯彻落实，保证党的队伍的纯洁性和纪律的严肃性。具体而言，党的纪律检查机关的作用主要有四点：

第一，保证党的路线、方针、政策的贯彻执行。党的纪律检查机关对党组织和党员，特别是党员领导干部是否认真贯彻执行党章和其他党内法规、正确运用人民赋予的权力进行监督，保证党的路线、方针、政策的贯彻执行。

第二，保证党的纯洁性与先进性。党的纪律检查机关按照党关于坚持和健全民主集中制的要求，监督党员干部尤其是党员领导干部严格遵守民主集中制的各项规章制度，使党内政治生活正常、健康地开展，通过加强对党员的教育，促进党员树立正确的世界观、人生观和价值观，保证党的纯洁性与先进性。

第三，查处违纪案件，维护党的纪律。党的纪律检查机关按照从严治党的方针，依据党章和其他党内法规，查处党员违纪案件，维护党纪的严肃性，维护党中央的权威，协助党委加强党风廉政建设。

第四，保护党员的民主权利不受侵犯。党员在履行党员义务的同时，也享有党员权利。党章和《中国共产党党员权利保障条例》对党员的权利作出了明确的规定。对于党员权利，任何一级党组织和党员领导干部都无权擅自剥夺。各级纪律检查机关在工作中，按照党章和党内法规的规定，负责保护党员享有的党员权利。

## 二、纪律检查机关的监督对象、任务与内容

### （一）纪律检查机关的监督对象

纪律检查机关的监督对象是指纪律检查机关对哪些个人或组织进行监督。对此可以从广义和狭义两方面加以理解。广义上，全体党员和所有党的组织都是监督的主体，也是监督的对象。纪律检查机关作为监督主体，它所监督的对象包括全体党员和所有党的组织，既包括党的代表大会，也包括党的委员会，还包括其他党的职能部门和专门组织；既包括普通党员，也包括党的领导干部。狭义上，由于所处的层级、地域不同，每一个纪律检查机关都是具体的。对于具体的纪律检查机关而言，其监督对象实际上不可能覆盖全体党员和所有党的组织，必须按各个具体的纪律检查机关的层级和所处地域进行分工。在这个意义上，特定的纪律检查机关的监督对象总是有限的。党的中央纪律检查委员会负责领导全国范围内党的纪律检查工作，并对其直接监督的对象实施党内监督；党的地方各级纪律检查委员会负责本地区党的纪律检查工作，并对其直接监督的对象实施党内监督。

### （二）纪律检查机关的任务

根据《中国共产党党内监督条例》的规定，党的各级纪律检查委员会承担下列具体任务：（1）加强对同级党委特别是常委会委员、党的工作部门和直接领导的党组织、党的领导干部履行职责、行使权力情况的监督；（2）落实纪律检查工作双重领导体制，执纪审查工作以上级纪委领导为主，线索处置和执纪审查情况在向同级党委报告的同时向上级纪委报告，各级纪委书记、副书记的提名和考察以上级纪委会同组织部门为主；（3）强化上级纪委对下级纪委的领导，纪委发现同级党委主要领导干部的问题，可以直接向上级纪委报告；下级纪委至少每半年向上级纪委报告一次工作，每年向上级纪委进行述职。

### （三）纪律检查机关的监督内容

纪律检查机关的监督内容是指纪律检查机关对哪些事项进行监督。党章明确规定了党的各级纪律检查委员会的主要任务，这些任务实际上也表明了纪律检查机关实施党内监督的主要内容：

第一，遵守党的章程和其他党内法规的情况。维护党的章程和其他党内法规是党章规定的纪律检查机关的首要任务，也是纪律检查机关最基本、最经常的任务。党章是党的根本大法，纪律检查机关要对党的各级组织和党员是否遵守党章，是否违反党章的规定进行监督，例如党的组织和党员的行为是否符合党的民主集中制的基本原则、党员的行为是否违反了党章规定的党员的义务、党章规定的党员的权利是否被擅自剥夺等。另外，党章作为党内根本大法的性质也决定了党章对一些问题不可能作出详尽规定，这就需要制定一些更具体的党内

法规，对一些特定问题作出具体规定，以利于党的各级组织和党员遵照执行。这些党内法规对党的建设、对党在特定历史条件下任务的完成有着重要意义，因此也应当严格遵守。党的各级纪律检查机关承担着监督这些党内法规是否得到确实遵守的职责。

第二，党的路线、方针、政策和决议的执行情况。党的路线、方针、政策和决议必须得到全面的贯彻实施，否则党的目标难以实现。中国共产党是个大党，截至2018年年底，党员总数已突破9 000万，这一方面意味着党的路线、方针、政策和决议的执行上客观会存在一定难度，但另一方面也决定了必须统一党的思想和行动。作为党内监督的专门机关，党的纪律检查机关对不执行党的路线、方针、政策和决议的党组织和党员实施制裁，保证党的路线、方针、政策和决议的贯彻执行。

第三，党风廉政建设的情况。反腐倡廉，加强党风廉政建设意义重大。党风廉政建设是加强党的建设的重要内容，只有加强党风廉政建设，才可能使党永葆青春和活力。协助党委加强党风建设是党章规定的纪律检查机关的一项主要任务，也是党的纪律检查机关实施党内监督的重要内容。

### 三、违反党纪案件的查处

#### （一）案件查处的概念

违反党纪案件的查处是指党的纪律检查机关对于党的组织和党员违反党纪的行为，依据党章和其他党内法规的规定予以立案调查，并在查清案件事实的基础上，视情节予以处理的活动。理解这一概念要把握以下几点：（1）违反党纪案件的查处是党内监督活动的一种，由党的纪律检查机关负责实施，其他党的组织不负责直接的案件查办工作。（2）违反党纪案件的查处针对的是党的组织和党员的违纪行为，党组织之外其他组织的行为或党员之外其他个人的行为，不属于违反党纪案件查处的范围。（3）违反党纪案件的查处依据的是党的章程和其他党内法规，查处的是违反党纪的行为，对于党的组织或党员违反国家法律法规的行为，由相应的主体进行处理，党的纪律检查机关不负责处理违反此类规定的行为。党员同时有违反党纪和国家法律行为的，党的纪律检查机关在查处违反党纪行为之后，将案件移送相应的有权机关进行处理。（4）查处违反党纪案件，其目的是惩治违反党纪的组织和党员，维护党的章程和其他党内法规的严肃性，保持党的先进性与纯洁性。（5）在国家监察体制改革之后，党的纪律检查机关与国家监察机关合署办公，统称纪检监察机关，在查处相关案件的过程中，对某些案件是一并处理的，但在理论上，党内监督与国家监察机关对公职人员的监督仍然是不同的。

案件查处工作关系党章党规党纪是否得到遵守，关系党的路线、方针、政策是否得到贯彻执行，必须规范操作。早在1994年，中纪委就通过了《中国共产党纪律检查机关案件检查工作条例》；党的十八大之后，面对纪检工作的新形势，中纪委通过了《中国共产党纪律检查机关监督执纪工作规则》并于 2019 年 1 月 1 日经中央办公厅印发并正式施行，这些文件对于规范案件查处和纪检监察机关监督执纪工作发挥了重要作用。

### （二）案件查处的管辖

违反党纪案件查处的管辖是指不同层级和地域的纪律检查机关之间有关案件查处工作的分工。不同层级的纪律检查机关之间有关案件查处的分工为级别管辖；不同地域的纪律检查机关之间有关案件查处的分工为地域管辖。由于各级党组织管辖的地域相对确定，而党的组织除了中央组织外，总是从属于一定的上级组织，党员总是按照干部管理权限由一定的党组织进行管理，因此，违反党纪案件查处的管辖主要是指级别管辖。

根据《中国共产党纪律检查机关监督执纪工作规则》的规定，监督执纪工作实行分级负责制：(1) 中央纪委国家监委负责监督检查和审查调查中央委员、候补中央委员，中央纪委委员，中央管理的领导干部，党中央工作部门、党中央批准设立的党组（党委），各省、自治区、直辖市党委、纪委等党组织的涉嫌违纪或者职务违法、职务犯罪问题。(2) 地方各级纪委监委负责监督检查和审查调查同级党委委员、候补委员，同级纪委委员，同级党委管理的党员、干部以及监察对象，同级党委工作部门、党委批准设立的党组（党委），下一级党委、纪委等党组织的涉嫌违纪或者职务违法、职务犯罪问题。(3) 基层纪委负责监督检查和审查同级党委管理的党员，同级党委下属的各级党组织的涉嫌违纪问题；未设立纪律检查委员会的党的基层委员会，由该委员会负责监督执纪工作。

《中国共产党纪律检查机关监督执纪工作规则》还规定，对党的组织关系在地方、干部管理权限在主管部门的党员、干部以及监察对象涉嫌违纪违法问题，应当按照谁主管、谁负责的原则进行监督执纪，由设在主管部门、有管辖权的纪检监察机关进行审查调查，主管部门认为有必要的，可以与地方纪检监察机关联合审查调查。地方纪检监察机关接到问题线索反映的，经与主管部门协调，可以对其进行审查调查，也可以与主管部门组成联合审查调查组，审查调查情况及时向对方通报。

上级纪检监察机关有权指定下级纪检监察机关对其他下级纪检监察机关管辖的党组织和党员、干部以及监察对象涉嫌违纪或者职务违法、职务犯罪问题进行审查调查，必要时也可以直接进行审查调查。上级纪检监察机关可以将其直接管辖的事项指定下级纪检监察机关进行审查调查。

纪检监察机关之间对管辖事项有争议的，由其共同的上级纪检监察机关确定；认为所管辖的事项重大、复杂，需要由上级纪检监察机关管辖的，可以报请上级纪检监察机关管辖。

### （三）案件查处的证据要求

证据是指能够证明案件真实情况的事实或材料。违反党纪案件的证据包括物证、书证、证人证言、受侵害人的陈述、被调查人的陈述、视听材料、现场笔录、鉴定结论，以及勘验、检查笔录。所有证据只有在经过鉴别属实后，才能作为定案的依据。

纪检监察机关应当严格依法依规收集、鉴别证据，做到全面、客观，形成相互印证、完整稳定的证据链。调查取证应当收集原物原件，逐件清点编号，现场登记，由在场人员签字盖章，原物不便搬运、保存或者取得原件确有困难的，可以将原物封存并拍照录像或者调取原件副本、复印件；谈话应当现场制作谈话笔录并由被谈话人阅看后签字。已调取的证据必须及时交审查调查组统一保管。严禁以威胁、引诱、欺骗以及其他违法违规方式收集证据；严禁隐匿、损毁、篡改、伪造证据。

查封、扣押、冻结、移交涉案财物，应当严格履行审批手续。执行查封、扣押措施，监督执纪人员应当会同原财物持有人或者保管人、见证人，当面逐一拍照、登记、编号，现场填写登记表，由在场人员签名。对价值不明物品应当及时鉴定，专门封存保管。纪检监察机关应当设立专用账户、专门场所，指定专门人员保管涉案财物，严格履行交接、调取手续，定期对账核实。严禁私自占有、处置涉案财物及其孳息。

对涉嫌严重违纪或者职务违法、职务犯罪问题的审查调查谈话，以及搜查、查封、扣押涉案财物等重要取证工作，应当全过程进行录音录像，并妥善保管，及时归档，案件监督管理部门定期核查。对上述问题的审查调查，监督执纪人员未经批准并办理相关手续，不得将被审查调查人或者其他重要的谈话询问对象带离规定的谈话场所，不得在未配置监控设备的场所进行审查调查谈话或者其他重要的谈话询问，不得在谈话期间关闭录音录像设备。

监督检查、审查调查部门主要负责人和分管领导应当定期检查审查调查期间的录音录像、谈话笔录、涉案财物登记资料，发现问题及时纠正并报告。纪检监察机关相关负责人应当通过调取录音录像等方式，加强对审查调查全过程的监督。

### （四）案件查处的程序

#### 1. 线索处置

线索处置是纪检监察机关发现线索并进行处置的监督执纪工作程序。纪检监察机关应当加强对问题线索的集中管理、分类处置、定期清理。线索处置工作遵循以下程序：

纪检监察机关的信访举报部门归口受理同级党委管理的党组织和党员、干部以及监察对象涉嫌违纪或者职务违法、职务犯罪问题的信访举报，统一接收有关纪检监察机关、派驻或者派出机构以及其他单位移交的相关信访举报，移送本机关有关部门。巡视巡察工作机构和审计机关、行政执法机关、司法机关等单位发现涉嫌违纪或者职务违法、职务犯罪问题线索，应当及时移交纪检监察机关案件监督管理部门统一办理。监督检查部门、审查调查部门、干部监督部门发现的相关问题线索，属于本部门受理范围的，应当送案件监督管理部门备案；不属于本部门受理范围的，经审批后移送案件监督管理部门，由其按程序转交相关监督执纪部门办理。

纪检监察机关对于发现的线索，应当结合其所涉及地区、部门、单位总体情况，综合分析，按照谈话函询、初步核实、暂存待查、予以了结四类方式进行处置。线索处置不得拖延和积压,处置意见应当在收到问题线索之日起一个月内提出,并制定处置方案,履行审批手续。

纪检监察机关案件监督管理部门对问题线索实行集中管理、动态更新、定期汇总核对,提出分办意见,报纪检监察机关主要负责人批准,按程序移送承办部门。承办部门应当指定专人负责管理问题线索,逐件编号登记、建立管理台账。线索管理处置各环节应当由经手人员签名,全程登记备查。

同时,纪检监察机关还应当根据工作需要,定期召开专题会议,听取问题线索综合情况汇报,进行分析研判,对重要检举事项和反映问题集中的领域深入研究,提出处置要求,做到件件有着落。承办部门应当作好线索处置归档工作,归档材料齐全完整,载明领导批示和处置过程。案件监督管理部门定期汇总、核对问题线索及处置情况,向纪检监察机关主要负责人报告,并向相关部门通报。

2. 谈话和函询

谈话和函询是指对发现的问题线索,通过谈话和函询的方式作进一步了解。纪检监察机关采取谈话函询方式处置问题线索,应当起草谈话函询报批请示,拟订谈话方案和相关工作预案,按程序报批。需要谈话函询下一级党委(党组)主要负责人的,应当报纪检监察机关主要负责人批准,必要时向同级党委主要负责人报告。

谈话应当由纪检监察机关相关负责人或者承办部门负责人进行,可以由被谈话人所在党委(党组)、纪委监委(纪检监察组、纪检监察工委)有关负责人陪同;经批准也可以委托被谈话人所在党委(党组)主要负责人进行。谈话应当在具备安全保障条件的场所进行。由纪检监察机关谈话的,应当制作谈话笔录,谈话后可以视情况由被谈话人写出书面说明。

函询应当以纪检监察机关办公厅(室)名义发函给被反映人,并抄送其所在党委(党组)和派驻纪检监察组主要负责人。被函询人应当在收到函件后15个工作日内写出说明材料,由其所在党委(党组)主要负责人签署意见后发函回复。被函询人为党委(党组)主要负责人的,或者被函询人所作说明涉及党委(党组)主要负责人的,应当直接发函回复纪检监察机关。

纪检监察机关承办部门应当在谈话结束或者收到函询回复后1个月内写出情况报告和处置意见,按程序报批,并根据不同情形作出相应处理:(1)对于反映不实,或者没有证据证明存在问题的,予以采信了结,并向被函询人发函反馈。(2)对于问题轻微,不需要追究纪律责任的,采取谈话提醒、批评教育、责令检查、诚勉谈话等方式处理。(3)反映问题比较具体,但被反映人予以否认且否认理由不充分具体的,或者说明存在明显问题的,一般应当再次谈话或者函询;发现被反映人涉嫌违纪或者职务违法、职务犯罪问题需要追究纪律和法律责任的,应当提出初步核实的建议。(4)对诬告陷害者,依规依纪依法予以查处。

3. 初步核实

初步核实是指对发现的问题线索,通过一定手段和途径进行初步检验和查证,审核是否属实,以决定是否及如何进一步处理。采取初步核实方式处置问题线索,应当制定工作方案，成立核查组，履行审批程序。被核查人为下一级党委（党组）主要负责人的，纪检监察机关应当报同级党委主要负责人批准。

核查组经批准可以采取必要措施收集证据，与相关人员谈话了解情况，要求相关组织作出说明，调取个人有关事项报告，查阅复制文件、账目、档案等资料，查核资产情况和有关信息，进行鉴定勘验。对被核查人及相关人员主动上交的财物，核查组应当予以暂扣。需要采取技术调查或者限制出境等措施的，纪检监察机关应当严格履行审批手续，交有关机关执行。

初步核实工作结束后，核查组应当撰写初步核实情况报告，列明被核查人基本情况、反映的主要问题、办理依据以及初步核实结果、存在疑点、处理建议，由核查组全体人员签名备查。承办部门应当综合分析初步核实情况，按照拟立案审查调查、予以了结、谈话提醒、暂存待查，或者移送有关党组织处理等方式提出处置建议。初步核实情况报告应当报纪检监察机关主要负责人审批，必要时向同级党委主要负责人报告。

4. 审查调查

经过初步核实，对涉嫌违纪或者职务违法、职务犯罪，需要追究纪律或者法律责任的，应当立案审查调查。凡报请批准立案的，应当已经掌握部分违纪或者职务违法、职务犯罪事实和证据，具备进行审查调查的条件。

对符合立案条件的，承办部门应当起草立案审查调查呈批报告，经纪检监察机关主要负责人审批，报同级党委主要负责人批准，予以立案审查调查。立案审查调查决定应当向被审查调查人宣布，并向被审查调查人所在党委（党组）主要负责人通报。

对涉嫌严重违纪或者职务违法、职务犯罪人员的立案审查调查，纪检监察机关主要负责人应当主持召开由纪检监察机关相关负责人参加的专题会议，研究批准审查调查方案。纪检监察机关相关负责人批准成立审查调查组，确定审查调查谈话方案、外查方案，审批重要信息查询、涉案财物查扣等事项。监督检查、审查调查部门主要负责人组织研究并提出对审查调查谈话方案、外查方案和处置意见的建议，审批一般信息查询，对调查取证审核把关。

立案审查调查方案批准后，应当由纪检监察机关相关负责人或者部门负责人与被审查调查人谈话，宣布立案决定，讲明党的政策和纪律，要求被审查调查人端正态度、配合审查调查。审查调查应当充分听取被审查调查人陈述，保障其饮食、休息，提供医疗服务，确保安全。严格禁止使用违反党章党规党纪和国家法律的手段，严禁逼供、诱供、侮辱、打骂、虐待、体罚或者变相体罚。

审查调查组组长应当严格执行审查调查方案，不得擅自更改；以书面形式报告审查调查进展情况，遇有重要事项及时请示。审查调查组可以依照党章党规和监察法，经审批进行谈话、讯问、询问、留置、查询、冻结、搜查、调取、查封、扣押、勘验检查、鉴定，提请有关机关采取技术调查、通缉、限制出境等措施。

承办部门应当建立台账，记录使用措施情况，向案件监督管理部门定期备案。案件监督管理部门应当核对检查，定期汇总重要措施使用情况并报告纪委监委领导和上一级纪检监察机关，发现违规违纪违法使用措施的，区分不同情况进行处理，防止擅自扩大范围、延长时限。

需要对被审查调查人采取留置措施的，应当依据监察法进行，在24小时内通知其所在单位和家属，并及时向社会公开发布。因可能毁灭、伪造证据，干扰证人作证或者串供等有碍调查情形而不宜通知或者公开的，应当按程序报批并记录在案。有碍调查的情形消失后，应当立即通知被留置人员所在单位和家属。

外查工作必须严格按照外查方案执行，不得随意扩大审查调查范围、变更审查调查对象和事项，重要事项应当及时请示报告。外查工作期间，未经批准，监督执纪人员不得单独接触任何涉案人员及其特定关系人，不得擅自采取审查调查措施，不得从事与外查事项无关的活动。

审查调查工作结束后，审查调查组应当集体讨论，形成审查调查报告，列明被审查调查人基本情况、问题线索来源及审查调查依据、审查调查过程，主要违纪或者职务违法、职务犯罪事实，被审查调查人的态度和认识，处理建议及党纪法律依据，并由审查调查组组长以及有关人员签名。

审查调查报告以及忏悔反思材料，违纪或者职务违法、职务犯罪事实材料，涉案财物报告等，应当按程序报纪检监察机关主要负责人批准，连同全部证据和程序材料，依照规定移送审理。审查调查全过程形成的材料应当案结卷成，事毕归档。

5. 审核处理

审查调查之后，案件查处进入到审核处理或曰审理阶段。纪检监察机关应当对涉嫌违纪或者违法犯罪案件严格依法依规审核把关，提出纪律处理或者处分意见，做到事实清楚、证据确凿、定性准确、处理恰当、手续完备、程序合规。审理工作要坚持审查调查与审理相分离的原则，审查调查人员不得参与审理。纪检监察机关案件审理部门对涉嫌违纪或者职务违法、职务犯罪问题，依照规定应当给予纪律处理或者处分的案件和复议复查案件进行审核处理。

审理工作按照以下程序进行：（1）案件审理部门收到审查调查报告后，经审核符合移送条件的予以受理，不符合移送条件的可以暂缓受理或者不予受理。（2）对于重大、复杂、疑难案件，监督检查、审查调查部门已查清主要违纪或者职务违法、职务犯罪事实并提出倾向性意见的，对涉嫌违纪或者职务违法、职务犯罪行为性质认定分歧较大的，经批准案件审理部门可以提前介入。（3）案件审理部门受理案件后，应当成立由两人以上组成的审理组，全面审理案卷材料，提出审理意见。（4）坚持集体审议原则，在民主讨论基础上形成处理意见；对争议较大的应当及时报告，形成一致意见后再作出决定。案件审理部门根据案件审理情况，应当与被审查调查人谈话，核对违纪或者职务违法、职务犯罪事实，听取辩解意见，了解有关情况。（5）对主要事实不清、证据不足的，经纪检监察机关主要负责人批准，退回监督检查、审查调查部门重新审查调查；需要补充完善证据的，经纪检监察机关相关负责人批准，退回监督检查、审查调查部门补充审查调查。（6）审理工作结束后应当形成审理报告，内容包括被审查调查人基本情况、审查调查简况、违纪违法或者职务犯罪事实、涉案财物处置、监督检查或者审查调查部门意见、审理意见等。审理报告应当体现党内审查特色，依据《中国共产党纪律处分条例》认定违纪事实性质，分析被审查调查人违反党章、背离党的性质宗旨的错误本质，反映其态度、认识以及思想转变过程。审理工作应当在受理之日起一个月内完成，重大、复杂案件经批准可以适当延长受理时间。

审理报告报经纪检监察机关主要负责人批准后，提请纪委常委会会议审议。需报同级党委审批的，应当在报批前以纪检监察机关办公厅（室）名义征求同级党委组织部门和被审查调查人所在党委（党组）意见。处分决定作出后，纪检监察机关应当通知受处分党员所在党委（党组），抄送同级党委组织部门，并依照规定在一个月内向其所在党的基层组织中的全体党员以及本人宣布。处分决定执行情况应当及时报告。

对不服处分决定的申诉，由批准或者决定处分的党委（党组）或者纪检监察机关受理；需要复议复查的，由纪检监察机关相关负责人批准后受理。申诉办理部门成立复查组，调阅原案案卷，必要时可以进行取证，经集体研究后，提出办理意见，报纪检监察机关相关负责人批准或者纪委常委会会议研究决定，作出复议复查决定。决定应当告知申诉人，抄送相关单位，并在一定范围内宣布。复议复查工作应当在三个月内办结。

6. 结案与归档

案件审查处理完毕后，即进入结案阶段，由承办人按照规定将案卷立卷归档。结案与归档是案件检查的最后一道程序，任何案件的检查都需要有一个最终的结果，因此结案程序是必不可少的，而归档则是对案件材料的一种保存处理，以备将来需要时查询。

## 第五节 党员的监督

### 一、党员监督的含义与依据

党员监督是指广大党员作为监督主体对各级党的组织和其他党员进行的监督。党员监督的基本构成要素是：（1）在主体上，党员监督的主体是广大党员，无论是普通党员还是党员领导干部，只要其具备党员身份，就有权实施党员监督；（2）在对象上，党员监督的对象是党的各级组织和全体党员，这是由党内监督的性质决定的，任何组织和党员都必须接受其他党员的监督；（3）在内容上，党员监督的内容是监督对象的行为是否符合党章和其他党内法规的要求。

党员是党的细胞，整个党和所有党组织都是由一个个党员组成的，党的任务、目标、党内监督等，都要靠党员的行动去实施和实现。从这个意义上，党员监督是党内监督最基本的形式，是党内监督的基础，对加强党的建设具有重要意义。党员监督的依据是党章和其他党内法规。

（一）党章的规定

党章第三条规定，党员要"切实开展批评和自我批评，勇于揭露和纠正违反党的原则的言行和工作中的缺点、错误，坚决同消极腐败现象作斗争"。这表明，开展党内监督是党员的义务。党章第四条规定了党员权利，其中有多项涉及党员对党组织与其他党员的监督权，包括在党的会议上和党报党刊上参加关于党的政策问题的讨论；对党的工作提出建议和倡议；在党的会议上有根据地批评党的任何组织和任何党员，向党负责地揭发、检举党的任何组织和任何党员违法违纪的事实，要求处分违法违纪的党员，要求罢免或撤换不称职的干部；向党的上级组织直至中央提出请求、申诉和控告，并要求有关组织给予负责的答复等。党章第八条规定，每个党员，不论职务高低，都必须编入党的一个支部、小组或其他特定组织，参加党的组织生活，接受党内外群众的监督。党员领导干部还必须参加党委、党组的民主生活会。不允许有任何不参加党的组织生活、不接受党内外群众监督的特殊党员。这一规定表明，所有党员都必须接受监督，而这种监督包括党员之间的监督。

### (二)《中国共产党党内监督条例》的规定

《中国共产党党内监督条例》第五章规定了"党的基层组织和党员的监督"，其中第三十六条规定："党员应当本着对党和人民事业高度负责的态度，积极行使党员权利，履行下列监督义务：（一）加强对党的领导干部的民主监督，及时向党组织反映群众意见和诉求；（二）在党的会议上有根据地批评党的任何组织和任何党员，揭露和纠正工作中存在的缺点和问题；（三）参加党组织开展的评议领导干部活动，勇于触及矛盾问题、指出缺点错误，对错误言行敢于较真、敢于斗争；（四）向党负责地揭发、检举党的任何组织和任何党员违纪违法的事实，坚决反对一切派别活动和小集团活动，同腐败现象作坚决斗争。"

### (三)《中国共产党党员权利保障条例》的规定

《中国共产党党员权利保障条例》第八条规定："党员有权以口头或者书面方式对本地区、本部门、本单位的党组织、上级党组织直至中央的各方面工作提出建议和倡议。"第九条规定："党员有权在党的会议上以口头或者书面方式有根据地批评党的任何组织和任何党员。党员以书面方式提出的批评意见应当按照规定送被批评者或者有关党组织。党员有权向党组织负责地揭发、检举党的任何组织和任何党员的违法违纪事实；有权向所在党组织或者上级党组织提出处分有违法违纪行为党员的要求。党员有权向所在党组织或者上级党组织提出罢免或者撤换不称职党员领导干部职务的要求。"上述两条明确规定了党员的党内监督权，党员可以据此实施党内监督。

## 二、党员监督的主要方式

党员监督的方式是指党员进行党内监督的方法和手段。根据《中国共产党章程》《中国共产党党员权利保障条例》等党内法规的规定，党员监督的主要方式包括：

第一，向党组织反映群众的意见和要求。中国共产党是执政党，是中国社会主义现代化建设事业的领导核心,其路线、方针、政策的制定和执行,乃至党的组织和党员领导干部的具体决定,都事关广大群众的切身利益。作为党内监督的主体,每一个党员都有权向党的有关组织反映群众在党的路线、方针、政策和决定执行过程中的意见和要求,要求党组织维护群众的利益。党员向党组织反映群众意见和要求可以通过书面、口头等多种方式进行,可以在党的会议上提出,也可以通过其他形式提出。

第二,对党的决议和政策如有不同意见,在坚决执行的前提下,可以在党的会议上或向党的组织提出保留,并且可以把自己的意见向党的上级组织直至中央反映。中国共产党是纪律严明的政党,对于党的决议和政策,全体党员必须坚决贯彻执行,如果党的决议和政策得不到贯彻执行,党的任务无法完成,党的目标也无法实现。但是,坚决执行党的决议和政策并不是说党员自己不可以有不同意见,相反,在坚决执行的前提下,党员可以在党的会议上或通过其他途径对党的决议和政策提出自己的保留意见。不仅如此,党员还可将自己的意见向党的上级组织进行反映,直至向中央反映。

第三,在党的会议上有根据地批评党的任何组织和任何党员,揭露和纠正工作中的缺点、错误。党的工作难免存在缺点和错误,关键是出现了缺点和错误之后必须及时地得到纠正,将缺点和错误消灭在萌芽状态,使其不至发展到严重影响党的形象和工作的程度。为达到这一目标,就需要党员发挥监督作用,行使监督权利,在党的会议上对党的任何组织和任何党员工作中的缺点和错误提出批评,进行揭露和纠正,以促进党的工作顺利开展。当然,党员行使这一监督权是有条件的,条件就是在党的会议上有根据地提出批评,而不是捕风捉影、道听途说,否则达不到加强党内监督的目的,反而会影响党内团结。

第四,检举党的任何组织和任何党员违纪违法的事实,同消极腐败现象作斗争。在我国,宪法和法律是人民意志的体现,是人民利益的反映,所有的组织和公民都要严格遵守宪法和法律。中国共产党作为组织,中国共产党党员作为公民,也都必须严格遵守宪法和法律,不得有违反宪法和法律规定的行为。对此,党章序言明确规定,"党必须在宪法和法律的范围内活动",这表明党的组织和党员必须遵守且应当模范地遵守宪法和法律,违法的行为不仅是宪法和法律所禁止的,也是党章明确禁止的。不仅如此,党的组织和党员还必须遵守党的纪律,不得实施违反党纪的行为,所有违反党纪的行为都要受到相应惩处。为确保党的组织和党员不实施违法违纪的行为,需要加强党内监督,发挥广大党员的作用,对违法违纪的事实进行检举,使实施违法违纪行为的组织和党员受到法律和党的纪律的惩处。当广大党员都积极检举有关党的组织和党员的违法违纪事实,与消极腐败现象作坚决斗争时,违法违纪行为就能得到及时制止,消极腐败现象就能得到有效遏制。

第五,参加党组织开展的评议党员领导干部活动,发表意见。参加评议活动是党员行使监督权利和开展党内监督的重要方式。通过参加党组织开展的评议党员领导干部的活动,党员可以对领导干部各方面的情况进行评议,对存在的不足与问题提出自己的意见,对他们的工作进行监督,使他们将自己的行为约束在宪法和法律的范围之内,约束在党章和其他党内法规的要求之下。

第六，向所在党组织或者上级党组织提出罢免或者撤换不称职党员领导干部职务的请求。对于不称职的党员领导干部，党员可以向所在党组织或上级党组织提出罢免或者撤换的请求。党员在提出这一请求时，应当按照组织原则，符合有关程序，不得随意扩散、传播，不得夸大和歪曲事实，更不得捏造事实、诬告陷害。

第七，向党的上级组织直至中央提出请求、申诉、意见和控告。根据《中国共产党党员权利保障条例》规定，党员在政治、工作、学习等方面遇到需要党组织帮助解决的重要问题时可以提出请求；党员不服党组织给予本人的处分、鉴定、审查结论或者其他处理可以向所在党组织、上级党组织直至中央提出申诉；党员认为党组织给予其他党员的处分、鉴定、审查结论或者其他处理不当时可以提出意见；党员认为自己的合法权益受到党组织或者其他党员侵害时可以提出控告。党员提出请求、申诉、意见和控告的直接目的是维护自身或其他党员的合法权利，但在客观上，这一权利行使也可以发挥制止和纠正党的组织和其他党员的违法违纪行为或其他不当行为的作用，因此也成为党内监督的重要方式之一。

### 三、党员监督的主要内容

根据党章和《中国共产党党内监督条例》《中国共产党党员权利保障条例》等有关党内法规的规定，党员监督的主要内容包括以下几个方面：

第一，党的各级组织和全体党员贯彻执行党的路线、方针、政策和上级党组织决议、决定及工作部署的情况。将这方面的情况作为党员监督的主要内容，目的是确保党的路线、方针、政策和上级党组织决议、决定及工作部署得到坚决执行。另外，党员在进行此项监督的同时，也可以对党和国家某些政策、措施的不足提出自己的意见和建议，促进这些政策和措施的完善。

第二，干部选拔任用工作中执行党和国家有关规定的情况。建立科学规范的党政领导干部选拔任用制度，形成富有生机与活力、有利于优秀人才脱颖而出的选人用人机制，推进干部队伍的革命化、年轻化、知识化、专业化，事关党和国家的发展大局。《党政领导干部选拔任用工作条例》对干部选拔的原则、条件、程序、考核、撤职与免职等都作了明确的规定，将干部选拔任用工作中执行党和国家规定的情况纳入党员监督的范围，由广大党员对此进行监督，对保证干部选拔任用的科学性和规范性非常必要。

第三，党员特别是党员领导干部履行党章和其他党内法规所规定义务的情况。党章和其他党内法规对党员特别是党员领导干部的基本义务作了规定，这些义务是党员特别是党员领导干部必须履行的。中国共产党是执政党，许多党员在单位担任领导职务，掌握一定的权力，一些党员特别是领导干部忘了党的根本宗旨，不履行党员义务，利用职权谋取私利，对党的威望和形象造成极坏影响。为了防止和纠正这些问题，有必要将党员履行党章和其他党内法规规定义务的情况列为党员监督的内容，促进全体党员特别是党员领导干部严格履行党员义务。

第四，党的各级组织和党员，特别是党员领导干部贯彻党的民主集中制的情况。民主集中制要求在党内充分发扬民主,将民主和集中有机统一起来,既有民主又有集中,既有统一意志,又有个人心情舒畅。实施民主集中制是历史经验的总结,可以有效地保证党内政治生活的正常进行,保证党和国家政治局势的安定团结。但是,在现实中,民主集中制的实行却往往出现偏差,特别是某些领导干部官僚主义严重,实行"一言堂""家长制",独断专行,压制其他党员的积极性和创造性。为了正确理解和贯彻民主集中制,有必要将此作为党员监督的重要内容,由广大党员对各级组织特别是领导干部贯彻民主集中制的情况进行监督,密切和融洽党组织之间、党员之间、党组织与党员之间的关系,搞好党内团结,提高党的战斗力。

第五,党员和党的领导干部践行全心全意为人民服务宗旨的情况。中国共产党党员是中国工人、农民、军人、知识分子和其他社会阶层的先进分子,所有党员,无论是党员领导干部还是普通党员,都必须践行为人民服务的宗旨,以广大人民群众的利益为自己的最大利益。全体党员都有权对其他党员践行为人民服务这一根本宗旨的情况进行监督,监督他们是否按这一标准约束和规范自己的行为,做到在思想上想着人民的利益,在政治上代表人民的利益,在行动上为了人民的利益。

第六,党员和党的领导干部遵纪守法的情况。党员作为中国工人、农民、军人、知识分子和其他社会阶层的先进分子,必须在各方面起模范带头作用,并自觉遵守党纪和国家法律法规,严格保守党和国家的秘密,执行党的决定,服从组织分配,积极完成党的任务。确保广大党员特别是党员领导干部遵纪守法,是现阶段党建重要而紧迫的问题。为此,必须加强党内监督,将遵纪守法情况作为党内监督包括党员监督的一项重要内容。

第七,保障党员权利的情况。党员权利由党章规定并被其他党内法规所细化和保障。对于党员的权利,党的任何一级组织直至中央都无权剥夺,《中国共产党党员权利保障条例》对党员权利保障作出了明确的规定。党员的权利得不到保障,党员的义务也难以履行,党的路线、方针、政策就难以有效贯彻,党的任务和目标就难以实现。因此,对相关主体保障党员权利的情况,每一个党员都有权进行监督。

## 案 例

### 中国共产党十八大以来的反腐败成效[①]

中国共产党十八大以来,全党着力解决管党治党失之于宽、松、软的问题,将反腐败作为全面从严治党的重要内容,充分发挥发腐败的震慑作用。在反腐惩恶和正风肃纪的同时,党着力加强制度建设,构建不敢腐、不能腐、不想腐的体制机制。

#### 一、铁腕惩腐

党的十八大以来,全党以零容忍的态度惩治腐败,行动密度之大,查处贪官人数

---

① 根据罗忠敏《全面从严治党永远在路上——十八大以来反腐败斗争取得重大成效》一文改写。原文见2016年8月1日《中国青年报》。

之多，级别之高，前所未有。

1. "打虎"

据中央纪委公布的数据，2013—2015年，三年期间受党纪政纪处分人数和高级干部被审查人数，连创改革开放以来历史新高。从地域看，被查处的高级干部分布在31个省（区、市）。这些腐败分子中，有的位居党政军权力中枢，政治野心膨胀，广植党羽，排斥异己，成为党内政治生活的污染源，严重危害党和国家的政治安全；有的长期主政一方，苦心经营"独立王国"，上下勾连，树大根深；有的在国民经济命脉部门和企业搞"家天下"，老虎屁股摸不得。党中央以旗帜鲜明的政治立场、坚强无畏的政治勇气反腐败，一大批"老虎"被绳之以党纪国法，坚定了人民群众对党的信心。

2. "拍蝇"

据中央纪委官网统计，2015年1月1日至12月20日，全国查处群众身边的"四风"和腐败问题80 516起，查处人数91 550人，对那些官职不高但案值不菲的"小官巨贪"严加惩处。

3. "猎狐"

中国在反腐败国际追逃追赃工作方面取得丰硕成果。截至2015年11月底，从68个国家和地区追回外逃人员863人，其中党员和国家工作人员196人。"猎狐"专项行动向腐败分子发出强烈信号，境外不是法外之地，避罪没有天堂，有逃必追。

## 二、肃纪正风

党的作风关系人心向背，必须下决心管住抓好，彻底纠正形式主义、官僚主义、享乐主义、奢靡之风等"四风"。一是紧盯元旦、春节、五一、端午、中秋、国庆等重要节日，坚决杜绝高档节礼、公款吃喝；二是深挖潜入地下的不正之风，查处借婚丧喜庆敛财、出入私人会所、违规打高尔夫球等突出问题。与上年同期相比，2015年对"四风"问题的查处力度加大，因"四风"问题受党纪政纪处分的人数上升幅度达37%，从1月至11月，全国查处违反中央八项规定的问题32 128起，处理党员干部43 231人，其中给予党纪政纪处分29 011人，含省部级干部8人。在查处案件的同时，各级纪检监察机关加大了通报曝光力度，形成对心存侥幸者的当头棒喝。中央纪委监察部还在网站醒目位置公开了举报电话、举报网址、举报信箱等，鼓励群众对"四风"问题如实举报，将专门机关监督同群众监督有机结合，形成监督网，抑制"四风"的反弹。

## 三、扎紧制度的笼子

暴风骤雨式的反腐固然有震慑力，但加强制度建设，"把权力关进制度的笼子"，使官员"不敢腐""不能腐""不想腐"，才是反腐的治本之道。

2013年11月18日，中共中央、国务院发布《党政机关厉行节约反对浪费条例》，这是一部从源头上刹住奢侈浪费之风的综合性、基础性党内法规。以条例为引领，一个"1+20"的制度框架逐步建立完善。"1"是指《党政机关厉行节约反对浪费条例》；

"20"是指陆续制定20个与条例配套的法规制度，内容涉及预算管理、公务用车、公务差旅、因公出国、公务接待、领导干部待遇等多个方面，扎起厉行节约、反对浪费的制度之笼。2015年10月，中共中央印发《中国共产党廉洁自律准则》，2018年发布新修订的《中国共产党纪律处分条例》，前者重在立德，后者重在立规，将党的十八大以来关于作风、纪律等方面的新要求转化为党内法规，实现纪法分开、纪在法前、纪严于法。

### 四、加强巡视

党的十八大以来，在党中央领导下，中央巡视工作领导小组扎实推进巡视全覆盖。在开展常规巡视的同时，还针对具体事、具体人、具体问题开展机动灵活的专项巡视，推动查处一批严重违法违纪案件。在中央纪委立案审查的领导干部案件中，有超过一半的线索来自巡视，巡视成果也得到有效运用。例如，对巡视移交的问题线索分类处置、及时办理；对发现的问题综合提炼、抽丝剥茧，提出治标和治本的建议，向中央深改办和国资委等有关单位提供巡视中央企业专题报告；实行整改情况党内通报和向社会公布的"双公开"，中央巡视组前7轮巡视的118个地区和单位整改情况已全部公开，以接受监督。

### 五、落实党风廉政建设主体责任和监督责任

2015年，共有850余个单位的党委（党组）、纪委（纪检组）和1.5万余名党员领导干部，因落实"两个责任"不力受到责任追究。

为破解对党内"一把手"监督难的问题，党内监督稳步推进"两个为主"，即"查办腐败案件以上级纪委领导为主""各级纪委正副书记的提名和考察以上级纪委会同组织部门为主"，保证了上级纪委对下级党委的监督。

2014年12月11日，中央政治局常委会审议通过《关于加强中央纪委派驻机构建设的意见》。2015年3月，经党中央审批同意，中央纪委在中央办公厅等中央和国家机关新设7家派驻机构，为派驻机构全覆盖打下坚实基础。2015年11月，中央办公厅印发《关于全面落实中央纪委向中央一级党和国家机关派驻纪检机构的方案》的通知，决定中央纪委共设置47家派驻机构，实现对139家中央一级党和国家机关派驻纪检机构全覆盖，并对领导体制、职能调整、主要职责、机构设置等作出了明确规定。中央纪委派驻机构由中纪委直接领导、统一管理，派驻机构与驻在部门是监督与被监督的关系，从制度上消除可能影响派驻机构发挥监督作用的障碍。

### 案例思考题

1. 党的十八大以来反腐败取得重大成效，其中有哪些经验？应该如何通过加强党内监督促进廉政建设？

2. 巡视制度有什么作用？如何进一步完善巡视制度？

3. 监督党政"一把手"是监督工作的重点和难点,在这方面,我国应当有针对性地创制或者完善哪些监督制度?

## 重要概念

1. 党内监督　2. 党内监督的主体　3. 巡视制度　4. 问责制度　5. 党组织的监督　6. 违反党纪案件的查处　7. 党员监督

## 思考题

1. 什么是党内监督?党内监督有什么特征?
2. 党内监督的主体与对象是什么?
3. 党内监督的主要内容是什么?
4. 党内监督的规则体系由哪些方面的内容组成?
5. 党内监督有哪些主要制度?
6. 党委(党组)履行哪些监督职责?
7. 党的纪律检查机关的地位与作用是什么?
8. 党的纪律检查机关监督的对象与内容是什么?
9. 什么是违反党纪案件的查处?案件查处遵循什么程序?
10. 党员监督的含义什么?党员依据什么规定进行监督?
11. 党员监督主要有哪些方式?
12. 党员监督的主要内容是什么?

# 第七章  人民法院的审判监督

　　人民法院是国家审判机关，由人民代表大会产生，向人民代表大会负责。人民法院在设置上分为最高人民法院、地方各级人民法院（高级、中级、基层）和专门人民法院，专门人民法院诸如军事法院、海事法院、铁路运输法院、知识产权法院、互联网法院、金融法院等。本章在界定基本概念的基础上，重点阐述了人民法院的审级监督和行政审判监督。

## 第一节  审判监督概述

### 一、审判监督的概念和特点

　　本章中的人民法院审判监督是一个广义概念，是指上级人民法院对下级人民法院的审判工作实施的监督和人民法院通过行使审判权对其他国家机关及其工作人员是否依法行使职权实施的监督。可见，人民法院的审判监督包括两个部分，一是人民法院系统内上级法院对下级法院的"审级监督"，二是人民法院通过刑事审判、行政审判对其他国家机关及其工作人员的职权行为实施的监督。人民法院审判监督的依据是《中华人民共和国宪法》《中华人民共和国人民法院组织法》《中华人民共和国刑事诉讼法》《中华人民共和国行政诉讼法》等法律。
　　审判监督的概念包含了审判监督的三个特点：第一，人民法院是国家审判机关，依照法律规定独立行使审判权，不受行政机关、社会团体和个人的干涉；第二，最高人民法院是最高审判机关，最高人民法院监督地方各级人民法院和专门人民法院的审判工作，上级人民法院监督下级人民法院的审判工作；第三，除人民法院系统的自身监督外，人民法院通过刑事审判和行政审判对其他国家公权力机关和国家公职人员是否依法行使职权实施监督。

### 二、刑事审判监督与行政审判监督

　　除审级监督外，人民法院运用审判权，通过刑事审判和行政审判对其他国家机关和国家公职人员是否依法行使职权实施监督。

### (一) 刑事审判监督

人民法院的刑事审判监督是指人民法院通过对国家机关和国家工作人员在履行职务过程中的犯罪行为定罪量刑，实现监督目的的一种司法监督形式。可见，人民法院刑事审判监督的对象包括国家机关和国家机关工作人员。

1. 对国家机关的刑事审判监督

人民法院通过审理职务犯罪中的"单位犯罪"案件对国家机关实施刑事审判监督。单位犯罪是一种与自然人犯罪相对的犯罪形式。《中华人民共和国刑法》第三十条规定："公司、企业、事业单位、机关、团体实施的危害社会的行为，法律规定为单位犯罪的，应当负刑事责任。"从本条规定可以推导出单位犯罪的三个特点，一是单位犯罪的主体是公司、企业、事业单位、机关、团体；二是单位犯罪的实质是单位实施危害社会的行为；三是单位犯罪必须有刑法的明文规定并承担刑事责任。对于单位犯罪的刑事责任，《中华人民共和国刑法》第三十一条规定，"单位犯罪的，对单位判处罚金，并对其直接负责的主管人员和其他直接责任人员判处刑罚"，学界将此概括为"两罚制"。

学界和实务界对国家机关作为单位犯罪的主体存在争议，但我国刑法分则的一些条款已明确将国家机关列为单位犯罪主体之一。《中华人民共和国刑法》第三百八十七条规定："国家机关、国有公司、企业、事业单位、人民团体，索取、非法收受他人财物，为他人谋取利益，情节严重的，对单位判处罚金，并对其直接负责的主管人员和其他直接责任人员，处五年以下有期徒刑或者拘役。"这是对单位受贿罪的规定，犯罪主体之一就是国家机关。单位犯罪的罪名很多，例如危害国家安全罪、危害公共安全罪、私分国有资产罪、私分罚没财物罪、走私罪、受贿罪、行贿罪等。人民法院审理"单位犯罪"案件，对于惩治单位犯罪、监督国家机关依法合规运用公权力和履行法定义务，对于打击腐败、维护正常的社会秩序具有重要意义。

2. 对国家工作人员的刑事审判监督

人民法院通过审理职务犯罪中的"个人犯罪"案件对国家工作人员实施刑事审判监督。个人职务犯罪是指行使公权力的公职人员利用职权贪污贿赂、渎职和侵犯公民人身权利，依照刑法应当予以刑事处罚的犯罪。个人职务犯罪的罪名较多，例如贪污、受贿、滥用职权、玩忽职守、浪费国家资财、巨额财产来源不明、挪用公款等。人民法院严格公正地审理职务犯罪案件，充分发挥刑事审判监督的反腐败职能，这对于依法惩治贪污、贿赂、渎职等职务犯罪，保持对腐败的高压态势，促进廉洁政治建设具有重要意义。

### (二) 行政审判监督

人民法院的行政审判监督是指人民法院通过行使行政审判权，对行政机关和行政机关工作人员是否依法行使职权进行的监督。行政审判的基本法律依据是法律、法规和司法解释，例如《中华人民共和国行政诉讼法》《最高人民法院关于适用〈中华人民共和国行政诉讼法〉

的解释》等。行政审判监督的对象是行政机关的行政行为，如行政处罚行为、行政强制行为、侵犯企业经营自主权行为、不履行法定职责的行为、不依法发给抚恤金的行为、违法要求履行义务的行为。有关行政审判监督的内容本章将在第三节予以阐述。

## 第二节 审级监督制度

### 一、审级监督的概念与特点

审级监督是指上级法院依法对下级法院的审判工作实施的监督。审级监督通过二审监督、再审监督、死刑复核程序等完成。审级监督的特点主要有三方面：

第一，审级监督是人民法院系统内部自上而下的监督。法官的认识能力属于有限理性，其作出的判决、裁定有可能出现错误。一般情况下，一审裁判不应是发生法律效力的终审判决、裁定，为此，世界各国普遍设立上诉制度，力图建构完备的审级制度，使下级法院作出的可能是错误的判决、裁定能够通过上级法院的复查得到纠正。依据我国现行法律规定，上下级法院的关系是监督关系，《中华人民共和国宪法》第一百三十二条规定："最高人民法院监督地方各级人民法院和专门人民法院的审判工作，上级人民法院监督下级人民法院的审判工作。"由于司法案件所具有的复杂性以及处理这些案件必须具有的专业性，使得法院的外部监督具有很大的局限性，于是具有熟悉业务、反应迅速特点的内部监督就成为审判监督体系的重要方面。法院的内部监督是指来自法院内部机构、组织和人员的监督，是整个监督体系的基础，其作用能否充分发挥，直接关系到司法公正目标的实现。审级监督是人民法院系统内部自上而下监督的主要形式。

第二，审级监督的主体是最高人民法院或上级人民法院，由合议庭、审判委员会等审判组织行使此项权力。合议庭是审级监督的主要机构。合议庭通过开庭或书面形式对案件进行二审或再审，从事实认定和法律适用两方面判断原判决或裁定是否正确，并进而裁决维持、撤销或直接改判。其特点是严格依照诉讼法规定的程序进行，强调的是案件本身的监督，能直接改变案件审理的结果，具有很强的专业性，是从案件审理过程中的实体和程序两方面进行监督，关注事实认定和法律适用等专业问题。审判委员会是一个会议制机构，其内部监督职能之一是通过二审、再审等方式对下级法院实行审级监督，能直接影响个案的审理结果，其权限和专业性决定了监督的有效性。

第三，审级监督的重点是对案件审判质量与效率的监督。近年来，为确保审判工作的公正与高效，最高人民法院积极指导地方各级人民法院全面加强审判质量与效率监督制度建设，采取系列措施加强对审判工作的监督和制约，强化上级法院对下级法院、二审对一审的监督功能。例如，严格禁止下级法院就个案的事实认定和如何处理进行请示，确保诉讼当事人有效行使上诉权利，确保下级法院的审级独立和二审的审级监督功能；完善了依法纠错的申诉审查和再审监督机制；要求上级法院组织下级法院交流审判经验，帮助下级法院及时总结改判和发回重审案件的经验教训，提高一审案件审判质量。

## 二、二审监督制度

二审监督制度是指第一审法院的上一级法院根据上诉、抗诉，对第一审法院作出的尚未生效的判决或者裁定进行第二次审理的法律监督制度。

### （一）二审程序的提起

在刑事诉讼中，二审案件的监督启动来源于当事人的上诉和检察院的抗诉两个方面。在民事诉讼中，上诉的主体仅为当事人。只要有上诉权的人不服第一审判决或裁定，在法定上诉期内都可以提出上诉，不必说明理由。抗诉则必须有理由，抗诉的理由是人民检察院据以提出抗诉的根据，也是要求审判机关必须对案件进行二审的依据。上诉可以采取书面的方式，也可以采取口头的方式。书面上诉的，应当提交上诉状；口头上诉的，人民法院应当将其制成笔录，以固定和转呈其上诉意愿。上诉可以向原审人民法院提出，也可以直接向原审法院的上一级法院即第二审法院提出。抗诉则必须制作抗诉书，抗诉书应当通过原审人民法院提交。上诉和抗诉必须在法定期限内提出。

### （二）二审案件的审理

二审人民法院收到一审人民法院移送的上诉或抗诉案件后，应当进行认真审查，认为符合形式要件的，应当予以立案，进入案件审理阶段。

二审案件应当全面审查，即对一审的事实部分和法律适用部分都应当进行审查，发现问题，进行纠正。审查包括：认定事实是否清楚、准确；用以证明事实的证据是否确凿、充分，各证据间是否存在矛盾；审判中适用法律是否适当，例如刑事判决引用法条是否准确，量刑是否得当；审判程序是否符合法律规定，例如是否遵守期限的规定，是否严格执行回避制度、审判公开制度、辩护制度等。以上内容的审查通过阅卷、讯问被告人或询问当事人、调查核实等方式进行。

二审裁判是终局裁判，为了保证审判质量，在审判方式上有严格的规定。《中华人民共和国刑事诉讼法》《中华人民共和国民事诉讼法》都规定，二审人民法院对二审案件的审理应当由审判员组成合议庭进行，二审案件的主要审理方式是开庭审理，不开庭审理是补充方式，只适用于事实清楚、不需要开庭审理的上诉案件。刑事二审如果是由检察院提起的抗诉，必须开庭审理。

### （三）二审案件的处理

二审法院审理后，对上诉、抗诉案件，可以有以下几种处理方式：（1）裁定驳回上诉、抗诉，维持原判。作出这种处理的情形是，原审判决认定的事实和适用法律正确，量刑适当，程序合法。（2）依法直接改判。作出这种处理的情形分别是：原判决认定事实没有错误，但适用法律有错误或者量刑不当的；原判决事实不清或者证据不足，但第二审法院自行调查能查清改判的。（3）裁定撤销原判决，发回重审。作出这种处理的情形分别是：原判决事实不清或者证据不足，第二审法院自行调查难以查清的；第一审严重违反法定诉讼程序的，包括违反《中华人民共和国刑事诉讼法》关于审判公开的规定的；违反回避制度的；限制或者剥夺当事人的法定诉讼权利，有可能影响公正审判的；审判组织的组成不合法的；其他违反法律规定的诉讼程序，可能影响公正审判的。原审法院在重审时必须依法组成新的合议庭，依照第一审的程序进行重新审理。重新审理所作出的判决仍为一审判决，符合条件的主体仍可以对判决提起上诉或抗诉。根据法律规定，民事案件的二审可以进行调解。

#### （四）上诉不加刑原则

刑事二审实行上诉不加刑原则，这一规定有利于保护被告人的上诉权利，打消其上诉顾虑，更有利于上级人民法院对下级人民法院的监督。但这一规定不适用两类案件，一是不适用检察院抗诉或自诉人上诉的案件，二是不适用第二审法院审理时发现了新的犯罪事实，发回原审法院重审，原审法院查明新的犯罪事实后，应当适用其他刑罚的案件。

### 三、再审监督制度

再审监督是指人民法院、人民检察院对已经发生法律效力的判决、裁定、调解书等，发现在认定事实或者适用法律上确有错误，依法提起并由人民法院对案件重新审判的一种特别审判程序。再审程序与二审程序、死刑复核程序一样，都是对审判活动进行监督的不同形式和手段。再审监督制度与二审监督制度的主要区别在于：再审监督是对已经生效的判决和裁定等提起的审判监督，二审监督是对尚未生效的判决和裁定等提起的审判监督。

#### （一）再审程序的提起

1. 人民法院依职权提起再审

人民法院依职权提起再审是指人民法院依照审判职权，对已经发生法律效力的裁判启动再审。人民法院依职权提起再审有以下几种情况：（1）各级人民法院院长对本院已经发生法律效力的判决、裁定、调解书，发现确有错误，认为需要再审的，应当提交审判委员会讨论决定；（2）上级人民法院对下级人民法院已经发生法律效力的判决、裁定、调解书，发现确有错误的，有权提审或者指令下级人民法院再审；（3）最高人民法院对地方各级人民法院已经发生法律效力的判决、裁定、调解书，发现确有错误的，有权提审或者指令下级人民法院再审。

2.当事人申请再审

（1）刑事案件当事人申请再审。《中华人民共和国刑事诉讼法》第二百五十二条规定："当事人及其法定代理人、近亲属，对已经发生法律效力的判决、裁定，可以向人民法院或者人民检察院提起申诉"，第二百五十三条规定："当事人及其法定代理人、近亲属的申诉符合下列情形之一的，人民法院应当重新审判：（一）有新的证据证明原判决、裁定认定的事实确有错误，可能影响定罪量刑的；（二）据以定罪量刑的证据不确实、不充分、依法应当予以排除，或者证明案件事实的主要证据之间存在矛盾的；（三）原判决、裁定适用法律确有错误的；（四）违反法律规定的诉讼程序，可能影响公正审判的；（五）审判人员在审理该案件的时候，有贪污受贿，徇私舞弊，枉法裁判行为的。"《最高人民法院关于规范人民法院再审立案的若干意见》中规定，刑事案件申诉人申请再审，应当在刑罚执行完毕后两年内提出，超过两年提出申诉，具有下列情形之一的，人民法院应当受理：（1）可能对原审被告人宣告无罪的；（2）原审被告人在本条规定的期限内向人民法院提出申诉，人民法院未受理的；（3）属于疑难、复杂、重大案件的。

（2）民事案件当事人申请再审。《中华人民共和国民事诉讼法》第一百九十九条规定："当事人对已经发生法律效力的判决、裁定，认为有错误的，可以向上一级人民法院申请再审；当事人一方人数众多或者当事人双方为公民的案件，也可以向原审人民法院申请再审……"第二百条规定："当事人的申请符合下列情形之一的，人民法院应当再审：（一）有新的证据，足以推翻原判决、裁定的；（二）原判决、裁定认定的基本事实缺乏证据证明的；（三）原判决、裁定认定事实的主要证据是伪造的；（四）原判决、裁定认定事实的主要证据未经质证的；（五）对审理案件需要的主要证据，当事人因客观原因不能自行收集，书面申请人民法院调查收集，人民法院未调查收集的；（六）原判决、裁定适用法律确有错误的；（七）审判组织的组成不合法或者依法应当回避的审判人员没有回避的；（八）无诉讼行为能力人未经法定代理人代为诉讼或者应当参加诉讼的当事人，因不能归责于本人或者其诉讼代理人的事由，未参加诉讼的；（九）违反法律规定，剥夺当事人辩论权利的；（十）未经传票传唤，缺席判决的；（十一）原判决、裁定遗漏或者超出诉讼请求的；（十二）据以作出原判决、裁定的法律文书被撤销或者变更的；（十三）审判人员审理该案件时有贪污受贿，徇私舞弊，枉法裁判行为的。"民事案件当事人申请再审，应当在判决、裁定发生法律效力后六个月内提出。

（3）行政案件当事人申请再审。《中华人民共和国行政诉讼法》第九十条规定："当事人对已经发生法律效力的判决、裁定，认为确有错误的，可以向上一级人民法院申请再审……"第九十一条规定："当事人的申请符合下列情形之一的，人民法院应当再审：（一）不予立案或者驳回起诉确有错误的；（二）有新的证据，足以推翻原判决、裁定的；（三）原判决、裁定认定事实的主要证据不足、未经质证或者系伪造的；（四）原判决、裁定适用法律、法规确有错误的；（五）违反法律规定的诉讼程序，可能影响公正审判的；（六）原判决、裁定遗漏诉讼请求的；（七）据以作出原判决、裁定的法律文书被撤销或者变更的；（八）审判人员在审理该案件时有贪污受贿、徇私舞弊、枉法裁判行为的。"

3. 人民检察院抗诉

人民检察院作为国家的法律监督机关，有权对人民法院确有错误但已发生法律效力的裁判按照法定程序提起抗诉。其抗诉的具体程序是：最高人民检察院对各级人民法院已经发生效力的判决、裁定向最高人民法院抗诉；上级人民检察院对下级人民法院已经发生效力的判决、裁定，向同级人民法院抗诉；地方各级人民检察院对同级人民法院已经发生法律效力的判决、裁定，报请上级人民检察院，由上级人民检察院向同级人民法院提起抗诉。对于人民检察院的抗诉，人民法院应当再审。人民法院开庭审理抗诉案件时，应当通知人民检察院派员出庭。

(二) 再审案件的审理

人民法院审理再审案件，应当对原判决、裁定认定的事实、证据和适用法律的情况进行全面审查。原来是第一审案件的，按照第一审程序另行组成合议庭审理，当事人不服裁判可以上诉；原来是第二审或者是上级人民法院提审的，按照第二审程序另行组成合议庭审理，作出的裁判是发生法律效力的裁判。

人民法院接到当事人的再审申请后，对于符合法律规定的，裁定再审；不符合法律规定的，裁定驳回申请。当事人申请再审的，不停止原判决、裁定的执行；人民法院按照审判监督程序再审的刑事案件，可以决定中止原判决、裁定的执行；按照审判监督程序再审的民事案件，可以裁定中止原判决、裁定、调解书的执行，但追索赡养费、扶养费、抚育费、抚恤金、医疗费用、劳动报酬等案件，可以不中止执行。在案件再审程序中，当事人享有在一审、二审程序中的全部诉讼权利，例如公开审判、辩护权利、申请回避权利等。

(三) 再审案件的处理

1. 刑事案件再审的处理

人民法院对刑事案件再审后，分情况作出以下处理：（1）原判决、裁定认定事实和适用法律正确、量刑适当的，应当裁定驳回申诉或者抗诉，维持原判决、裁定；（2）原判决、裁定定罪准确，量刑适当，但在认定事实、适用法律等方面有瑕疵的，应当裁定纠正并维持原判决、裁定；（3）原判决、裁定认定事实没有错误，但适用法律错误或者量刑不当的，应当撤销原判决、裁定，依法改判；（4）依照第二审程序审理的案件，原判决、裁定事实不清或者证据不足的，可以在查清事实后改判，也可以裁定撤销原判，发回原审人民法院重新审判。原判决、裁定事实不清或者证据不足，经审理事实已经查清的，应当根据查清的事实依法裁判；事实仍无法查清，证据不足，不能认定被告人有罪的，应当撤销原判决、裁定，判决宣告被告人无罪。

2. 民事案件再审的处理

人民法院对民事案件再审后，分情况作出以下处理：（1）原判决、裁定认定事实清楚，适用法律正确的,应予维持;(2)原判决、裁定认定事实和适用法律虽有瑕疵,但裁判结果正确的,应当在再审判决、裁定中纠正瑕疵后予以维持;(3)原判决、裁定认定事实和适用法律错误,导致裁判结果错误的,应当依法改判、撤销或者变更。

3.行政案件再审的处理

人民法院审理再审案件,认为原生效判决、裁定确有错误,在撤销原生效判决或者裁定的同时,可以对生效判决、裁定的内容作出相应裁判,也可以裁定撤销生效判决或者裁定,发回作出生效判决、裁定的人民法院重新审理。人民法院审理再审行政案件,认为原审法院不予立案或者驳回起诉错误的,分情况作以下处理:(1)第二审人民法院维持第一审人民法院不予立案裁定错误的,再审法院应当撤销第一审、第二审人民法院裁定,指令第一审人民法院受理;(2)第二审人民法院维持第一审人民法院驳回起诉裁定错误的,再审法院应当撤销第一审、第二审人民法院裁定,指令第一审人民法院审理。

### 四、死刑复核程序

#### (一)死刑复核程序的概念、特点和意义

死刑复核程序是指对判处死刑立即执行的案件和判处死刑缓期二年执行的案件进行审查核准的一种特别审判程序。

死刑复核程序具有以下特点:一是死刑复核程序审理的对象仅是按照其他审判程序审结的判处被告人死刑的案件;二是死刑复核的法院是最高人民法院和高级人民法院,最高人民法院复核死刑案件,高级人民法院复核死刑缓期执行的案件;三是死刑复核程序是由作出死刑判决、裁定的法院主动报请而启动的,是法院依职权启动而不是依当事人请求启动的程序,无论当事人有无请求都必须启动;四是死刑复核程序的内容包括审查和核准。审查是指对死刑判决认定事实是否清楚,证据是否确凿充分,适用法律是否准确,判决是否得当等进行再次的全面审查;核准是指经过审查以后,决定是否准许死刑判决或裁定。

死刑复核程序是一项重要的审判程序,对于统一理解和执行死刑案件的适用标准、保证死刑判决的正确性,对于执行既打击犯罪又防止错杀和坚持少杀的刑事政策都具有重要意义。根据《中华人民共和国刑事诉讼法》第二百四十六条、《中华人民共和国人民法院组织法》第十七条、《最高人民法院关于统一行使死刑案件核准权有关问题的决定》,死刑除依法由最高人民法院判决的以外,应当报请最高人民法院核准。《中华人民共和国刑事诉讼法》规定了严格的死刑复核程序。

20世纪80年代以来,我国曾将部分判处死刑立即执行案件的核准权下放到省、自治区、直辖市高级人民法院行使。2006年,第十届全国人大常委会第二十四次会议通过了《关于修改〈中华人民共和国人民法院组织法〉的决定》,规定"死刑除依法由最高人民法院判决的以外,应当报请最高人民法院核准"。最高人民法院据此作出《最高人民法院关

于统一行使死刑案件核准权有关问题的决定》，自2007年1月1日起，最高人民法院根据全国人大常委会有关决定和《中华人民共和国人民法院组织法》第十三条的规定，废止了关于授权高级人民法院和解放军军事法院核准部分死刑案件的通知。自2007年1月1日起，各高级人民法院和解放军军事法院依法判决和裁定的死刑，也应当报请最高人民法院核准。

**（二）判处死刑立即执行案件的复核**

1. 报请复核及期限

死刑案件报请复核的人民法院有中级人民法院和高级人民法院。

中级人民法院判处死刑的第一审案件，被告人未上诉、人民检察院未抗诉的，在上诉、抗诉期满后十日内报请高级人民法院复核。高级人民法院同意判处死刑的，应当在作出裁定后十日内报请最高人民法院核准；不同意的，应当依照第二审程序提审或者发回重新审判。

中级人民法院判处死刑的第一审案件，被告人上诉或者人民检察院抗诉，高级人民法院裁定维持的，应当在作出裁定后十日内报请最高人民法院核准。

高级人民法院判处死刑的第一审案件，被告人未上诉、人民检察院未抗诉的，应当在上诉、抗诉期满后十日内报请最高人民法院核准。

2. 报请复核应当提交的报告

报请死刑复核，应当提交报请复核报告和死刑案件综合报告。报请复核报告应当写明案由、简要案情、审理过程和判决结果。死刑案件综合报告应当包括以下内容：（1）被告人、被害人的基本情况。被告人有前科或者曾受过行政处罚的应当写明。（2）案件的由来和审理经过。案件曾经发回重新审判的，应当写明发回重新审判的原因、时间、案号等。（3）案件侦破情况。通过技术侦查措施抓获被告人、侦破案件，以及与自首、立功认定有关的情况，应当写明。（4）第一审审理情况，包括控辩双方意见、第一审认定的犯罪事实、合议庭和审判委员会意见。（5）第二审审理或者高级人民法院复核情况，包括上诉理由、检察机关意见，第二审审理或者高级人民法院复核认定的事实，证据采信情况及理由，控辩双方意见及采纳情况。（6）需要说明的问题，包括共同犯罪案件中另案处理的同案犯的定罪量刑情况、案件有无重大社会影响，以及当事人的反应等情况。（7）处理意见。写明合议庭和审判委员会的意见。

3. 复核案件的处理

最高人民法院复核死刑案件，应当按照下列情形分别处理：（1）原判认定事实和适用法律正确、量刑适当、诉讼程序合法的，应当裁定核准。（2）原判认定的某一具体事实或者引用的法律条款等存在瑕疵，但判处被告人死刑并无不当的，可以在纠正后作出核准的判决、裁定。（3）原判事实不清、证据不足的，应当裁定不予核准，并撤销原判，发回重新审判。（4）复核期间出现新的影响定罪量刑的事实、证据的，应当裁定不予核准，并撤销原判，发回重新审判。(5) 原判认定事实正确，但依法不应当判处死刑的，应当裁定不予核准，并撤销原判，发回重新审判。(6) 原审违反法定诉讼程序，可能影响公正审判的，应当裁定不予核准，并撤销原判，发回重新审判。(7) 数罪并罚被判处死刑，其中部分犯罪的死刑判决裁定事实不清、证据不足的，应当对全案裁定不予核准，并撤销原判，发回重新审判；其中部分犯罪的死刑判决裁定认定事实正确，但依法不应当判处死刑的，可以改判，并对其他应当判处死刑的犯罪作出核准死刑的判决。(8) 两名以上被告人被判处死刑，其中部分被告人的死刑判决裁定事实不清、证据不足的，应当对全案裁定不予核准，并撤销原判，发回重新审判；其中部分被告人的死刑判决裁定认定事实正确，但依法不应当判处死刑的，可以改判，并对其他应当判处死刑的被告人作出核准死刑的判决。

### (三) 判处死刑缓期执行案件的复核

中级人民法院判处死刑缓期执行的第一审案件，被告人未上诉、人民检察院未抗诉的，应当报请高级人民法院核准。高级人民法院复核死刑缓期执行案件，应当讯问被告人。

高级人民法院复核死刑缓期执行案件，应当按照下列情形分别处理：(1) 原判认定事实和适用法律正确、量刑适当、诉讼程序合法的，应当裁定核准；(2) 原判认定的某一具体事实或者引用的法律条款等存在瑕疵，但判处被告人死刑缓期执行并无不当的，可以在纠正后作出核准的判决、裁定；(3) 原判认定事实正确，但适用法律有错误，或者量刑过重的，应当改判；(4) 原判事实不清、证据不足的，可以裁定不予核准，并撤销原判，发回重新审判，或者依法改判；(5) 复核期间出现新的影响定罪量刑的事实、证据的，可以裁定不予核准，并撤销原判，发回重新审判，或者依照司法解释中第二百二十条规定审理后依法改判；(6) 原审违反法定诉讼程序，可能影响公正审判的，应当裁定不予核准，并撤销原判，发回重新审判。高级人民法院复核死刑缓期执行案件，不得加重被告人的刑罚。

### (四) 死刑复核的审查要求和内容

复核死刑、死刑缓期执行案件，应当全面审查以下内容：(1) 被告人的年龄，被告人有无刑事责任能力、是否系怀孕的妇女；(2) 原判认定的事实是否清楚，证据是否确实、充分；(3) 犯罪情节、后果及危害程度；(4) 原判适用法律是否正确，是否必须判处死刑，是否必须立即执行；(5) 有无法定或酌定的从重、从轻或者减轻处罚情节；(6) 诉讼程序是否合法；(7) 应当审查的其他情况。

## 第三节 行政诉讼与行政赔偿诉讼制度

人民法院的行政审判监督是通过行政诉讼、行政赔偿诉讼制度实现的。人民法院通过审理行政案件，对行政机关和行政机关工作人员是否依法行使职权进行监督。

## 一、行政诉讼

### （一）行政诉讼的概念、特征和基本原则

1. 行政诉讼的概念

行政诉讼是指公民、法人或者其他组织认为行政机关和行政机关工作人员的行政行为侵犯其合法权益，依法向人民法院提起诉讼，由人民法院进行审理并作出判决的活动。

行政诉讼、民事诉讼、刑事诉讼并称三大诉讼制度。公民、法人和其他组织（行政相对人）不服行政行为，可以申请行政复议，也可以向人民法院提起行政诉讼。从中华人民共和国成立到改革开放前，我国未建立行政诉讼制度，我国行政诉讼制度是伴随改革开放和民主政治的发展而逐步建立起来的。从1980年颁布《中华人民共和国中外合资经营企业所得税法》到1989年3月底，已有130多部法律和行政法规对行政诉讼作了规定，行政诉讼程序准用民事诉讼程序，初步确立了行政诉讼制度。1989年4月4日颁布、1990年10月1日施行的《中华人民共和国行政诉讼法》，以法典形式最终确立了行政诉讼制度，标志着我国行政诉讼制度走上了独立发展的道路，行政诉讼制度进入了一个新的、迅速发展的时期。经过25年的执行，《中华人民共和国行政诉讼法》迎来第一次"大修"，2014年11月1日，第十二届全国人大常委会第十一次会议通过了新修正的《中华人民共和国行政诉讼法》，并于2015年5月1日起施行。《中华人民共和国行政诉讼法》的颁布是一种巨大的历史进步，对行政监督和人权保护都具有重要意义。

2. 行政诉讼的特征

行政诉讼的概念表现出行政诉讼的一些主要特征：

（1）行政诉讼的原告和被告。行政诉讼的原告是公民、法人和其他组织，被告是作出行政行为的行政主体。《中华人民共和国行政诉讼法》第二十六条规定了行政诉讼的被告："公民、法人或者其他组织直接向人民法院提起诉讼的，作出行政行为的行政机关是被告。经复议的案件，复议机关决定维持原行政行为的，作出原行政行为的行政机关和复议机关是共同被告；复议机关改变原行政行为的，复议机关是被告。复议机关在法定期限内未作出复议决定，公民、法人或者其他组织起诉原行政行为的，作出原行政行为的行政机关是被告；起诉复议机关不作为的，复议机关是被告。两个以上行政机关作出同一行政行为的，共同作出行政行为的行政机关是共同被告。行政机关委托的组织所作的行政行为，委托的行政机关是被告。行政机关被撤销或者职权变更的，继续行使其职权的行政机关是被告。"《最高人民法院关于适用〈中华人民共和国行政诉讼法〉的解释》（法释〔2018〕1号）第十九条至第二十五条进一步规定了行政诉讼的被告，明确了开发区管理机构及其职能部门、村委会和居委会、事业单位和行业协会等的被告资格。

行政诉讼原告和被告的位置是恒定不变的。也就是说，原告只能是公民、法人和其他组

织，被告只能是作出行政行为的行政主体，且被告没有反诉权。行政诉讼原被告的这一特征与民事诉讼、刑事诉讼原被告特征形成了很大不同，民事诉讼案件的被告有反诉权，刑事自诉案件的被告也有反诉权。行政诉讼原被告位置的这种特点源于政府的行政管理实践。在行政管理中，行政相对人处于被管理和服从的位置，当他们认为行政主体的行政行为侵犯其合法权益时，只能以原告身份，通过行政诉讼的途径寻求司法保护。

（2）行政诉讼的客体（对象）。行政诉讼的客体是行政主体作出的行政行为。在这里，行政行为是行政法律行为的简称，是指行政机关和行政机关工作人员在行使行政职权、实施行政管理中作出的具有直接或间接法律效力的行为。行政行为也包括法律、法规、规章授权的组织作出的行政行为。行政机关的指导、调解、重复处理等行为，由于基于行政相对人的自愿或是对行政相对人的权利义务不产生实际影响，所以不是行政诉讼的客体。

（3）行政诉讼的目的。行政诉讼的目的是保护公民、法人和其他组织的合法权益。在行政管理中，行政主体处于管理者位置，行政相对人处于被管理者位置，如果行政相对人认为行政行为侵犯了自己的合法权益，可以依法向人民法院提起行政诉讼。从这个角度看，行政诉讼程序是由行政相对人启动的，其目的是保护自己的合法权益。当然，由于行政相对人的起诉，行政行为进入了司法审查程序，客观上也会起到行政监督的作用。

（4）行政诉讼是司法权对行政权实施监督的制度。行政诉讼是人民法院运用司法审判权对行政权进行监督的制度。按照权力分立与制衡原则，人民法院行使审判权，并对行政权进行监督或制约。当行政相对人对行政行为提起行政诉讼后，行政行为即进入了司法审查程序，由人民法院对行政行为进行审查并作出判决。例如，人民法院对违法行政行为作出撤销或者部分撤销的判决，对明显不当的行政处罚行为作出变更判决等。其结果就是行政权力的运用受到来自其他独立权力机关的监督与约束，这对于造就一个有限政府是极为必要的。需要注意的是，人民法院应当独立行使审判权以保证司法审查的公正。对此《中华人民共和国行政诉讼法》第四条规定："人民法院依法对行政案件独立行使审判权，不受行政机关、社会团体和个人的干涉。"这意味着，行政审判权（行政案件受理权、管辖权、取证权等）是公权力的重要组成部分，这一权力只能由人民法院行使，且只能由人民法院统一、依法、独立行使，无此便不能实现司法公正和社会正义。

3.行政诉讼的基本原则

行政诉讼既有与其他诉讼共同的司法原则，也有特有的司法原则。

与其他诉讼共同的司法原则主要有：（1）人民法院依法独立行使审判权原则；（2）以事实为根据，以法律为准绳原则；（3）回避原则；（4）当事人、被告依法享有辩论、辩护权原则；（5）使用本民族语言进行诉讼原则；（6）适用法律一律平等原则；（7）两审终审原则；（8）人民检察院进行法律监督原则。

行政诉讼特有的司法原则主要有：（1）选择复议原则；（2）除行政赔偿、补偿等案件外，诉讼不适用调解原则；（3）行政行为合法性审查原则；（4）诉讼期间行政行为不停止执行原则；（5）被告对作出的行政行为负有举证责任原则；（6）司法变更权有限原则。

### (二)提起行政诉讼的条件

原告不服行政行为向人民法院提起行政诉讼的条件主要有六个:(1)原告是认为行政行为侵犯其合法权益的公民、法人或者其他组织。(2)有明确的被告。被告是作出行政行为的行政主体。行政行为由行政公务人员作出,但行政公务人员是以行政主体的名义作出行政行为,所以不能成为行政诉讼的被告;受行政机关委托的组织不具有行政主体资格,也不能成为行政诉讼的被告。(3)原告要有明确的诉讼请求。例如请求判决撤销或者变更行政行为,请求判决行政机关履行特定法定职责或者给付义务,请求判决确认行政行为违法,请求判决确认行政行为无效,请求判决行政机关予以赔偿或者补偿,请求解决行政协议争议,请求一并审查规章以下规范性文件,请求一并解决相关民事争议等。当事人未能正确表达诉讼请求的,人民法院应当要求其明确诉讼请求。(4)原告提起行政诉讼的事项属于人民法院的受案范围和受诉人民法院的管辖。(5)原告提起行政诉讼应当在法定期限之内。(6)法律、法规规定起诉应当先经过行政复议程序的,要先经过行政复议程序,否则不能直接向人民法院提起行政诉讼。

### (三)行政诉讼的受案范围

行政诉讼受案范围是指公民、法人和其他组织不服行政主体的行政行为可以提起行政诉讼的事项。受案范围是行政诉讼制度的重要内容,也是行政诉讼区别于民事诉讼的重大方面。受案范围与行政诉讼的原告、被告和人民法院都有密切关系,即受案范围关乎原告诉权的大小、行政行为受司法监督的范围和人民法院司法监督权的大小。

1. 属于行政诉讼受案范围的事项

《中华人民共和国行政诉讼法》第十二条的规定:"人民法院受理公民、法人或者其他组织提起的下列诉讼:(一)对行政拘留、暂扣或者吊销许可证和执照、责令停产停业、没收违法所得、没收非法财物、罚款、警告等行政处罚不服的;(二)对限制人身自由或者对财产的查封、扣押、冻结等行政强制措施和行政强制执行不服的;(三)申请行政许可,行政机关拒绝或者在法定期限内不予答复,或者对行政机关作出的有关行政许可的其他决定不服的;(四)对行政机关作出的关于确认土地、矿藏、水流、森林、山岭、草原、荒地、滩涂、海域等自然资源的所有权或者使用权的决定不服的;(五)对征收、征用决定及其补偿决定不服的;(六)申请行政机关履行保护人身权、财产权等合法权益的法定职责,行政机关拒绝履行或者不予答复的;(七)认为行政机关侵犯其经营自主权或者农村土地承包经营权、农村土地经营权的;(八)认为行政机关滥用行政权力排除或者限制竞争的;(九)认为行政机关违法集资、摊派费用或者违法要求履行其他义务的;(十)认为行政机关没有依法支付抚恤金、最低生活保障待遇或者社会保险待遇的;(十一)认为行政机关不依法履行、未按照约定履行或者违法变更、解除政府特许经营协议、土地房屋征收补偿协议等协议的;(十二)认为行政机关侵犯其他人身权、财产权等合法权益的。除前款规定外,人民法院受理法律、法规规定可以提起诉讼的其他行政案件。"

2. 不属于行政诉讼受案范围的事项

按照《中华人民共和国行政诉讼法》第十三条和《最高人民法院关于适用〈中华人民共和国行政诉讼法〉的解释》第一条的规定，人民法院不受理公民、法人或者其他组织对下列事项提起的诉讼：（1）国防、外交等国家行为；（2）行政法规、规章，或者行政机关制定、发布的具有普遍约束力的决定、命令；（3）行政机关对行政机关工作人员的奖惩、任免等决定；（4）法律规定由行政机关最终裁决的行政行为；（5）公安、国家安全等机关依照刑事诉讼法的明确授权实施的行为；（6）调解行为以及法律规定的仲裁行为；（7）行政指导行为；（8）驳回当事人对行政行为提起申诉的重复处理行为；（9）行政机关作出的不产生外部法律效力的行为；（10）行政机关为作出行政行为而实施的准备、论证、研究、层报、咨询等过程性行为；（11）行政机关根据人民法院的生效裁判、协助执行通知书作出的执行行为，但行政机关扩大执行范围或者采取违法方式实施的除外；（12）上级行政机关基于内部层级监督关系对下级行政机关作出的听取报告、执法检查、督促履责等行为；（13）行政机关针对信访事项作出的登记、受理、交办、转送、复查、复核意见等行为；（14）对公民、法人或者其他组织权利义务不产生实际影响的行为。这些行为有的是国家行为、抽象行政行为、行政终局裁决行为，有的是刑事司法行为、不产生外部法律效力的行为、过程性行为、协助执行行为、内部人事处理和层级监督行为、信访办理行为等。由于这些行为不是行政法律行为，所以不属于行政诉讼受案范围。

### （四）行政案件审理的法律依据

按照《中华人民共和国行政诉讼法》第六十三条的规定，人民法院审理行政案件，以法律和行政法规、地方性法规为依据。地方性法规适用于本行政区域内发生的行政案件。人民法院审理民族自治地方的行政案件，并以该民族自治地方的自治条例和单行条例为依据。人民法院审理行政案件，参照规章。参照规章的意思是，人民法院审理行政案件时，可以将规章与法律法规的规定进行对照比较，视规章是否与法律法规的规定相一致，决定是否引用规章的规定作为裁判依据。在这方面，法院有自由裁量权。

这说明，规章在人民法院审理行政案件中有适用力，但没有完全适用力。规章数量多，相互间冲突多，更为重要的是，规章由行政机关制定，由行政机关执行，如果最终还作为行政行为司法审查的依据，无异于行政机关自己为自己的行为提供法律依据，这对于行政相对人的权益保护是极为不利的。规章自身携带的这些缺陷，决定了规章是人民法院审理行政案件的参照。

人民法院审理行政案件，经常会遇到不同层级的、同一层级中不同区域的法律规范之间发生冲突的问题，亦即对于同一法律事实或法律关系，有两个或两个以上的法律规范作出了不同的规定，例如在制裁条件、手段、幅度、权限方面的冲突，在承担义务条件、数量、范围、性质方面的冲突，在享有权利条件、数量、范围、性质方面的冲突等。在法律冲突情况下，人民法院要遵循法律冲突时的法律适用规则，正确行使行政审判权，这些规则包括上位法优于下位法、新法优于旧法、特别法优于一般法等。

### （五）行政诉讼的判决

行政诉讼的判决用于解决案件的实体问题。人民法院应当在立案之日起6个月内作出一审判决。行政诉讼一审判决中，除"判决驳回诉讼请求"外，其余判决意味着行政行为违法、不当和无效，是行政机关败诉。

1. 判决驳回诉讼请求

判决驳回诉讼请求的适用条件是：（1）行政行为证据确凿，适用法律、法规正确，符合法定程序的；（2）原告申请被告履行法定职责、不履行给付义务的理由不成立的；（3）被诉的行政行为在作出时合法，但与新颁布的法律、法规有矛盾的。驳回诉讼请求判决意味着原告败诉。

2. 判决撤销或者部分撤销，并判决被告重新作出行政行为

判决撤销或者部分撤销，并判决被告重新作出行政行为的适用条件是：行政行为主要证据不足，适用法律法规错误，违反法定程序，超越职权，滥用职权，明显不当。按照《中华人民共和国行政诉讼法》第七十一条的规定："人民法院判决被告重新作出行政行为的，被告不得以同一的事实和理由作出与原行政行为基本相同的行政行为。"行政机关以同一事实和理由重新作出与原行政行为基本相同的行政行为，人民法院应当根据《中华人民共和国行政诉讼法》第七十条、第七十一条的规定判决撤销或者部分撤销，并根据《中华人民共和国行政诉讼法》第九十六条的规定向监察机关或者该行政机关的上一级行政机关提出司法建议。被告重新作出的行政行为与原行政行为的结果相同，但主要事实或者主要理由有改变的，不属于《中华人民共和国行政诉讼法》第七十一条规定的情形。人民法院以违反法定程序为由判决撤销被诉行政行为的，行政机关重新作出的行政行为不受《中华人民共和国行政诉讼法》第七十一条的限制。

3. 判决限期履行法定职责

判决限期履行法定职责的适用条件是：原告已经向被告提出了符合法定条件和形式的申请，要求被告作出一定的行政行为，原告请求被告履行法定职责的理由成立，但被告违法拒绝履行或者无正当理由逾期不予答复。违法拒绝履行是指被告违反法律规定，以默认或明示的方式拒绝原告的申请；逾期不予答复是指被告在法定时间内不履行作为义务，且不对原告的申请作出明确答复。

4. 判决被告履行给付义务

判决被告履行给付义务的适用条件是：原告申请被告依法履行支付抚恤金、最低生活保障待遇或者社会保险待遇等给付义务的理由成立，被告依法负有给付义务而拒绝或者拖延履行义务。人民法院可以根据《中华人民共和国行政诉讼法》第七十三条的规定，判决被告在一定期限内履行相应的给付义务。

### 5. 判决确认

判决确认是指人民法院判决确认行政行为违法、无效。

第一，判决确认行政行为违法但不撤销。分两种情形：（1）行政行为依法应当撤销，但撤销会给国家利益、社会公共利益造成重大损害的；（2）行政行为程序轻微违法，但对原告权利不产生实际影响的。

第二，判决确认行政行为违法，但不需要判决撤销或者判决履行。分三种情形：（1）行政行为违法，但不具有可撤销内容的；（2）被告改变原违法行政行为，原告仍要求确认原行政行为违法的；（3）被告不履行或者拖延履行法定职责，判决履行没有意义的。

第三，判决确认行政行为无效。适用条件是：行政行为有重大违法和明显违法，例如行政行为实施主体不具备行政主体资格或者行政行为没有依据。

人民法院判决确认行政行为违法或者无效的，可以同时判决责令被告采取补救措施；给原告造成损害的，依法判决被告承担赔偿责任。

### 6. 判决变更

判决变更的适用条件是：行政处罚明显不当，或者其他行政行为涉及对款额的确定、认定确有错误的。对法律规定之外行政机关的其他不当行政行为，人民法院不能直接变更。行政处罚明显不当是指行政机关的行政处罚违背适当性、必要性、均衡性等原则，以至任何有正常理智的人都不会认为行政机关是在公平地行使权力。行政处罚明显不当的外在表现是行政处罚畸轻畸重，其实质是违背行政公平原则，相同情况不同对待或者不同情况相同对待。

### 7. 判决继续履行协议或者采取补救措施、赔偿损失

判决被告继续履行协议或者采取补救措施、赔偿损失的适用条件是：被告不依法履行协议，未按照约定履行协议，违法变更协议，违法解除协议。这些协议包括政府特许经营协议、土地房屋征收补偿协议等。

## （六）行政机关对行政诉讼的执行

行政机关必须履行人民法院发生法律效力的判决、裁定、调解书，行政机关拒绝履行的，第一审人民法院可以采取下列措施：（1）对应当归还的罚款或者应当给付的款额，通知银行从该行政机关的账户内划拨；（2）在规定期限内不履行的，从期满之日起，对该行政机关负责人按日处五十元至一百元的罚款；（3）将行政机关拒绝履行的情况予以公告；（4）向监察机关或者该行政机关的上一级行政机关提出司法建议，接受司法建议的机关，根据有关规定进行处理并将处理情况告知人民法院；（5）拒不履行判决、裁定、调解书，社会影响恶劣的，可以对该行政机关直接负责的主管人员和其他直接责任人员予以拘留；情节严重，构成犯罪的，依法追究刑事责任。直接负责的主管人员是指对行政行为的实施起决定、批准、授意、指挥等作用的人员，一般是行政机关的主管负责人，包括法定代表人；其他直接责任人员是指对行政行为的实施中起较大作用的人员，既可以是行政机关工作人员，也可以是聘

任、雇用的人员。

行政机关拒绝履行人民法院生效判决、裁定、调解书,除第一审人民法院可以采取措施外,对方当事人可以依法申请人民法院强制执行。人民法院判决行政机关履行行政赔偿、行政补偿或者其他行政给付义务,行政机关拒不履行的,对方当事人可以依法向法院申请强制执行。

## 二、行政赔偿诉讼

### (一)行政赔偿的概念与作用

行政赔偿是指行政主体及其行政公务人员行使职权,侵犯公民、法人和其他组织合法权益且造成损害的,由赔偿义务机关对受害人予以赔偿的法律制度。行政赔偿是国家赔偿的重要构成部分。《中华人民共和国宪法》第四十一条规定:"由于国家机关和国家工作人员侵犯公民权利而受到损失的人,有依照法律规定取得赔偿的权利。"这一规定是国家赔偿制度建立的宪法依据。1994年,我国颁布了《中华人民共和国国家赔偿法》,标志着我国全面确立了国家赔偿制度。

行政赔偿主要有以下作用:

1. 权利救济作用

行政主体及其行政公务人员行使职权,侵犯公民、法人和其他组织合法权益并造成损害的,行政赔偿可以使受害人的权利得到救济。行政诉讼如果没有行政赔偿制度,受害人只能在诉讼中请求人民法院撤销违法行政行为、请求人民法院责令被告重新作出行政行为或在规定的期限内履行职责等。这些救济手段虽然可以起到迫使被告停止侵害的作用,但对于违法行政行为已经造成的损害却无法予以救济,而这恰恰是行政赔偿所要解决的问题。权利救济作用是行政赔偿的主要作用,也是国家赔偿制度的根本目的。

2. 防范制约作用

行政赔偿可以有效防范和制约行政主体及其行政公务人员作出侵权损害行为。因为,一旦行政行为侵犯行政相对人的合法权益并造成损害,不仅国家要承担赔偿责任,而且可以通过其他措施,例如对直接责任人给予行政处分、规定侵权机关为赔偿义务机关、责令有故意或者重大过失的责任人员承担部分或全部赔偿费用等,把履行职务的状况和行政主体及其行政公务人员的利益结合起来,可以有效地防范和制约公权力机关和公职人员职务侵权行为的发生。

3. 社会平衡作用

由于行政赔偿制度的建立,行政公务活动的受害人可以从国家得到相应的赔偿,这就缓解以至消除了国家与个人之间的矛盾,以及行政相对人对行政公务活动的不满情绪,使行政管理活动能够顺利进行。通过这样的方法,使行政赔偿机制在保护行政相对人合法权益和增进国家行政活动效能之间保持合理的平衡。

4. 文明标示作用

衡量一个社会文明程度的重要标尺是国家或政府是否和人民一样有守法的义务，是否在侵权后也承担相应的法律责任。行政赔偿以及其他类型的国家赔偿是国家或政府对人民承担侵权责任的方式。人们可以从包括行政赔偿在内的国家赔偿制度的有无、好坏去观察一个国家文明发展的水平，特别是民主与法制的真实状况。一个对人民不承担侵权责任的国家不能说是文明国家。因此，以行政赔偿为主体的国家赔偿制度的建立，是社会文明发展的必然要求，也是社会进步的衡量尺度。

（二）行政赔偿的要件和范围

1. 行政赔偿的要件

行政赔偿的要件是指国家承担行政赔偿责任所应当具备的前提条件。按照我国现行法律规定，行政赔偿的成立要件主要有四方面：

（1）主体要件。主体要件是指引起行政赔偿的侵权损害行为主体是行政主体及其行政公务人员。行政公务人员的范围包括政府公务员和其他行政公务人员。政党、人民团体、国有企业事业单位等不是引起行政赔偿的侵权损害行为主体。

（2）行为要件。行为要件是指引起行政赔偿的侵权损害行为是行政主体及其行政公务人员行使行政权力、实施行政管理的行为，即职权行为。《中华人民共和国国家赔偿法》并未对职权行为作出明文解释，但从其对行政赔偿范围的规定看，职权行为是指行政主体及其行政公务人员行使行政权力对相对人实施管理的单方面行为，这类行为均带有命令—服从的特点，即国家强制特点，直接影响行政相对人的权利和义务。据此可以推论，行政公务人员作出的与职权行为无关的个人侵权行为，不能引起国家行政赔偿责任，所产生的法律后果由行政公务人员自己承担，受害的公民、法人和其他组织有权要求得到民事赔偿。

（3）侵权要件。侵权要件是指引起行政赔偿的行为是侵权行为，包括侵犯人身权和侵犯财产权，例如违法拘留、非法拘禁、违法实施罚款、违法查封财产等。也就是说，行政赔偿责任的归责原则是"侵权责任原则"，即只有行政主体及其行政公务人员的职权行为侵犯行政相对人合法权益时，国家才承担赔偿责任。实行侵权责任原则有利于促进行政机关依法行政。

（4）损害要件。损害要件是指行政机关的侵权行为确实已经损害了行政相对人的合法权益，且损害是直接损害，损害的大小和范围可以确定。一方面，有侵权不一定有损害。例如，违法行政处罚决定一经作出即构成侵权，但在处罚决定执行之前，则只存在侵权事实，而不存在损害事实，被处罚人不能要求行政赔偿。另一方面，非直接的和无法确定的损害不能得到赔偿。例如，就业机会的丧失肯定会对当事人造成损害，但这种损害是无法确定的，因此不能获得赔偿。

### 2. 行政赔偿的范围

行政赔偿的范围是指公民法人和其他组织认为行政机关及其工作人员的行政行为侵犯了自己合法权益并造成损害时，可以请求行政赔偿的事项。这些事项涉及人身和财产两个方面。

（1）侵犯人身权的行政赔偿范围。行政机关及其工作人员在行使行政职权时有下列侵犯人身权情形之一的，受害人有取得赔偿的权利：第一，违法拘留或者违法采取限制公民人身自由的行政强制措施的；第二，非法拘禁或者以其他方法非法剥夺公民人身自由的；第三，以殴打、虐待等行为，或者唆使、放纵他人以殴打、虐待等行为造成公民身体伤害或者死亡的；第四，违法使用武器、警械造成公民身体伤害或者死亡的；第五，造成公民身体伤害或者死亡的其他违法行为。

（2）侵犯财产权的行政赔偿范围。行政机关及其工作人员在行使行政职权时有下列侵犯财产权情形之一的，受害人有取得赔偿的权利：第一，违法实施罚款、吊销许可证和执照、责令停产停业、没收财物等行政处罚的；第二，违法对财产采取查封、扣押、冻结等行政强制措施的；第三，违法征收、征用财产的；第四，造成财产损害的其他违法行为。

### （三）行政赔偿诉讼的提起

公民、法人和其他组织要求行政赔偿，应当先向赔偿义务机关提出，并提交行政赔偿申请书；也可以在申请行政复议或者提起行政诉讼时一并提出。学界通常将前者称为单独式赔偿请求，将后者称为一并式赔偿请求。单独式赔偿请求有利于方便、快捷地解决赔偿争议，减少受害人诉累。在这里，赔偿义务机关是指作出侵权损害行为的行政机关，即行政主体。

赔偿义务机关应当自收到申请之日起两个月内，作出是否赔偿的决定。赔偿义务机关决定不予赔偿的，应当自作出决定之日起十日内书面通知赔偿请求人，并说明不予赔偿的理由。赔偿义务机关在规定期限内未作出是否赔偿的决定，赔偿请求人可以自期限届满之日起三个月内，向人民法院提起诉讼。赔偿请求人对赔偿的方式、项目、数额有异议的，或者赔偿义务机关作出不予赔偿决定的，赔偿请求人可以自赔偿义务机关作出赔偿或者不予赔偿决定之日起三个月内，向人民法院提起诉讼。

可见，提起行政赔偿诉讼的原因主要有三：一是赔偿义务机关逾期不予赔偿；二是赔偿义务机关作出不予赔偿决定；三是赔偿请求人对赔偿方式、项目、数额有异议。

### （四）行政赔偿诉讼的审理和判决

与行政诉讼的审理有所不同，行政赔偿诉讼的审理适用调解。根据《中华人民共和国行政诉讼法》第六十条规定，人民法院审理行政赔偿、补偿以及行政机关行使法律、法规规定的自由裁量权的案件可以调解。可以调解，是指人民法院审理行政赔偿案件，在坚持合法、自愿的前提下，可以在双方当事人之间就赔偿范围、赔偿方式和赔偿数额进行调解，调解成立的，制作行政赔偿调解书。行政赔偿诉讼可以调解的原因是，赔偿诉讼所要解决的是原告人身权、财产权的损害赔偿问题，原告对自己的这些权利可以自由处分，原告对其权利的部分或者全部放弃可以导致被告赔偿义务的部分或者全部免除，因而围绕赔偿方式、项目、数额等，人民法院可以进行调解。

行政赔偿诉讼的举证责任由赔偿请求人和赔偿义务机关分别承担。在行政赔偿诉讼中，原告承担初步证明责任，应当对行政行为造成的损害提供证据，但因被告的原因导致原告无法就损害情况举证的，应当由被告就该损害情况承担举证责任。赔偿义务机关采取行政拘留或者限制人身自由的强制措施期间，被限制人身自由的人死亡或者丧失行为能力的，赔偿义务机关的行为与被限制人身自由的人的死亡或者丧失行为能力是否存在因果关系，赔偿义务机关应当提供证据。

人民法院审理行政赔偿案件后作出判决，行政赔偿法律文书的名称为行政赔偿判决书、行政赔偿裁定书或行政赔偿调解书。人民法院判决行政机关履行行政赔偿义务的，行政机关必须履行；拒不履行的，对方当事人可以依法向法院申请强制执行。

## 案例一

### 红坎村民小组诉
### 汕尾红海湾经济开发区国土资源局信息公开纠纷

**案例概要**

红坎村民小组向红海湾经济开发区国土资源局申请公开某地征用土地协议、土地使用权出让协议等信息。红海湾经济开发区国土资源局作出《复函》称："由于职权变更，当年负责单位为城区国土资源局，我局没有相关宗地征地资料。"

**案情与裁判**

原告：汕尾红海湾经济开发区遮浪街道红坎村民委员会红坎村民小组（以下简称红坎村民小组）

被告：汕尾红海湾经济开发区国土资源局（以下简称红海湾国土局）

2015年3月11日，红坎村民小组向被告提交书面申请，要求公开遮浪怡兴海产品加工厂与原遮浪镇政府签署的征用土地协议、土地使用权出让协议等信息。被告作出《复函》称：怡兴海产品加工厂用地是1992年经汕尾市城区国土资源局批复同意征用的宗地，作出行政行为的单位为汕尾市城区国土资源局。红海湾国土局于1994年设立，没有该宗地的征地资料。红坎村民小组不服，向法院提起诉讼。

汕尾市城区人民法院一审认为，汕尾市城区分局曾答复原告，在汕尾红海湾经济开发区成立后，根据管理权限和有关规定，已经将有关资料移交被告管理，且向法院提供了与被告交接该材料的签收记录。涉案土地属于被告辖区范围内，该土地的相关材料应当由被告予以管理和保存，即使汕尾市城区国土资源局没有移交相关征地资料,被告也应与汕尾市城区国土资源局协调并敦促其移交相关材料后依法向原告公开。因此,被告的答复认定事实不清,证据不足。据此,法院判决:撤销被告作出的《复函》;限被告重新作出答复。一审宣判后各方当事人均未提出上诉。

**法官点评**

行政机关要保障公民、法人和其他组织依法获取政府信息的权利,提高政府工作的透明度,促进依法行政。本案涉诉土地的征地相关资料制作和最初保存单位虽不是被告,但被告作为原行政机关职权的承接机关,不能推诿履行职责,而应当在其承接的职权范围内,对原行政机关制作或保存的政府信息履行公开的职责。被告以该征地材料不存在于该局为由拒绝履行信息公开义务的行政行为是违法的。

## 案例二

### 东莞兴业生物科技有限公司四会分公司诉广东省肇庆市盐务局行政处罚纠纷

**案例概要**

广东省肇庆市盐务局认定东莞兴业生物科技有限公司四会分公司违规购进饲料添加剂氯化钠,作出责令改正,没收其违法购进的41.65吨盐产品及违法所得的行政处罚。

**案情与裁判**

原告:东莞兴业生物科技有限公司四会分公司(以下简称兴业四会分公司)

被告:广东省肇庆市盐务局(以下简称肇庆盐务局)

2014年4月初,兴业四会分公司从海盐调味品(福州)有限公司常州分公司购进添加剂氯化钠作生产饲料之用。2014年4月16日,肇庆盐务局根据举报,到兴业四会分公司进行执法检查,对其尚余的添加剂氯化钠45吨予以登记保存及当场抽样,样品送广东省质量监督盐业产品检验站进行鉴定。广东省质量监督盐业产品检验站作出的《检测报告》结论为:"经检验,该样品是氯化钠为主要成分的盐产品。"肇庆盐务局经立案调查取证后,认定兴业四会分公司违规购进饲料添加剂氯化钠,违反《广东省盐业管理条例(2012修正)》第二十七条规定,于2014年5月15日作出被诉行政处罚决定,对兴业四会分公司作出责令改正违反盐业法规购盐的行为,没收违法购进的41.65吨盐产品及没收违法所得2 900元的行政处罚。兴业四会分公司不服,向法院提起行政诉讼。

肇庆市端州区人民法院一审判决维持被诉行政处罚决定。兴业四会分公司不服,提起上诉。

肇庆市中级人民法院二审认为,《饲料和饲料添加剂管理条例(2013修订)》第三条和《饲料添加剂品种目录(2013修订)》已经明确了饲料添加剂氯化钠为饲料添加剂，并确定了监督管理部门，即作为饲料添加剂的氯化钠的生产由地方饲料管理部门监管。《食盐专营办法（2013修订）》与《饲料和饲料添加剂管理条例（2013修订）》同为国务院颁布的行政法规，对食盐和饲料添加剂氯化钠宜适用不同的行政法规调整。本案中，针对饲料添加剂问题，《饲料和饲料添加剂管理条例（2013修订）》优于《食盐专营办法（2013修订）》适用。

2012年5月1日起，县级以上地方人民政府饲料管理部门负责本行政区域饲料、饲料添加剂的监督管理工作，饲料添加剂氯化钠监督管理的法定主体明确为农业行政主管部门，县级以上地方各级人民政府盐业主管机构不宜再行使对饲料添加剂氯化钠的执法权。饲料添加剂氯化钠违法使用，流入食盐市场则另当别论。有关养殖企业采购使用饲料添加剂氯化钠产品符合《饲料和饲料添加剂管理条例（2013修订）》及相关规定。肇庆盐务局作出的被诉行政处罚决定执法主体不适格，程序违法。据此，法院判决撤销被诉行政处罚决定。

**法官点评**

职权法定原则是行政机关行使职权必须遵守的基本原则，行政机关实施行政管理必须有法律授予的行政职权，且必须在法律规定的职权范围内实施行政管理活动。根据行政法规的规定，饲料添加剂氯化钠的法定监管主体为农业行政主管部门，而食盐由国家专营并由盐业主管机构监督管理。显然，本案被诉行政行为属于超越职权的行为，依法应当撤销。

## 案例思考题

1. 两个案例是怎样体现司法机关对行政机关的监督的？
2. 案例二是如何体现人民法院审级监督的？

## 重要概念

1. 审判监督　2. 刑事审判监督　3. 行政审判监督　4. 审级监督　5. 二审监督　6. 再审监督　7. 死刑复核程序　8. 行政诉讼　9. 行政诉讼受案范围　10. 行政赔偿　11. 行政赔偿义务机关　12. 行政追偿

## 思考题

1. 什么是审判监督？审判监督有哪些特征？
2. 什么是审级监督？审级监督有何特点？
3. 什么是再审监督？再审监督与二审监督的主要区别是什么？

4. 什么是死刑复核程序？死刑复核程序有何意义？
5. 什么是行政诉讼？行政诉讼有哪些特征？
6. 哪些事项属于行政诉讼受案范围？哪些事项不属于行政诉讼受案范围？
7. 简述行政诉讼一审判决的种类和适用条件。
8. 简述行政赔偿概念和作用。
9. 简述行政赔偿的成立要件。
10. 简述行政赔偿的范围。

# 第八章 检察机关的法律监督

中国的检察机关是人民检察院。人民检察院由同级人民代表大会产生,向人民代表大会负责并报告工作。在设置上,人民检察院分为四级,即最高人民检察院;省级人民检察院,包括省人民检察院、自治区人民检察院、直辖市人民检察院;设区的市级人民检察院,包括省辖市、自治区辖市人民检察院,自治州人民检察院,省、自治区、直辖市人民检察院分院;基层人民检察院,包括县人民检察院、自治县人民检察院、不设区的市人民检察院、市辖区人民检察院。此外,还有军事检察院等专门检察院。本章阐述了检察机关法律监督基本理论,包括检察机关监督的含义、特征、性质、内容,检察机关监督的权力及行使等,在此基础上,重点阐述了人民检察院法律监督职能中的侦查监督和刑事审判监督。

## 第一节 检察机关监督概述

### 一、检察机关监督的概念、对象与特征

#### (一)检察机关监督的概念

检察机关监督是指检察机关运用检察权对其他国家机关及其工作人员是否依法行使职权进行的监督。《中华人民共和国宪法》明确规定了人民检察院作为国家法律监督机关的性质和地位。《中华人民共和国宪法》第一百三十四条规定:"中华人民共和国人民检察院是国家的法律监督机关。"根据宪法的规定,《中华人民共和国人民检察院组织法》对人民检察院的性质、地位和任务作出了相应规定。该法第二条规定:"人民检察院是国家的法律监督机关。人民检察院通过行使检察权,追诉犯罪,维护国家安全和社会秩序,维护个人和组织的合法权益,维护国家利益和社会公共利益,保障法律正确实施,维护社会公平正义,维护国家法制统一、尊严和权威,保障中国特色社会主义建设的顺利进行。"

#### (二)检察机关监督的对象

根据《中华人民共和国宪法》和《中华人民共和国人民检察院组织法》等法律规定,检

察机关法律监督的对象包括两个方面：一是对国家机关、企事业单位、社会团体和公民犯罪行为的法律监督；二是对有关国家机关执法活动的法律监督。检察机关依照法定的权限和程序，监督公安机关、国家安全机关、人民法院、监狱、看守所的执法活动。检察机关对公安机关、审判机关执法情况的监督，由于监督对象的特殊性质，属于司法监督的范畴，这项监督对于保障统一正确地实施法律，保护诉讼参与人的民主权利和合法诉讼权利具有重要意义。人民检察院依据法律制度和检察实践，构建了对刑事、民事、行政审判实施监督，以刑事审判监督为重点的法律个案监督模式。

### （三）检察机关监督的特征

第一，检察机关的监督具有国家性和权威性。全国人民代表大会是国家最高权力机关，有权监督宪法和法律的实施，而全国人民代表大会赋予人民检察院专门法律监督机关的地位，使之成为国家机关中唯一行使检察权的机关，这就保证了检察机关法律监督的权威性。

第二，检察机关的法律监督具有专门性和独立性。一方面，检察机关以法律监督为专门职责，而不担负法律监督以外的任何职责，即不具有行政职能、审判和其他职能；另一方面，检察机关法律监督具有独立性，人民检察院依法独立行使检察权，不受行政机关、社会团体和个人的干涉。检察机关法律监督的专门性和独立性保证其能够有效地维护社会主义法治。

第三，检察机关的法律监督具有合法性和规范性。我国宪法和有关法律明确规定了检察机关的性质、地位、任务以及法律监督的内容、对象、监督原则、监督方法和程序等。检察机关履行法律监督职责应当严格依法监督，做到合法与规范，例如刑事法律监督要依据刑法、刑事诉讼法和其他有关刑事法律规范，民事法律监督要依据民法总则和其他民事、行政法律规范，行政法律监督要依据行政实体和行政诉讼法律规范等。检察机关法律监督的合法与规范是检察机关正确履行追诉犯罪、纠正违法的法律监督职责的有力保证。

第四，检察机关的法律监督具有强制性。这种强制性由国家的强制力保证其实现。法律具有强制性，保障法律正确实施的监督活动同样具有强制性。检察机关法律监督的强制性具体表现在：一方面，国家赋予检察机关立案侦查、提起公诉等权力，使其在监督中可以追究犯罪人的刑事责任，在执法监督中纠正公安、司法机关的违法行为；另一方面，国家赋予检察机关采取一定强制性措施的权力。因此，检察机关在法律监督活动中作出的决定具有强制力，被监督的单位和公民必须接受和执行，并在法定时限内作出相应答复。

## 二、检察机关监督的性质

检察机关通过起诉、抗诉、提出检察建议等方式对人民法院的违法审判行为进行监督，履行其法律监督职能。因此，检察机关监督的性质是一种以诉讼监督为重点的法律监督。人民检察院通过参与刑事、民事、行政诉讼活动，依法对有关机关和人员的违法行为实行监督并予以纠正。

人民检察院的法律监督主要是在诉讼活动的范围，通过诉讼方式进行。在刑事诉讼、民事诉讼、行政诉讼中，人民检察院作为诉讼主体，承担公诉、审查批捕等职责，参加侦查、起诉、审判和执行各个诉讼阶段，对审查批捕、审查起诉中发现的公安机关侦查活动的违法情况，通知公安机关予以纠正；对法院确有错误的裁判，依照法定的程序提出抗诉。检察建议也是检察机关履行法律监督职能的方式之一。人民检察院主要是对诉讼中的违法行为进行监督，这种监督的主要特点是具有司法性、诉讼性，而不具有行政指令性。

### 三、检察机关监督的内容

根据《中华人民共和国人民检察院组织法》的规定和其他法律的规定，检察机关监督的主要内容包括侦查监督、审判监督、刑罚执行监督和公共利益保护监督。

侦查监督是指人民检察院对侦查机关或侦查部门处理刑事案件的工作是否合法所进行的监督。通过侦查监督，全面贯彻公、检、法三机关在刑事诉讼中"互相配合、互相制约"的原则，提高办案质量，及时纠正侦查机关的违法行为，防止和减少冤案、假案、错案的发生。

审判监督是指人民检察院对人民法院的审判活动是否合法实施的监督。根据诉讼类别，审判监督分为刑事审判监督、民事审判监督、行政审判监督。刑事审判监督是指人民检察院依法对人民法院的刑事审判活动是否合法以及作出的刑事判决、裁定是否正确而实施的监督；民事审判监督是指人民检察院依法对人民法院的民事审判活动是否合法以及作出的民事判决、裁定是否正确而实施的监督；行政审判监督是指人民检察院依法对人民法院的行政审判活动是否合法以及作出的行政判决、裁定是否正确而实施的监督。检察院通过派员出席法庭、提起抗诉、检察长列席法院审判委员会会议和受理控告等方式，保证法院最大限度地避免冤案、假案、错案的发生。

刑罚执行监督是指人民检察院对刑事案件判决、裁定的执行和监狱看守所、劳动教养机关的活动是否合法实行的监督。此项监督的重点是：（1）罪犯减刑、假释、保外就医呈报程序是否合法；（2）被呈报的罪犯是否符合法定条件；（3）有无违法收费，以钱抵刑的情况；（4）检察机关对不当减刑、假释、保外就医提出纠正意见后，有关部门是否依法予以重新审理并作出合法裁定或决定。检察机关派驻监所的检察人员在履行刑罚执行监督职责时，对发现的违法问题要依法及时提出纠正意见。

公共利益保护监督是指人民检察院以提起公益诉讼的方式对损害公共利益的人、事和行政机关实施的法律监督。公益诉讼是与私益诉讼相对的概念，人民检察院提起公益诉讼是指人民检察院依法对个人或组织违反法律规定，侵犯国家利益、社会公共利益或不特定的他人利益的行为向法院起诉，由法院依法追究其法律责任的诉讼。公益诉讼包括民事公益诉讼和行政公益诉讼。对于人民检察院的这项职能，我国法律有明确规定。《中华人民共和国民事诉讼法》第五十五条规定："人民检察院在履行职责中发现破坏生态环境和资源保护、食品药品安全领域侵害众多消费者合法权益等损害社会公共利益的行为，在没有法定机关和组织或者前款规定的机关和组织不提起诉讼的情况下，可以向人民法院提起诉讼。"《中华人民共和国行政诉讼法》第二十五条规定："人民检察院在履行职责中发现生态环境和资源保护、食品药品安全、国有财产保护、国有土地使用权出让等领域负有监督管理职责的行政机关违法行使职权或者不作为，致使国家利益或者社会公共利益受到侵害的，应当向行政机关提出检察建议，督促其依法履行职责。行政机关不依法履行职责的，人民检察院依法向人民法院提起诉讼。"

## 四、检察机关监督的权力

人民检察院实施法律监督是通过行使各项权力实现的。这些权力主要有侦查权、审查批捕权、公诉权、抗诉权、建议权、纠正权等。

### （一）人民检察院的职权

1. 侦查权

根据《中华人民共和国人民检察院组织法》第二十条第一项规定，人民检察院依照法律规定对有关刑事案件行使侦查权。根据《中华人民共和国刑事诉讼法》第十九条规定，人民检察院在对诉讼活动实行法律监督中发现的司法工作人员利用职权实施的非法拘禁、刑讯逼供、非法搜查等侵犯公民权利、损害司法公正的犯罪，可以由人民检察院立案侦查。对于公安机关管辖的国家机关工作人员利用职权实施的重大犯罪案件，需要由人民检察院直接受理的时候，经省级以上人民检察院决定，可以由人民检察院立案侦查。

2. 审查批捕权

逮捕犯罪嫌疑人必须经过人民检察院批准或者人民法院决定，由公安机关执行。根据《中华人民共和国刑事诉讼法》第八十七条规定，公安机关要求逮捕犯罪嫌疑人的时候，应当写出提请批准逮捕书，连同案卷材料、证据，一并移送同级人民检察院审查批准，必要的时候，人民检察院可以派人参加公安机关对于重大案件的讨论。

3. 公诉权

公诉权是指人民检察院以国家公诉人的身份向人民法院提起诉讼的权力。凡是公安机关侦查的案件，侦查终结需要提起公诉的，一律由检察机关提起公诉，人民检察院通过提起公诉的方法，将那些行为已经触犯刑律且应当追究刑事责任的被告人交付人民法院审判，判处其应得的刑罚，以此保障法律的实施，履行其法律监督的职责。在民事诉讼和行政诉讼中，人民检察院对于那些涉及国家、社会重大利益以及有关公民重要权利的案件，依法代表国家将案件提交人民法院，对违法者提出诉讼，要求人民法院追究其法律责任，以维护国家、社会和公民的权益。检察院提起公诉的案件，由检察长或者检察员以国家公诉人的身份出庭，支持公诉。在法庭上宣读起诉书、参与法庭调查和参加法庭辩论等。

4. 抗诉权

抗诉权是指人民检察院发现人民法院的刑事、民事、行政判决和裁定确有错误，依法提出重新审理诉讼要求的权力。人民检察院通过抗诉对人民法院的审判实行法律监督，实现司法的公平正义。我国法律对人民检察院的抗诉权有明确的规定。例如，根据《中华人民共和国民事诉讼法》第二百零八条规定，最高人民检察院对各级人民法院已经发生法律效力的判决、裁定，上级人民检察院对下级人民法院已经发生法律效力的判决、裁定，发现有违反本法第二百条的，或者发现调解书损害国家利益、社会公共利益的，应当提出抗诉。地方各级人民检察院对同级人民法院已经发生法律效力的判决、裁定，发现有违法情形的，或者发现调解书损害国家利益、社会公共利益的，可以提请上级人民检察院向同级人民法院提出抗诉。根据《中华人民共和国行政诉讼法》第九十三条规定，最高人民检察院对各级人民法院已经发生法律效力的判决、裁定，上级人民检察院对下级人民法院已经发生法律效力的判决、裁定，发现有本法第九十一条规定情形之一，或者发现调解书损害国家利益、社会公共利益的，应当提出抗诉。地方各级人民检察院对同级人民法院已经发生法律效力的判决、裁定，发现有违法情形的，或者发现调解书损害国家利益、社会公共利益的，可以提请上级人民检察院向同级人民法院提出抗诉。

5. 建议权

人民检察院通过提出"检察建议"履行法律监督职能。检察建议是指人民检察院履行法律监督职能，向有关单位提出的正确实施法律法规并改进工作的建议。我国法律对人民检察院的建议权有明确的规定。根据《中华人民共和国行政诉讼法》第九十三条规定，地方各级人民检察院对同级人民法院已经发生法律效力的判决、裁定，发现有违法情形的，或者发现调解书损害国家利益、社会公共利益的，可以向同级人民法院提出检察建议，并报上级人民检察院备案。各级人民检察院对审判监督程序以外的其他审判程序中审判人员的违法行为，有权向同级人民法院提出检察建议。

6. 纠正权

纠正权是指检察机关对侦查机关、审判机关和监狱、看守所等机关和单位执法中出现的违法行为依法予以纠正的权力。纠正的具体措施有口头通知、书面通知、抗诉、追究违法责任人的法律责任。在必要的时候，有关纠正违法行为的监督情况，可以向同级人民代表大会及其常委会汇报，也可以向上一级公、检、法机关反映。

## （二）人民检察院职权行使重心的调整

以国家监察体制改革和2018年《中华人民共和国监察法》的颁布实施为标志，我国检察机关职权行使的重心发生了明显变化，法律监督职权的行使从以监督诉讼、追求诉讼目的为重心逐步转向了对公权力的全面监督和维护公共利益。这一调整使检察院的法律监督职能更加全面、合理、均衡、协调，与宪法赋予检察机关国家法律监督机关的地位更加契合。

这一调整或转变可以从两个方面加以认识：一是法律制度的完善，《中华人民共和国人民检察院组织法》明确了检察院的性质和任务，完善了检察工作基本原则和工作体制、检察院设置、检察院内设机构、检察院职权、检察院行使职权的措施和方式、检察院办案组织、检察院行使职权的保障等方面的规定，这些都为检察机关更好地履行法律监督职能提供了有力的法律保障。二是检察实践方面的积极探索，近年来，检察院积极推进深化刑事诉讼监督、重视民事诉讼监督、加强行政诉讼监督、依法查办司法工作人员职务犯罪、尊重和保障律师执业权利、及时核查阻碍律师行使诉讼权利的控告申诉等，这些工作的推进提升了检察院的监督能力，使人民检察院的工作适应新时代更高、更严格的要求。

与人民检察院职权行使重心调整相关的另一问题是检察机关与监察机关的工作衔接与配合。国家监察体制改革后，检察院原有的反贪、反渎和预防职务犯罪职责和部门整建制转隶到监察委员会，因此，检察、监察两机关的工作要密切配合，形成工作合力。在这方面，《中华人民共和国监察法》作了明确规定：监察机关根据监督、调查结果，对涉嫌职务犯罪的，监察机关经调查认为犯罪事实清楚、证据确实、充分的，制作起诉意见书，连同案卷材料、证据一并移送人民检察院依法审查、提起公诉。对监察机关移送的案件，人民检察院依照《中华人民共和国刑事诉讼法》对被调查人采取强制措施。人民检察院经审查，认为犯罪事实已经查清，证据确实、充分，依法应当追究刑事责任的，应当作出起诉决定。人民检察院经审查，认为需要补充核实的，应当退回监察机关补充调查，必要时可以自行补充侦查。对于退回补充调查的案件，应当在一个月内补充调查完毕。补充调查以二次为限。人民检察院对于有《中华人民共和国刑事诉讼法》规定的不起诉的情形的，经上一级人民检察院批准，依法作出不起诉的决定。监察机关认为不起诉的决定有错误的，可以向上一级人民检察院提请复议。

## 第二节　侦查监督

### 一、侦查监督的范围

检察机关的侦查监督涉及侦查机关或侦查部门处理刑事案件工作的方方面面。概括起来主要是四个方面的监督，即刑事立案监督、审查批准逮捕、审查起诉和侦查活动监督。

刑事立案监督是指人民检察院对刑事立案主体的立案活动是否合法进行的法律监督，是法律赋予检察机关的一项重要职权，是检察机关法律监督职能的重要组成部分。刑事立案监督使我国的刑事法律监督制度进一步完善，对于解决司法实践中有案不立、有罪不究、以罚代刑等形象，纠正打击不力，维护国家法律的尊严，保证法律的统一正确实施等，均具有重要意义。

审查批准逮捕（审查批捕）是指人民检察院对于公安机关、国家安全机关、监狱管理机关提请批准逮捕的案件进行审查后，依据事实和法律，作出是否逮捕犯罪嫌疑人的决定的一种诉讼活动。审查批准逮捕是人民检察院开展侦查监督的有效途径之一，也是人民检察院的一项重要的法律监督职权，对于保障刑事诉讼的顺利进行，及时有效地收集证据，保护公民人身自由不受侵犯，保障犯罪嫌疑人的人权，及时发现漏罪和漏犯，防止打击不力，发现和纠正侦查活动中的违法行为等，都具有重要的意义。从概念辨析的角度，与审查批准逮捕含义相似但又有区别的概念是审查决定逮捕。审查决定逮捕是指人民检察院在直接受理的刑事案件的侦查过程中，依照事实和法律，作出是否逮捕犯罪嫌疑人决定的一种诉讼活动。本节后面部分将重点阐述"审查批准逮捕"。

审查起诉是指人民检察院对侦查终结的案件进行全面审查，作出提起公诉或不起诉的审查决定的诉讼活动，这是我国刑事诉讼中一个独立的诉讼阶段。人民检察院审查起诉的任务是：按照实事求是的诉讼原则，以事实为根据，以法律为准绳，就案件在认定事实、收集与运用证据、适用法律等方面是否符合法律的要求，进行全面、细致的审查，为提起公诉或作出不起诉的决定作好充分准备。《中华人民共和国刑事诉讼法》第一百六十九条规定："凡需要提起公诉的案件，一律由人民检察院审查决定。"人民检察院也可以依法作出不起诉决定，《中华人民共和国刑事诉讼法》第一百七十七条规定了不起诉的条件，"犯罪嫌疑人没有犯罪事实，或者有本法第十六条规定的情形之一的，人民检察院应当作出不起诉决定。对于犯罪情节轻微，依照刑法规定不需要判处刑罚或者免除刑罚的，人民检察院可以作出不起诉决定。"审查起诉是人民检察院参与刑事诉讼、正确履行检察职能的重要基础环节，在刑事诉讼中具有重要作用：一是可以把好防错防漏关，保证办案质量；二是为作出提起公诉或不起诉的决定作好充分的准备；三是为出庭支持公诉；四是人民检察院通过审查起诉，可以及时发现和纠正侦查机关在侦查活动中的违法情况，保证刑事诉讼活动的合法性。

侦查活动监督是指人民检察院依法对侦查机关的侦查活动是否合法进行的监督。《中华人民共和国刑事诉讼法》第十九条规定："刑事案件的侦查由公安机关进行，法律另有规定的除外。"而根据我国法律规定，国家安全机关、监狱管理机关、军队保卫部门、走私犯罪侦查机关和人民检察院的侦查部门均享有侦查权。因此，人民检察院对上述机关或部门的侦查活动是否合法，都可以依法进行监督。通过实施监督，人民检察院可以发现侦查机关或部门和侦查人员在侦查活动中违反法定程序的行为和刑讯逼供、敲诈勒索、贪赃枉法等违法犯罪行为，从而采取纠正和预防措施，有利于保障侦查活动的依法进行，保护诉讼参与人特别是犯罪嫌疑人的合法权利，保证刑事案件的正确处理。

## 二、刑事立案监督的内容与方式

### (一) 刑事立案监督的内容

1. 刑事立案监督的具体内容

根据《中华人民共和国刑事诉讼法》和《人民检察院刑事诉讼规则》的规定,刑事立案监督的内容包括三个方面:

第一,公安机关应当立案侦查而不立案侦查的案件。公安机关应当立案侦查而不立案侦查的案件是人民检察院刑事立案监督的主要内容。公安机关应当立案侦查的案件,是指根据案件情况或者现有证据,经审查符合刑事诉讼法规定的立案条件的案件。公安机关应当立案的案件包括三种情况:一是公安机关发现犯罪事实时,应当立案;二是公安机关发现犯罪嫌疑人时,应当立案;三是公安机关对于报案、控告、举报和自首的材料,经审查认为有犯罪事实,需要追究刑事责任时,应当立案。对于符合上述条件的案件,公安机关决定不立案侦查的,即属于应当立案侦查而不立案侦查的案件。

第二,公安机关不应当立案而立案侦查的案件。公安机关不应当立案而立案侦查的案件,是指公安机关对不符合刑事诉讼法规定的立案条件而决定立案侦查的案件。

第三,人民检察院侦查部门应当立案侦查而不报请立案侦查的案件。人民检察院侦查部门对应当立案侦查的案件而不报请立案侦查,是指人民检察院侦查部门对于发现或者受理的案件线索,符合刑事诉讼法规定的立案条件,但是不报请检察长决定立案侦查的案件。

2. 准确把握刑事立案监督的内容

人民检察院在刑事立案监督工作中,要准确把握刑事立案监督的内容。

第一,注意发现案件线索。人民检察院在刑事立案监督工作中,必须认真对待被害人的申诉,注意从审查批准逮捕、审查起诉、贪污贿赂犯罪检察、渎职侵权犯罪检察以及监所检察中发现案件线索。

第二,划清"没立案"和"不立案"的界限。"没立案"是指公安机关没有发现或者虽然已经发现,但是正在审查,还没有作出是否立案决定的案件。"不立案"是指公安机关对发现的案件线索或者报案、控告、举报和自首的材料,经审查决定不立案的案件。公安机关没有发现或者还没有决定不立案的案件不属于刑事立案监督的内容。如果是公安机关没有发现的案件,检察机关发现确属公安机关管辖的,应移送公安机关办理。只有公安机关决定不立案的案件,才属于检察机关刑事立案监督的范畴。

第三,明确刑事立案监督与侦查活动监督的界限。刑事立案监督解决的是符合刑事诉讼法规定的立案条件的案件能否进入刑事诉讼程序问题,以及不符合刑事诉讼法规定的立案条件的案件违法进入刑事诉讼程序问题,根本目的是保障立案活动的合法性。侦查活动监督是针对已经进入刑事诉讼程序的案件,其解决的是立案后的侦查活动是否合法的问题,根本目的是保障侦查活动的合法性。

### (二) 刑事立案监督案件的受理

人民检察院负责刑事立案监督的职能部门是侦查监督部门和控告申诉部门。刑事立案监督案件的受理主要有三种形式：一是受理被害人的申诉，二是受理其他有关人员的报案、控告和举报，三是人民检察院发现的刑事立案监督案件的受理。人民检察院对于发现或者收到的刑事立案监督案件线索，应当作出是否受理的决定。

### (三) 刑事立案监督案件的审查

第一，被害人认为公安机关应当立案侦查而不立案侦查案件的审查。人民检察院在受理被害人提出的公安机关应当立案侦查而不立案侦查案件后，应当由控告申诉部门指定专人进行审查。审查的主要内容一般包括：是否存在应当立案侦查而公安机关不立案侦查的事实；是否符合刑事诉讼法规定的刑事立案条件；是否属于相应的公安机关管辖；公安机关是否决定不立案。人民检察院控告申诉部门在审查时，可以要求被害人提供有关材料，例如认为公安机关应当立案的事实证据材料、公安机关不予立案的有关证据材料。必要时，人民检察院也可以进行调查。控告申诉部门经审查，认为应当要求公安机关说明不立案理由的，应当将案件移送侦查监督部门办理。

第二，人民检察院发现的刑事立案监督案件的审查。(1) 人民检察院发现的公安机关应当立案侦查而不立案侦查案件，应当由侦查监督部门进行审查。审查的主要内容与前述相同。必要时，侦查监督部门也可以就有关问题进行调查。经审查，认为需要公安机关说明不立案理由的，按照有关规定要求公安机关说明不立案理由。(2) 人民检察院发现的公安机关不应当立案侦查而立案侦查的案件，应当由侦查监督部门指定专人进行审查。审查的内容应当包括：公安机关据以决定立案的事实或者犯罪嫌疑人是否存在；是否符合刑事诉讼法规定的立案条件；是否需要追究犯罪嫌疑人的刑事责任等。必要时，人民检察院也可以进行调查。(3) 对于人民检察院侦查部门应当立案侦查而不报请立案侦查的案件，侦查监督部门应指定专人进行审查。审查的内容主要包括：是否存在应当立案侦查的犯罪事实或者犯罪嫌疑人；是否符合刑事诉讼法规定的立案条件；是否属于本院管辖；是否属于不报请立案侦查的情形。侦查监督部门在审查时，也可以进行必要的调查。

第三，报案人、控告人、举报人等提出的刑事立案监督案件的审查。对于报案人、控告人、举报人等提出的刑事立案监督案件线索，包括认为公安机关应当立案侦查而不立案侦查或不应立案侦查而立案侦查的案件，应由人民检察院控告申诉部门进行审查，必要时也可自行进行调查。经审查，认为需要纠正的，应当移送侦查监督部门。

### (四) 刑事立案监督案件的调查

刑事立案监督调查，是人民检察院受理刑事立案监督案件线索后，经审查，认为有必要时，对公安机关是否存在应当立案侦查而不立案侦查，或者不应当立案侦查而立案侦查的事实和证据，对人民检察院侦查部门是否存在应当报请立案侦查而不报请立案侦查的事实和证据进行的了解和查证性活动。刑事立案监督的调查方法主要包括：调取、审查有关书面材料；询问有关当事人、证人；勘验、检查；鉴定。

**（五）刑事立案监督的方式**

1. 对公安机关应当立案侦查而不立案侦查案件的监督

人民检察院发现公安机关应当立案侦查而不立案侦查的案件，经审查，认为符合刑事诉讼法规定的立案条件，公安机关应当立案的，应当要求公安机关说明不立案理由。公安机关说明不立案理由后，人民检察院应当对说明的理由是否成立进行审查。如果认为公安机关的不立案理由不能成立，应当通知公安机关立案侦查。通知公安机关立案侦查，一般应符合以下条件：一是有犯罪事实，或者有犯罪嫌疑人，需要追究犯罪嫌疑人的刑事责任；二是证据查证属实的；三是属于相应的公安机关管辖；四是应当立案侦查而公安机关决定不立案侦查。

2. 对公安机关不应当立案侦查而立案侦查案件的监督

人民检察院在刑事立案监督工作中，对于控告人、报案人、举报人等提出的公安机关不应当立案侦查而立案侦查的案件，经审查，认为确属不合法的，可以建议公安机关撤案，已采取拘留、取保候审、监视居住等强制措施的，应当建议解除强制措施。对于拒不撤案的，可以直接向公安机关提出纠正违法意见。公安机关仍不纠正的，应当向上一级人民检察院报告。上一级人民检察院认为不应当立案的，通知同级公安机关督促下级公安机关撤销案件。上一级人民检察院认为公安机关立案正确的，通知下一级人民检察院撤回纠正违法意见。

3. 人民检察院审查决定直接立案侦查

根据刑事诉讼法的规定，人民检察院对于属于公安机关管辖的国家机关工作人员利用职权实施的重大犯罪案件，需要由人民检察院直接受理的，经省级以上人民检察院决定，可以直接立案侦查。这一做法的目的是充分发挥人民检察院在法律监督中的作用，强化刑事立案监督的效果，保障一切犯罪特别是国家机关工作人员利用职权实施的重大犯罪依法受到惩处。

第一，人民检察院决定直接立案侦查的案件应具备一定条件。人民检察院在刑事立案监督工作中，可以直接决定立案侦查的案件是指同时具备下列条件的案件：一是国家机关工作人员利用职权实施的犯罪案件；二是属于公安机关管辖的案件，凡由人民检察院管辖的案件，不属于此类可以直接受理立案侦查的案件；三是重大犯罪案件。以上条件，缺一不可。

第二，人民检察院审查决定直接立案侦查应遵循规定的程序。人民检察院在刑事立案监督工作中，在审查决定是否直接立案侦查前，除由特定组织交由人民检察院立案侦查的案件以及其他危害严重、影响重大、不宜由公安机关立案侦查的案件以外，应当首先经过要求公安机关说明不立案理由、通知公安机关立案等程序。如果公安机关坚持不立案，并且属于前述的人民检察院直接受理立案侦查的案件范围的，人民检察院可以通过立案监督程序，并经省级以上人民检察院批准，决定直接立案侦查。省级人民检察院在审查决定是否直接受理时，对于特别疑难、复杂的案件，或者影响特别重大的案件，在提出审查意见后，可以报请最高人民检察院审查决定。最高人民检察院决定直接受理的案件，可以由最高人民检察院直接立案侦查，也可以交由下级人民检察院立案侦查。

#### （六）刑事立案监督案件的备案与审查

人民检察院通知公安机关立案或者建议公安机关撤案，纠正公安机关不应当立案而立案的案件，应当向上一级人民检察院备案。上一级人民检察院对于下级人民检察院备案的案件，要认真进行审查。认为下级人民检察院通知公安机关立案或者建议公安机关撤案错误时，应当通知作出决定的人民检察院纠正，也可以直接撤销下级检察院的决定，通知公安机关，并通知作出决定的人民检察院。

人民检察院侦查监督部门发现本院侦查部门对应当立案侦查的案件而不报请立案侦查的，应当指定专人进行审查。审查起诉部门发现本院侦查部门对应当立案侦查的案件不报请立案侦查的，应当移送侦查监督部门进行审查。当侦查部门不采纳侦查监督部门应予立案的建议时，应报请检察长决定。

省级人民检察院批准或者不批准直接受理立案侦查的案件，应当将有关材料报最高人民检察院备案。最高人民检察院认为省级人民检察院批准或者不批准直接受理决定错误时，可以直接撤销省级人民检察院的决定，也可以通知省级人民检察院纠正。

### 三、审查批准逮捕的内容与方式

#### （一）审查批准、决定逮捕的条件

《中华人民共和国刑事诉讼法》第八十一条规定："对有证据证明有犯罪事实，可能判处徒刑以上刑罚的犯罪嫌疑人、被告人，采取取保候审尚不足以防止发生社会危险性的，应当予以逮捕。"这表明，逮捕犯罪嫌疑人由三个条件组成：有证据证明有犯罪事实；可能判处徒刑以上刑罚；有逮捕必要。三个条件必须同时具备，缺一不可。

#### （二）审查批准、决定逮捕的权限

根据《中华人民共和国宪法》第三十七条、《中华人民共和国刑事诉讼法》第八十条规定，逮捕犯罪嫌疑人、被告人，必须经过人民检察院批准或者人民法院决定，由公安机关执行。根据宪法和刑事诉讼法的规定，公安机关侦查案件的批准逮捕权、人民检察院直接受理侦查案件的决定逮捕权由人民检察院行使，人民法院审判案件的决定逮捕权由人民法院行使，公安机关为逮捕的执行机关。人民法院只有在审理没有逮捕羁押被告人的公诉案件和在审理自诉案件的过程中，认为有逮捕被告人必要的，才作出逮捕决定。绝大多数刑事案件的逮捕都是由人民检察院批准或者决定的。

除了上述一般规定外,《全国人民代表大会和地方各级人民代表大会代表法》《人民检察院刑事诉讼规则》等对检察机关如何行使批准、决定逮捕的权限作出了较为具体的规定：一是如果该逮捕的犯罪嫌疑人是县以上人民代表大会的代表，人民检察院在审查批准或者决定逮捕之前应当报请相关人民代表大会主席团或者常务委员会许可。二是对于现役军人中的犯罪嫌疑人需要逮捕的，应当由主管的军事检察院审查批准或者决定逮捕。军队在编职工的逮捕权也归军事检察院。武警部队人员中的犯罪嫌疑人需要逮捕的，应当由地方县以上人民检察院审查批准、决定逮捕。三是对于作案后逃到外地的犯罪嫌疑人的逮捕，一般仍由其犯罪地人民检察院审查批准逮捕。如果遇有特殊情况，犯罪地公安机关来不及报经当地人民检察院审查批捕时，也可以凭犯罪嫌疑人的犯罪事实材料和证据，直接通过犯罪嫌疑人所在地公安机关向同级人民检察院提请批准逮捕，由该检察机关审查批准逮捕。

### （三）审查批准逮捕的程序和方法

1. 受理案件

《中华人民共和国刑事诉讼法》第八十七条规定："公安机关要求逮捕犯罪嫌疑人的时候，应当写出提请批准逮捕书，连同案卷材料、证据，一并移送同级人民检察院审查批准。"受理提请逮捕案件是人民检察院审查批准逮捕的基础性工作。对于公安机关提请逮捕犯罪嫌疑人的案件，人民检察院审查批捕部门首先应当检查其所移送的案卷材料和证据等是否齐全，法律手续是否齐备。证据齐全、手续齐备的应当受理并进行实体审查。如果发现公安机关提请批准逮捕的案件，未按刑事诉讼法的规定移送案卷材料和证据的，应当将案件退回公安机关或者要求公安机关补充移送；如果公安机关提请批准逮捕的案件，只缺少部分法律文书的，可要求公安机关补充移送。如果公安机关拒绝补充移送案件的有关材料，而现有的证据材料不足以证明有犯罪事实的，人民检察院应当依法作出不批准逮捕的决定。

2. 审查案件

人民检察院依法受理公安机关提请批准逮捕犯罪嫌疑人的案件后，应当指定专人进行认真审查。

（1）审查的内容：公安机关提请批准逮捕书认定的犯罪嫌疑人的行为是否构成犯罪；公安机关所认定的犯罪性质和罪名是否正确；犯罪嫌疑人是否可能判处有期徒刑以上刑罚；犯罪嫌疑人有无逮捕的必要；是否符合有证据证明有犯罪事实这一逮捕条件；有无遗漏应当逮捕的共同犯罪嫌疑人和犯罪事实；公安机关的侦查活动有无违法情形。

（2）审查的方法：审阅案卷材料和阅卷情况应当制作阅卷笔录；讯问犯罪嫌疑人，询问证人、被害人，如果发现证人证言或被害人的陈述前后矛盾，或者主要情节表述不清，或者证人、被害人的智力不健全或者年幼无辨别是非的能力，以及发现侦查人员有暴力逼取证人证言或诱取证言情形的，应当询问证人、被害人，以审查证人证言、被害人陈述的真实性；讯问时应依法制作讯问笔录或询问笔录，且检察人员不得少于两人。人民检察院审查批捕部门可以适时介入公安机关的侦查活动，以提高审查批捕的效率和质量。同时应注意发现和纠正公安机关在侦查中的违法问题,开展侦查监督,确保侦查工作依法进行。办案人员在审阅案卷材料、制作阅卷笔录、调查核实证据的基础上,应当依据事实和法律提出审查意见。

(3)审查的时间:《人民检察院刑事诉讼规则》第二百八十二条的规定:"对公安机关提请批准逮捕的犯罪嫌疑人,已经被拘留的,人民检察院应当在收到提请批准逮捕书后七日以内作出是否批准逮捕的决定;未被拘留的,应当在收到提请批准逮捕书后十五日以内作出是否批准逮捕的决定,重大、复杂案件,不得超过二十日。"

3. 作出决定

办案人员审查案件后,应当依照事实和法律,提出是否批准逮捕的处理意见,经审查逮捕部门负责人审核后,报请检察长批准;重大案件应当经检察委员会讨论决定。(1)批准逮捕。对于公安机关提请批准逮捕的犯罪嫌疑人,经审查,符合刑事诉讼法规定的逮捕条件的,人民检察院即应作出批准逮捕的决定,并制作《批准逮捕决定书》,经检察长签发,移送提请批准逮捕的公安机关执行逮捕。人民检察院办理审查批捕案件时,发现应当逮捕而公安机关未提请批准逮捕的犯罪嫌疑人,人民检察院应当制作《应当逮捕犯罪嫌疑人意见书》送交公安机关,建议公安机关提请批准逮捕。如果公安机关不提请批准逮捕的理由不能成立的,人民检察院可以直接作出逮捕决定,制作《逮捕决定书》,送达公安机关执行。(2)不批准逮捕。人民检察院审查逮捕后作出的不批捕决定主要有三种:不符合逮捕条件的不批捕;具有法定不追诉情形的不批捕;证据不足的不批捕。

4. 复议、复核

复议是指人民检察院根据公安机关的要求,对于本院所作的不批捕决定依法重新进行审议,以决定是否改变原决定的一种诉讼活动。复核是指人民检察院根据下级公安机关的提请,对下级人民检察院所作的不批捕决定进行审查,以决定是否改变下级人民检察院的不批捕决定的一种诉讼活动。《中华人民共和国刑事诉讼法》第九十二条规定:"公安机关对人民检察院不批准逮捕的决定,认为有错误的时候,可以要求复议,但是必须将被拘留的人立即释放。如果意见不被接受,可以向上一级人民检察院提请复核。上级人民检察院应当立即复核,作出是否变更的决定,通知下级人民检察院和公安机关执行。"这一规定是公安机关与人民检察院在刑事诉讼中互相配合、互相制约的具体体现,有利于防止该捕不捕而放纵该逮捕的犯罪嫌疑人,保证人民检察院所作的不批捕决定的正确性,保证国家法律准确、有效地实施。

(四)审查决定逮捕的程序和方法

《中华人民共和国刑事诉讼法》第一百六十五条规定:人民检察院对自行侦查、直接受理的案件,认为犯罪嫌疑人符合逮捕条件,应当逮捕时有权作出逮捕决定,通知公安机关执行。为了提高办案质量,尽可能减少和防止错捕、漏捕现象发生,检察机关内部建立了相应的制约机制。对于直接受理侦查的案件,认为需要逮捕犯罪嫌疑人时,先由负责案件侦查的业务部门提出逮捕犯罪嫌疑人的意见和理由,交本院的审查逮捕部门审查。审查逮捕部门指定专人对案件进行审查后,提出应否逮捕犯罪嫌疑人的意见,报本部门负责人审核并报请检察长决定或检察委员会讨论决定。

### （五）审查逮捕案件的备案审查

为了提高办案质量，保证审查批准、决定逮捕犯罪嫌疑人的准确性，防止和及时纠正错捕、漏捕现象，《人民检察院刑事诉讼规则》规定了审查逮捕案件的备案审查制度。备案审查是指上级人民检察院通过对下级人民检察院的审查批准、决定逮捕犯罪嫌疑人案件的备案材料进行审查，了解下级人民检察院审查批准、决定逮捕工作情况，发现和纠正错捕和漏捕问题，确保办案质量，进行业务指导的一项工作制度。备案审查的范围是：批准逮捕的危害国家安全的案件；批准逮捕的涉外案件；作出逮捕或不逮捕决定的检察机关直接立案侦查的案件。人民检察院办理这些审查逮捕案件，应当报上一级人民检察院备案。

### （六）审查逮捕案件的复查

审查逮捕案件的复查是指各级人民检察院对于办理过的逮捕犯罪嫌疑人的案件，定期或不定期地进行复查，以发现和纠正错误的审查逮捕决定的一项工作制度。

## 四、审查起诉的内容与方式

### （一）受理审查起诉

受理审查起诉是指人民检察院按照刑事诉讼法的有关规定，接受并初步审查公安机关侦查终结和人民检察院自行侦查终结移送起诉的案件，并决定是否受理的过程。人民检察院受理审查起诉应初步审查以下情况：一是起诉意见书及案卷材料是否齐备；二是移送审查起诉的实物与物品清单是否相符；三是犯罪嫌疑人是否在案以及采取强制措施的情况；四是是否属于与本院同级的人民法院管辖的案件。经初步审查，对于具备受理条件的，人民检察院审查起诉部门应指定专人对案件进行审查。人民检察院受理审查起诉案件后，还应当履行以下义务：一是告知犯罪嫌疑人、被害人、附带民事诉讼的当事人等，有权委托律师等为其提供法律服务；二是接待犯罪嫌疑人委托的辩护律师、其他辩护人。

### （二）审查起诉的主要内容

人民检察院受理侦查机关移送审查起诉的案件后应当指派专人进行审查。有关审查内容在刑事诉讼法及人民检察院刑事诉讼规则中都作了规定。例如《人民检察院刑事诉讼规则》第二百七十一条规定："审查起诉阶段，对于在侦查阶段认罪认罚的案件，人民检察院应当重点审查以下内容：（一）犯罪嫌疑人是否自愿认罪认罚，有无因受到暴力、威胁、引诱而违背意愿认罪认罚；（二）犯罪嫌疑人认罪认罚时的认知能力和精神状态是否正常；（三）犯罪嫌疑人是否理解认罪认罚的性质和可能导致的法律后果；（四）公安机关是否告知犯罪嫌疑人享有的诉讼权利,如实供述自己罪行可以从宽处理和认罪认罚的法律规定,并听取意见;(五)起诉意见书中是否写明犯罪嫌疑人认罪认罚情况;(六)犯罪嫌疑人是否真诚悔罪,是否向被害人赔礼道歉。经审查,犯罪嫌疑人违背意愿认罪认罚的,人民检察院可以重新开展认罪认罚工作。存在刑讯逼供等非法取证行为的,依照法律规定处理。"

### (三)审查起诉的基本要求

人民检察院应按下述要求做好审查起诉工作:(1)认真、严格审查案件的证据,看证据是否确实充分、是否真实可靠、是否与案件具有关联性、是否具有系统性、是否合法等;(2)通过讯问犯罪嫌疑人、询问被害人及证人核实证据;(3)通过审查技术鉴定结论核实证据;(4)以法律为准绳衡量是否应对犯罪嫌疑人提起公诉;(5)根据刑法分则条文,审查侦查机关所认定的犯罪性质和罪名是否正确,正确的可按原来的认定,错误的就要准确适用法律,重新正确认定犯罪性质和罪名;(6)查明有无附带民事诉讼。

### (四)作出审查决定

人民检察院对于监察机关、公安机关移送起诉的案件,应当在1个月内作出决定,重大、复杂的案件,可以延长15日;犯罪嫌疑人认罪认罚,符合速裁程序适用条件的,应当在10日内作出决定,对可能判处超过1年的有期徒刑的,可以延长至15日。

## 五、侦查活动监督的内容与方式

### (一)侦查活动监督的主要内容

侦查活动监督的主要内容包括:(1)公安机关在侦查活动中法律手续是否完备,有无非法拘捕、错捕或漏捕人犯的情况;(2)在立案、侦查、预审、勘验、搜查、扣押、鉴定中,有无违法行为;(3)在讯问被告人和询问证人中有无违法违纪、刑讯逼供等情况。人民检察院发现公安机关在侦查活动中有违反法律的情况,要及时向公安机关提出纠正意见,对情节严重触犯刑律的,要依法追究其法律责任。

### (二)侦查活动监督的方式

1. 发现违法侦查行为

人民检察院发现侦查机关、部门和侦查人员的违法行为,主要有以下几种方式:一是人民检察院在审查逮捕、审查起诉中,应当审查侦查机关或部门的侦查活动是否合法;二是人民检察院根据需要可以派员参加侦查机关对于重大案件的讨论和其他侦查活动,从中发现违法行为;三是通过受理诉讼参与人对于侦查机关或部门和侦查人员侵犯其诉讼权利和人身侮辱的行为向人民检察院提出的控告,从中发现违法行为;四是通过审查公安机关执行人民检察院批准或者不批准逮捕决定的情况，以及释放被逮捕的犯罪嫌疑人或者变更逮捕措施的情况，从中发现违法行为。

刑事诉讼法规定，对于人民检察院批准逮捕的决定，公安机关应当立即执行，并且将执行情况及时通知人民检察院；对于人民检察院不批准逮捕的，公安机关应当在接到通知后立即释放被关押的犯罪嫌疑人，并且将执行情况及时通知人民检察院；公安机关发现对犯罪嫌疑人采取逮捕措施不当而撤销、变更逮捕措施的，应当通知原批准的人民检察院；公安机关在侦查过程中撤销案件的，如果犯罪嫌疑人已被逮捕，应当立即释放，并通知原批准的人民检察院；公安机关延长侦查羁押期限的，应当提请人民检察院批准；公安机关重新计算侦查羁押期限的，应当通知原批准逮捕的人民检察院。对于上述通知，人民检察院应当及时审查，以发现公安机关的违法行为。

2. 对违法侦查行为的处理

根据刑事诉讼法和有关规定，人民检察院如果发现侦查机关的侦查活动有违法情况，可以分别作出以下三种处理：一是口头通知纠正。对于情节较轻的违法行为，检察人员可以口头方式向侦查人员或者侦查机关负责人提出，要求纠正，检察人员口头提出纠正意见后，应及时向本部门负责人汇报，必要时，由部门负责人提出纠正意见。人民检察院口头通知纠正违法的，一般不要求对方书面答复，但对于通知纠正这一情况应当记录在案。二是书面通知纠正。对于情节较重的违法行为，检察人员应当报请检察长批准后，向侦查机关发出纠正违法通知书。人民检察院发出纠正违法通知书的，侦查机关应当将纠正情况书面通知人民检察院。人民检察院应当根据侦查机关的回复，监督纠正违法通知书的落实情况；没有回复的，应当督促侦查机关回复。三是移送有关部门依法追究刑事责任。人民检察院审查逮捕部门、审查起诉部门，发现侦查人员在侦查活动中的违法行为情节严重，构成犯罪的，应当移送本院侦查部门审查，并报告检察长。侦查部门审查后应当提出是否立案侦查的意见，报请检察长决定；对不属于人民检察院管辖的，应当移送有管辖权的机关处理。

人民检察院内部各部门之间实行分工，相互之间存在制约关系。人民检察院审查逮捕部门或者审查起诉部门对本院侦查部门在侦查或者决定、执行、变更、撤销强制措施等活动中的违法行为，应当根据情节分别处理：情节较轻的，可以直接向侦查部门提出纠正意见；情节较重或者需要追究刑事责任的，应当报请检察长决定。

## 第三节 刑事审判监督

### 一、刑事审判监督的范围

从刑事审判监督的概念可以概括出行政审判监督的范围，一是刑事审判活动监督，二是刑事抗诉。

### （一）刑事审判活动监督

刑事审判活动监督是指人民检察院依法对人民法院的刑事审判活动是否违反法律规定的诉讼程序所进行的专门法律监督。这一监督是人民检察院法律监督职能的重要组成部分。人民检察院作为国家的法律监督机关，对刑事诉讼的各个阶段、各项活动都应当依法实行监督，全面履行法律监督职责。在刑事审判过程中，人民检察院对法律的实施负有特殊的责任。一方面代表国家对公民犯罪实行法律监督，行使公诉权；另一方面对人民法院的审判进行监督，行使刑事审判监督权。刑事审判监督既包括对人民法院刑事审判活动是否违反法律规定的诉讼程序的监督，也包括对法院的刑事判决、裁定是否正确的监督。

刑事审判活动监督具有以下特点：第一，监督的主体是人民检察院。对人民法院审理刑事案件的活动进行法律监督，这是人民检察院作为国家法律监督机关的职责。第二，监督的目的是保障人民法院依法正确地行使刑事审判权，维护刑事司法的公正和效率。

### （二）刑事抗诉

我国刑事诉讼中的抗诉，是指人民检察院依法通过诉讼程序要求人民法院对确有错误的刑事判决和裁定予以重新审理的一种法律监督活动。刑事抗诉是国家法律监督机关对国家审判机关的审判活动实行法律监督的一项重要内容。人民检察院是国家的法律监督机关，法律赋予人民检察院对人民法院确有错误的判决、裁定依法提出抗诉的权力，其他任何国家机关、团体、企事业单位都无权对人民法院的判决和裁判提出抗诉。

人民检察院履行刑事抗诉职能的意义在于：一是有利于保证国家法律的统一实施，保障国家刑罚权的正确行使。人民检察院通过对确有错误的判决、裁定提出抗诉，使人民法院依法正确适用刑罚，对保障国家刑罚权的正确行使，维护国家法律的严肃性、权威性和司法机关的威信具有重要的意义。二是有利于维护被害人和被告人的合法权益。人民检察院的抗诉，虽然针对的是人民法院确有错误的判决和裁定，但从实质上讲，直接关系到被害人、被告人的切身利益。人民检察院作为国家的法律监督机关，对刑事判决和裁定实行监督，从而保证无罪的人不受追究，有罪的人依法受到惩处；罪行的轻重与所处的刑罚相适应，以切实保护被害人、被告人的合法权益，真正实现刑事诉讼的目的。

刑事抗诉是人民检察院履行法律监督职能的有效法律手段。人民检察院通过刑事抗诉的方式，监督人民法院依法行使审判权，维护司法公正。由于刑事案件本身具有复杂性，以及司法人员业务素质、职业道德等方面的原因，司法实践中有可能出现错误的判决和裁定。人民检察院在审判监督活动中，若发现并确认人民法院的刑事判决、裁定确有错误，依法通过法定程序提出抗诉，必然阻断未生效的判决、裁定的执行，引起对案件的二审或再审，从而及时纠正错误的判决、裁定，使案件得到合法、正确的处理。

刑事抗诉作为刑事审判监督的重要方法，具有以下特征：一是刑事抗诉的监督性，即刑事抗诉是基于检察机关的监督职能而进行的一种诉讼活动。二是刑事抗诉的专门性,即人民检察院是行使刑事抗诉职权的专责机关,其他任何机关、团体、企事业单位和个人均无权行使。三是刑事抗诉的特定性,即刑事抗诉的对象只能是确有错误的判决和裁定。四是刑事抗诉的程序性,即刑事抗诉必须严格依照法定程序提出。五是刑事抗诉对审判的制约性,即刑事抗诉一经依法提出,必然引起案件的二审或再审,阻止判决、裁定的生效或执行。

## 二、刑事审判活动监督

### (一)刑事审判活动监督的主要内容与范围

刑事审判活动监督的主要内容包括:人民法院对刑事案件的受理活动非法的;人民法院对刑事案件的受理违反管辖规定的;人民法院审理案件违反法定审理和送达期限的;法庭组成人员不符合法律规定的;法庭审理案件违反法定程序的;侵犯当事人和其他诉讼参与人的诉讼权利和其他合法权利的;法庭审理时对有关程序问题所作的决定违反法律规定的;审判人员徇私舞弊,枉法裁判的。

刑事审判活动监督的范围:按审判程序分,包括一审、二审、再审和死刑复核程序的监督;按案件性质分,包括对公诉案件和自诉案件以及附带民事诉讼审判程序的监督。

### (二)刑事审判活动监督的程序和方法

1. 刑事审判活动监督的途径

人民检察院对人民法院的刑事审判活动进行有效的监督,及时发现人民法院刑事审判过程中的违法行为。人民检察院只有运用各种方法,通过不同渠道,全面了解和掌握人民法院刑事审判活动的情况,才能从中发现问题,予以纠正。人民检察院可以通过调查、审阅案卷、受理申诉等活动,监督审判活动是否合法。人民检察院对人民法院审理刑事案件是否违反法定诉讼程序进行监督,主要有以下途径:

(1)出席法庭。人民法院的刑事审判活动主要是通过法庭进行的,开庭审理是人民法院审理刑事案件的主要形式。刑事诉讼法规定,除部分适用简易程序审理的案件外,人民法院开庭审理的公诉案件,人民检察院都应当派员出席法庭。《中华人民共和国人民检察院组织法》第二十条第三项规定,人民检察院"对刑事案件进行审查,决定是否提起公诉,对决定提起公诉的案件支持公诉。"人民检察院通过派员出席一审、二审和再审法庭,在依法行使支持公诉、支持抗诉、支持或反驳被告人上诉等职权的同时,对法庭的刑事审判活动进行监督,这是人民检察院的法定权力和重要职责。人民检察院要实现对人民法院的审判活动是否违反法定程序进行监督,必须依法出席法庭,把出庭作为实现监督的基本途径,围绕出庭进行监督。出席法庭的检察官,在法庭上既履行公诉职能,也承担法律监督职能;既要充分行使法律赋予的各项具体诉讼权力,也要注意对刑事审判活动是否合法进行监督。在我国刑事诉讼体制中，支持公诉和庭审监督是不可分割的两个方面。人民检察院在出庭支持公诉的过程中，首要的职责是指控犯罪和证明犯罪，而只有加强对审判活动的监督，才能保证刑事审判顺利进行，完成追诉犯罪的任务。

（2）庭外调查。庭外调查也是发现人民法院审判活动中的违反法定诉讼程序行为、核实证据材料的重要途径。实践表明，只有充分确实地掌握违法事实和证据材料，才能发现问题，完成监督任务。除了通过参与法庭审判直接了解审判情况以外，要广泛收集和查实人民法院在审判活动中的违法事实和证据，大量的工作要在法庭审判之外进行。这是因为，一方面法律规定了人民法院庭外调查取证的权力，人民法院的一些审判活动要在庭外进行；另一方面，一些违法活动往往出现在庭外。即使在参加法庭审判中发现的违法行为，在许多情况下也要经过法庭以外进一步的调查核实。

人民检察院进行庭外调查的方法主要有三种：一是处理人民群众来信来访。通过处理人民群众来信，接待人民群众来访，可以从中了解和掌握人民法院刑事审判活动的情况，进而发现违法行为的蛛丝马迹，找出问题。二是受理当事人等诉讼参与人的申诉、控告和检举。申诉、控告和检举是宪法和法律赋予公民的一项重要权利。当事人及其他诉讼参与人直接参与人民法院的刑事审判活动，对人民法院在审判中的违反法定诉讼程序行为使自己的权利受到的非法侵害有切身体验。他们的申诉、控告和检举是人民检察院发现人民法院审判活动中违反法定诉讼程序行为的重要线索。特别是对于人民检察院不派员出席法庭的适用简易程序的案件和自诉案件，更是如此。三是访问、询问有关知情人和讯问被告人。在发现人民法院审判活动中违法行为的有关线索后，为进一步核实违法情况，可主动访问、询问有关知情人，讯问原案被告人，从多方面了解情况，全面掌握事实证据。

（3）检察长列席审判委员会。检察长列席审判委员会，有利于了解合议庭对案件的评议情况，有利于促使和监督审判委员会全面了解案情，对案件作出正确的处理决定。对于不开庭审理的案件，或者人民检察院未曾派员出席法庭的案件，检察长可以通过列席人民法院的审判委员会了解法庭审理情况。作为审判组织，审判委员会在讨论决定具体案件的时候，进行的是刑事审判活动。检察长通过列席审判委员会，可以对审判委员会的审判活动实行监督，保证其程序上的合法性。

2. 刑事审判活动中纠正违法的方法

人民检察院对于人民法院在刑事审判活动中违反法定诉讼程序的行为，应当依法纠正，并根据人民法院在刑事审判活动中出现的违反法定诉讼程序行为的不同情况和结果，采取不同的纠正方法，使轻微违法得到制止和纠正，使严重违法通过抗诉得到纠正，使枉法犯罪受到追究。

（1）对庭审活动中违反法定诉讼程序行为的纠正方法。《人民检察院刑事诉讼规则》第五百七十二条规定："人民检察院在审判活动监督中，发现人民法院或者审判人员审理案件违反法律规定的诉讼程序，应当向人民法院提出纠正意见。人民检察院对违反程序的庭审活动提出纠正意见，应当由人民检察院在庭审后提出。出席法庭的检察人员发现法庭审判违反法律规定的诉讼程序，应当在休庭后及时向检察长报告。"也就是说，人民检察院对人民法院庭审活动的监督是一种事后监督，出庭支持公诉的检察人员，对人民法院审理案件违反法律规定诉讼程序的行为，不能当庭向人民法院或者审判法庭提出纠正意见，只能待法庭审理休庭后或者法庭闭庭后，将有关情况及时向检察长汇报，由检察长或者检察委员会作出决定，以人民检察院的名义向人民法院提出书面的纠正意见。这些规定体现了人民检察院刑事审判监督的权威性和严肃性，同时有利于维护人民法院在法庭上的尊严，保证庭审活动在合议庭的统一组织指挥下进行，使检察权和审判权都得以充分行使。根据法庭审理的不同情形，人民检察院纠正庭审活动中违反法定程序的行为，主要有以下两种方式：

一种方式是提出书面纠正意见。这种方式适用于出庭支持公诉的检察人员发现法庭庭审活动有违反法定程序的行为，而合议庭并未当庭宣判的情况。检察人员可向人民检察院汇报，以人民检察院的名义向人民法院发出《纠正审理违法意见书》，通知人民法院纠正违反法定程序的行为。人民法院收到人民检察院《纠正审理违法意见书》后，应当迅速审查，及时作出书面答复。这是人民检察院进行刑事审判监督的主要形式。

另一种方式是抗诉。这种方式适用于违反法律规定的诉讼程序可能影响公正审判的情况。人民法院对人民检察院《纠正审理违法意见书》拒绝答复或拒不纠正并作出判决的，或者当出庭支持公诉的检察人员发现法庭审理活动有违反法定程序的行为时，合议庭已当庭作出判决的，人民检察院认为该违反诉讼程序的行为可能影响公正审判的，可依法提出抗诉。

在法庭审理过程中，控辩双方都有权对庭审程序的有关问题提出自己的意见。因而，公诉人若认为合议庭的审理活动违反法定程序，可以先从公诉人的角度向法庭当庭提出相应的建议。这种建议不同于人民检察院的纠正意见，而是公诉人对不合法或不妥当的诉讼活动提出的诉讼异议。庭审中，公诉人有权对合议庭的诉讼行为发表意见，阐明异议。这是刑事诉讼法赋予公诉人的权利，其实质是控辩双方都享有诉讼程序的建议权。对于公诉人的建议，法庭可以根据情况决定采纳或不采纳。

（2）对其他违法行为的纠正方法。人民法院刑事审判活动中的违法行为不仅会出现在庭审过程中，人民检察院对人民法院刑事审判活动的监督也不仅限于庭审后发出《纠正审理违法意见书》，而是应当针对不同情况，采取不同方法。当人民法院在审判活动中出现不规范行为，而又尚未构成明显的违法行为时，人民检察院可向人民法院发出《检察建议书》，商请人民法院引起注意，在以后的审判活动中予以纠正、避免。而对于审判人员违法行为严重但尚未构成犯罪，需要给予党纪、政纪处分的，人民检察院除发送《纠正审理违法意见书》纠正违法行为外，也可以向人民法院有关部门发出《检察建议书》，建议给予有关责任人必要的处分。

对于审判人员在审判过程中徇私舞弊、枉法裁判，情节严重，构成犯罪的，应当按照案件管辖范围，移送侦查部门，追究有关人员的刑事责任。由此将刑事审判监督与职务犯罪监督结合起来。

## 三、刑事抗诉的基本方式

### (一) 刑事抗诉的对象和形式

关于刑事抗诉的对象,《中华人民共和国刑事诉讼法》第二百五十四条规定:"……最高人民检察院对各级人民法院已经发生法律效力的判决和裁定,上级人民检察院对下级人民法院已经发生法律效力的判决和裁定,如果发现确有错误,有权按照审判监督程序向同级人民法院提出抗诉。人民检察院抗诉的案件,接受抗诉的人民法院应当组成合议庭重新审理,对于原判决事实不清楚或者证据不足的,可以指令下级人民法院再审。"在这里,确有错误的刑事判决和裁定,既包括未发生法律效力的,也包括已发生法律效力的;既包括量刑畸重的,也包括量刑畸轻的;既包括公诉案件,也包括自诉案件及适用简易程序的案件;既包括一二审判决、裁定,也包括人民法院提审或再审后作出的判决、裁定;既包括定性错误,也包括量刑错误;既包括量刑中主刑部分的错误,也包括附加刑及刑事附带民事诉讼部分的错误;既包括实体问题的错误,也包括违反程序的错误等。

根据刑事诉讼法的规定,刑事抗诉有两种不同形式:一是第二审程序的抗诉。人民检察院对于尚未发生法律效力的判决、裁定,发现确有错误,在法定期限内向上一级人民法院提出抗诉。这种抗诉,因为是按照上诉程序提出来的,所以也称为上诉程序的抗诉。二是审判监督程序的抗诉。这是指人民检察院对于已经发生法律效力的判决和裁定,发现确有错误,向人民法院提出对案件重新审理的诉讼活动。因为这种诉讼活动必然引起法院的再审,所以也称为再审程序的抗诉。两种形式的抗诉是有区别的。

第一,抗诉对象不同。第二审程序的抗诉是针对尚未发生法律效力的判决和裁定提出的,而审判监督程序的抗诉是针对已经发生法律效力的判决和裁定提出的。已经发生法律效力的判决和裁定是指已经超过法定上诉、抗诉期限的第一审法院的判决和裁定;第二审人民法院的判决和裁定,即终审判决和裁定;最高人民法院的判决和裁定;按照死刑复核程序,经最高人民法院核准的死刑案件;执行程序中的裁定;各级人民法院核准的死刑缓期二年执行的判决。

第二,抗诉权限不同。第二审程序的抗诉权限限于地方各级人民检察院,只有地方各级人民检察院有权对本级人民法院第一审判决和裁定提出抗诉。最高人民检察院对最高人民法院第一审案件的判决和裁定,无权按第二审程序提出抗诉。因为,最高人民法院为第一审的判决和裁定是发生法律效力的判决和裁定。而审判监督程序的抗诉,除最高人民检察院对各级人民法院生效的判决和裁定有权抗诉外,只有上级人民检察院对下级人民法院的生效判决和裁定才有权抗诉,地方各级人民检察院对同级人民法院或上级人民法院的判决和裁定不能按审判监督程序抗诉。地方各级人民检察院如果发现本级人民法院已经发生法律效力的判决和裁定确有错误时,应当提请上一级人民检察院审查决定是否提出抗诉。

第三，审理的程序不同。对于第二审程序的抗诉，人民法院要按照第二审程序审理，所作出的判决和裁定是终审判决、裁定，同级人民检察院不能抗诉。对于审判监督程序的抗诉，人民法院按照刑事诉讼法规定，分不同情况，适用不同的程序。如果原来是第一审案件，应当依照第一审程序进行审判，所作的判决、裁定，同级人民检察院可以抗诉；如果原来是第二审案件，或者是上级人民法院提审的案件，应当依照第二审程序进行审判，所作的判决、裁定，是终审的判决、裁定。

第四，提出抗诉的期限不同。第二审程序抗诉的提出有一定期限的限制。《中华人民共和国刑事诉讼法》第二百三十条规定："不服判决的上诉和抗诉的期限为十日，不服裁定的上诉和抗诉的期限为五日，从接到判决书、裁定书的第二日起算。"而按照审判监督程序提出的抗诉，法律没有期限的限制，只要发现已经发生法律效力的判决和裁定确有错误，任何时候都可以提出抗诉。

第五，抗诉作用不同。第二审程序的抗诉，主要是为了阻断一审法院错误的判决和裁定交付执行。只要在抗诉期限内依法提出抗诉，此后即使在抗诉期满之后，原裁判也不能视为已经生效，当然也就不能交付执行。而审判监督程序的抗诉，主要是为了纠正错误的判决和裁定，对已经交付执行的冤错案件予以纠正。

### （二）刑事抗诉的理由

刑事抗诉的理由是人民检察院据以提出抗诉的根据，也是要求审判机关必须对案件进行二审或再审的依据，这个理由就是人民法院的判决、裁定确有错误。《人民检察院刑事诉讼规则》第五百九十一条列举了法院判决、裁定确有错误的若干情形："（一）有新的证据证明原判决、裁定认定的事实确有错误，可能影响定罪量刑的；（二）据以定罪量刑的证据不确实、不充分的；（三）据以定罪量刑的证据依法应当予以排除的；（四）据以定罪量刑的主要证据之间存在矛盾的；（五）原判决、裁定的主要事实依据被依法变更或者撤销的；（六）认定罪名错误且明显影响量刑的；（七）违反法律关于追诉时效期限的规定的；（八）量刑明显不当的；（九）违反法律规定的诉讼程序，可能影响公正审判的；（十）审判人员在审理案件的时候有贪污受贿，徇私舞弊，枉法裁判行为的。"

### （三）刑事抗诉的程序

1. 有权提出抗诉的机关

有权提出抗诉的机关有两个，一是与原审人民法院相对应的同级人民检察院；二是最高人民检察院和上级人民检察院。

2. 提出抗诉的期限

人民检察院认为人民法院未发生法律效力的判决、裁定确有错误，必须在法定期限内提出抗诉。不服判决的抗诉期限为十日，不服裁定的抗诉期限为五日，从接到判决书、裁定书的第二日起算。人民检察院受理被害人及其法定代理人请求抗诉案件时，自收到抗诉请求五日内应作出是否抗诉的决定并答复请求人。对于按审判监督程序提出抗诉的期限,法律未作具体限定,但为了规范工作,《最高人民检察院关于刑事抗诉工作的若干意见》规定:"人民检察院审查适用审判监督程序的抗诉案件,应当在六个月以内审结;重大、复杂的案件,应当在十个月以内审结。对终审判处被告人死刑、缓期二年执行的案件,省级人民检察院认为应当判处死刑立即执行的,应当在收到终审判决书后三个月内提请最高人民检察院审查。"

3. 按照第二审程序提出抗诉的程序

人民检察院接到人民法院尚未发生法律效力的第一审刑事判决书或者裁定书后,或收到被害人及其法定代理人的抗诉请求后,应指定专人及时进行审查。审查判决书和裁定书是检察机关行使审判监督权的重要内容,也是发现问题、提出抗诉的首要环节。重点审查认定事实是否清楚,证据是否充分,适用法律是否正确,定罪量刑是否恰当,法院诉讼程序是否合法等方面的内容。应特别注意审查判决与起诉书及法庭审理认定的事实、适用法律等方面的不同点,弄清分歧的焦点和各自的依据。对重大、复杂案件,可事先征求上级检察机关的意见。对于被害人及其法定代理人的抗诉请求,经审查决定后,应填写《抗诉请求答复书》,在五日内答复请求人。

对作出抗诉决定的案件,必须在法定期限内制作《刑事抗诉书》,通过原审人民法院向上一级人民法院提出抗诉,并且将抗诉书副本抄送上一级人民检察院。原审人民法院应当在三日内将抗诉书连同案卷、证据材料移送上一级人民法院,并且将抗诉书副本送交当事人。上一级人民检察院收到下级人民检察院《刑事抗诉书》副本,经过审查并查阅案卷,认为抗诉正确的,应当做派员出席第二审法庭的准备;认为抗诉不当时,制作《撤回抗诉决定书》,向同级人民法院撤回抗诉,同时通知提出抗诉的下级人民检察院。下级人民检察院如果认为上一级人民检察院撤回抗诉不当时,可以提请复议。上一级人民检察院应当进行复议,并将复议结果通知下级人民检察院。

上一级人民检察院在上诉、抗诉期限内,发现下级人民检察院应当提出抗诉而没有提出抗诉的案件,可以指令下级人民检察院依法提出抗诉。第二审人民法院发回原审人民法院重新按照第一审程序审判的案件,如果人民检察院认为重新审判的判决、裁定确有错误的,仍然可以按照第二审程序提出抗诉。

4. 按照审判监督程序提出抗诉的程序

人民检察院认为人民法院已经发生法律效力的判决、裁定确有错误,应当按审判监督程序向人民法院提出抗诉。虽然法律没有规定审判监督程序提出抗诉的期限,但为了保证生效判决、裁定的质量,防止交付执行的判决、裁定造成难以挽回的损失,原二审承办的检察人员应当及时对第二审的判决、裁定进行审查,同时按照《最高人民检察院关于刑事抗诉工作的若干意见》的规定在六个月内审结,重大、复杂案件在十个月内审结,"抗杀"案件在三个月内提请抗诉。

对认为确有错误的第二审的判决、裁定进行审查时,一般将判决、裁定书与引起二审的抗诉书或上诉状对照审查。主要审查判决、裁定是否采纳了检察机关的正确抗诉意见和上诉人的有理要求，对无理的上诉是否驳回。另外，也要注意二审中新发现的事实和证据是否得到认真对待；能确认并影响定罪量刑的事实是否在判决、裁定中作出反应；二审改判的案件，在定罪特别是在量刑上是否体现了公正执法等。

承办人审查后，要写出《刑事抗诉案件审查报告》，写明并提出是否提请上级人民检察院抗诉的意见，经审查起诉部门负责人复核同意后，报检察长提交检察委员会讨论决定。

最高人民检察院及上级人民检察院在接到《提请抗诉报告书》后，应及时指定检察人员审查，如果认为已生效的判决、裁定确有错误，需要提出抗诉的，由审查起诉部门报请检察长提交检察委员会讨论决定，并由最高人民检察院或原审人民法院的上一级人民检察院制作《刑事抗诉书》，向同级人民法院提出抗诉。人民检察院应当将抗诉书副本报送上一级人民检察院。

人民检察院按照审判监督程序提出抗诉的案件，人民法院经审理作出的判决、裁定仍然确有错误的，如果案件是依照第一审程序审判的，同级人民检察院应当按照第二审程序向上一级人民法院提出抗诉；如果案件是依照第二审程序审判的，上级人民检察院应当按照审判监督程序向同级人民法院提出抗诉。

### （四）刑事抗诉案件的出庭

刑事抗诉案件的出庭，是指人民检察院派员出席同级人民法院公开审理刑事抗诉案件法庭的一种诉讼活动，包括按照第二审程序和审判监督程序开庭审理的刑事抗诉案件的出庭活动。出席抗诉法庭实际上是支持抗诉的一种诉讼活动。检察人员以国家法律监督机关代表的身份出席二审法庭，其任务一是支持抗诉，对审判活动实行监督；二是对某些案件继续支持公诉，一种身份承担双重任务。检察人员出席再审法庭的法律地位和任务，与出席二审法庭的法律地位和任务大致相同。

1. 出庭的准备工作

出庭的准备工作包括：全面审查，突出重点；制作阅卷笔录；讯问被告人；认真复核证据；提出审查意见；制作出庭意见和辩论提纲。除了上述出庭前的准备工作外，检察人员还要针对案件情况，研究并掌握有关的政策、法律规定、司法解释和法学理论以及案件涉及的其他各种专业知识。

2. 出席法庭的主要活动

第二审程序和审判监督程序的抗诉案件必须开庭审理。第二审人民法院开庭审理抗诉案件应当重点针对抗诉理由，全面查清事实、核实证据。审判监督程序的抗诉案件也应照此办理。检察人员出席第二审程序和审判监督程序抗诉案件法庭的主要活动是：

第一，宣读《刑事抗诉书》。审判长或审判员宣读第一审或第二审判决、裁定书后，由检察人员宣读抗诉书。如果是既有上诉又有抗诉的案件，先由检察人员宣读抗诉书，再由上诉人陈述上诉理由。

第二，参加法庭调查和法庭辩论。检察人员、辩护人、当事人可以在法庭调查阶段对案件事实、证据进行相互辩论。检察人员和辩护人通过讯问被告人，询问证人、鉴定人，出示、宣读证据，以及双方对证据进行质证，可以更好地体现审判活动中的抗辩性。

出庭检察人员应当针对以下事实和证据，在征得审判长同意后，主动讯问原审被告人，询问证人、鉴定人，出示、宣读证据，以及与辩护人进行质证、辩论：一是抗诉书中提出异议的事实、证据；二是对于新的证据予以出示或者进行法庭核查。因为只有经法庭质证并核查属实的证据才能作为定案的依据；三是与抗诉理由相当的事实、情节、证据。在有重点地对于犯罪事实和证据进行核查、相互质证、辩论后，检察人员适时发表《出庭意见书》，对于部分支持抗诉的意见要予以阐明。如果是既有上诉又有抗诉的案件，应当先由检察人员发言，再由上诉人和他的辩护人发言，并针对抗诉的理由和分歧的焦点依次进行辩论。

## 案 例

### 履行公益诉讼职能　守护金城绿水青山[①]

2017年公益诉讼工作全面推开以来，兰州市检察机关审查公益诉讼案件线索602件，立案500件，发出诉前检察建议474件，行政机关回复455件，采纳率98.5%，公益诉讼各项工作名列全省前茅。在2019年9月18日"着力加强社会管理·维护社会和谐稳定"全媒体主题采访活动中，兰州市人民检察院向采访团公布了这组数据。

兰州市人民检察院第六检察部负责人介绍说，公益诉讼是法律赋予检察机关的一个新业务领域，在法律规定的生态环境和资源保护、食品药品安全、国有财产保护、国有土地使用权出让等领域，对损害国家利益、社会公共利益的人或事，对行政机关的违法或不作为行为说"不"。近年来，兰州市检察机关加强外部沟通协调，积极争取各方支持，在案件办理中牢固树立双赢、多赢、共赢理念，充分发挥诉前程序的作用，统筹调配力量，强化内外联动，对内形成了公益诉讼线索移交机制，对外则与各执法单位协调配合，形成工作合力。

2019年以来，兰州市检察机关紧紧围绕民生民利，通过专项带动、以点带面推动公益诉讼工作，先后在全市开展了乳制品及饮用水、网络餐饮、清"四乱"保护母亲河等多个专项行动。这位负责人介绍说，"在保护母亲河专项行动中，我们严厉打击了全市湖河流域'乱占、乱采、乱堆、乱建'等现象，截至2019年9月，审查公益线索265件，依法立案230件，发出诉前检察建议217件。"兰州市检察机关通过此次专项

---

① 和谐稳定兰州市人民检察院：充分发挥公益诉讼检察职能守护金城绿水青山（2019-09-20）[2020-05-19]. http://www.zgzyw.com.cn/zgzyw/system/2019/09/20/030086854.shtml.

行动,共清理污染水域面积 3 815 亩(约 254.3 万平方米),清理污染和非法占用的河道 96.3 千米,整改拆除违法建筑 13 894 平方米,清理生活垃圾 1 205.5 立方米。同时,兰州市检察机关还联合省区市三级水务部门,对已经发出的检察建议进行"回头看",对存在的"四乱"问题发现一个解决一个,织牢全市河湖生态环境保护网。

线索是成案的基础,针对公益诉讼案件线索发现困难这一情况,兰州市检察机关引进了行政检察与行政执法衔接平台。该平台基于大数据、云计算,囊括互联网数据、投诉举报数据和行政执法信息,借助人工智能技术,发现监督重点和案源信息,实现了信息化案件管理和智能辅助办案。以该平台的建立为契机,兰州市检察机关还与市 27 家行政单位达成了数据对接与信息共享机制,目前平台采集的有效数据达 37 万余条,其中行政执法信息达 19 万余条。2019 年 3 月,检察机关通过大数据平台收到相关线索,城关区肖家窑某垃圾堆放点对垃圾渗滤液未进行有效处理,对周边土壤造成污染。检察机关立即向相关行政部门发出检察建议,督促相关单位对垃圾渗滤液进行处理,减轻了污染物对周围环境的影响。

公益诉讼涉及领域广泛。兰州市人民检察院第六检察部负责人说,"在检察系统流行这样一句话,办理公益诉讼的检察官总是'闻臭而动、踏泥而行',堆积如山的垃圾场、烟尘飞扬的工地、非法占用河道等损坏公共利益的现场,都有我们检察官的身影。但要做好公益诉讼这项工作,不仅需要检察机关的大力主导和检察官的辛勤付出,更需要全社会的共同参与。"

## 案例思考题

什么是公益诉讼?检察机关在公益诉讼中有哪些基本职能?

## 重要概念

1.检察机关监督  2.侦查监督  3.审判监督  4.刑事审判监督  5.民事审判监督  6.行政审判监督  7.刑罚执行监督  8.公共利益保护监督  9.公益诉讼  10.公诉权  11.抗诉权  12.刑事立案监督  13.审查批捕  14.审查起诉  15.刑事抗诉

## 思考题

1.什么是检察机关的监督?检察机关的监督有哪些特征?
2.简述检察机关监督的性质。
3.简述检察机关监督的内容。
4.人民检察院实施法律监督主要有哪些权力?

5. 国家监察体制改革和《中华人民共和国监察法》颁布实施以来,检察机关法律监督职权的行使发生了什么变化?
6. 对涉嫌职务犯罪的案件,检察机关和监察机关的工作如何衔接与配合?
7. 侦查监督具体表现为哪几种监督?
8. 什么是刑事审判活动监督?有何特点?
9. 人民检察院履行刑事抗诉职能有何意义?
10. 刑事抗诉的两种形式有何不同?
11. 简述人民检察院公益诉讼的范围。

# 第九章 行政机关的监督

行政机关的监督简称"行政监督"。本章在阐述行政监督基本问题的基础上,着重阐述了层级监督、审计监督、行政复议等监督形式。行政监督的目的是促进行政机关依法行政,建设廉洁高效的法治政府和责任政府。

## 第一节 行政监督概述

### 一、行政监督的概念和特征

#### (一) 行政监督的概念

学界对行政监督的界定有广义、狭义之说。广义的行政监督是指行政系统的内外监督主体依法对行政机关及其工作人员的行政行为实施的监督;狭义的行政监督是指行政系统内部各监督主体对行政机关及其工作人员的行政行为实施的监督。本章采用狭义的行政监督概念。在我国,掌握行政权力,能够以自己的名义运用行政权力并承担法律责任的组织是广泛的,包括行政机关、法定授权组织等;能够代表所在机关执法的人员也是广泛的,包括政府公务员、法定授权组织内执行公务的人员等。在本章,行政机关、行政主体是同一概念;行政机关工作人员、政府公务员、行政公务人员也是同一概念。

行政监督的组织基础是行政组织以及金字塔式的行政组织结构。行政组织又称政府组织。我国的行政组织由各级政府及政府部门构成。可见,行政组织数量众多。如此多的行政组织如果不按一定的原则加以整理或者编排,使其显现出严密、稳定的组织结构,就会成为一盘散沙而无法发挥功能。按照行政学对行政组织的相关研究来整理、编排这些行政组织,使其呈现出特有结构,主要有三个原则,即精简、统一、效能。精简是指在保证行政职能履行的前提下,行政组织的数量应尽可能减少,避免政府成为"巨型政府";统一是指在行政组织系统内部,下级必须服从上级,不能政出多门,以保证政令统一;效能是指行政组织的活动既要有效率又要保证社会的公平正义,对社会发展起正面的、积极的作用。从行政组织的结构看，行政组织呈金字塔式的组织结构。金字塔内部是分层的，称为"行政层次"，行政层次以数量计算，每一层代表着一个级别的政府。

行政监督制度的运行原理是关于行政组织层级节制的原理。在这方面，比较有影响的理论是德国的组织理论家马克斯·韦伯提出的理想官僚制。按照马克斯·韦伯的设计，理想的行政组织具有四个特点。一是在政府组织中，每个官员都有确定的职责权限，他只能在自己的职责权限范围内行使权力而不能超越职权；二是政府组织内部有着严格的等级关系，下级组织必须接受上级组织的监督控制；三是政府的各项活动都要严格依照规范性文件的规定进行；四是以能够胜任工作为前提，政府工作人员领取固定薪俸并稳定任职，使政府公职成为受尊重的职业。韦伯认为，按照职权分明、层级节制、政令严格、稳定任职原则建构起来的政府组织是最合理的政府组织，这种组织才能取得高的行政效率和胜任各项行政任务。

近几十年来，韦伯的理想官僚制受到广泛质疑，各国也都在不断地进行政府机构改革。但是，机构改革所改的通常只是机构的设置方式和数量，政府组织内部仍然普遍保留着上级对下级的层级节制关系，原因就在于层级节制关系是行政组织运行所必需的。这种关系规定了行政权力的运行方向、行政首脑的指挥线路、行政命令的下达渠道、行政人员的职责权限，同时也使行政监督制度的建立和运行成为可能。也就是说，如果没有行政组织体系内部上级对下级的层级节制关系，行政监督制度是无法建立、无法运行的。

### （二）行政监督的特征

行政监督的特征主要有四：第一，监督主体的多样性。行政监督的主体包括各级政府、上级行政机关、审计机关、行政复议机关等。第二，监督对象的特定性。行政监督的对象是行政主体、行政公务人员和行政机关任命的其他人员，更确切地说是这些人员的行政行为、职务行为。第三，监督内容的广泛性。行政监督既要监督行政机关的宏观管理活动，也要监督执法人员的具体处理活动；既要监督行政行为的合法性，也要监督行政行为的合理性。广泛的监督内容使得行政主体和行政公务人员的行为更加规范。第四，监督程序的法定性。行政监督是一种法治监督。监督程序法定是实现监督目的的前提，没有相应法律程序的保障，行政监督的目的不可能实现。例如，香港特别行政区《廉政公署条例》，基本上是一个程序性法规，保障了廉政公署职权的有效行使。监督程序法定还意味着对监督对象合法权益的程序性保障。行政监督的法律程序在保障监督主体有效行使监督权的同时，也对监督主体滥用监督权形成制约，保护被监督人的合法权益。

## 二、行政监督的对象和范围

### （一）行政监督的对象

行政监督的对象是指行政监督所针对的组织和个人。我国行政监督的对象是行政主体、行政公务人员和行政机关任命的其他人员。

1. 行政主体

行政主体由行政机关和法律、法规、规章授权组织（法定授权组织）构成。行政机关是依照宪法和行政机关组织法设立的、享有且能以自己的名义行使国家行政权，并能独立承担法律责任的机关。根据宪法和行政机关组织法的规定，我国的行政机关包括中央行政机关和地方行政机关。中央行政机关包括国务院、国务院各部委、国务院直属机构和国务院办事机构；地方行政机关包括地方各级政府、地方各级政府职能部门、地方政府的派出机关等。法定授权组织是指享有经法律、法规、规章授予的行政职权，能以自己的名义行使国家行政权，并能独立承担法律责任的组织。法定授权组织种类有很多，例如依法直接设立的专门行政机构、行政性公司、社会团体、事业单位、基层群众自治组织等。行政机关和法定授权组织的共同之处是享有行政权，能够以自己的名义实施行政管理活动，作出行政行为，其行为会直接、间接影响行政相对人的权利和义务。

2. 行政公务人员

行政公务人员包括政府公务员和法律、法规、规章授权组织内执行公务的人员。行政权力归根结底是由行政公务人员行使的，对行政公务人员实施监督是行政权力依法行使的基础。监督行政公务人员主要是针对这些人员的职务行为。

3. 行政机关任命的其他人员

行政机关任命的其他人员主要是指行政机关任命的国有企事业单位的领导人员。这些人员成为行政监督对象的原因主要有三：一是这些人员由行政机关任命；二是这些人员受行政机关的委托，行使特定的行政职权，并向行政机关负责；三是这些人员履行职务的行为是执行公务的行为，他们的职务行为是行政机关管理社会事务的特殊方式。

（二）行政监督的范围

行政监督贯穿于行政管理的全过程，是一种全程化监督；行政监督覆盖行政管理的全部事项，是一种全面性监督。因此，行政监督的范围是与行政管理过程和事项相适应、相匹配的，两者能否相适应、相匹配，是衡量一国行政监督制度是否完备的重要标志。行政监督的范围有两种划分方法。

1. 按照政府基本职能划分的行政监督范围

政府基本职能是政府在国家和社会发展中所承担的义务和所发挥的作用。政府基本职能包括政治职能、经济职能、文化职能和社会职能，相应地，行政监督涉及对政府履行政治、经济、文化、社会职能的监督。例如，对政府在维护和促进自由、民主、平等、公正、法治等方面的活动实施监督；对工业、农业、商业、基本建设、交通运输、财政金融、公用事业等领域的管理活动实施监督；对科技、教育、文化、卫生等领域的管理活动实施监督等。

2. 按照政府运行职能划分的行政监督范围

政府运行职能是政府管理的程序性职能，主要有计划（决策）、执行、指挥、协调、控制等。例如，行政决策是行政管理的起点，同时也贯穿于行政管理的全过程。采用各种方式对行政决策的制定进行监督，对于保证决策的科学化与民主化有重要作用。再如，行政执法是行政管理的关键环节，采用各种监督方式对行政执法实施监督，对于实现决策目标、检验决策正误、完善决策内容、实现决策创新等都是非常必要的。

### 三、行政监督实效性的保证——行政责任

有监督，就必须有对监督中发现问题的处理，两者是互不可缺的对等物。在行政监督中，如果发现行政机关及其工作人员有行政违法和行政不当等问题，就要追究其法律责任，以促进行政主体改进工作，并最终建立起责任政府。没有法律责任追究，对监督发现的问题不予处理，行政监督就会流于形式，不能发挥监督的应有作用。

#### （一）行政责任的概念

从广义看，行政责任是指政府为推动社会发展和增进公共利益而承担的应做之事，亦即政府的社会义务。政府履行社会义务，要求政府做正确的事，并正确地做事。做正确的事是指政府必须做有利于公共利益的事；正确地做事是指政府必须按规则做事。如果一个政府既能够做正确的事，又能够正确地做事，这个政府就是一个有责任、负责任的政府。从狭义看，行政责任是指行政主体及其行政公务人员因行政违法和行政不当所应当承担的不利法律后果，即行政法律责任。法律责任与道义责任不同，法律责任由法律设定，以法律规定的职责、内容以及承担方式为根据，并通过一定的法律途径（行政复议、行政诉讼等）来实现。我国行政监督制度在发展过程中，逐步确立了"责任法定"的原则。例如，根据《行政机关公务员处分条例》第二条规定，行政机关公务员违反法律、法规、规章以及行政机关的决定和命令，应当承担纪律责任的，依照本条例给予处分。除法律、法规、规章以及国务院决定外，行政机关不得以其他形式设定行政机关公务员处分事项。同时，《行政机关公务员处分条例》第四条规定："给予行政机关公务员处分，应当与其违法违纪行为的性质、情节、危害程度相适应。给予行政机关公务员处分，应当事实清楚、证据确凿、定性准确、处理恰当、程序合法、手续完备。"

#### （二）行政责任的作用

世界上鲜有不做错事的政府，但政府做错事后承担责任，就能得到民众的信任，就能得到长久的生命力。如果政府做错事后不承担责任，就会助长行政权力滥用之风，使政府失去公信力，并最终危及政府自身的存在。具体来说，行政责任有以下作用：

第一，行政责任是公民、法人和其他组织合法权益的保障。行政权力以行政行为作用于行政相对人，并对其权利义务产生影响。由于行政权力具有单方性、强制性和自我扩张性等特点，因而在行使过程中极易侵犯相对人的合法权益，给相对人的人身和财产造成损害。行

政责任约束行政行为不能随意对相对人的权利义务施加影响，否则就要承担法律责任，这在很大程度上减小了行政行为的随意性，使相对人的合法权益得到保障。

第二，行政责任是实现社会秩序的保障。在社会生活中，无论何人、何组织都必须对自己的行为负责，这是实现社会秩序的基本要求，也是社会赖以生存和发展的基本条件。从性质上看，行政活动具有公共性，它以整个社会为对象，以公共利益为目标，如果行政活动可以随意实施而无须承担责任，整个社会就将陷入无秩序状态。与个人活动相比，国家行政活动更应当建立在行政责任的基础之上。

第三，行政责任是行政权力滥用的约束力量。在政治发展史上，确实存在过国家无责任时期。在这样的时期，专制和权力滥用现象可以说是必然的，因此较为普遍。正是为了反对封建专制，防止国家权力的滥用，才有了近代民主制度和行政法的产生。行政法律责任是贯穿于所有行政法规范的基本原则、基本精神，各种行政法规范都规定了行政权力行使的规则、程序以及违反这些规则和程序所要承担的法律责任，其目的就在于克服行政活动的无责任状态，把全部行政活动放在法律责任的基础之上，从而避免各种行政违法和行政不当行为的发生。

### （三）行政责任的形式

行政机关及其行政公务人员的法律义务主要有二：一是不得作出损害公民、法人和其他组织合法权益的行为；二是不得失职和违背公共利益。如果行政机关及其行政公务人员违背上述法律义务，就应当承担法律责任，或者是承担赔付性法律责任，或者是承担惩罚性法律责任。可见，行政法律责任形式广泛多样，不仅仅是行政处分这种单一形式。

1. 赔付性法律责任

赔付性法律责任的特点是"恢复原状"，使行政相对人的权利义务状态恢复到行政行为未作出时的状态。赔付性法律责任形式较多，例如撤销行政行为、确认行政行为无效、行政赔偿等。撤销行政行为是指有权机关（上级行政机关、行政复议机关、人民法院等）撤销违法行政行为，使之自始不发生法律效力；确认行政行为无效是指行政行为有重大且明显违法而被有权机关宣布无效；行政赔偿是指行政机关及其行政公务人员行使职权，侵害行政相对人的合法权益并造成损害，由赔偿义务机关予以赔偿的法律制度，赔偿方式包括支付赔偿金、对物的修复使之恢复原状、返还财产等。

2. 惩罚性法律责任

惩罚性法律责任的特点是惩罚违反法律、法规、规章、行政决定和命令，应当承担法律责任的行政公务人员，目的是严肃行政纪律，规范行政公务人员的行为，保证行政公务人员依法履行职责。惩罚性法律责任的形式包括行政处分、刑事处罚、权力机关的罢免和撤职等。

行政处分是行政主体基于行政隶属关系对不履行法定义务或者有明确违纪行为的行政公务人员作出的制裁性行为。根据我国公务员法的相关规定，行政处分包括警告、记过、记大过、降级、撤职、开除等。

刑事处罚是行政公务人员违反刑事法律所应当承担的法律责任，是最严厉的职务责任，这种责任对应的行为是职务犯罪行为。我国法律在涉及法律责任的相关章节中通常都有这样的规定：行政机关工作人员滥用职权、徇私舞弊、玩忽职守，构成犯罪的，依法追究刑事责任。

权力机关的罢免是指各级人民代表大会免去由其选举或者决定的行政机关组成人员的职务。根据《中华人民共和国宪法》第六十三条规定，全国人民代表大会有权罢免国家主席、副主席，国务院总理、副总理、国务委员、各部部长、各委员会主任、审计长、秘书长，中央军委主席和中央军委其他组成人员，国家监察委员会主任，最高人民法院院长，最高人民检察院检察长等。根据《中华人民共和国地方各级人民代表大会和地方各级人民政府组织法》第十条规定，地方各级人民代表大会有权罢免本级人民政府的组成人员。

权力机关的撤职是指各级人大常委会撤销由其任命的违法失职的行政机关组成人员的职务。根据《中华人民共和国地方各级人民代表大会和地方各级人民政府组织法》第四十四条规定，县级以上地方各级人大常委会在本级人民代表大会闭会期间，决定撤销个别副省长、自治区副主席、副市长、副州长、副县长、副区长的职务；决定撤销由它任命的本级人民政府其他组成人员和人民法院副院长、庭长、副庭长、审判委员会委员、审判员，人民检察院副检察长、检察委员会委员、检察员，中级人民法院院长，人民检察院分院检察长的职务。

## 第二节　层级监督

层级监督是指基于行政系统上下级隶属关系而实行的自上而下的监督。层级监督是行政监督中最主要、最有力、最便利的监督形式。这是因为，在"金字塔"式的行政组织结构内，上下级之间的关系是层级节制关系，这种关系使上级占据监督的天然优势，为监督创造了便利条件。层级监督的形式包括上级政府对下级政府的监督、本级政府对所属部门的监督、上级政府部门对下级政府部门的监督、上级政府部门对下级政府的监督等。

### 一、上级政府对下级政府的监督

按照政府在行政组织中的地位，我国的政府分为中央政府和地方政府。中央政府是指国务院，地方政府是指省级及以下地方各级政府。上级政府对下级政府实行"垂直领导"，上级政府对下级政府的监督又称"政府监督"，包括国务院对地方各级政府的监督、本行政区域内上级政府对下级政府的监督等。

#### （一）监督依据

政府监督的依据是宪法和组织法的规定。根据《中华人民共和国宪法》第八十九条第四项规定，国务院统一领导全国地方各级国家行政机关的工作，规定中央和省、自治区、直辖市的国家行政机关的职权的具体划分。《中华人民共和国宪法》第十四项规定："国务院改变或者撤销地方各级国家行政机关的不适当的决定和命令。"《中华人民共和国地方各级人民代表大会和地方各级人民政府组织法》第五十五条规定:"全国地方各级人民政府都是国务院统一领导下的国家行政机关,都服从国务院。"第五十九条第二项、第三项规定,县级以上地方各级政府领导所属各工作部门和下级人民政府的工作,改变或者撤销所属各工作部门和下级人民政府的不适当的指示、决定、命令。

### (二)监督范围

政府监督的范围依据政府职权而划定。这就是说,政府有怎样的职权,政府监督就有怎样的范围。根据有关组织法的规定,政府职权主要包括:执行本级人大及其常委会的决议;执行上级行政机关的决定和命令;规定行政措施,发布决定和命令;领导所属各工作部门和下级政府的工作;改变或者撤销所属各工作部门和下级政府的不适当的决定、命令;任免、培训、考核、奖惩政府公务员;执行国民经济和社会发展计划、预算;管理本行政区域内的经济、教育、科学、文化、卫生、体育、环保、城乡建设、生态文明建设、财政、民政、公安、民族事务、司法、监察、计划生育等行政工作;保护国家财产和私人合法财产;维护社会秩序,保障公民各项权利;保护各种经济组织的合法权益;保障少数民族的权利;办理上级行政机关交办的其他事项等。由此可见,上级政府对下级政府的监督是一种全方位的监督,包括下级政府的建章立制情况、法律执行情况、行政决策活动、财政收入支出情况、人员任免奖惩情况等。

### (三)监督方式

政府监督的方式多种多样,除行政复议、审计监督之外,还包括改变或者撤销、规章和其他规范性文件备案、规章和其他规范性文件清理与审查、重大行政行为备案等。

第一,改变或者撤销。上级政府改变或者撤销下级政府制定的规章和其他规范性文件。在行政立法层面,按照我国立法法的规定,国务院有权改变或者撤销不适当的地方政府规章;省、自治区政府有权改变或者撤销下一级政府制定的不适当的规章。在其他规范性文件层面,国务院有权改变或者撤销地方各级行政机关的不适当的决定和命令;县级以上地方各级政府有权改变或者撤销下级政府不适当的决定、命令。

第二,规章和其他规范性文件备案。下级政府制定的规章和其他规范性文件应当报上级政府备案。规章备案方面,按照立法法的规定,部门规章和地方政府规章报国务院备案;地方政府规章应当同时报本级人大常委会备案;设区的市、自治州的人民政府制定的规章应当同时报省、自治区的人大常委会和人民政府备案。其他规范性文件备案方面,下级政府制定的规范性文件应当同时报本级人大常委会和上一级政府备案。

第三,规章和其他规范性文件清理与审查。上级政府对下级政府制定的文件进行整理、处理、审查。文件清理与审查有四个方面的基本要求,一是以法律为准绳,审查文件与法律相抵触、相违背之处;二是审查过去发布的文件,并确定哪些文件已经全部或者部分失去效力，应当予以全部或者部分废止；三是修正下位文件与上位文件相抵触之处；四是清除同一效力层级文件之间的不和谐或者相互矛盾之处。文件清理与审查的目的是纠正文件违法，克服文件混乱，使文件适应已经发展了的社会现实和法律变化。文件清理、审查后要及时向社会公布结果，列出继续有效的、废止的、失效的文件目录，凡未列入继续有效目录的文件不得作为行政管理的依据。

第四，重大行政行为备案。下级政府作出的重大行政行为要报上级政府备案。这里，行政行为是指行政机关针对特定对象和特定事项作出的处理行为，例如行政处理、行政许可、行政处罚、行政强制等。近些年来，我国一些地方政府建立了重大行政行为备案制度，下级政府和政府部门作出的重大行政行为，必须在限定时间内向上一级政府报送备案，例如对公民、法人或者其他组织的较大数额的罚款，吊销证照或者责令停产停业的行政处罚，责令拆除对公民、法人或者其他组织的生活、生产有重大影响的建筑物、构筑物，涉及资源权属争议的行政处理决定，行政赔偿决定等。

## 二、本级政府对所属部门的监督

根据行政组织法的规定，各级政府根据工作需要和精干原则设立必要的工作部门，政府对其所属的工作部门实行统一领导。

### （一）监督依据

本级政府对所属工作部门的监督同样源自二者的行政隶属关系，是层级监督的重要类型。根据行政组织法的规定，各级政府对其所属的工作部门实行统一领导。《中华人民共和国宪法》第八十九条第三项规定，国务院"规定各部和各委员会的任务和职责，统一领导各部和各委员会的工作"；第十三项规定，国务院"改变或者撤销各部、各委员会发布的不适当的命令、指示和规章"；《中华人民共和国地方各级人民代表大会和地方各级人民政府组织法》第五十九条第二项、第三项规定，县级以上地方政府领导所属各工作部门的工作，改变或者撤销所属各工作部门的不适当的命令、指示。

### （二）监督范围

本级政府对所属工作部门的各项行政工作和活动实行监督，监督范围涉及政府部门的行政决策活动、制定文件活动、行政执法活动等。本级政府的监督与上级政府部门的监督相结合，目的是督促政府部门合法、合理行政，使行政工作和活动更有利于推动社会发展和保护公民、法人或者其他组织的合法权益。

### （三）监督方式

本级政府监督所属工作部门的方式多种多样，除行政复议、审计监督外，还包括审批、检查、备案、报告等。审批是指本级政府对所属部门的行政工作和活动进行事前监督，预先防范可能出现的行政违法和行政不当；检查是指本级政府对所属部门的行政工作和活动进行日常监督检查，及时发现和纠正行政违法和行政不当，或是将行政违法和行政不当的不利影响降至最小；备案是指政府工作部门按要求将文件和重大行政行为报本级政府备案，政府通过备案审查制度监督所属部门的行政工作和活动，发现问题及时采取改变或者撤销等行政措施加以纠正；报告是指政府部门向本级政府汇报工作，反映情况，答复询问，这是本级政府监督所属工作部门的常用方式。

### 三、上级政府部门对下级政府部门的监督

政府部门是指政府根据工作需要和精干原则设立的，管理行政区域内某一方面行政事务的行政机关，例如发展改革、科学技术、生态环境、城乡建设、卫生健康、市场监管、公安、司法、教育、民政等部门。就层级看，国务院部门处于政府部门的顶层，县级政府部门处于政府部门的底层。除国务院部门外，地方政府部门大多实行条块结合的双重领导体制；少数实行垂直领导体制，例如海关、金融、国税、国家安全等部门。上级政府部门对下级政府部门的监督又称"主管监督"，包括国务院部门对地方各级政府部门的监督、地方上级政府部门对下级政府部门的监督等。

#### （一）监督依据

除国务院部门和金融、国税、海关、外汇管理、国家安全等少数实行垂直领导体制的部门外，我国地方政府部门受本级人民政府和上一级主管部门的双重领导，即省级政府部门受本级政府的统一领导，受国务院主管部门的业务指导或者领导；县级政府部门受本级政府的统一领导，受上级政府主管部门的业务指导或者领导。《中华人民共和国地方各级人民代表大会和地方各级人民政府组织法》第六十六条规定："省、自治区、直辖市的人民政府的各工作部门受人民政府统一领导，并且依照法律或者行政法规的规定受国务院主管部门的业务指导或者领导。自治州、县、自治县、市、市辖区的人民政府的各工作部门受人民政府统一领导，并且依照法律或者行政法规的规定受上级人民政府主管部门的业务指导或者领导。"可见，对下级政府部门实施监督是上级政府部门的法定职责。

#### （二）监督范围

主管监督的范围根据部门职权划定，政府部门有怎样的职权，主管监督就有怎样的范围。在我国，政府部门的职权由法律和有权机关制定的"三定规定"设定。例如，由中央机构编制委员会办公室制定、2018年8月1日起实施的生态环境保护部"三定规定"，设定了生态环境部的主要职责：（1）负责建立健全生态环境基本制度；（2）负责重大生态环境问题的统筹协调和监督管理；（3）负责监督管理国家减排目标的落实；（4）负责提出生态环境领

域固定资产投资规模和方向、国家财政性资金安排的意见,按国务院规定权限审批、核准国家规划内和年度计划规模内固定资产投资项目,配合有关部门做好组织实施和监督工作;(5)负责环境污染防治的监督管理;(6)指导协调和监督生态保护修复工作;(7)负责核与辐射安全的监督管理;(8)负责生态环境准入的监督管理;(9)负责生态环境监测工作;(10)负责应对气候变化工作;(11)组织开展中央生态环境保护督察;(12)统一负责生态环境监督执法;(13)组织指导和协调生态环境宣传教育工作,制定并组织实施生态环境保护宣传教育纲要,推动社会组织和公众参与生态环境保护;(14)开展生态环境国际合作交流,研究提出国际生态环境合作中有关问题的建议,组织协调有关生态环境国际条约的履约工作,参与处理涉外生态环境事务,参与全球陆地和海洋生态环境治理相关工作;(15)完成党中央、国务院交办的其他任务。根据有关法律和"三定规定"设置的职责权限,国家生态环境部有权对地方各级政府生态环境部门的履责情况实施监督。

### (三)监督方式

与政府的职能有所不同,政府部门承担具体执法职能,上级政府部门监督下级政府部门除可以采用行政复议、审计监督、改变或者撤销、文件备案等方式外,还包括现场检查、案卷评查、向具体执法部门和执法人员了解情况、向社会和行政相对人进行调查、就有关重点问题组织调查等。上级政府部门进行检查监督,发现下级政府部门的行政行为不合法、不合理,有权依法采取措施予以纠正,并对下级政府部门或者执法人员予以惩处,例如撤销或者变更行政行为、责令立即纠正或者限期改正、责令在一定期限内履行法定职责、暂扣或者收缴行政执法证件、给予通报批评、建议给予行政处分等。

## 四、上级政府部门对下级政府的监督

在实践中,下级政府部门之所以出现不依法依规履职的各种问题,重要原因是地方政府怠于履行对所属工作部门的领导与监督职责。在这种情况下,上级政府部门可以通过一定方式督促下级政府履行领导和监督职责,督促本级政府部门依法依规做好工作。按照宪法和有关组织法的规定,政府是国家权力机关的执行机关,政府部门是隶属于政府、履行政府基本职能的行政机关,两者的法律地位不同,实践中,上级政府部门对下级政府的监督不普遍,但并不等于说这种监督不正当。为督促下级政府履行好领导和监督职责,上级政府部门对下级政府的监督是必要的。

### (一)监督依据

上级政府部门对下级政府实施监督,其依据是法律和"三定规定"对政府部门职责权限的设定。我国法律通常在总则中规定部门职责。例如《中华人民共和国环境保护法》第十条规定:"国务院环境保护主管部门,对全国环境保护工作实施统一监督管理;县级以上地方人民政府环境保护主管部门，对本行政区域环境保护工作实施统一监督管理。"《中华人民共和国土地管理法》第五条规定："国务院自然资源主管部门统一负责全国土地的管理和监督工作。"《中华人民共和国水法》第十二条规定："国务院水行政主管部门负责全国水资源的统一管理和监督工作。"《中华人民共和国文物保护法》第八条规定："国务院文物行政部门主管全国文物保护工作。地方各级人民政府负责本行政区域内的文物保护工作。县级以上地方人民政府承担文物保护工作的部门对本行政区域内的文物保护实施监督管理。"《中华人民共和国安全生产法》第九条规定："国务院安全生产监督管理部门依照本法，对全国安全生产工作实施综合监督管理；县级以上地方各级人民政府安全生产监督管理部门依照本法，对本行政区域内安全生产工作实施综合监督管理。"

法律中使用的统一监督、统一负责、统一管理、综合监督管理等用语，表明法律赋予了政府主管部门对某项专门业务的主管权，主管权包括管理监督、检查处理、组织协调等多项权力，尤其是国务院主管部门在全国范围内履行国务院基本的行政管理职能，主管某项专门业务，必然要与地方政府，甚至要与比自己级别高的地方政府"打交道"。正是由于政府主管部门的这些法定职责，所以从法律上说，政府主管部门执行法律，依法履行法定职责，对地方政府的有关活动实施监督，其所采用的各种手段和实施的各种活动都是正当的，这些活动只受法律的制约而不受行政级别的制约，地方各级政府要积极合作，共同做好相关工作。

### （二）监督范围

上级政府部门对下级政府的监督，其范围仅限于上级政府部门主管的专门事项。如果某行政区域对该事项的管理出现严重问题，上级政府部门可以依法启动监督。例如，国家文物局2018年12月26日发布《国家文物局文物督察约谈办法》，其中第二条规定，"本办法所称约谈，是指国家文物局有关负责人约见地方人民政府及有关部门负责人，就文物安全有关问题进行提醒、告诫，督促整改的一种行政监督措施。"本条在界定约谈概念时涉及约谈对象，约谈对象首先是地方人民政府负责人，这体现了上级政府部门对下级政府的监督。本办法第三条规定："文物安全主体责任、监管责任、直接责任落实不到位，有以下情形之一的，予以约谈：（一）发生重大文物违法行为或者文物安全事故的；（二）文物违法问题突出，或者连续多次发生文物违法案件的；（三）对文物违法问题和安全事故隐瞒不报、迟报谎报，或者查处不力的；（四）发生公众反映强烈、社会影响恶劣的事件，威胁文物安全的；（五）对国家文物局重点督办案件落实不到位的；（六）其他需要国家文物局进行约谈的。"本条规定了约谈启动的条件，从监督范围角度看，国家文物局作为国务院主管文物保护的部门，对于地方政府不依法依规履行文物保护职责以致辖区内出现上述情形的，国家文物局有权进行监督。

### （三）监督方式

目前，上级政府部门对下级政府实施监督采用较多的是约谈方式。作为一种行政监督措施,约谈近些年来被广泛应用于政府管理各领域,例如质量监督、安全生产、环境保护、审计、金融、土地督查、交通运输、文物保护等。约谈的特点主要有三:一是约谈主体的特定性,主体通常是对某类事项有管理权的行政机关;二是约谈内容的具体性,内容通常指向某些具体问题;三是约谈效力的非强制性,约谈不具有明确、严厉的法律效力。约谈的上述特点同时反映了约谈的三个优点,即权威性、针对性、指导性。虽然约谈没有强制性,但却会对约谈对象形成监督压力,促使约谈对象改进工作。此外,约谈还是约谈主体采取后续管理措施的前置性活动。约谈结束后形成"约谈纪要",经领导审定后,印送被约谈方并抄送约谈参与单位,被约谈方在约谈纪要规定的期限内,将整改要求落实情况书面报告约谈主体。被约谈方未按约谈要求落实整改措施的,约谈主体可以依法采取进一步监督管理行为,例如将有关情况向被约谈方所在地省级人民政府和监察委员会通报,或向社会公开曝光等。

从实际情况看,我国的层级监督还存在不少问题,比较突出的问题有三:第一,监督滞后。监督更多的是追惩性的事后监督而不是源头上的、防患于未然的监督。解决此问题,要求上级政府和部门将监督端口前移,健全和完善重大决策审批、经常性工作检查、重要事项报告等制度,加强事前、事中监督,形成全程性的长效监督机制,力求防范违法和不当行政行为的发生。第二,监督不力。上级政府和部门怠于履行监督职责,对下级的违法违规行为不处置、不作为,甚至包庇纵容。解决此问题,需要实行严格的责任制,对怠于履行监督职责的上级政府和部门追究责任。第三,监督方式不丰富多样,创新不够。解决此问题,要求监督主体通过实践进行不断的探索和研究,包括探索先进科技成果与监督制度的有机结合,提升反腐倡廉建设的科学化水平。

## 第三节 审计监督

审计监督是指审计机关对国务院各部门、地方各级政府、地方各级政府职能部门的财政收支情况以及国有金融机构、国有企事业单位等的财务收支情况所进行的一种专门稽查、审核活动。作为一种专门监督,审计监督服务社会发展,促进社会公正,目的是规范财政资金管理,维护国家财政经济秩序,提高财政资金使用效益,预防和纠正违法犯罪,为建设廉洁政府、俭朴政府、法治政府提供支持。

### 一、审计监督概述

#### (一)审计机关

审计机关是设在政府系统内的专司审计的行政机关,是行政监督的专门机关。我国的审计机关在中央称"审计署",在地方称"审计厅(局)"。国家审计署成立于1983年9月,是国务院组成部门,在国务院总理领导下主管全国的审计工作,并对中央预算执行情况和其他财政收支情况进行审计监督,对中央银行的财务收支进行审计监督。审计长是审计署的行政首长,由全国人民代表大会任免,是国务院组成人员。此外,按照法律规定,审计机关根据工作需要,经本级人民政府批准,可以在其审计管辖范围内设立派出机构。审计署向中央国家机关派出审计局,向省、自治区、直辖市派出驻地方特派员办事处。办事处实行垂直领导,不受地方政府领导。

### (二)审计机关的职责

审计机关的主要职责是:(1)对本级政府部门(含直属单位)和下级政府预算执行情况、决算以及其他财政收支情况进行审计监督;(2)对国有金融机构的资产、负债、损益等进行审计监督;(3)对国有事业组织和其他使用财政资金的事业组织的财务收支情况进行审计监督;(4)对国有企业的资产、负债、损益等进行审计监督;(5)对国有资本占控股地位或者主导地位的企业、金融机构进行审计监督,其监督规则由国务院规定;(6)对政府投资和以政府投资为主的建设项目的预算执行情况、决算进行审计监督;(7)对政府部门和政府委托组织管理的社保基金、社会捐赠资金以及其他基金、资金的财务收支进行审计监督;(8)对国际组织和外国政府援助、贷款项目的财务收支进行审计监督;(9)对国家机关和依法属于审计监督对象的其他单位的主要负责人在任职期间的财政收支、财务收支情况等进行审计监督;(10)法律、行政法规规定应当由审计机关进行审计的事项。

### (三)审计机关的权限

为使审计机关更好地履行法定职责,法律规定了审计机关权限,包括要求提供财务资料权、检查权、调查权、采取审计措施权、建议权、通报或公布权、请求行政协助权等。

1. 要求提供财务资料权

审计机关有权要求被审计单位按照审计机关的规定提供预算或者财务收支计划、预算执行情况、决算、财务会计报告,运用电子计算机储存和处理的财政收支、财务收支电子数据和必要的电子计算机技术文档,在金融机构开立账户的情况,社会审计机构出具的审计报告,以及其他与财政收支或者财务收支有关的资料,被审计单位不得拒绝、拖延、谎报。被审计单位负责人对本单位提供的财务会计资料的真实性和完整性负责。

2. 检查权

审计机关进行审计时,有权检查被审计单位的会计凭证、会计账簿、财务会计报告和运用电子计算机管理财政收支、财务收支电子数据的系统,以及其他与财政收支、财务收支有关的资料和资产,被审计单位不得拒绝。

3. 调查权

审计机关进行审计时,有权就审计事项的有关问题向有关单位和个人进行调查,并取得有关证明材料。

4. 采取审计措施权

审计机关有权制止被审计单位转移、隐匿、篡改、毁弃有关资料的行为；有权制止被审计单位转移、隐匿违反国家规定取得的资产的行为；有权封存有关资料和违反国家规定取得的资产；有权制止被审计单位正在进行的违反国家规定的财政（财务）收支行为。

5. 建议权

审计机关认为被审计单位所执行的上级主管部门有关财政收支、财务收支的规定与法律和行政法规相抵触的，应当建议有关主管部门纠正；有关主管部门不予纠正的，审计机关应当提请有权处理的机关依法处理。

6. 通报或公布权

审计机关可以依法依规向政府有关部门通报或者向社会公布审计结果。

7. 请求行政协助权

审计机关履行审计监督职责，可以请有关机关，例如公安、监察、财政、税务、海关、价格、市场监管等机关予以协助。

### （四）审计监督的程序

审计监督的程序表现为相互联系的三个阶段。第一阶段为准备阶段，审计机关根据审计计划确定的审计事项组成审计组，并在实施审计的三日前向被审计单位送达审计通知书。第二阶段为实施阶段，审计人员通过审查（会计凭证、会计账簿、财务会计报告等）、查阅（文件、资料等）、检查（现金、实物、有价证券等）、调查等方式进行审计，并取得证明材料。第三阶段为终结阶段，审计组撰写审计报告，撰写完毕后，将报告交被审计对象征求意见，被审计对象应当自接到审计报告之日起十日内将书面意见送交审计组。审计组应当将被审计对象的书面意见和审计报告一并报送审计机关。此后，审计机关对审计组的审计报告和被审计对象的书面意见进行审议、研究，提出审计机关的审计报告，对违反国家规定的财政（财务）收支行为依法作出审计决定或者向有关主管机关提出处理、处罚的意见。

### （五）审计机关的府际关系

为更好地履行法定职责，审计机关既要保持独立性，又要与其他机关相互配合，以形成监督的合力。审计机关在履行职责的过程中主要涉及与权力机关、本级政府和上级审计机关、其他行政机关的关系等。

1. 审计机关与权力机关的关系

在我国，人民代表大会与政府之间存在监督与被监督关系，审计机关是政府职能部门，其与人民代表大会的关系是一种间接的领导与被领导、监督与被监督关系。审计机关接受人民代表大会监督的主要方式是通过政府向人民代表大会提出审计工作报告，对此《中华人民共和国审计法》第四条规定："国务院和县级以上地方人民政府应当每年向本级人民代表大会常务委员会提出审计机关对预算执行和其他财政收支的审计工作报告。审计工作报告应当重点报告对预算执行的审计情况。必要时，人民代表大会常务委员会可以对审计工作报告作出决议。国务院和县级以上地方人民政府应当将审计工作报告中指出的问题的纠正情况和处理结果向本级人民代表大会常务委员会报告。"

2. 审计机关与本级政府和上级审计机关的关系

在领导体制上，除审计署外，地方各级审计机关实行双重领导体制。《中华人民共和国审计法》第八条规定："省、自治区、直辖市、设区的市、自治州、县、自治县、不设区的市、市辖区的人民政府的审计机关，分别在省长、自治区主席、市长、州长、县长、区长和上一级审计机关的领导下，负责本行政区域内的审计工作。"第九条规定："地方各级审计机关对本级人民政府和上一级审计机关负责并报告工作，审计业务以上级审计机关领导为主。"

审计机关这种双重领导体制有利有弊。有利之处是审计机关的建立、运行、发展等得到地方各级政府的支持；不利之处是审计监督容易受地方保护主义的干扰，难以保证其独立性，不利于维护国家利益和中央政令畅通，加大中央宏观经济调控的成本。随着审计环境的变化以及市场经济体制的建立与完善，整个社会对审计监督提出了更高要求，地方审计机关双重领导体制的弊端也就显露出来，因此改革审计机关的领导体制势在必行。根据中共中央办公厅、国务院办公厅印发的《关于完善审计制度若干重大问题的框架意见》，审计机关领导体制改革的方向是强化上级审计机关对下级审计机关的领导，省以下地方审计机关人财物实行垂直管理，健全有利于依法独立行使审计监督权的审计管理体制。

3. 审计机关与其他行政机关的关系

审计机关与其他行政机关存在广泛的公务合作关系，合作的方式包括通报、建议、请求协助等。《中华人民共和国审计法》第三十七条规定："审计机关履行审计监督职责，可以提请公安、监察、财政、税务、海关、价格、工商行政管理等机关予以协助。"对审计机关移送的违法违纪问题线索，有关部门要认真查处，及时向审计机关反馈查处结果。审计机关要跟踪审计移送事项的查处结果，适时向政府有关部门通报或者向社会公布审计结果。

## 二、政府财务审计

### （一）政府财务审计的含义

政府财务审计是财务审计的一种，是指审计机关依法对国务院各部门、地方各级政府、地方各级政府职能部门的会计资料及其所反映的财政（财务）收支活动的真实性以及合法合规性所进行的审计。审计制度产生后，财务审计长期居于主导地位，因而又被称为"传统审计""常规审计"。政府财务审计审查的是行政机关的财政（财务）收支活动是否合法、是否遵守会计制度和会计原则、是否按照经济规律办事等，目的是纠错防弊，查错补漏，维护财经法纪，保护资财安全，促进被审计单位加强财政、财务管理和经营管理，提高经济效益。

政府财务审计的主要方式是书面审查。被审计单位依照审计机关规定的时间和要求，如实提供会计凭证、账册、报表及有关会计资料，由审计机关派人到被审计单位审计或者由被审计单位报送审计。

**（二）政府财务审计的内容**

按照审计对象的不同，政府财务审计可以分为财政预算审计、财政决算审计和财务收支审计。

1. 政府财政预算审计

政府财政预算审计是指对政府财政预算编制、预算收入与支出的执行情况以及组织平衡所进行的审计。通过财政预算审计，监督财政部门更好地执行权力机关审查批准的财政预算，并依法依规组织收入，合理、节约安排支出，保证国家预算收支平衡。预算审计的主要内容有：（1）预算编制资料是否真实可靠；（2）预算指标是否符合当前财政制度以及综合平衡的要求，各项指标的计算有无差错；（3）预算内容是否符合国家有关法律和政策，是否科学完整；（4）预算收入是否严格依法征收并及时上缴；（5）预算支出是否按权力机关批准的科目和数额执行，有无巧立名目、挤占挪用、弄虚作假、设立"小金库"等问题；（6）"三公"经费、会议费等费用的管理和使用是否严格执行厉行节约原则，有无铺张浪费、公款消费、虚报冒领等情形。

2. 政府财政决算审计

政府财政决算审计是指对政府年度财政预算执行结果和决算的合法性、真实性所进行的审计。通过财政决算审计，对预算编制、实施、管理、平衡、资金使用效果等进行全面检验，保证财政决算合法真实，并纠正财政违法行为。决算审计的主要内容有：（1）审查贯彻国家各项财政制度和方针政策的情况，是否存在自定减收增支或增收减支政策办法的情况；（2）审查决算收入是否真实完整，分成收入划分是否正确；（3）审查决算支出是否真实、合规，使用是否有效；（4）审查收支结余是否真实、完整，结转资金是否合法合规；（5）审查资金年终活动是否合法，各项往来款项是否合规，财政存款及开户是否正常合规；（6）审查决算资料是否完整，决算编报是否符合规定程序。

3. 政府财务收支审计

政府财务收支审计是指对被审计单位的会计账目、会计报表等会计资料和已发生的财务收支活动所进行的审计。通过财务收支审计，可以及时发现问题，纠正错误，促使被审计单位遵守国家财经制度，维护财经纪律，提高经济效益。收支审计的主要内容有：（1）各项收费项目、标准是否按国家有关规定执行，有无擅自设立收费项目、扩大收费范围、提高收费标准等问题；（2）开票是否规范；（3）是否进行了收费公示；（4）各项收入是否按规定上缴财政专户，是否存在"小金库"和账外账情况；（5）各项专款是否做到了专款专用、专项核算，有无挤占、挪用、截留等问题；（6）业务费是否按核定的指标、计划、开支范围使用，有无挤占、挪用等问题；（7）购置大宗物品是否符合政府采购的有关规定；（8）工资、福利等是否按预算和核定人数发放,有无违反规定私招乱聘工作人员的情况;(9)各类会计凭证是否真实、全面、完整,是否严格执行"收支两条线"制度。

## 三、政府绩效审计

### (一)政府绩效审计的含义

政府绩效审计是指审计机关依法对国务院各部门、地方各级政府、地方各级政府职能部门的经济活动和管理、使用公共资源的合理性、经济性、有效性进行审查、分析和评价,并提出审计建议的活动。绩效审计与财务审计有一定联系,绩效审计一般是在财务审计的基础上进行的。政府绩效审计的作用主要有四个方面:一是提供有关公共管理活动经济性、效率性和效果性方面的信息;二是有利于提高公共管理绩效,促进政府部门加强内部控制,有效地使用各种公共资源;三是促进国家财政收支计划以及政府项目目标的实现;四是有利于造就责任政府,促使政府更加重视公共责任,切实维护人民的根本利益。

### (二)政府绩效审计的依据和标准

为确保绩效审计的规范性、科学性和权威性,健全和完善政府绩效审计的法律规范和技术标准是非常必要的。这些规范和标准是审计主体的行为规则,是衡量审计事实与经济效益的尺度,也是审计人员分析、评价并出具审计意见的依据。当代,美英等国都制定了绩效审计准则和评价标准体系,为绩效审计的规范化和权威性提供了保障。目前,我国尚无国家层面针对政府绩效审计的专门立法,绩效审计的实施主要按照财政部制定的《财政支出绩效评价管理暂行办法》(财预〔2011〕285号)。该办法规定了绩效审计的主体、原则、内容、依据、标准、方法、程序、审计报告等,其中第六条规定了绩效审计的八项依据:"(一)国家相关法律、法规和规章制度;(二)各级政府制定的国民经济与社会发展规划和方针政策;(三)预算管理制度、资金及财务管理办法、财务会计资料;(四)预算部门职能职责、中长期发展规划及年度工作计划;(五)相关行业政策、行业标准及专业技术规范;(六)申请预算时提出的绩效目标及其他相关材料,财政部门预算批复,财政部门和预算部门年度预算执行情况,年度决算报告;(七)人大审查结果报告、审计报告及决定、财政监督检查报告;(八)其他相关资料。"第二十条规定了绩效审计的标准,主要有四,即计划标准(以预先制定的目标、计划、预算、定额等数据作为评价标准)、行业标准(参照国家公布的行业指标数据制定的评价标准)、历史标准(参照同类指标的历史数据制定的评价标准)、其他经财政部门确认的标准。

### (三)政府绩效审计的内容

绩效审计起源于西方,近年来逐渐被我国审计界所理解和接受。在我国,绩效审计的范围有一个逐渐扩展的过程。我国开展绩效审计最早的领域是国有企业，随后扩展到政府投资领域，出现了对政府投资项目的绩效审计，用以评价政府投资项目的经济性、效率性、效果性。随着政府采购的兴起，绩效审计进入政府采购活动领域，主要关注政府采购行为的真实与合规。随着绩效审计的发展，行政事业单位的经费开支、专项资金等也将进入绩效审计的范围。从总体看，政府绩效审计的内容分为两个方面：

1. 政府财政支出的非收益性投资

非收益性投资是政府财政支出中最具特色的部分，也是政府绩效审计的重点。政府的这部分支出不以营利为目的，没有明确的受益人，支出的目的一是维持政府以及其他公共管理部门的正常运转，二是改善公共投资环境，为整个社会的经济发展提供基础。非收益性投资审计的具体内容包括：

第一，政府各部门预算支出和其他财政支出审计。主要审查各项支出是否符合效率性、效益性标准，是否取得了预期效果。例如，国家行政支出的增加是否与国家机关办事效率的提高成正比，是否存在贪污、浪费现象。

第二，国家建设项目审计。国家建设项目是指以国有资产投资或者融资为主（即占控股或者主导地位）的基本建设项目和技术改造项目。审计机关的这种审查并不针对工程项目资金的需要量，而是针对工程项目资金的使用，例如是否节约使用了资金、是否在使用资金时避免了浪费、工程项目是否达到了预期目的等。

第三，专项资金支出、各种基金支出、国际金融组织和国外政府贷款支出审计。按照支出用途，可以将专项资金分为基本建设支出、专项业务费、专项支出购置、专项修缮和其他专项等。上述审计主要是评价这些支出的利用和管理情况，例如资金使用是否妥当、是否发挥了效益等。

2. 政府财政支出的收益性投资

收益性投资主要表现为国家授权的投资部门对国有企业的投资和对其他企业国有股的投资。一般来说，收益性投资的绩效审计有比较严格的范围界限，审计并不涉及企业的运营情况，也不对国有资本的保值增值情况进行评价，仅限于对投资立项、投资过程的经济节约性、投资所产生的经济效果和社会效果是否与预期效果相一致等进行审计。这种审计主要是一种投入产出比较，投入和产出不仅包括以货币衡量的经济价值，还包括以非货币衡量的社会价值。

## 四、审计监督的发展

我国审计监督的发展主要体现在两个方面，一是横向审计领域的扩展，二是某一审计领域审计内容的扩展。

### （一）横向审计领域的扩展

审计监督从传统、常规的政府财务审计逐步扩展到离任审计、绩效审计、自然资源资产审计等领域。从1985年起，审计机关探索并开展了国有企业厂长（经理）离任经济责任审计，按规定，厂长（经理）离任前，企业主管部门可以提请审计机关对其进行经济责任审计。20世纪90年代后期，离任经济责任审计扩展到了对党政机关、审判机关、检察机关、群众团体和事业单位党政正职领导干部的任期离任审计。2009年，财政部发布《财政支出绩效评价管理暂行办法》（财预〔2011〕285号），提出"加强财政支出管理，强化支出责任，建立科学、合理的财政支出绩效评价体系，提高财政资金使用效益"，全面启动了中央政府层面的绩效审计。2015年11月，中共中央办公厅、国务院办公厅印发《开展领导干部自然资源资产离任审计试点方案》，试点目的是探索并逐步完善领导干部自然资源资产离任审计制度，形成一套比较成熟、符合实际的审计规范。2017年6月，中共中央办公厅、国务院办公厅发布《领导干部自然资源资产离任审计规定（试行）》，领导干部自然资源资产离任审计全面推行。此项审计主要审计领导干部贯彻执行中央生态文明建设方针政策和决策部署情况，遵守自然资源资产管理和生态环境保护法律法规情况，自然资源资产管理和生态环境保护重大决策情况，完成自然资源资产管理和生态环境保护目标情况，履行自然资源资产管理和生态环境保护监督责任情况，组织自然资源资产和生态环境保护相关资金征管用和项目建设运行情况，履行其他相关责任情况。

**（二）某一审计领域审计内容的扩展**

审计监督的另一方面的发展是某一审计领域内审计内容的扩展，例如绩效审计内容的扩展。现时，绩效审计已从财政支出绩效审计发展到宏观服务绩效审计。宏观服务绩效审计是指对政府资金、项目、政策、职责等全局性事项，从资金效益、资产安全、政策效用、管理效能、工作成效等方面进行的审计，审计结果向党委、政府、其他管理部门和社会公众报告或公告。从财政支出绩效审计到宏观服务绩效审计，这是对政府活动的更为全面的监督，有助于解决体制、机制和管理等宏观层面的突出问题，代表了现代审计的发展方向。

## 第四节　行政复议

### 一、行政复议的概念与原则

行政复议是指行政复议机关依公民、法人或者其他组织的申请，对引起争议的原行政行为进行审查并作出裁决的一种行政行为。行政复议的原则是合法、公正、公开、及时、便民、有错必纠。

合法是指行政复议机关必须依据法律规定的职责权限和程序，对申请复议的行政行为进行审查；公正是指行政复议机关在复议活动中应当保持对双方当事人的不偏不倚，并以事实为根据，准确地适用法律；公开是指行政复议应当充分体现行政司法的特色，向复议双方当事人和社会舆论开放；及时是指行政复议应当在法定期限内进行，不得拖延耽搁；便民是指行政复议应当尽量采取方便申请人的方式方法，确保申请人有效行使各项权利；有错必纠是指行政复议机关对于违法或不当行政行为必须依法予以撤销或者变更。

## 二、行政复议机关及其管辖

### （一）行政复议机关

行政复议机关是指履行行政复议职责（受理行政复议申请、作出行政复议决定）的行政机关。这意味着，首先，行政复议机关是国家行政机关。行政复议职权是基于行政系统内部的层级监督关系而设置的一种职权，一般由对原行政行为作出主体的具有直接管理权的行政机关行使。其次，行政复议机关是享有行政复议职权的行政机关。也就是说，并非所有行政机关都是行政复议机关，只有那些享有行政复议职权的行政机关才是行政复议机关。行政机关是否享有行政复议职权由法律规定。根据行政复议法的相关规定，县级以上人民政府都有行政复议职权，都是行政复议机关，都履行行政复议职责，而乡（镇）人民政府一般不享有行政复议职权。

根据工作需要，行政复议事项由行政复议机关设立的负责法制工作的机构具体办理，这种具体办理行政复议事项的机构被称为行政复议机构。行政复议机构的职责是：受理行政复议申请；向有关组织和人员调查取证，查阅文件和资料；审查被申请行政复议的具体行政行为是否合法与适当，拟定行政复议决定；处理或者转送公民、法人或者其他组织对行政机关制定和发布的具有普遍约束力的规定的审查申请；对行政机关违反行政复议法规定的行为依照规定的权限和程序提出处理建议；办理因不服行政复议决定提起行政诉讼的应诉事项；法律法规规定的其他职责。

### （二）行政复议管辖

行政复议管辖是指行政复议机关在受理行政复议申请时的职责权限范围。行政复议管辖是行政复议制度中的重要内容。对于行政复议机关来说，行政复议管辖是确定哪些复议申请由哪级、哪个行政复议机关受理和审理；对于行政相对人来说，行政复议管辖是确定如果不服原具体行政行为应该向哪级、哪个行政复议机关提出行政复议申请。行政复议法对行政复议管辖作了下述规定：

对县级以上地方人民政府工作部门的具体行政行为不服的，向该部门的本级人民政府或者上一级主管部门申请行政复议；对海关、金融、国税、外汇管理等实行垂直领导的行政机关和国家安全机关的具体行政行为不服的，向上一级主管部门申请行政复议；对地方各级人民政府的具体行政行为不服的，向上一级地方人民政府申请行政复议；对省、自治区、人民政府依法设立的派出机关所属的县级地方人民政府的具体行政行为不服的,向该派出机关申请行政复议;对国务院部门或者省、自治区、直辖市人民政府的具体行政行为不服的,向作出该具体行政行为的国务院部门或者省、自治区、直辖市人民政府申请行政复议,对行政复议决定不服的,可以向国务院申请裁决,国务院依照行政复议法的规定作出最终裁决。

对上述五种情况以外的其他行政机关、组织的具体行政行为不服的,申请人可以按照下列规定申请行政复议:对县级以上地方人民政府依法设立的派出机关的具体行政行为不服的,向设立该派出机关的人民政府申请行政复议;对政府工作部门依法设立的派出机构以自己的名义作出的具体行政行为不服的,向设立该派出机构的部门或者该部门的本级地方人民政府申请行政复议;对法定授权组织的具体行政行为不服的,分别向直接管理该组织的地方人民政府、地方人民政府工作部门或者国务院部门申请行政复议;对两个或者两个以上行政机关以共同的名义作出的具体行政行为不服的,向其共同上一级行政机关申请行政复议;对被撤销的行政机关在撤销前所作出的具体行政行为不服的,向继续行使其职权的行政机关的上一级行政机关申请行政复议。

受各种条件的限制,相对人有时不能辨别具体行政行为作出机关的性质,并导致其不能判断行政复议管辖。因此,出于便民的考虑,行政复议法规定,有后五种情形之一的,申请人也可以向具体行政行为发生地的县级地方人民政府提出行政复议申请,由接受申请的县级地方人民政府在接到行政复议申请的七日内转送有关行政复议机关,并告知申请人。

从行政复议法的规定看,我国行政复议管辖的实质是级别管辖,即行政复议申请由对原具体行政行为作出主体具有直接管理权的行政机关管辖。级别管辖包括政府管辖和部门管辖。政府管辖是指行政复议申请由原具体行政行为作出主体的本级政府或上一级政府管辖。例如,《中华人民共和国行政复议法》第十二条规定:"对县级以上地方各级人民政府工作部门的具体行政行为不服的……可以向该部门的本级人民政府申请行政复议。"第十三条规定:"对地方各级人民政府的具体行政行为不服的,向上一级地方人民政府申请行政复议。"部门管辖是指行政复议申请由原具体行政行为作出主体的上一级主管部门管辖。例如,《中华人民共和国行政复议法》第十二条规定:"对海关、金融、国税、外汇管理等实行垂直领导的行政机关和国家安全机关的具体行政行为不服的,向上一级主管部门申请行政复议。"

## 三、行政复议范围

行政复议范围是指公民、法人或者其他组织对行政主体的具体行政行为不服,可以向行政复议机关申请行政复议的事项。行政复议范围既决定行政复议机关对哪些行政争议拥有管辖权,同时也决定行政相对人对哪些具体行政行为不服可以申请行政复议。在这方面,行政复议法以列举式和概括式相结合的方式,全面规定了我国行政复议的受案范围。

《中华人民共和国行政复议法》第六条规定了可以申请行政复议的事项,包括:

"（一）对行政机关作出的警告、罚款、没收违法所得、没收非法财物、责令停产停业、暂扣或者吊销许可证、暂扣或者吊销执照、行政拘留等行政处罚决定不服的；（二）对行政机关作出的限制人身自由或者查封、扣押、冻结财产等行政强制措施决定不服的；（三）对行政机关作出的有关许可证、执照、资质证、资格证等证书变更、中止、撤销的决定不服的；（四）对行政机关作出的关于确认土地、矿藏、水流、森林、山岭、草原、荒地、滩涂、海域等自然资源的所有权或者使用权的决定不服的；（五）认为行政机关侵犯合法的经营自主权的；（六）认为行政机关变更或者废止农业承包合同，侵犯其合法权益的；（七）认为行政机关违法集资、征收财物、摊派费用或者违法要求履行其他义务的；（八）认为符合法定条件，申请行政机关颁发许可证、执照、资质证、资格证等证书，或者申请行政机关审批、登记有关事项，行政机关没有依法办理的；（九）申请行政机关履行保护人身权利、财产权利、受教育权利的法定职责，行政机关没有依法履行的；（十）申请行政机关依法发放抚恤金、社会保险金或者最低生活保障费，行政机关没有依法发放的；（十一）认为行政机关的其他具体行政行为侵犯其合法权益的。"

行政复议机关一并受理申请人对行政机关某些抽象行政行为的审查申请。根据《中华人民共和国行政复议法》第七条规定，公民、法人或者其他组织认为行政机关的具体行政行为所依据的规定不合法，在对具体行政行为申请行政复议时，可以一并向行政复议机关提出对该规定的审查申请，这些规定包括国务院部门的规定、县级以上地方各级人民政府及其工作部门的规定和乡镇人民政府的规定等。

行政复议法规定了可以申请行政复议的事项，也规定了不能申请行政复议的事项。对此，《中华人民共和国行政复议法》第八条作出了规定，这些事项包括："不服行政机关作出的行政处分或者其他人事处理决定的。不服行政机关对民事纠纷作出的调解或者其他处理的。"上述事项被排除在行政复议范围之外的原因有二：第一，行政机关对所属工作人员作出的行政处分或者人事任免决定，属于行政机关内部行为，对这类行为不服的，当事人可以依照有关法律、行政法规的规定提出申诉。第二，行政复议与行政调解的性质不同。行政调解不具有行政管理性质，不具有强制性，争议当事人不服行政机关调解的，可以向人民法院提起诉讼。

### 四、行政复议的程序

#### （一）行政复议申请

1. 申请时限

公民、法人或者其他组织认为行政主体具体行政行为侵犯其合法权益的，可以自知道该行政行为之日起的六十日内提出行政复议申请，但法律规定的申请期限超过六十日的除外。因不可抗力或者其他正当理由耽误法定申请期限的，申请期限自障碍消除之日起继续计算。

2. 申请条件

公民、法人或者其他组织是行政复议的申请人，作出具体行政行为的行政主体是被申请人。有权申请行政复议的公民死亡的，其近亲属可以申请行政复议。有权申请行政复议的公民为无民事行为能力人或者限制民事行为能力人的，其法定代理人可以代为申请行政复议。有权申请行政复议的法人或者其他组织终止的，承受其权利的法人或者其他组织可以申请行政复议。同申请行政复议的具体行政行为有利害关系的公民、法人或者其他组织，可以作为第三人参加行政复议。申请人、第三人可以委托代理人代为参加行政复议。

3. 申请方式

申请行政复议，可以书面申请，也可以口头申请。口头申请的，行政复议机关应当当场记录申请人的基本情况、行政复议请求、申请行政复议的主要事实、理由和时间。申请人在申请行政复议时，可以一并提出行政赔偿请求。

### （二）行政复议受理

行政复议机关收到行政复议申请后，应当在五日内对行政复议申请进行审查，并依据不同情况分别作出如下处理：对不符合法律规定的行政复议申请，决定不予受理，并书面告知申请人；对符合法律规定，但是不属于本机关受理的行政复议申请，应当告知申请人向有关行政复议机关提出。除上述情况外，行政复议申请自行政复议机关负责法制工作的机构收到之日起即为受理。公民、法人或者其他组织依法申请行政复议，行政复议机关无正当理由不予受理的，上级行政机关应当责令其受理；必要时，上级行政机关也可以直接受理。

公民、法人或者其他组织认为行政机关的具体行政行为侵犯其已经依法取得的土地、矿藏、水流、森林、山岭、草原、荒地、滩涂、海域等自然资源的所有权或者使用权的，应当先申请行政复议；对行政复议决定不服的，可以依法向人民法院提起行政诉讼。行政复议机关决定不予受理或者受理后超过行政复议期限不作答复，公民、法人或者其他组织可以自收到不予受理决定书之日起或者行政复议期满之日起十五日内，依法向人民法院提起行政诉讼。

《中华人民共和国行政复议法》第二十一条规定："行政复议期间具体行政行为不停止执行；但是，有下列情况之一的，可以停止执行：（一）被申请人认为需要停止执行的；（二）行政复议机关认为需要停止执行的；（三）申请人申请停止执行，行政复议机关认为其要求合理，决定停止执行的；（四）法律规定停止执行的。"

### （三）行政复议审理

行政复议原则上采取书面审查的办法。但是，申请人提出要求或者行政复议机关负责法制工作的机构认为有必要时，可以向有关组织和人员调查情况，听取申请人、被申请人和第三人的意见。

行政复议机关负责法制工作的机构应当自行政复议申请受理之日起七日内，将行政复议申请书副本或者行政复议申请笔录复印件发送被申请人。被申请人应当自收到申请书副本或者申请笔录复印件之日起十日内提出书面答复，并提交当初作出具体行政行为的证据、依据和其他有关材料。申请人、第三人可以查阅被申请人提出的书面答复、作出具体行政行为的证据、依据和其他有关材料，除涉及国家秘密、商业秘密或者个人隐私外，行政复议机关不得拒绝。

在行政复议过程中，被申请人不得自行向申请人和其他有关组织或者个人收集证据。

在行政复议决定作出前，申请人要求撤回行政复议申请的，经说明理由，可以撤回；撤回行政复议申请的，行政复议终止。

申请人在申请行政复议时，一并提出对有关规定的审查申请，行政复议机关对该规定有权处理的，应当在三十日内依法处理；无权处理的，应当在七日内按照法定程序转送有权处理的国家机关依法处理，有权处理的国家机关应当在六十日内依法处理。处理期间，中止对具体行政行为的审查。申请人在申请行政复议时并未提出对有关规定的审查申请，但行政复议机关在对被申请人作出的具体行政行为进行审查时，认为具体行政行为的依据不合法，本机关有权处理的，应当在三十日内依法处理；无权处理的，应当在七日内按照法定程序转送有权处理的国家机关依法处理，处理期间，中止对具体行政行为的审查。

### （四）行政复议决定

1. 行政复议决定的时限

行政复议机关应当在受理申请之日起六十日内作出行政复议决定，但是法律规定的行政复议期限少于六十日的除外。情况复杂，不能在规定期限内作出行政复议决定的，经行政复议机关负责人批准，可以适当延长，并告知申请人和被申请人；但延长期限最多不超过三十日。行政复议机关作出行政复议决定，应当制作行政复议决定书，并加盖印章。

2. 行政复议决定的程序

行政复议机关负责法制工作的机构应当对被申请人作出的具体行政行为进行审查，提出意见，经行政复议机关的负责人同意或者集体讨论通过后，作出行政复议决定。

3. 行政复议决定的种类

行政复议机关根据不同情况可以分别适用以下五种决定：

（1）行政行为的维持。具体行政行为认定事实清楚，证据确凿，适用依据正确，程序合法，内容适当的，决定维持。

（2）限期履行法定职责。被申请人不履行法定职责的，决定其在一定期限内履行。

（3）违法、不当行政行为的撤销、变更、确认。具体行政行为主要事实不清、证据不足，适用依据错误，违反法定程序，超越或者滥用职权或者明显不当的，决定撤销、变更或者确认该具体行政行为违法。决定撤销、变更或者确认该具体行政行为违法的，可以责令被申请人在一定期限内重新作出具体行政行为。行政复议机关责令被申请人重新作出具体行政行为的，被申请人不得以同一事实和理由作出与原具体行政行为相同或者基本相同的具体行政行为。

（4）证据不足行政行为的撤销。被申请人不按法律规定提出书面答复、提交当初作出具体行政行为的证据、依据和其他有关材料的，视为该具体行政行为没有证据、依据，决定撤销该具体行政行为。

（5）行政赔偿。申请人在申请行政复议时一并提出行政赔偿请求，行政复议机关对符合国家赔偿法的有关规定应当给予赔偿的，在决定撤销、变更具体行政行为或者确认具体行政行为违法时，应当同时决定被申请人依法给予赔偿。申请人在申请行政复议时没有提出行政赔偿请求，行政复议机关在依法决定撤销或者变更罚款，撤销违法集资、没收财物、征收财物、摊派费用以及财产的查封、扣押、冻结等具体行政行为时，应当同时责令被申请人返还财产，解除对财产的查封、扣押、冻结措施，或者赔偿相应的价款。

4. 行政复议决定的效力

行政复议决定书一经送达，即产生法律效力。对于不履行或者无正当理由拖延履行行政复议决定的被申请人，行政复议机关或者有关上级行政机关应当责令其限期履行。对于不起诉又不履行行政复议决定，或者不履行最终裁决的行政复议决定的申请人，按照下述规定处理：维持具体行政行为的行政复议决定，由作出具体行政行为的行政机关依法强制执行，或者申请人民法院强制执行；变更具体行政行为的行政复议决定，由行政复议机关依法强制执行，或者申请人民法院强制执行。

5. 行政终局裁决

行政终局裁决是指法律规定由行政机关最终裁决的行政行为。我国极少数法律规定了行政终局裁决，其中，行政复议法有两处规定。《中华人民共和国行政复议法》第十四条规定："对国务院部门或者省、自治区、直辖市人民政府的具体行政行为不服的，向作出该具体行政行为的国务院部门或者省、自治区、直辖市人民政府申请行政复议。对行政复议决定不服的，可以向人民法院提起行政诉讼；也可以向国务院申请裁决，国务院依照本法的规定作出最终裁决。"第三十条规定："根据国务院或者省、自治区、直辖市人民政府对行政区划的勘定、调整或者征收土地的决定，省、自治区、直辖市人民政府确认土地、矿藏、水流、森林、山岭、草原、荒地、滩涂、海域等自然资源的所有权或者使用权的行政复议决定为最终裁决。"行政相对人对行政终局裁决不服的，不能提起行政诉讼，可以向裁决机关或者裁决机关的上级机关提出申诉。

=== 案 例 ===

### 北京市通州区发布行政复议报告和典型案例

北京市通州区政府十分重视行政复议工作，在北京市率先制定并发布了《关于实行行政复议"三公开"制度的意见》。行政复议"三公开"是指行政复议工作报告公开、行政复议决定公开和行政复议典型案例公开。这些做法有效拉近了政府和群众的距离，提高了政府的公信力。2019年12月24日，北京市通州区发布了《通州区行政复议报告（1999—2017）》，这是北京市首次发布的行政复议报告。

《通州区行政复议报告（1999—2017）》通过对行政复议案件大数据分析，全面总结了我国实施行政复议法以来通州区政府的行政复议工作，包括行政复议机构建设、行政复议案件办理情况等。数据显示，截至2017年年底，通州区共办理行政复议案件968件，调解、和解结案率达11.3%，同时，通州区法制办还从通州区被确定为北京城市副中心以来办理的案件中精心选择了36个典型案例编制成册，形成《通州区行政复议应诉典型案例汇编》，作为领导干部依法行政培训教材使用。

近年来，特别是通州区被确定为北京城市副中心以来，与副中心建设密切相关的违法建设拆除、土地征收、房屋拆迁、政府信息公开等行政复议案件数量逐年递增，申请人诉求日益复杂多样，给全区行政复议工作带来前所未有的机遇和挑战。对此，通州区政府始终坚持行政复议预防、保护和保障监督的职能定位，努力探索适合本区实际的行政复议工作规律和方式方法，在提高办案质量的同时逐步形成了行政复议"三公开"制度，提高了行政复议机关办案工作的科学化、规范化水平，切实发挥了行政复议的教育指引作用，进一步加强了对行政机关行政行为的监督。

在行政复议工作中，通州区政府坚持法治原则和实质性化解行政争议价值导向，充分发挥行政调解的优势和作用，努力将争议化解在复议过程中、行政诉讼前，促进案结事了，切实保护公民、法人和其他组织合法权益，通过个案公正体现行政公平，促进政府工作的开展。2017年，通州区政府还修订了《应诉工作规则》，积极推进行政机关负责人出庭应诉。连续三年，区长代表区政府出庭应诉，对于增强行政机关及其工作人员的法治意识、规范行政行为等起了很好的推动作用。

## 案例思考题

行政复议制度有哪些功能？

## 重要概念

1.行政监督　2.行政责任　3.层级监督　4.审计监督　5.财务审计　6.绩效审计　7.行政复议　8.行政终局裁决

## 思考题

1.什么是行政监督？行政监督有什么特点？

2. 什么是行政责任？行政责任有哪些作用？
3. 什么是层级监督？层级监督有哪几种形式？
4. 什么是审计监督？
5. 什么是政府财务审计？
6. 什么是政府绩效审计？政府绩效审计的依据有哪些？
7. 什么是行政复议？
8. 公民、法人和其他组织对行政机关哪些行政行为不服可以申请行政复议？
9. 行政复议法对行政复议管辖作了哪些规定？
10. 行政复议有哪些基本程序？
11. 行政复议决定有哪些种类？各自有什么适用条件？

# 第十章　人民政协与民主党派的监督

本章在界定人民政协与民主党派监督的概念、性质和地位的基础上，阐述了人民政协与民主党派监督的内容和形式，并对人民政协与民主党派监督的完善进行了讨论。

## 第一节　人民政协的监督

### 一、人民政协监督的含义、性质和地位

#### (一) 人民政协监督的含义

人民政协监督是指参加人民政协的各党派、团体和人士，通过提出意见、批评、建议的方式，对国家宪法、法律和法规的实施，重大方针政策、重大改革举措、重要决策部署的贯彻执行情况，涉及人民群众切身利益的实际问题解决落实情况，国家机关及其工作人员的工作等进行的民主协商式监督。《中国人民政治协商会议章程》规定："中国人民政治协商会议全国委员会和地方委员会的主要职能是政治协商、民主监督、参政议政。"可见，民主监督是人民政协三大职能之一。

人民政协监督的概念可以从以下几个方面加以理解：（1）在监督主体上，人民政协监督的主体是参加人民政协的各民主党派、无党派人士、人民团体、少数民族人士和各界爱国人士；（2）在监督对象上，人民政协监督的对象主要是国家机关及其工作人员，也包括执政党的各级组织与党员，以及政协之内各党派、团体和人士；（3）在监督内容上，人民政协监督的是国家宪法、法律和法规的实施，重大方针政策、重大改革举措、重要决策部署的贯彻执行情况，涉及人民群众切身利益的实际问题解决落实情况，国家机关及其工作人员的工作等；（4）在监督方式上，人民政协监督是一种民主协商式监督，这种监督是在与被监督者的沟通互动中，通过有组织地反映统一战线各方面意见、批评、建议等方式实现的。

## （二）人民政协监督的性质和地位

在性质和地位上，人民政协的监督是民主协商式监督，是我国监督体系的重要组成部分。首先，人民政协的监督是民主监督而非权力监督，不具有法律约束力，不对监督对象形成强制。但是，与公民监督、舆论监督等监督形式相比，人民政协的监督既具有组织性，也具有广泛的代表性和灵活性，能够广开言路、畅所欲言，吸纳各方面意见，因而人民政协的监督对国家机关和执政党的决策具有相当的影响力。其次，我国的监督体系是一个由多种监督形式组成的体系，包括人民代表大会的监督、执政党的党内监督、司法机关的监督、行政机关的监督、人民政协与民主党派的监督、社会监督等多个方面和层次，在国家监督体系中，人民政协的监督不可或缺。

人民政协监督的性质和地位是由人民政协的性质和地位所决定的。《中华人民共和国宪法》序言指出："中国人民政治协商会议是有广泛代表性的统一战线组织，过去发挥了重要的历史作用，今后在国家政治生活、社会生活和对外友好活动中，在进行社会主义现代化建设、维护国家的统一和团结的斗争中，将进一步发挥它的重要作用。"《中国人民政治协商会议章程》也明确规定："中国人民政治协商会议是中国人民爱国统一战线的组织，是中国共产党领导的多党合作和政治协商的重要机构，是我国政治生活中发扬社会主义民主的重要形式，是国家治理体系的重要组成部分。"人民政协的这一性质和地位决定了其所承担的民主监督职能必须通过特定的民主与协商方式得到有效履行，从而也决定了人民政协的监督在国家监督体系中所具有的重要地位。

人民政协监督的性质和地位也是人民政协的发展历史所决定的。1949年召开的中国人民政治协商会议，对中国社会主义民主政治的发展起了重要作用。1954年全国人民代表大会召开后，针对人民政协是否继续存在的问题，毛泽东指出，人民代表大会的代表性当然很大，但它不能包括所有的方面，所以人民政协仍有存在的必要。1956年，毛泽东在《论十大关系》中明确提出了"长期共存、互相监督"的方针。"文化大革命"结束后，邓小平指出，中国的社会主义现代化建设事业，继续需要政协就有关国家的大政方针、政治生活和四个现代化建设中的各项社会经济问题进行协商、讨论，实行互相监督，发挥对宪法和法律实施的监督作用。1982年，党的十二大确立了中国共产党与各民主党派"长期共存、互相监督、肝胆相照、荣辱与共"的方针。此后，人民政协作为统一战线组织和中国共产党领导的多党合作和政治协商的重要机构的地位得到了进一步明确，其所承担的民主监督职能也被政协章程确定下来。在实践中，人民政协的民主监督职能也发挥了重要作用，促进了我国社会主义现代化建设事业的顺利发展。

## 二、人民政协监督的内容

人民政协的监督内容广泛，既包括政协内部中国共产党和各民主党派之间及其他社会各界人士间的相互监督,也包括参加政协的单位和个人对国家机关及其工作人员的监督。具体而言,人民政协监督的内容主要有以下几个方面:

### (一)国家宪法与法律、法规的实施情况

"依法治国,建设社会主义法治国家"是宪法的明确规定,也是我国在新的历史时期作出的历史性抉择。要实现建设法治国家的目标,就需要对宪法和法律的实施情况进行及时有效的监督。我国宪法规定了国家权力机关的法律监督职权,同时也规定了检察机关作为专门的法律监督机关的监督职能。但是,法律监督仅依靠人民代表大会的监督和检察机关的监督是不够的,还需要有各方面的力量对宪法和法律的实施情况进行多角度、全方位的监督,人民政协的监督正是法律监督中的重要环节。政协可以组织参加政协的各界人士开展视察、调查和检查等活动,通过这些活动,发现立法、执法和司法中的问题。对于立法中的问题,政协可以通过建议案和报告等形式向有关立法机关提出建议,要求对法律进行修正,使其更加完善,更有利于正确实施,促进我国法律体系的完备;对于执法和司法中的问题,政协可以及时提出改正意见,并督促改正,维护宪法和法律的权威性和严肃性。

### (二)国家重大方针政策和改革举措、重要决策部署的执行情况

自人民政协成立以来,特别是改革开放以来,国家大政方针以及经济建设、政治建设、文化建设、社会建设、生态文明建设中的重要问题,在决策之前和决策实施之中都通过人民政协与各民主党派、无党派人士、人民团体、少数民族人士和各界爱国人士进行协商,听取各方意见和建议。不仅如此,由于人民政协参加了国家大政方针的制定协商,对其精神内涵和实质内容有深入了解,因而在这些大政方针执行过程中,人民政协还承担着执行监督的职能,督促有关机关全面贯彻执行国家大政方针,使其真正落到实处,产生实效。人民政协对重大方针政策贯彻执行情况的监督是多层次的,包括全国政协对国家大政方针贯彻执行的监督,也包括地方各级政协对所在省(区、市)、市、县党政重要举措贯彻执行的监督。

### (三)国民经济和社会发展计划及财政预算执行情况

国民经济和社会发展计划是国家对一定时期内国民经济的主要活动、科学技术、教育事业和社会发展所作的规划和安排,是指导经济和社会发展的纲领性文件,通常分为中期规划(5年)、长期规划(10年以上)和年度计划。国民经济和社会发展计划由人民代表大会通过,具有法律效力,各有关国家机关必须按照计划的内容严格遵照实施。人民政协可以通过两种途径对国民经济和社会发展计划的实施进行监督,一是在日常工作中,视国民经济和社会发展计划的执行情况对有关国家机关提出意见和建议;二是每年召开"两会",政协委员列席人民代表大会会议,听取有关机关所作的国民经济和社会发展计划执行情况报告,对报告内容进行讨论,发表意见,提出改进工作的建议。

财政预算是国家制订的年度财政收支计划,是国家有计划地筹集和分配财政资金的主

要手段,是国家的基本财政计划。财政预算按法定程序编制、审查和批准,全国人民代表大会和地方各级人民代表大会应当按法定程序通过本级财政预算。财政预算一旦通过,就具有相应的法律效力,有关机关必须严格执行。人民政协有权对财政预算的执行情况实施民主监督,其监督方式和途径与对国民经济和社会发展计划执行情况的监督相同。

### (四)涉及人民群众切身利益的实际问题解决落实情况

人民群众切身利益的实际问题分布在教育、健康、医疗、文化、民生等多个领域,每个领域又包含多个具体问题,例如民生领域就有食品安全,无障碍环境建设,住宅房地产调控,职工就业再就业,大学生和退役士兵就业创业,养老及医养结合,建筑工人、环卫工人、农民工、残疾人、留守儿童等群体权益保障等问题。对人民群众切身利益的实际问题,人民政协通过系列履职活动和深入协商、深度建言,促进问题的解决。这既是人民政协的职责所在,也是满足人民日益增长的美好生活需要的时代要求。

### (五)国家机关及其工作人员履行职责的情况

国家机关及其工作人员依法承担和履行相应职责,这是其存在的前提和价值。国家机关及其工作人员必须严格依法履职而不得懈怠,唯其如此,国家各项活动才能正常开展,经济社会才能顺利发展,人民利益才能得到维护。但现实中,由于各种因素的影响,国家机关及其工作人员不严格依法履职的情况时有发生,既损害政府形象,妨碍社会发展,也侵害公民合法权益。为预防和减少国家机关及其工作人员不依法履职情形的发生,必须对其实施严格监督。人民政协通过视察、检查等途径对国家机关及其工作人员的履职情况实施监督是公权力监督体系的重要一环。

### (六)国家机关工作人员遵纪守法、为政清廉的情况

国家机关工作人员不但应当严格依法履行职责,不得有渎职懈怠等行为,而且应当遵纪守法,清正廉明,杜绝贪污腐化、以权谋私等现象的发生。鉴于现实存在的违法乱纪、贪污腐化等现象,必须加强对国家机关工作人员遵纪守法、为政清廉情况的监督。政协委员可以就此问题开展视察、检查,反映群众要求和呼声,提出建议和意见。需要注意的是,中国共产党是执政党,国家机关工作人员中有相当数量的共产党员,因此,人民政协还应当加强对中国共产党工作机关工作人员和广大党员的监督。

### (七)政协提案、建议案和其他重要意见建议办理情况

政协提案、建议案和其他重要意见建议等是人民政协民主监督的基本工具,认真办理这些意见建议,政协的监督才能真正落到实处,因而有必要对政协意见建议的办理情况实施监督。《政协全国委员会关于政治协商、民主监督、参政议政的规定》中要求:"以政协全国委员会常务委员会、主席会议或以各专门委员会名义提出的建议、意见和批评,均由政协全国

委员会办公厅以正式文件形式送达有关方面或部门。有关方面或部门应积极负责地进行研究处理，并将结果尽快以正式文件形式作出答复。对参加本会的单位与个人的提案和举报，有关部门应认真研究处理，并及时予以答复。"

### （八）参加政协的单位和个人遵守政协章程和执行政协决议的情况

《中国人民政治协商会议章程》是参加政协的各民主党派、无党派人士、人民团体、少数民族人士和各界爱国人士共同的行动纲领，所有参加政协的单位和个人都必须以章程为基本行为规范，政协全国委员会和地方委员会也应当按照政协章程进行工作。政协决议是政协在进行充分酝酿协商的基础上，按照民主集中制原则形成的，是体现各方意愿和利益的决定。对于政协决议，参加政协的单位和个人无论是否有保留意见，都必须严格执行。对参加政协的单位和个人遵守政协章程和执行政协决议的情况进行监督是人民政协监督的一项重要内容。

## 三、人民政协监督的方式

人民政协监督的方式多种多样，且随时代的发展而发展，例如会议监督、视察监督、提案监督、专项监督和其他形式的监督等。

### （一）会议监督

参加会议并通过会议实施监督是人民政协民主监督的重要形式。政协委员参加的会议主要有政协会议、民主协商会和民主座谈会、列席人民代表大会等。政协会议包括全体会议、常务会议和主席会议；民主协商会和民主座谈会一般由中国共产党中央或地方党委召开，邀请各民主党派领导人、无党派人士或社会各界代表参加，就党的重大方针政策、国家大事、国内外形势等问题听取各方意见，沟通思想，进行协商，达成共识，在沟通和协商中吸取合理意见和建议，提高决策质量，减少决策失误；列席人民代表大会是我国"两会"惯例，在每年"两会"期间，政协委员都列席人民代表大会会议，听取国家机关的各项报告，对有关重大问题进行讨论，发表观点，提出意见和建议，行使民主监督权利。

### （二）委员视察、考察、调查

视察是指政协委员进行实地察看，建言资政，反映社情民意，开展民主监督；考察是指政协委员进行实地察看，了解情况、学习提高；调查是指政协委员运用各种调查方法收集信息并分析研判，为党和政府制定公共政策提供咨询。政协委员视察、考察、调查，是履行政治协商、民主监督、参政议政职能的重要形式，是密切联系群众，加强党派、界别合作共事的重要途径。《中国人民政治协商会议章程》规定："中国人民政治协商会议全国委员会和地方委员会组织委员视察、考察和调查，了解情况，就各项事业和群众生活的重要问题进行研究，通过建议案、提案、社情民意信息和其他形式向国家机关和其他有关组织提出建议和批评。"

## （三）提交建议案

如前所述，政协会议包括全体会议、常务会议和主席会议。在这些会议上，政协委员就国家大政方针以及经济建设、政治建设、文化建设、社会建设、生态文明建设中的重要问题进行协商讨论，提出建议和批评，作出决议或决定，形成正式建议案，并向党委和政府提交，供其决策时参考。政协建议案是经政协全体会议、常委会议、主席会议审议通过，以政协组织的名义向同级中共党委、人民代表大会及其常委会、政府提出的正式书面建议，通过提出建议案开展监督是人民政协最庄重的一种监督方式。

## （四）各专门委员会提出建议或有关报告

按照政协章程规定，政协全国委员会常务委员会根据工作需要，设立若干专门委员会及其他工作机构；政协省、自治区、直辖市委员会常务委员会按照当地实际情况和工作需要，设立专门委员会及其他工作机构。政协各专门委员会是政协联系委员的纽带，是政协履行职能的载体，在政协工作中发挥基础性作用。各专门委员会根据自身工作领域和工作任务，分别联系相关界别委员，组织界别委员开展调研、视察、考察、协商、研讨、座谈、网络议政等活动，反映所联系的社会各界群众的愿望和诉求，形成建议、提案、调研报告、社情民意信息等，向党委和政府提交，供其决策时参考。

## （五）提案

政协提案是政协委员和参加单位向政协全体会议或常务委员会提出的，经提案审查委员会或提案委员会审查立案后交付有关单位办理的书面意见和建议。政协提案提出时间不限、内容不限、人数不限，委员可以随时通过提案的形式反映自己的意见和建议。根据《中国人民政治协商会议全国委员会提案工作条例》的规定，提案一般有四种形式：一是全国政协委员可以个人或者联名方式提出提案；二是政协全体会议期间，可以界别、委员小组或者联组名义提出提案；三是参加政协的各党派和人民团体，可以本党派、团体名义提出提案；四是全国政协各专门委员会可以本专门委员会名义提出提案。提案的提出是一种有组织的行为，每件提案均需经提案审查委员会或提案委员会审查立案才能成立，提案对所反映的问题要有科学的论证分析和可操作的具体建议。政协提案是政协委员和参加单位特有的民主权利，也是人民政协监督的重要方式之一。提案的办理由专门机构负责，有一套规范的工作程序，要求件件有着落、案案有答复，参加政协的单位和个人可以通过这一方式，对有关国家机关的工作实施监督。

## （六）专项监督

专项监督是政协民主监督向专而深方向发展的一种新型监督方式，例如生态环境保护监督、优化企业和市民服务监督、国家生态园林城区创建监督、党政机关作风建设推进监督等。与其他形式的监督相比，专业监督的突出特点是更注重监督的专业水平和专业深度。中共中央办公厅《关于加强和改进人民政协民主监督工作的意见》提出，"政协要围绕法律法规实施和党委、政府重要工作落实确定专项监督议题，由政协办公厅（室）和专门委员会组织力量，开展监督性专题调研，抓住重点问题，深入一线明察暗访，摸准情况，分析原因，提出改进意见建议，必要时应持续跟踪监督。"专业监督的基本程序和要求是精准选题、充分准备、规范实施、意见报送、落实反馈，力求在有限的人财物、时间和精力下，合理、有序、有效、高质量地开展监督工作。

### （七）应邀担任司法机关和政府部门特约监督人员

特约监督人员是指由政协组织推荐、选派到司法机关和政府部门担负监督职责的政协委员。特约监督人员的选派有协商选派、应邀选派等方式。政协委员担任司法机关和政府部门特约监督人员，使政协的监督更有针对性、更务实。目前，一些地方政协已制定了特约监督人员工作办法，将政协委员担任司法机关和政府部门特约监督人员工作制度化、规范化和程序化。

## 四、人民政协监督存在的问题与完善

我国现行人民政协监督制度是历史经验的结晶，是在七十多年的历史发展过程中经历了挫折、吸取了教训、积累了经验后逐步发展形成的，实践中对民主政治的发展作出了积极贡献，对改进并做好党和政府各项工作起到了积极作用。但是，人民政协监督制度还存在一些问题，需作进一步改进，使人民政协的监督在经济社会和民主政治发展中发挥更大、更好的作用。

### （一）人民政协监督中存在的问题

第一，对人民政协监督的地位与意义认识不够。《关于加强和改进人民政协民主监督工作的意见》提出，人民政协开展民主监督工作，是我国社会主义民主政治的独特创造和一项重要制度安排，在国家政治生活中发挥着不可替代的重要作用，并随着社会主义建设和改革开放事业的不断发展而发展。这就是说，人民政协的监督主要是政治制度层面而不是具体事务层面的监督，其监督的重点是公权力的运行和国家机关的活动。但是，一些人对人民政协监督的政治性缺乏认识，认为政协的监督只是一种政治姿态而不具有实际作用，特别是当政协的监督建议和意见在实际中贯彻不力、某些问题未能及时解决时，这种认识就更为普遍。此外，一些党政领导对人民政协监督的意义和作用认识不足，认为有人民代表大会和监察机关的监督已经足够，不需要再增加政协监督这种柔性监督，甚至认为政协监督是"无事找事"，徒增工作环节，因而对政协监督表面上接受，实际上抵触，人民政协的民主监督权处于虚置状态。

第二，人民政协监督的约束力不强。人民政协监督是民主协商式监督，与人大监督相比，其显著特征是不具有法律效力，不能从法律上强制被监督者接受监督，实践中也存在因人民政协监督的约束力不强，一些单位和个人不主动接受监督的情形。例如，一些重大决策在决策过程中协商不够，存在失误风险，但人民政协却无法实施监督；对属于政协民主监督的事项，被监督者不积极主动接受监督，导致监督不能起到应有作用。

第三，人民政协监督制度不够完善。尽管政协章程和中共中央有关文件对政协民主监督的内容、方式等有所规定，但从总体看，我国现时的人民政协民主监督制度缺乏全面、系统、统一性，例如对政协委员如何正确履行监督职责，政协组织如何支持、帮助和保障委员履行监督职责，党政部门如何对待和妥当办理政协的意见和建议，政协民主监督意见办理、采纳和落实情况如何反馈与督查等许多问题，现行文件都缺乏具体的、操作性强的规定，尤其是缺乏程序性规定。人民政协监督是否能取得应有效果，其基础在于制度，没有完整、统一、系统的制度，政协监督在实践中"无法可依""无章可循"，其监督难以取得好的效果。

第四，人民政协的监督效果有待改进。在实践中，人民政协的监督有流于形式、走过场的问题。例如，政协委员一些正确的意见、建议未能引起党和政府的重视而被搁置；一些政协会议上多次提到的问题，本应该且可以及时解决，但党政领导表面重视、实际轻视，使问题长期得不到解决，政协的监督也因此达不到应有的效果。

### （二）人民政协监督的完善

为真正发挥人民政协的监督作用，促进我国民主政治和经济社会发展，人民政协的监督可以从以下方面作出改进和完善：

第一，提高对人民政协监督重要性和必要性的认识。为了真正发挥人民政协监督的作用，必须提高对人民政协监督必要性和重要性的认识。首先，各级党政领导要提高认识，真正认清人民政协监督对我国民主政治发展的重要意义，对改进具体工作的重要意义，主动接受人民政协的监督，考虑和采纳人民政协监督中提出的正确意见和建议。其次，政协自身要提高认识，在思想观念和工作安排上将监督摆到应有的高度，促进人民政协监督职能的履行。最后，政协委员也要提高对政协监督职能的认识，提高对自身作为政协委员所承担的监督职责的认识，勇于监督，敢于监督，善于监督，要有监督的胆识，也要懂得监督的知识和艺术，提高监督的针对性和可操作性。

第二，健全人民政协监督的机构。民主监督是政协的三大职能之一，这一职能的履行要以健全的组织机构为基础，但至今政协内设机构中并没有常设性机构负责民主监督工作。因此，有必要完善民主监督的组织领导，根据《中国人民政治协商会议章程》的有关规定，设置专门的内设机构，或是在各专门委员会办公室设置处（科、室），专事政协的民主监督事务，组织开展政协委员的各项民主监督活动。

第三，完善人民政协民主监督各项制度。人民政协监督制度虽然经过了长期发展，但在全面、系统、统一性方面还有不小的差距，因此必须健全和完善人民政协监督实体和程序等各项制度。首先，要完善人民政协监督的保障制度，尊重和保护政协委员民主监督的各项权利，包括知情表达、批评建议、检举揭发等权利，对于阻挠、压制、打击政协委员参加民主监督的各种行为，依纪依法追究责任。其次，要完善人民政协监督的运行机制，包括知情明政、协调落实、办理反馈等机制，使人民政协的民主监督规范有序。最后，要完善人民政协监督的制约机制。政协监督没有法律强制力，但这并不等于监督对象对政协监督可以置之不理。对于政协监督的意见报告、视察报告、专项报告等，党委和政府要作出及时反应，或交相关部门办理，党政督查部门要加强对政协民主监督意见办理情况的督查，使政协的监督真正落到实处，发挥约束作用。

第四，拓宽人民政协监督的渠道。人民政协的监督是民主监督，其监督方式是开放的而不是封闭的。除现有监督方式外，人民政协要在民主监督实践中探索更多的监督方式并规范实施，例如参加党政有关部门组织的调查、检查、听证等活动；以政协委员的身份向有关部门举报、检举国家机关工作人员的违法乱纪行为；政协委员来信来访；对党政部门及其工作人员的工作进行民主测评和民主质询监督；将政协监督与社会舆论监督结合起来，或开展网络议政、远程协商等。随着民主政治的发展，人民政协的监督方式也会不断发展丰富，出现更多的监督方式。

第五，加强人民政协民主监督的协调配合。在实践中，政协的监督与党内监督、人大监督、行政监督、舆论监督、社会监督等监督形式缺乏联动，没有形成合力，明显制约了政协监督作用的发挥。例如，缺乏与人大的权力性监督的合作，减弱了政协监督的力度；缺乏与舆论监督的合作，降低了政协监督的影响力；缺乏与社会监督的沟通，使政协监督难以广泛收集和反映民意。因此，政协的监督要和党内监督、人大监督、行政监督、司法监督、社会监督、舆论监督等监督形式协调配合，以更好地发挥人民政协的民主监督作用。

第六，提高人民政协的监督能力。国家治理体系和能力现代化是国家治理追求的目标，其中也包括提高人民政协的监督能力。中共中央办公厅《关于加强人民政协协商民主建设的实施意见》提出了政协协商需重点提高的四项能力，包括政治把握能力、调查研究能力、联系群众能力、合作共事能力。人民政协监督的成效与其监督能力密切相关，现实中也确实存在政协组织及委员不会监督、不善监督的问题，因而要有针对性地采取措施，切实提高政协及政协委员的监督能力。

## 第二节 民主党派的监督

### 一、民主党派监督的含义与特征

#### （一）民主党派监督的含义

在我国，民主党派是指除中国共产党之外的其他八个政党，包括中国国民党革命委员会、中国民主同盟、中国民主建国会、中国民主促进会、中国农工民主党、中国致公党、九三学社、台湾民主自治同盟。民主党派接受中国共产党的领导，同中国共产党通力合作，是中国特色社会主义参政党。民主党派的监督是指在坚持四项基本原则的基础上，通过提出意见、批评、建议的方式对中国共产党进行的政治监督。民主党派的监督有着十分重要的意义，有利于巩固中国共产党的领导地位，加强党和人民群众的联系，促进党和政府决策的民主化、科学化；有利于加强社会主义政治文明建设，增强公民的民主意识，同时也是反腐倡廉的重要举措。

**（二）民主党派监督的特征**

第一，民主党派监督是一种以民主党派为监督主体的监督，监督是民主党派的权利。鉴于民主党派的主要职能之一就是民主监督，因此在一定意义上，民主党派的监督权利具有一定的"义务性"，民主党派要根据其承担的政治责任与历史使命积极主动行使监督权利。

第二，民主党派监督是非权力监督，是一种以提出意见、建议和批评为主要方式的，协商式、建议式的监督。这种监督对被监督者没有法律约束力，被监督者可以接受民主党派的监督，也可以不接受民主党派的监督。但是，由于中国共产党领导的多党合作与政治协商制度是我国的一项基本政治制度，因此，民主党派的监督是我国监督体系的重要组成部分。以监督效力划分，我国的监督体系由权力监督和非权力监督两部分组成，权力监督主要包括人民代表大会的监督、司法机关的监督、行政机关的监督；非权力监督主要包括人民政协的监督、民主党派的监督、社会舆论的监督等。因此，缺少了民主党派的监督，我国的监督体系是不完整的。

第三，民主党派监督是一种政治层面的监督，这种监督是中国共产党领导的多党合作与政治协商制度的具体体现，是中国共产党同各民主党派长期合作的一项战略方针。民主党派监督的主要目的是加强和改善中国共产党的领导，提高党的执政能力，保持党的先进性和纯洁性，巩固和发展和谐的政党关系，改进党和政府的工作。随着我国民主与法治的发展和中国共产党领导的多党合作与政治协商制度的完善，民主监督作为民主党派的一项重要职能，会逐渐受到执政党的重视，在社会生活中发挥越来越重要的作用。

第四，民主党派监督是集体的理性监督。这一特征意味着，民主党派监督不是个人的感性行为，而是集体的理性行为，是各民主党派以参政党的名义实施的监督。这种监督不直接诉诸社会，不直接公之于众，而是首先在监督者与被监督者之间进行内部协商，直接与党政领导部门进行接触。各民主党派中央的主要领导可以与党和国家领导人直接见面商谈，通过成熟的、理性的方式提出监督意见和建议。

第五，民主党派监督是一种高层次、高质量的监督。民主党派监督的这一特征是由民主党派的自身特征决定的。在我国，民主党派主要由具有较高知识层次的成员组成，他们或为高级知识分子，或为社会各界代表人士，或为具有特定历史渊源与背景的人士。相对于其他监督形式而言，民主党派监督具有鲜明的代表性和组织性，具备政治联盟、合作议事、共同协商的特点，是一种有组织的、高层次、高质量的监督，在监督中着眼于重大事项，着眼于大政方针和法律的贯彻实施，着眼于深层次问题，监督的主要对象是党政领导机关和领导干部，监督方法上讲究宏观性、科学性、代表性和建设性。

### （三）民主党派监督与人民政协监督的区别

两者的相同和关联之处主要有三个方面：一是民主党派的监督和人民政协的监督都属于民主监督，不具有法律约束力，不能强制被监督者接受其监督；二是民主党派在人民政协中履行民主监督职能，是人民政协履行民主监督职能的重要组成部分，也是民主党派监督的重要形式；三是民主党派的监督与人民政协的监督都是我国监督体系的重要组成部分，各种监督方式相互配合，相互补充，共同构成我国的监督体系。

两者的不同之处在于：民主党派的监督是中国共产党与民主党派互相监督的一个方面，是我国政党制度的一项重要内容，是各政党之间实行的一种政治监督，是执政党与参政党团结合作的体现；而人民政协的监督并不限于民主党派的监督，除了民主党派之外，组成人民政协的还包括无党派人士、其他社会团体和社会各界人士，他们都是监督的主体。

## 二、民主党派监督的地位与发展

《中共中央关于进一步加强中国共产党领导的多党合作和政治协商制度建设的意见》提出："中国共产党与民主党派实行互相监督。这种监督是在坚持四项基本原则的基础上通过提出意见、批评、建议的方式进行的政治监督，是我国社会主义监督体系的重要组成部分。由于中国共产党处于领导和执政地位，更加需要自觉接受民主党派的监督。"这是对民主党派监督地位的定位，即民主党派的监督是政治监督，是我国监督体系的重要组成部分。

民主党派的监督是历史发展的必然选择。早在中华人民共和国成立前，中国共产党和民主党派就存在合作关系。中华人民共和国成立后，中国共产党作为执政党进一步加强了同各民主党派的团结合作。1956年，中国共产党提出了"长期共存、互相监督"的八字方针，明确了民主党派的民主监督功能。改革开放后，1982年，党的十二大确立了与各民主党派"长期共存、互相监督、肝胆相照、荣辱与共"的十六字方针。1989年，《中共中央关于坚持和完善中国共产党领导的多党合作和政治协商制度的意见》发布，多党合作和政治协商走上了制度化轨道。1993年，第八届全国人大一次会议将"中国共产党领导的多党合作和政治协商制度将长期存在和发展"载入宪法，中国多党合作制度有了明确的宪法依据。2005年，《中共中央关于进一步加强中国共产党领导的多党合作和政治协商制度建设的意见》发布，使多党合作制度进一步规范化和程序化。在多党合作制度的发展历程中，民主党派监督的地位逐步确立。2015年，中共中央通过了《中国共产党统一战线工作条例》,再次强调:"中国共产党领导的多党合作和政治协商制度是我国的一项基本政治制度。中国共产党同各民主党派实行长期共存、互相监督、肝胆相照、荣辱与共的基本方针。"可以预见,随着多党合作制度的完善,民主党派监督的地位将进一步得到巩固与加强。

### 三、民主党派监督的内容和形式

#### (一)民主党派监督的内容

民主党派监督的内容主要有三个方面。

1. 国家机关及其工作人员执行宪法和法律的情况

建设社会主义法治国家,除了要有健全、完善的法律体系,更要求宪法和法律得到严格的遵守和执行。为保证国家机关及其工作人员严格执行宪法和法律,保证宪法和法律的实施,民主党派的监督是重要一环。民主党派可以通过多种方式了解宪法、法律、法规实施过程中的问题,提出改正意见和建议,督促有关机关予以改正。

2. 中国共产党和人民政府重要方针、政策的制定和执行情况

中国共产党是执政党,国家重要方针、政策要在中国共产党的领导下制定和执行。民主党派对党和政府重要方针、政策的制定和执行具有重要作用,其作用包括方针、政策制定中的政治协商,提出意见和建议,也包括方针、政策制定后的执行监督,保证重要方针、政策落到实处,取得应有成效。

3. 中国共产党各级组织和党员领导干部履行职责、为政清廉的情况

中国共产党各级组织和党员领导干部要依法依规履行职责。党组织和党员领导干部的职责由国家法律和党内法规设定。例如《中国共产党党和国家机关基层组织工作条例》规定了机关党的基层组织的基本职责,包括宣传、执行党的路线方针政策;充分发挥党组织的战斗堡垒作用和党员的先锋模范作用;团结、组织党内外干部和群众;支持和协助本单位负责人完成工作任务;组织党员深入学习理论、法律和文化知识;对党员进行教育、管理和服务;督促党员履行义务,保障党员权利不受侵犯;对党员进行监督,督促党员干部严格遵守国法政纪;加强党风廉政建设,坚决同腐败现象作斗争;了解和反映群众的意见,维护群众正当权益,帮助群众解决实际困难等。中国共产党各级组织和党员领导干部还要为政清廉。《中国共产党党员领导干部廉洁从政若干准则》规定:党员领导干部必须坚持全心全意为人民服务的宗旨,立党为公、执政为民,在党员和人民群众中发挥表率作用,自重、自省、自警、自励;必须模范遵守党纪国法,清正廉洁,忠于职守,正确行使权力,始终保持职务行为的廉洁性;必须弘扬党的优良作风,求真务实,艰苦奋斗,密切联系群众。民主党派可以对中国共产党各级组织和党员领导干部履行职责、为政清廉的情况实施监督,监督其是否依法依规履行职责,依法办事,清正廉洁。如果发现党组织和党员领导干部不依法依规履行职责,

或有贪污腐化行为的，应及时予以制止和揭露。

### （二）民主党派监督的形式

按照《中国共产党统一战线工作条例》，民主党派的监督主要有以下形式：

1. 在政治协商中提出意见和建议

民主党派的民主监督是和参政议政、政治协商紧密联系的，寓监督于议政和协商之中，议政的过程就是监督的过程，协商的过程也是监督的过程。政治协商是民主党派的主要职能之一，包括下列内容：中国共产党全国和地方各级代表大会、中央和地方各级党委的有关重要文件；宪法的修改建议，有关重要法律的制定、修改建议，有关重要地方性法规的制定、修改建议；人大常委会、政府、政协领导班子成员和人民法院院长、人民检察院检察长建议人选；关系统一战线和多党合作的重大问题等。在政治协商的过程中，民主党派可以就相关问题畅所欲言，发表看法，提出意见和建议，促进决策民主化和科学化，从而更有利于维护广大人民群众的利益和推进社会主义现代化各项事业。

2. 向党委及其职能部门提出书面意见和建议

中国共产党是执政党，其执政能力和水平的提高，需要广泛吸取各方意见和建议，这不仅是科学决策的需要，也是执政党虚心接受监督的一种态度。在各种意见和建议中，书面意见和建议是民主党派对执政党及其职能部门工作的正式意思表示。在条件允许的情况下，民主党派应该更多地采用书面意见和建议的方式进行监督，以引起被监督对象的重视。这类意见和建议由于指向党委及其职能部门，要求有针对性、具体和可操作性。

3. 在更多会议上和就广泛事项提出意见和建议

民主党派可以在党委主要负责人召开的专门会议上对党委领导班子及其成员提出意见和建议；对党委党风廉政建设和反腐败工作提出意见和建议；民主党派成员、无党派人士中的人大代表可以在人大会议中提出意见和建议；在政协召开的各种会议、组织的视察调研中提出意见，或者以提案等形式提出批评和建议；对人民法院、人民检察院工作提出意见和建议等。也就是说，民主党派可以在更多会议上就广泛事项提出意见和建议，例如改革和发展、依法治国、保障与改善民生、公共卫生体系建设、生态环境保护等。其中，人民法院和人民检察院是我国的司法机关，前者履行审判职责，后者履行法律监督职责。人民法院和人民检察院的工作对于社会公平正义和公民、法人或其他组织合法权益的保护具有重大意义。正因如此，人民法院、人民检察院的工作需要广泛接受监督，听取各方意见和建议。民主党派作为参政党，具有特殊的政治和法律地位，其成员整体素质相对高，由民主党派对人民法院和人民检察院的工作实施监督，对促进人民法院和人民检察院的工作具有重要意义。

4. 参加检查和调查

民主党派可以参加党委有关方针政策、重大决策部署执行和实施情况的检查，参加廉政建设情况检查、其他专项检查和执法监督工作；参加人民代表大会及其常委会和各专门委员会组织的有关调查研究。

5. 受党委委托就有关重大问题进行专项监督

在国内与国外、自然与社会各种矛盾的相互作用下，社会发展过程中时常会出现公共问题，包括关乎人民群众切身利益的重大公共问题，例如政务服务、食品安全、交通整治、人才工作、城市管理、生态环境保护等。为应对和解决这些问题，党委可以委托民主党派就有关重大问题进行专项监督，通过深入细致的调查研究，了解和掌握重大问题的背景、成因、现状、问题等，形成书面材料，向党委提出意见和建议，为公权力机关制定科学合理的公共政策提供咨询，使重大问题得到合理、公正的解决。

6. 担任司法机关和政府部门的特约监督员参加相关监督检查工作

与政协委员担任司法机关和政府部门特约监督员的做法相类似，民主党派人士可以应邀担任司法机关和政府部门的特约监督员，参加有关执法检查和执法监督活动，对发现的问题提出意见和建议，督促有关部门和人员改进工作。特约监督员的一般条件包括社会责任心、专业知识水平、参政议政能力、代表性和社会影响等。

## 四、民主党派监督的完善

"长期共存、互相监督、肝胆相照、荣辱与共"是我国多党合作的基本方针。其中，"相互监督"主要是民主党派监督共产党。作为执政党，中国共产党必须自觉倾听人民群众和民主党派的意见，接受人民群众和民主党派的监督。党不受监督，听不到不同声音，必然会导致种种问题，堕入腐败。在实践中，虽然民主党派的监督在加强和改善中国共产党的领导和健全社会主义监督体系方面发挥了重要作用，但现时我国民主党派的监督总体上还比较薄弱，在监督意识、监督能力、监督效果等方面都存在问题，需要进一步改进和完善。

### （一）民主党派监督存在的问题

第一，对民主党派监督的性质、意义认识不足。对于民主党派的监督，有的党员领导干部认为，这是对自己的不信任，不能自觉、主动接受监督；有的党员领导干部表面接受，实际不接受，我行我素。民主党派内部也存在对监督认识不足、不重视的问题。民主党派人士中，有的认为民主党派是中国共产党的助手，主要职能是参政议政而不是民主监督，弱化了民主监督职能；有的对民主监督有顾虑，担心受打击报复，不愿监督；还有人认为，对执政党的监督有执政党的内部监督和司法机关的监督，民主党派的监督可有可无。

第二，民主监督的制度建设比较欠缺。《中共中央关于进一步加强中国共产党领导的多党合作和政治协商制度建设的意见》《中共中央办公厅关于加强政党协商的实施意见》《中国共产党统一战线工作条例》等文件和党内法规对民主党派的监督作了一般性规定，但具体的、系统的制度建设比较欠缺，一些做法主要是各地的实践探索和经验总结，有较大的随意性。民主监督制度不健全、不完善，监督难以达到应有的效果。

第三，民主监督的内容局限。从理论上说，民主党派监督的内容是广泛的，涉及事务、政务等各个方面。在这里，事务主要是指国家机关的日常管理事务与各项具体服务；政务主要是指党和政府重大方针政策的制定和执行，重要法律的制定和执行；有关改革和发展的重要问题等。在实践中，民主党派监督的内容存在对事务监督多、对政务监督少的偏向。

第四，民主监督的约束力弱。如前所述，我国民主党派的监督是一种政治层面的监督，这种监督是"柔性监督"而不是权力对权力的制衡，不具有法律约束力。但是，一些党政机关及其工作人员错将民主党派这种协商式、建议式监督当成了可有可无的监督，实践中对民主党派的监督敷衍搪塞，不配合、走过场，影响了民主党派监督的效力。

第五，民主监督的质量与水平有待提高。由于主客观方面的多种原因，例如怠于监督、不在监督上投入时间和精力、监督能力不足、知情不全面和不及时等，民主党派的监督意见在选题、内容、表达等方面都存在质量不高的问题，与民主党派高层次、高质量的监督要求不相适应。

### （二）民主党派监督的完善

1. 提高对民主党派监督重要性的认识

民主党派的监督是坚持和完善中国共产党领导的多党合作和政治协商制度的重要内容，各级党组织和党员领导干部要高度重视、真诚接受，并认真落实民主党派提出的监督意见和建议，切实改进工作。如果对民主党派的监督听而不闻或漠然置之，不仅有损我国的政党制度，而且贻误党和政府的工作，损害党和政府的公信力。另外，民主党派自身也要不断提高对监督重要性的认识，在加强和改善共产党的领导，推进社会主义民主政治建设中发挥应有作用。

2. 加强对民主党派监督权利的保护

民主党派行使监督权利，对党和政府的工作提出意见和建议，有时会触动一些单位和个人的利益，遭遇被监督者的抵触，甚至排斥打击，导致一些民主党派人士对监督有顾虑，不敢大胆行使监督权利。解决这一问题，应当加强对民主党派监督权利的保护，一是营造自由宽松的监督氛围，鼓励和支持民主党派依法依规行使监督权利，畅所欲言，反映真实想法，坚持正确意见；二是尊重、理解和采纳民主党派所提的正确意见和建议，对不予采纳的意见和建议说明理由；三是严肃处理打击报复民主党派人士监督活动的各种行为，确保民主党派的监督权利不受侵犯。

3. 健全和完善民主监督各项制度

要健全和完善民主党派监督制度，制度的载体就应包括执政党的党内法规和民主党派的党内法规。在这里，健全是指制度的覆盖面要宽，民主党派监督的重要方面都有相应的制度保障而没有大的遗漏；完善是指制度的合理性和可操作性。民主党派监督的具体制度涉及监督的方方面面，例如民主监督信息通报（知情明政）制度、民主监督权利保障和救济制度、民主监督工作联系制度、民主监督考察调研制度、民主监督反馈意见办理制度、民主监督评估考核制度、民主党派成员担任国家机关领导职务制度、民主监督程序制度等。健全、完善的制度是民主党派监督规范化的保障。

4. 进一步规范、拓宽民主监督的渠道

关于民主监督的渠道，《中共中央关于进一步加强中国共产党领导的多党合作和政治协商制度建设的意见》《中共中央办公厅关于加强政党协商的实施意见》《中国共产党统一战线工作条例》等文件和党内法规多有涉及，执政党各级组织一是要知晓、理解文件和党内法规已经明确规定的监督方式和渠道；二是要在实践中更多地、综合地运用这些监督方式和渠道，并在运用中不断规范，形成制度；三是结合本地实际，积极探索民主党派监督的新方式和新渠道，并在探索中不断总结经验，例如在党和政府重大决策作出之前委托民主党派进行不可行论证、建立民主监督网络监督平台、将民主监督与舆论监督相结合、邀请民主党派人士对国家机关履职情况进行评议等。实践证明，民主党派监督的渠道越多、越通畅，民主监督的作用和效果就会越彰显。

5. 加强民主党派组织建设，提高民主党派的监督能力

加强民主党派组织建设，提高民主党派的监督能力是民主党派的一项长期任务，是提高民主党派监督质量的基础，也是执政党汇聚力量、巩固执政地位的必然要求。民主党派组织建设和能力提升不是民主党派的一家之事，需要执政党和民主党派共同努力，党的文件和党内法规对此作了明确规定。

关于民主党派组织建设，《中共中央关于坚持和完善中国共产党领导的多党合作和政治协商制度的意见》从领导班子、机关和成员等三个方面作了规定，提出：加强民主党派组织建设，首先是民主党派各级领导班子建设，要继续发挥民主党派中央和省级组织的老一辈领导人的影响和作用，同时要积极培养有群众基础和组织领导能力的中青年，逐步充实到领导班子中；民主党派需要采取有效措施加强机关建设，提高机关干部的政治素质和业务水平，并根据国家的干部政策、人事制度和有关规定，加强对机关干部任免、调动的管理；各民主党派要注意提高成员的素质，吸收新成员要注意德才并重。中国共产党各级组织也要支持民主党派加强自身建设，《中国共产党统一战线工作条例》规定，各级党委应当支持民主党派加强组织建设，做好组织发展和成员教育管理工作；支持民主党派加强机关建设，完善内部管理和监督制度，健全各项工作机制，提升干部队伍素质，协调解决机构、编制、经费、办公场所、干部交流和挂职锻炼等方面的问题。

关于民主党派监督能力，《中共中央办公厅关于加强政党协商的实施意见》提出，党委特别是领导干部要支持民主党派加强领导班子和人才队伍建设，提高其履职能力和协商水平；支持民主党派密切与党政有关部门、人民团体、高等学校、科研院所的联系，完善民主党派参政议政工作机制，建立具有自身特色、服务参政议政的智库。

## 案例

### 督办——让监督性提案的办理更有成效[①]

"提案"是人民政协监督的方式之一。监督性提案是指提案内容直接针对党和政府工作中的问题,有情况、有分析、有具体建议的提案。监督性提案只有通过高质量的办理才能彰显人民政协监督的效力,而提案督办则是保证提案办理质量的有效手段。提案督办是指对提案承办单位的工作进行监督、检查、督促,以提高提案办理质量的活动。

深圳市政协自2017年起开始了监督性提案督办工作。督办工作的一般程序是:(1)确定重点提案,重点提案是指反映党和政府亟待解决、人民群众普遍要求改进、对推动工作有重要作用并具有较强可行性的提案;(2)从重点提案中遴选一批监督性提案作为督办提案并告知提案承办单位;(3)根据遴选的监督性提案的数量成立督办小组;(4)采用协商座谈、实地考察、专题调研、走访等方式对监督性提案开展督办,推动提案办理工作,保证提案办理质量;(5)召开民主评议会,评议承办单位提案办理情况;(6)提案承办单位在规定期限内对提案办理进行答复。

2018年,深圳市政协从重点提案中遴选出七件监督性提案开展协商督办工作,提案内容涉及围屋群落保护、老住宅加装电梯、建设无障碍城市等。围屋群落保护提案由政协委员张学虎、黄伟文提交,提案名称是《关于深圳最大的围屋群落保护和活化利用的提案》。提案指出了围屋群落保护存在的主要问题,诸如外侧墙体有破裂、无环境保护措施、缺乏专业修复等,并针对这些问题提出了三个建议,包括加大依法保护力度以尽快解决文物破损问题、建设坑梓客家围屋围堡小镇、建立政府和私人相结合的维护基金等。

2008年5月,深圳市政协组成七个督办小组,每个小组对应督办一个监督性提案。从2018年5月到9月,督办小组分别与深圳市委组织部、金融办、坪山区、教育局、城管局、规土委、市残联等部门召开协商座谈会,发出七份督办建议书,提办双方进行了务实而有效的沟通。2018年9月初,深圳市政协召开监督性提案办理工作民主评议会,请参会政协委员对提案办理工作进行评议。

在民主评议会上,参会委员踊跃发言。针对围屋群落保护提案,有"深圳历史通"之称的彭全民委员说,深圳市原有1 000多个围屋,现存下来的只有坪山部分,如果不进行抢救性保护,围屋将彻底消失。深圳的高楼吸引不了游客,但1.37万平方米的客家围屋建筑可以达到世界文化遗产的价值,应该引起重视。

对于2018年深圳市政协七件监督性提案督办工作,委员们一致表示认可,认为监

---

[①] 根据宋啸峰《深圳市政协开展监督性提案督办 创新督办让提案办理更有效》一文改写,见2018-10-11《人民政协报》。

督性提案督办工作对于推动人民政协协商民主建设,强化政协民主监督职能,调动各方面积极性、主动性、创造性,形成推进社会经济发展的强大合力,具有十分重要的意义。委员们希望有关部门重视和支持监督性提案办理工作,提案承办单位也要进一步加强监督性提案办理工作,明确责任部门和责任人员,制定办理工作方案,提高监督性提案办理质量。

## 案例思考题

1. 什么是重点提案、监督性提案、提案督办?
2. 提案督办工作的一般程序是什么?提案督办有何意义?

## 重要概念

1. 人民政协的监督　2. 民主党派的监督

## 思考题

1. 什么是人民政协的监督?人民政协的监督有哪些特点?
2. 人民政协监督的性质与地位是什么?
3. 人民政协的监督有哪些内容?
4. 人民政协的监督有哪些方式?
5. 如何进一步完善人民政协的监督?
6. 什么是民主党派的监督?民主党派的监督有什么特征?
7. 民主党派的监督与人民政协的监督有何相同和不同之处?
8. 民主党派监督的性质与地位是什么?
9. 民主党派监督的内容是什么?
10. 民主党派监督的主要形式有哪些?
11. 如何进一步完善民主党派的监督?

# 第十一章 社会监督

本章在阐述社会监督的含义、特征、监督方式等基本问题的基础上,着重阐述了公民监督、社团监督、舆论监督以及发展迅速的网络舆论监督等社会监督形式。

## 第一节 社会监督概述

### 一、社会监督的含义和特征

#### (一) 社会监督的含义

社会监督是指社会组织、公民、传播媒体等,依法以批评、建议、检举、申诉、控告、报道等方式对国家公权力机关及其工作人员行使公权力的活动实施的监督。根据监督主体和方式的不同,社会监督可以分为社团监督、公民监督、舆论监督等。由于社会监督主体的性质和特征各有不同,社会监督的途径和方式也各不相同。

社会监督的对象是公权力的执掌者和行使者,重点是执政党和政府的决策和执行活动。通过这种监督,实现决策的民主化和科学化,防范和制约公权力行使过程中出现的玩忽职守、滥用职权、徇私舞弊等违法违纪行为,使各级党政机关及其工作人员依法做事,严格规范公正文明执法,切实保障公民、法人和其他组织的合法权益,有效维护经济社会秩序。

#### (二) 社会监督的特征

相较于其他形式的监督,社会监督主要有以下特征:

第一,自觉性。社会监督是公权力组织外部监督机制的重要组成部分。社会团体、公民出于团体利益或者个人权益的考虑,对公权力的作用施加影响,同时保障团体利益或个人权益不受侵害。就社会团体和公民而言,这种监督行为是一种自觉的行为,是利益机制的作用使然。由于社会团体、公民的监督行为是一种自觉行为,相较于其他监督形式,社会监督的效率高而成本低。

第二,民主性。首先,社会监督权利是人民主权原则的具体体现,该权利能否实现、在多大程度上实现,与一个国家和社会民主生活的质量和水平密切关联。也就是说,社会监督越活跃、越广泛的地方,国家和社会的民主化程度越高,社会公共利益也会得到更好的维护。其次,社会监督以民主选举、民主决策、民主管理、民主协商等方式为载体,与强制性监督有所不同,社会监督更多地体现了民主性和协作性。

第三,全面性。在现代社会,公权力的触角已经深入到社会生活的各个方面,仅靠国家公权力机关的监督是远远不够的。尽管社会监督缺乏专门监督机构和专职监督人员,但每个公民、每个社团都是社会监督的主体。可以说,社会监督犹如一张网络,凡有公权力存在和活动的地方,就有社会监督的无形网络,形成了全社会监督、全民监督的有利的监督局面,使公权力始终处于社会的全面监督之下。

第四,间接性。社会监督有别于国家机关的监督,不具有强制力,不直接产生法律效果。社会监督往往要借助其他国家机关的监督活动才能发挥作用,即只有当社会监督被其他国家机关所关注和采纳,并以国家的名义进行干预或者处理时,社会监督的效果才能显现出来。

### (三)社会监督的主要方式

社会监督的方式主要有公民监督、社团监督、舆论监督等。

公民监督是指公民基于宪法和法律赋予的权利,通过批评、建议、举报、申诉、控告等方式对国家公权力机关及其工作人员行使公权力的活动实施的监督。这种监督是一种自下而上的监督,是"社会主人"对"社会公仆"的监督。我国是人民当家做主的社会主义国家,国家的性质决定了国家机关及其工作人员必须接受人民的监督,公民监督是社会主义监督体系的重要组成部分。在我国,公民监督权的行使有间接、直接两种方式,间接方式是指公民通过人民代表大会行使监督权,直接方式是指公民通过批评、建议、控告等形式行使监督权。

社团监督又称社会团体监督,是指各种社会团体(组织)为维护自身合法权益对国家公权力机关及其工作人员行使公权力的活动实施的监督。广义的社会团体是指由公民自愿组成,为实现会员共同意愿,并经依法登记、批准的各种非政府性团体以及组织,如各种行业协会、专业学会、工会、妇联、共青团、村民委员会、居民委员会等。这些社会团体联系、代表着一些特定的社会成员,反映他们的利益和要求,能够通过正式的或者非正式的途径对国家公权力机关的活动进行监督。

舆论监督是指公民基于宪法和法律赋予的权利,利用报纸、书籍、广播电视、网络等传播媒体,发表言论、表达诉求、投诉举报,形成态度或民意,从而对国家公权力机关及其工作人员行使公权力的活动实施的监督。舆论监督的方式有批评、建议、评论、揭露违法和腐败行为等。随着社会的发展与进步,舆论监督日益成为社会控制公共权力的重要手段。在舆论监督中,各种新闻媒体的功能不容忽视。各新闻媒体利用自身优势表达民意,报道国家大事,对国家公权力机关及其工作人员的违法违纪行为进行公开揭露和谴责等。新闻舆论监督在本质上仍是公民或民众的监督，是具有人民性、公开性、及时性、广泛性、快捷性等特征的一种社会监督。

## 二、社会监督在我国监督体系中的地位

监督制度是国家政治和法律制度的重要组成部分，是制约公权力滥用和实现人民民主权利的保障。改革开放40多年来，我国高度重视监督制度和监督体系建设，并取得明显成效。目前，我国已初步形成了包括人大监督、行政监督、司法监督、政党监督、社会监督在内的社会主义监督体系。

社会监督是国家监督体系中最基础、最广泛的监督，是公权力监督制约机制中不可或缺的重要组成部分，是反腐倡廉、防止权力滥用的可靠保证，也是实现人民民主权利的具体体现。社会监督与人大监督、政党监督、司法监督、行政监督等其他监督有着密切的联系。一方面，社会监督离不开其他监督，社会监督与其他监督相互配合，形成监督合力；另一方面，其他监督也离不开社会监督。因为，民主的实质就是人民对国家权力有一种真正的控制力，没有自下而上的权力制约机制，公权力的运用必然走向专断和独裁。在现实政治和行政管理中，社会团体和公民通过组织的或者个体的方式参与政治管理，通过参与民主政治生活而实现对政治权力的监督。

## 三、社会监督制度的完善

### （一）社会监督存在的问题

中华人民共和国成立以后，特别是改革开放以来，我国的社会监督有显著发展，但这种发展与中国共产党十九大提出的"完善基层民主制度，保障人民知情权、参与权、表达权、监督权"的要求还有较大距离，还存在不少问题。社会监督的问题主要有以下几点：

第一，社会监督的法治保障不足。社会监督的法治保障是指社会监督存在和发展的法治条件和环境。社会监督是一种法治监督，必须有法可依，并受法律保护。我国宪法规定，公民对于任何国家机关和国家工作人员，有提出批评和建议的权利；对于任何国家机关和国家工作人员的违法失职行为，有向有关国家机关提出申诉、控告或者检举的权利。社会监督主体监督权利的行使可以通过口头、书面、上访、电话、网络等多种途径。但实际上，我国社会监督的法治保障是不足的。一方面，社会监督法律制度不健全，导致社会监督有时无法可依；另一方面，对侵犯社会监督主体监督权利的各种违法行为执法不力，导致侵害社会监督主体合法权益的案件屡有发生。在实践中，侵犯社会监督主体监督权的违法行为多种多样，诸如对事实清楚、符合法律和文件规定的投诉请求不予支持，隐瞒、谎报、缓报可能造成社会影响的重大、紧急信访事项和信访信息，推诿、敷衍、拖延对举报或报告事项的处理，将

信访人或举报人的检举、揭发材料或有关情况透露或转给被检举、被揭发人员，打击报复举报人或上访人等。执法不力不仅侵害社会监督主体的监督权，同时也纵容腐败，污染社会风气，严重损害公权力机关的公信力。

第二，社会下层民意表达渠道不通畅。民意表达渠道是否通畅直接关系到社会监督能否真正实现。改革开放以来，我国社会阶层分化明显，阶层结构呈金字塔形，产业工人、农业劳动者、商业服务业劳动者等处于阶层结构的下层。社会下层人数众多，生存压力大，所占资源少，其生存状况、利益诉求表达存在诸多困难。从政治发展和社会稳定角度看，国家和政府的决策理应更多地倾听和关照社会下层民意，但在实践中，一方面，社会下层受文化、能力、技术、时间等条件的限制，不会或不善于表达意愿；另一方面，民意表达渠道不通畅，下层民意难以上达，社会问题得不到及时解决，以致积累社会矛盾并引发群体性事件。这说明，民意表达渠道狭窄不畅，社会与政府缺少合法对抗机制，不利于社会和谐稳定和长治久安。

第三，社会监督缺乏主动性。公民监督权有公民个体所享有的监督权，也有公民集合体即各类社团或组织所享有的监督权。公民监督权需要公民依法主动运用，但实际情况是，为数不少的公民对监督权不意识、不重视、不主动行使，一个比较普遍的想法是"事不关己，高高挂起"，如果事情不直接影响自己的利益就不主动监督，即便自己的合法权益受损，有时仍抱着"多一事不如少一事"的回避态度。在农村，按照《中华人民共和国村民委员会组织法》的规定，村委会由村民直接选举产生，但村民放弃选举权的现象屡见不鲜。公民对社会监督缺乏主动性，原因是多方面的，从国民性上分析是公共精神的缺乏。公共精神是指公民认同并遵守社会行为规范，积极参与公共生活，维护公共利益的习惯、态度、情感等精神状态和心理素质。公民具有公共精神是社会进步和成熟的表现，也是人类社会良性发展的条件。公共精神有着多方面的内容，包括共同体归属意识、公德意识、参与意识、监督意识等。公共精神作用于公民行为，表现之一就是积极主动地行使各种监督权利，并以此实现与公权力机关的良性互动。例如，公民主动了解政治信息和动态，对政治信息和动态进行分析判断，利用现有监督机制进行利益表达和监督等。

### （二）健全和完善社会监督制度与机制

推进和发展社会监督，实现"让人民监督政府"的政治理想，关键是健全和完善社会监督各种制度、机制，营造有利于社会监督的环境氛围，保障社会监督主体监督权利的实现。

1. 完善代表性民意表达和监督机制

提高社会监督效力，使社会监督成为制衡公权力的有效手段，需要将社会监督与立法机关的监督有机结合，更好地发挥人民代表大会反映民意、维护人民利益和权力监督的作用。例如，进一步完善人大代表选举制度、人大代表联系选民制度、监督人大代表制度等，使人大代表时刻保持与原选区选民、原选举单位和人民群众的密切联系，及时听取和反映他们的意见和要求，更好地履行人大代表职责，努力为人民服务。

2. 建立更广泛的民意表达机制

信访、举报等传统民意表达方式在反映民意、救济权利和监督公权力等方面有着重要作用。在肯定信访、举报等方式的作用的同时，也要看到这些方式在当代面临的困境，例如信访数量居高不下但处理效率低、对举报人保护不力、对举报案件查处不力等。在依法治国的社会背景下，一方面要进一步完善信访、举报各项具体制度，例如信访人权益保护制度、对举报人的密码举报制度、举报奖励制度、举报补偿制度等；另一方面更为重要，要探索建立更广泛的民意表达机制，这是释放社会不满情绪、缓解社会矛盾的必然选择，例如借鉴日本、瑞典等国家的经验，在条件成熟时建立"行政苦情制度""申诉专员制度"等。

3. 营造良好法治环境，规范并保护社会监督

解决我国社会监督法治保障不足的问题，要从立法和执法两个方面双管齐下，营造出有利于社会监督的法治环境，规范并保护社会监督。在立法上，要健全和完善社会监督法律制度，明确监督原则、监督权利与义务、监督程序、监督救济等；在执法上，要严肃处理侵害社会监督主体合法权益的各种行为，使社会监督主体敢于监督，善于监督。

社会监督中的舆论监督，是现代社会反映和表达民意，监督公权力行使，并为政府提供决策咨询的重要手段。舆论监督的独特作用和社会效应是其他监督形式所不能替代的。现实中，舆论监督还存在不少问题，诸如反映民意和公共问题少、对公共政策的利弊得失分析评论少、对公权力机关的活动批评少等。这些问题的形成有多方面原因，主要原因之一是舆论监督的法律制度不健全。为解决舆论监督存在的问题，一是要遵循"让权力在阳光下运行"的原则，提高舆论监督的影响力和公信力，充分发挥舆论监督的作用；二是要制定保障舆论监督的法律制度，使舆论监督在宪法和法律的范围内进行。舆论监督法律制度是一个包括宪法、单行法和司法解释在内的完整体系，这一体系是舆论监督的必要条件，既赋予和保护新闻媒体舆论监督基本权利，同时也规定其应当承担的责任和义务，促进新闻舆论监督规范化、法治化。

4. 健全与完善社会监督奖惩机制

首先，要建立对举报人、控告人的奖励制度。一个社会如果有依法举报的社会风气，腐败现象将会受到极大遏制。这种社会风气的形成，有赖于一套保护举报人合法权益、奖励合法举报行为的制度，包括保密、保护、鼓励等。

其次，要依法处理打击报复举报人、控告人的各种行为。2016年，最高人民检察院、公安部、财政部联合印发《最高人民检察院、公安部、财政部关于保护、奖励职务犯罪举报人的若干规定》，其中第七条列举了对举报人实施打击报复的十种行为："（一）以暴力、威胁或者非法限制人身自由等方法侵犯举报人及其近亲属的人身安全的；（二）非法占有或者损毁举报人及其近亲属财产的；（三）栽赃陷害举报人及其近亲属的；（四）侮辱、诽谤举报人及其近亲属的；（五）违反规定解聘、辞退或者开除举报人及其近亲属的；（六）克扣或者变相克扣举报人及其近亲属的工资、奖金或者其他福利待遇的；（七）对举报人及其近亲属

无故给予党纪、政纪处分或者故意违反规定加重处分的;(八)在职务晋升、岗位安排、评级考核等方面对举报人及其近亲属进行刁难、压制的;(九)对举报人及其近亲属提出的合理申请应当批准而不予批准或者拖延的;(十)其他侵害举报人及其近亲属合法权益的行为。"该文件还规定了对打击报复举报人及其近亲属的处理措施,规定凡打击报复或者指使他人打击报复举报人及其近亲属的,依纪依法给予处分;构成违反治安管理行为的,依法给予治安管理处罚;构成犯罪的,依法追究刑事责任。推而广之,凡打击报复举报人、控告人的,都应当依法予以处理。

5. 培养和提升社会监督主体的公共精神

培养和提升社会监督主体的公共精神,尤其是监督意识和监督素质,既是公民维护自身合法权益的需要,也是参与国家管理的需要。提升社会监督主体公共精神的基本路径是广泛和深入的普法宣传。通过这种宣传,使公民认识到监督权利和义务、监督范围、监督途径等。特别需要指出的是,提升社会监督主体的公共精神是一个系统工程,尤其需要与公权力机关或公共部门的互动,公权力机关要有主动接受监督的意识,鼓励监督,并规范、妥当地处理监督意见。

## 第二节 公民监督

### 一、公民监督的特征和意义

#### (一) 公民监督的特征

第一,广泛性。公民监督是最广泛的监督。作为监督主体,公民人数多、分布广,这就决定了公民监督的普遍性和广泛性。公民监督的客体是国家机关及其工作人员,监督范围覆盖了国家政治、经济、文化、社会等各个领域,监督事项涉及国家公权力运行的全过程。也就是说,所有国家机关及其工作人员,不论职务高低或权力大小,不论职务行为还是非职务行为,都要接受公民监督,公民监督是无处不在的。

第二,基础性。一是公民监督是我国监督体系中各种监督的基础。公民通过检举、控告、上访等形式实施监督,既体现了公民监督的自主性和独立性,同时又将自身的监督融进了其他监督之中,并成为其他监督的基础。二是公民监督是自下而上的监督,是专门机关监督和各系统自上而下监督的基础。作为基础性监督,公民监督是其他监督形式无法替代的。

第三,直接性。公民是国家制定各项方针政策的立足点和出发点。公民或者是正确方针、政策的直接受益者,或者是错误方针、政策的直接受害者。国家机关及其工作人员的公权力行为都会对公民的权利和义务产生影响。因此,公民的监督最直接、最真实,也最易取得成效。

第四，多样性。公民监督的形式是多样的。在我国，公民可以通过多种渠道和形式行使宪法和法律赋予的监督权。就目前情况看，公民监督的具体形式包括发表评论、写信、面谈、打电话、网上举报以及民主评议等。公民既可以直接批评和监督国家机关及其工作人员，也可以通过人大代表、政协委员、大众传媒等渠道实施监督。随着建设法治国家进程的推进，公民监督的形式还将不断增多，以形成多层次、多角度对国家机关及其工作人员的监督。

### (二) 公民监督的意义

公民监督是人民民主的重要体现，是防治官员腐败的有效途径，对于促进国家机关的廉政勤政建设、建立法治国家等都有极为重要的意义。

第一，有利于促进社会主义民主。公民监督是整个监督系统中最具民主性的监督，公民监督的广度和深度反映一个社会民主实现的程度。例如，公民有立法和公共政策制定的知情权和建议权，公民的意见和建议能及时地反馈到立法者或公共政策制定者手中，并体现在立法和公共政策中，从而使立法和公共政策更科学，更能代表群众利益。再如，公民评说、议论政府的法律和政策执行活动，使法律和政策执行的偏差得以及时纠正，这些都体现了人民在国家管理活动中的当家做主地位。

第二，有利于全面构建反腐败体系，有效防治权力腐败。腐败现象是现代社会的一大痼疾。防治腐败，除了要有强有力的国家监督机关之外，公民监督也不可或缺。没有公民监督，反腐败之网就是不完整的、有缺漏的。只有广泛的公民监督，在全社会营造出反腐败的良好社会环境，才能降低腐败发生概率，实现政治廉洁、政府廉洁。

第三，有利于维护社会稳定。公民监督同时也是一种民意表达和利益协调机制，促使政府的政策输出、权力运行等更具合法性、合理性和代表性，从而实现社会稳定。如果广大公民在国家政治生活中不能获得应有的权利和地位，不能对执政党和政府的决策进行监督，势必会堵塞言路，积累矛盾，影响社会稳定，甚至引发社会冲突。公民监督能使政府及时、准确地洞悉公众的利益要求，作出更为理性、公平的决策，及时消解政治运行中的矛盾和问题。另外，公民在实施监督的同时也培育了自己积极、主动行使公民权利的责任感，从而主动地维护社会的政治稳定。

## 二、特约监督员制度

特约监督员制度是指各级国家机关依法聘请特定公民兼职履行相应民主监督职责的一项监督制度，例如特约监察员、特约教育督导员、特约税务监察员、特约审计员等。随着我国社会主义民主政治建设的发展，一支包括政协委员、社会各界人士组成的特约监督员队伍不断发展壮大，已经成为我国社会监督中不可忽视的重要力量。

### (一) 建立特约监督员制度的意义

近些年来，我国特约监督员队伍在数量、质量和覆盖面上都有了进一步的拓展和提高。各地、各部门通过组织特约监督员参加各种专项检查、行风评议、信访接待等活动，促使政府有关部门提高执法水平和服务质量，维护了党和政府的威信与形象。

第一，密切党和政府与人民群众的联系。特约监督员通常是由政协组织、各民主党派、工商联及其他有关部门推荐的有一定代表性的人士，平时他们生活在群众中间，同人民群众有着密切联系，对群众的意见和要求比较了解。他们以特约监督员的身份，通过多种方式向党和政府部门"上达"各种意见和建议，同时也把党和政府部门的工作情况、政策、规定等向群众宣传，增进群众对党和政府工作的理解和信任，在客观上为党和政府部门增加了一条反映民情、了解民意、集中民智的快捷渠道，在党和政府与人民群众之间起到桥梁、纽带的作用。

第二，推动政府的廉洁高效。特约监督员在履行监督职能的同时，也直接或间接参与政府工作，耳闻目睹行政机关及其工作人员的思想观念、执法能力、工作作风等。特约监督员的介入是政府合法行政、合理行政的督促力量，对于违法行政和不当行政也会形成压力和威慑力。在这个意义上，特约监督员既是政府为民服务的参谋和助手，同时也是建设廉洁高效政府的推动力量。

第三，促进民主党派加强自身建设。特约监督员参与政府的有关工作，为民主党派、无党派人士参政议政找到了一条具体途径。民主党派成员担任特约监督员，参加各种活动，不仅可以加强与共产党的联系与合作，而且可以了解许多平时了解不到的情况，包括政府部门的工作情况、政府与群众的联系情况、当前工作的问题与困难等。这些对民主党派加强自身建设、提高参政议政的质量和水平有着极为重要的作用。许多民主党派成员从担任特约监督员的工作中得到了锻炼，成为所在党派的骨干力量。

### (二) 特约监督员制度的完善

从总体看，特约监督员制度还不够规范、严谨，运作过程中也存在一定的随意性。为保证特约监督员工作健康有序发展，特约监督员制度建设需注意以下几个问题：

第一，加强与其他监督机制的衔接，完善特约监督员制度。特约监督员是不掌握权力的监督者，去监督掌握一定权力的被监督者给特约监督员的工作带来了很大的难度和障碍，不利于特约监督员作用的发挥。目前，特约监督员制度的主要问题是没能和人大监督、政党监督、行政监督、司法监督、舆论监督等其他监督形式相结合。解决这一问题的基本思路是在实践中不断探索如何将特约监督员的监督与人大监督、政党监督、行政监督、司法监督、舆论监督紧密结合，形成监督的合力。例如，最高人民法院2010年建立特约监督员制度，从全国人大代表、全国政协委员、各民主党派、工商联、无党派人士、专家学者以及基层群众中聘请特约监督员，对审判、执行以及队伍建设等工作进行监督、提出意见和建议。为规范特约监督员聘任、职责、履责方式、部门配合等事项，最高人民法院制定了《最高人民法院特约监督员工作条例》，其中第七条涉及部门配合，"最高人民法院各部门应当积极协助、配合和支持特约监督员依本条例规定行使监督职权，认真听取意见、建议，答复询问，及时办理并反馈反映、转递的事项。对阻挠特约监督员履行职责，拒不接受监督或打击报复特约监督员的，将依照有关法律和纪律予以严肃处理。"特约监督员的工作与部门密切配合，才能有效发挥特约监督员制度的功能。

第二，保障特约监督员的知情权，提高监督实效。被监督单位应当主动、定期向特约监督员通报工作情况，尤其是本单位的一些重大事项。被监督单位应当采用多种方式，例如参加相关工作会议、参加专项检查活动、了解所提意见和建议办理情况等，保障特约监督员的知情权，支持其开展调研工作，解决其工作中的实际困难，为其开展监督创造条件。对于重大事项，被监督单位要邀请特约监督员全程跟踪监督，将特约监督员的监督活动融入事前、事中、事后的各个工作环节。

第三，建立特约监督员考核评价制度。特约监督员要积极履职，及时将监督工作情况向被监督单位反映，并提出解决问题的意见和建议。特约监督员在任期内工作如何、是否认真履职，一定程度上决定了特约监督员制度的功效。因此，应当建立特约监督员考核评价制度，根据考核评价结果，对工作业绩突出的特约监督员给予精神或物质奖励，对渎职、失职或进行与身份不相符活动的特约监督员予以解聘。

### 三、公民的信访与举报

信访、举报历来是我国党政领导机关发扬民主、体察民情、联系群众的重要渠道。在我国有序的政治参与中，除了民主选举中的直接选举外，信访和举报是公民监督最常用的方式。当前，信访举报制度已成为人民代表大会之外人民群众表达意愿、参政议政、实施民主监督的一种最直接的、最常用的、制度性的群众性利益表达渠道。

#### （一）信访

信访是指公民、法人或其他组织，采用书信、电子邮件、传真、电话、走访等形式，向各级党的机关、立法机关、行政机关、司法机关、人民团体、企事业单位的负责人或者工作部门反映情况，提出意见和建议，投诉请求，并由这些负责人或者工作部门予以处理的活动。按内容，我国的信访可以分为三类，即参与类、求决类和诉讼类。参与类即向各级党、政、人大、司法机关提出意见、建议和批评；求决类即要求解决涉及自身利益的各种具体问题；诉讼类即进入司法程序的案件当事人双方的信访。

按照《中华人民共和国信访条例》的规定，县级以上人民政府信访工作机构收到信访事项，应当予以登记。该条例第二十一条对不同情况进行了区分处理："（一）对本条例第十五条规定的信访事项（信访人对各级人民代表大会以及县级以上各级人民代表大会常务委员会、人民法院、人民检察院职权范围内的信访事项),应当告知信访人分别向有关的人民代表大会及其常务委员会、人民法院、人民检察院提出。对已经或者依法应当通过诉讼、仲裁、行政复议等法定途径解决的,不予受理,但应当告知信访人依照有关法律、行政法规规定程序向有关机关提出。(二)对依照法定职责属于本级人民政府或者其工作部门处理决定的信访事项,应当转送有权处理的行政机关;情况重大、紧急的,应当及时提出建议,报请本级人民政府决定。(三)信访事项涉及下级行政机关或者其工作人员的,按照'属地管理、分级负责,谁主管、谁负责'的原则,直接转送有权处理的行政机关,并抄送下一级人民政府信访工作机构。县级以上人民政府信访工作机构要定期向下一级人民政府信访工作机构通报转送情况,下级人民政府信访工作机构要定期向上一级人民政府信访工作机构报告转送信访事项的办理情况。(四)对转送信访事项中的重要情况需要反馈办理结果的,可以直接交由有权处理的行政机关办理,要求其在指定办理期限内反馈结果,提交办结报告。按照前款第(二)项至第(四)项规定,有关行政机关应当自收到转送、交办的信访事项之日起15日内决定是否受理并书面告知信访人,并按要求通报信访工作机构。"行政机关及其工作人员不得将信访人的检举、揭发材料及有关情况透露或者转给被检举、揭发的人员或者单位,行政机关工作人员有此类行为的,依法给予行政处分。行政机关工作人员在处理信访事项过程中,作风粗暴,激化矛盾并造成严重后果的,依法给予行政处分。任何组织和个人不得压制、打击报复、迫害信访人,打击报复信访人,构成犯罪的,依法追究刑事责任;尚不构成犯罪的,依法给予行政处分或者纪律处分。

### (二) 举报

举报是指公民、法人或者其他组织采用书信、电子邮件、传真、电话、当面举报等形式,对国家机关及其工作人员的违法失职行为进行检举揭发。举报是公民监督的另一种常见方式。举报权是公民受宪法保护的民主权利,是公民对国家公职人员进行监督,查处职务犯罪行为的一种重要手段。近些年来,我国举报的应用范围日益扩大,在加强民主监督、遏制腐败、打击职务犯罪等方面发挥着越来越重要的作用。有资料显示,我国查处的腐败案件的案源绝大部分来自群众各种形式的举报。

## 四、公民的申诉控告

申诉是指公民、法人或者其他组织认为国家机关及其工作人员的职权行为(包括一些决定和命令)侵犯了自己的合法权益,向有关国家机关陈述、申辩理由,并提出改正、撤销该行为或者赔偿损害的请求。根据我国法律规定,公民行使申诉权主要针对两种情况:一是对行政机关作出的行政许可、行政处罚、行政强制等具体行政行为不服;二是对审判机关的生效判决或者裁定不服。

控告是指公民、法人或者其他组织认为国家机关及其工作人员的职权行为侵犯了自己的合法权益而向有关国家机关告发和揭露。在现实生活中，公民对国家机关及其工作人员的控告，既可以针对其职务行为，也可以针对其执行职务以外的其他违法、违纪行为。申诉和控告不仅属于公民监督权的内容，而且还是公民救济权的重要组成部分。随着《中华人民共和国行政诉讼法》《中华人民共和国行政复议法》《中华人民共和国国家赔偿法》等法律的颁布和实施，申诉和控告已成为公民依法捍卫自身权益的越来越重要的监督方式。

## 第三节　社团监督

### 一、社团监督的特征

社团监督是一种广泛的群众性监督，在社会监督中居于重要地位，也是整个监督体系的重要组成部分。社团监督的特点是：

第一，组织性。社会团体是一种组织形式，同时也是重要的参政主体。组织具有聚合人力和放大人力的功能。因此，与公民个人监督相比，社团监督的明显优势是其组织性，监督力度和监督被重视程度优于公民个人监督。

第二，广泛性。不同的社会团体和社会组织代表着不同阶层的利益，反映不同阶层的意见和要求。从维护本社团成员的利益出发，各个社会团体和社会组织在不同方面和不同程度上都对国家机关及其工作人员起监督作用。

第三，全面性。社团监督是一种全面监督，既监督国家机关及其工作人员的立法和决策活动，也监督执行活动，这种监督有利于增加立法和决策的科学性和合理性，也有利于保护广大群众的合法权益。

第四，非强制性。社团监督不具有法律上的强制性和惩处性，社团监督必须与其他监督相结合才能形成监督效果。通常，社团监督的意见需要向有关国家机关表达，然后由有关国家机关对意见进行处理。在这一过程中，社团监督的意见是有关国家机关处理活动的重要考量因素。

### 二、社团监督的意义

第一，社团监督是公权力机关外部监督的组成部分。例如，社团（尤其是政治性社团）出于维护本社团成员利益的动机，积极参与和影响政府决策，很大程度上制约了政府决策中可能出现的随意、专断和"暗箱操作"等问题，促使政府决策过程公开透明，并作出慎重选择。在西方国家，一方面，立法监督、行政监督、政党监督、舆论监督等监督机制发挥着重要作用，另一方面，以政治社团为主要标志的新的权力监督制约机制逐渐形成。可以预见，社团监督在整个国家的监督体系中将发挥越来越重要的作用。

第二，社团监督是公民监督的组织化，能更有效地维护公民利益和社会公共利益，更有力地制约公权力的行使。在当代，国家权力不断加强，政府职能不断扩张，公权力出现专断、腐败的危险大大增加。不受监督和制约的公权力必然导致腐败，损害公共利益，因而必须从各方面加强监督，促进监督的社会化。社会团体的活动克服了公民监督的无组织性和分散性，客观上形成了一种新的权力制约监督机制，增强了监督的社会化程度，使公民能够通过社会团体监督政府及公职人员。

第三，社团监督中的参与机制可以弥补公权力机关内部监督的局限。改革开放后，我国经济发展速度较快。要在经济高速发展中保持党和政府的廉洁，一方面需要健全自身的监督制约机制，加强党风廉政建设；另一方面需要有效的外部监督。社会团体的监督是来自公权力机关以外的有组织的监督，是一种有优势的外部监督。社会团体基于维护本社团成员利益的目的，必然会高度关注并监督国家公权力机关的各项活动，这些社团采用对话、协商、舆论宣传等方式，监督党和政府的活动，纠正党内不正之风，防范、揭露并督促惩处腐败等。这种监督能够起到内部监督以及公民个人监督所起不到的作用。

### 三、几种主要的社团监督

在我国，工会、妇联、共青团、基层群众自治组织以及各类企事业单位等都是社团监督的主体。主体不同，监督的侧重点也不同。

第一，工会组织的监督。工会组织是广大职工自愿结合的群众组织。在我国，从中央到基层企事业单位都建立了工会组织。各级工会组织不仅在维护本单位职工权益方面发挥着重要作用，而且对各级政府的劳动执法活动实施监督，对劳动工资、劳动保护、社会福利、社会保障、工人的劳动和休息权利等各种具体制度的制定和执行情况进行监督。

第二，妇联组织的监督。妇联组织是全国各族、各界妇女组成的群众性社会团体。妇联组织的监督主要是对政府部门执行妇女权益保护、儿童权益保护、男女平等等法律或者政策的情况进行监督。各级妇联组织可以就国家制定上述有关法律和政策提出建议和意见，对违法的政策法规有权向有关部门反映，并有权要求撤销和纠正；对行政机关及其工作人员作出的违反有关保护妇女、儿童的法律和政策，侵犯妇女、儿童合法权益的行为有权进行批评、谴责，直至要求有关部门依法予以惩处。

第三，共青团组织的监督。共青团组织以及青年联合会、学生联合会是青年的群众性组织。这些组织从各个方面保护青年和学生的合法权益，反映青年和学生的愿望和要求。此外，青年组织还通过多种方式向国家有关部门就有关青年的法律和政策提出意见和建议，对政府部门的有关工作进行批评、建议。

第四，村民委员会、居民委员会的监督。村民委员会和居民委员会是我国基层群众的自治性组织，也是我国基层民主政权的组织基础。作为基层群众的自治性组织，村民委员会和居民委员会既承担大量的自治事务,又承担政府大量行政事务在基层的落实任务。因此,村民委员会和居民委员会对基层政府的工作有重要的监督作用。村民委员会和居民委员会根据《中华人民共和国村民委员会组织法》《中华人民共和国居民委员会组织法》的有关规定,依法反映村民和居民的意见、要求和建议,对政府不合法的行政命令和行政行为有权向有关部门进行反映;对违法、失职和官僚主义严重的政府工作人员予以举报,并要求有关部门进行查处。

第五,专业学会、行业协会组织的监督。专业学会、行业协会是一定专业或者行业的从业人员通过特定方式组织起来的社会组织,代表不同社会成员和阶层的利益和要求。这些组织在不同领域,通过自身特定的方式向国家机关提出意见和要求,对行政机关及其工作人员的违法职权行为予以揭露和批评,并要求有关部门依照法律的规定进行纠正和查处,以保障群众的合法权益不受侵犯。这些协会、学会的监督在政府的日常管理中发挥着重要作用。

第六,企事业单位的监督。各类企事业单位在公权力监督中也发挥着重要作用。各类企事业单位可以以单位的名义向国家机关及其工作人员反映情况,对他们的工作提出批评、意见和建议。这种监督对于维护单位及单位群众的利益、影响政府的政策制定等都有积极作用。

## 第四节 舆论监督

### 一、舆论监督的特征

舆论监督是社会监督的重要组成部分,承担着整个社会对国家机关及其工作人员进行监督的重要职责。由于承载舆论监督的新闻媒体自身所具有的特点,舆论监督有着鲜明的特征。

第一,人民性。舆论监督在本质上反映的是人民是否拥有权利充分反映自己的意见,表达自己不同的看法,是否充分享有言论自由的权利。舆论监督的人民性具体表现为:(1)人民群众是舆论监督的主体,舆论监督要依靠人民群众,吸引人民群众积极参与;(2)新闻单位和新闻记者是舆论监督的代言人,在实施舆论监督的过程中,新闻媒体责无旁贷地体现人民群众的意愿,发挥人民群众代言人的作用。

第二,公开性。舆论监督是一种公开监督,公开宣传、报道国家机关的重大活动和重要工作,公开传达人民群众的来信来访,公开表达人民群众的意见和要求,公开披露国家机关及其工作人员的违法违纪行为。公开监督可以使公权力机关的违法违纪现象得以曝光,督促各级国家机关及其工作人员廉洁勤政。舆论监督越公开,社会监督的作用就越大。

第三,及时性。快捷和及时是舆论监督的突出优势,尤其是在网络信息技术迅速发展的当代,舆论监督的及时性显得格外突出。及时的舆论监督使腐败行为快速曝光,并在较短时间内引起各监督机关的注意和介入。新闻舆论监督比其他监督形式更能直接、迅速地达到监督目的,取得更好的社会效益。

第四,权威性。舆论监督有"第四权力"的别称,说明舆论监督有较强的社会影响力。世界许多国家都有新闻法,以法律制度保障新闻自由,保障新闻媒体和新闻记者较强的独立性,因而新闻记者也被形象地称为"无冕之王"。舆论监督虽然没有直接查处腐败行为的效力,但舆论监督所形成的社会效应将产生强大的舆论威慑作用,一方面使腐败分子受到舆论谴责,另一方面也督促有关监督部门介入腐败案件的查处,"不怕记过不怕降,就怕新闻大曝光"的说法形象地说明了舆论监督的威慑作用。

## 二、舆论监督的发展历程

中华人民共和国成立以来,舆论监督的发展大致经历了两个时期:20世纪50年代至70年代末为孕育期;20世纪70年代末至今为发展期。

### (一)舆论监督的孕育期

早在20世纪30年代,中国共产党就敏锐地意识到利用报刊进行群众监督的重要性。1931年创刊的中华苏维埃共和国临时中央政府机关报《红色中华》在发刊词中写道:"要组织苏区广大工农劳苦群众积极参加苏维埃政权。这不但要引导工农群众对于自己的政权,尽了批评、监督、拥护的责任,还要能热烈的参加苏维埃政权的工作,了解苏维埃国家的政策、法律、命令,以及一切决议,能运用自己的政权,达到镇压反革命的阶级,实现自己阶级的利益与要求。"这是目前所见最早明确提出群众监督问题的党报。从现存文献看,20世纪30年代至40年代,中国共产党重要领导人不乏关于在党的报刊上开展批评和自我批评的论述。但是,受当时对敌斗争形势严峻和党刊规模有限的制约,通过新闻媒介进行群众监督并未提上议事日程。

中华人民共和国成立后,党中央根据执政党的新特点,及时强调了加强舆论监督的必要性和重要性,提出了开展舆论监督的方针和原则。1950年4月19日,中国共产党发布了《中共中央关于在报纸刊物上展开批评和自我批评的决定》。该决定是中国共产党发布的第一个与舆论监督有关的正式文件,号召全党和广大人民群众在报纸刊物上公开地、全面地揭露党内存在的官僚主义、命令主义和各种消极腐败现象。该决定在第一段提出:"吸引人民群众在报纸刊物上公开地批评我们工作中的缺点和错误,并教育党员,特别是党的干部在报纸刊物上作关于这些缺点和错误的自我批评,在今天是更加突出地重要起来了。因为今天大陆上的战争已经结束,我们的党已经领导着全国的政权,我们工作中的缺点和错误很容易危害广大人民的利益,而由于政权领导者的地位,领导者威信的提高,就容易产生骄傲情绪,在党内党外拒绝批评,压制批评。由于这些新的情况的产生,如果我们对于我们党的人民政府的及所有经济机关和群众团体的缺点和错误,不能公开地及时地在全党和广大人民中展开批评与自我批评，我们就要被严重的官僚主义所毒害，不能完成新中国的建设任务。由于这样的原因，中共中央特决定：在一切公开的场合，在人民群众中，特别在报纸刊物上展开对于我们工作中一切错误和缺点的批评与自我批评。"

1954年7月17日，中国共产党又发布了《中共中央关于改进报纸工作的决议》，总结了前项决定的执行情况。为了保障报纸刊物上的批评与自我批评得以顺利进行，该决议特别规定："凡在报纸刊物上公布的批评，都由报纸刊物的记者和编辑负独立的责任""在今后，报纸刊物的人员对于自己不能决定真伪的批评仍然可以而且应当征求有关部门的意见，但是只要报纸刊物确认这种批评基本上是正确的，应由国家监察机关司法机关予以处理。"上述决定、决议为我国的舆论监督指明了方向，但由于多种原因，特别是1957年反右斗争扩大化、1959年庐山会议、1966—1976年"文化大革命"，党和国家的政治生活偏离民主与法制的轨道，上述两个重要文件实际并未得到贯彻执行。

### （二）舆论监督的发展期

1978年12月，中国共产党十一届三中全会召开，标志着中国进入了改革开放的新时代，也开启了舆论监督发展的新阶段。从党的十三大报告到党的十九大报告，"舆论监督"被反复提及。党的十三大报告提出："要通过各种现代化的新闻宣传工具，增加对政务和党务活动的报道，发挥舆论监督的作用，支持群众批评工作中的缺点错误，反对官僚主义，同各种不正之风作斗争。"报告明确使用了"舆论监督"的概念，这在党的全国代表大会报告中还是第一次。党的十九大报告提出："构建党统一指挥、全面覆盖、权威高效的监督体系，把党内监督同国家机关监督、民主监督、司法监督、群众监督、舆论监督贯通起来，增强监督合力"，再次明确了舆论监督，并将舆论监督纳入由多种监督形式构成的监督体系之中，使之形成监督合力。

改革开放以来，我国的舆论监督从总体看有明显进步。一是舆论监督有了宪法保障，宪法明确规定了公民的言论自由、出版自由等权利；二是加强舆论监督的内容已经写进了执政党和政府的一些纲领性文件，体现了执政党和政府对舆论监督的高度重视；三是舆论监督的制度化进程已初见成效，在党风廉政建设中发挥了越来越重要的作用。对于舆论监督的作用，2005年3月，中共中央办公厅印发的《关于进一步加强和改进舆论监督工作的意见》指出："舆论监督是社会发展的要求、新闻工作的职责、人民群众的愿望、党和政府改进工作的手段。正确开展舆论监督，有利于发展社会主义民主，健全社会主义法制；有利于反映人民群众的意见和呼声，密切党和政府同人民群众的联系；有利于加强党风廉政建设，维护党和政府的良好形象；有利于弘扬正气，针砭时弊，理顺情绪，化解矛盾，维护社会稳定。"

我国的舆论监督已经起步并渐进发展，但舆论监督的问题和发展瓶颈也是确实存在的。为解决问题、突破困境，关键是要为舆论监督提供法治保障，营造良好的舆论监督的政治与社会环境。一方面，新闻媒体要依法依规开展舆论监督，遵守舆论监督的原则，坚持正确的舆论导向；另一方面，被监督的公权力机关也要依法接受舆论监督。关于公权力机关如何对待舆论监督,《关于进一步加强和改进舆论监督工作的意见》提出:"支持新闻媒体正确开展舆论监督。各级党委和政府、社会团体及其工作人员要重视舆论监督工作,支持新闻媒体特别是省级以上党报党刊、电台、电视台记者的采访活动,为采访报道提供方便。基层单位不得封锁消息、隐瞒事实、干涉舆论监督,不得以行贿、说情等手段对舆论监督进行干预。有关地方和部门应当对舆论监督作出积极反应,对媒体揭露的问题应当及时调查处理,并通过媒体公开处理结果。"舆论监督能否真正开展和切实发挥作用,反映一国公权力机关的开放和包容程度,也反映一国言论自由和民主参与的程度。执政党和人民政府要有更大尺度的开放和包容,主动接受舆论监督,这是依法治国、建设社会主义法治国家的历史要求,也是社会进步与发展的必然选择。

## 三、舆论监督的功能与方式

### (一)舆论监督的功能

第一,导向功能。新闻媒体具有反映、组织和引导舆论的功能,可见引导舆论是现代新闻媒体的一大功能。新闻媒体提倡什么、反对什么,能够引领社会舆论方向,而舆论反过来又影响人的思想和行为。当然,正确的舆论、错误的舆论对人的影响和对社会的作用是截然不同的。

第二,监视功能。舆论监督有监视社会环境、推动社会发展的功能。新闻媒体有类似"晴雨表"和"候风仪"的监测作用,在社会变迁、社会转型和社会现代化进程中,舆论监督以公众的反映、议论、评价和呼吁为表现形式,持续关注和评价社会发展进程,并为这一进程的发展扮演"守望者"的角色。在不同的社会环境和治理结构中,舆论监督传播信息、沟通情况的过程,实际也是反映社情民意,推动社会政治、经济、文化发展的过程。

第三,宣泄功能。在社会复杂程度加剧以及社会利益多元化的当代,社会个体的观念、情绪、心态、意见等广泛分散且差异明显,而舆论的形成过程就是对社会个体的情绪、心态和意见进行调节、疏导和重新整合的过程。这种疏导与整合,既能使公众的不满情绪得以宣泄,又能使社会某些不稳定因素得以抑制。新闻媒体常常充当社会公众的"传声筒"和"排气阀",传达呼声,宣泄积郁,平衡心理,满足愿望,从而使整个社会的心态维持在一定的安全值范围内。党的十九大报告提出,我国社会主要矛盾已经转化为人民日益增长的美好生活需要和不平衡不充分的发展之间的矛盾。发展不平衡是指领域、区域、城乡、收入分配等不平衡,属于发展的结构问题;发展不充分是指市场竞争、有效供给、公共产品、制度创新等不充分,属于发展的质量问题。发展不平衡和不充分表现为各种社会问题,例如产品和服务质量不合格、食品药品不安全、环境污染、生态破坏,以及就业、教育、医疗、居住、养老等方面的短板等。发展不平衡和不充分的问题日益凸显,加之某些消极腐败现象的存在,不同社会群体都会积累一些不同意见或不满情绪。因此,加强和改进舆论监督,让公众把意见和情绪释放出来，使他们的观点和主张得以充分表达，以此达到缓解或者消除不满情绪的目的，这对于维护社会稳定是非常必要的。

第四，威慑功能。新闻舆论通过公开揭露不法和不道德行为，唤起社会对这些行为的普遍谴责，将行为人置于强大的社会舆论压力之下，从而在心理和行为上督促社会成员遵守社会公认的行为规范。在反腐败中，舆论监督一方面通过曝光各种腐败现象，使腐败分子和腐败行为受到全社会的鄙夷和鞭挞，从而形成舆论监督的强大威慑力量；另一方面，舆论监督还可以转化为其他监督形式，例如通过曝光违法犯罪问题，将舆论监督转化为法律监督和监督机关的监督，将个别监督转化为普遍监督等。

### （二）舆论监督的方式

第一，新闻报道。新闻报道是指各种新闻媒体对国家机关的工作和活动，尤其是重要工作和活动所进行的报道。通过记者招待会、新闻发布会、记者专访等多种形式的报道，可以打破信息不对称，使民众及时了解国家机关的工作，提高国家机关工作的透明度，在无形中将国家公权力机关放在了整个社会的监督之下。

第二，公开披露。公开披露是指各种新闻媒体对国家机关及其工作人员在履行职责过程中出现的违法违纪行为进行公开揭露和谴责。通过揭露和谴责，引起社会多方面的关注和重视，形成强大的舆论压力，促使有关部门对违法违纪的直接责任人员进行及时查处。

第三，表达民意。表达民意是指各种新闻媒体播出或者刊登民众来信来稿，或者就有关国家机关的工作向民众进行采访，听取民众的意见和要求。通过这些形式，对国家机关的工作提出意见和建议，督促国家机关更好地履行职责，纠正错误，更好地为社会服务。

## 四、网络舆论监督

网络舆论监督是指公民（网民）基于宪法和法律赋予的权利，利用互联网发表言论、表达诉求、投诉举报，形成态度或民意，从而对国家公权力机关及其工作人员行使公权力的活动实施的监督。网络舆论监督是舆论监督的重要构成部分，是舆论监督的新方式，是现代网络技术与民主政治的有机结合，集中了公民监督与舆论监督的优点。网络舆论监督虽然发生和形成于网络，但指向却是现实公权力及其活动，在畅通公众利益表达渠道、监督公权力、推进反腐倡廉、提高政府公信力、推动公共问题解决、促进社会公平正义等方面发挥着越来越重要的作用。2010年12月，中国首次发布《中国的反腐败和廉政建设》白皮书，首次肯定了网络舆论监督的作用，指出："近年来，随着互联网的快速发展和广泛普及，网络监督日益成为一种反应快、影响大、参与面广的新兴舆论监督方式。"

### （一）网络舆论监督的特点

与传统媒体舆论监督相比，网络舆论监督主要有以下特点：

第一，普遍性。传统媒体舆论监督受篇幅、人力、资金、程序、发行、设备等诸多限制，它所反映的问题一般限于影响较大或者较特殊的个案，且民众通过传统媒体进行舆论监督难度较大。网络舆论监督的主体是网民，网民规模大、分布广，包括了不同年龄、性别、民族、学历、职业、地区的社会成员。据中国互联网络信息中心 2019 年第 44 次《中国互联网络发展状况统计报告》统计，截至 2019 年 6 月，我国网民规模达 8.54 亿，较 2018 年年底增长 2598 万，互联网普及率达 61.2%，较 2018 年年底提升 1.6 个百分点。网民有操作电脑的技术和一定的语言表达能力，且思想活跃，关心国家和社会事务，有参政热情、维权意识和表达自己意愿的意识。网民规模、构成、分布、技能等特点，使网络舆论监督普遍而全面，携带着大量的舆情民意，营造了某种"全民监督"的社会氛围。

第二，开放与互动性。开放与互动性是网络的鲜明特征和天然优势，网络将传统媒体与受众的单向传播关系转变为双向或多向互动的传播关系，改变了传统媒体一点对多点的单一式传播，形成了从多点到多点的互动式传播。传统媒体的单向传播中，人们获取信息的方式是被动的，选择信息的主动权小，社会各方的评论和反馈等信息也不能得到及时沟通交流。在开放的网络平台上，一方面，不同的受众可以自行、主动地选择不同新闻媒体传播的内容，每个网民都能轻松获取在传统媒体背景下无法取得的海量信息，很大程度上打破了由身份不同导致的信息不对称；另一方面，网民可以和他人在同一时间对同一问题独立地发表看法，实现人与人之间的实时相互交流。

第三，舆论形成的快捷性。网络舆论可以在极短时间内聚合形成，促使有关部门迅速启动问题调查程序，并作出处理决定，高效回应社会舆论。网络舆论形成的灵敏与迅速，与数字技术、网络技术和移动通信技术的发展，与电脑、手机等通信工具的普及等都有密切关联。网民通过博客、微博、微信等网络新媒体，片刻就可以完成消息在多人多群的转发和分享，一个消息经几次转发和分享就可以传播全国乃至世界，迅速和持续地扩大事件的影响力。

第四，一定的隐蔽性。网民在网上发表评论和消息，可以隐匿真实姓名和身份，只要是对议题感兴趣者都可以参与网络讨论，从而在一定程度上实现了网络言论自由，也使参与讨论、评论的人获得了一定程度的安全感，并由于这种安全感使得评论和意见更为大胆和真实。公民在传统媒体上表达个人意见和发表评论需要署名，有时需要提供个人身份证明，这种个人信息的公开可能使发言人由于担心受打击报复或担心个人言论的负面影响而矫饰本意，甚至不敢讲真话。由于匿名具有一定的保护作用，网络言论往往代表了发言人最直接和最真实的个人想法。

### （二）网络舆论监督的作用

#### 1. 日益成为反腐败新的推动力量

腐败现象在我国呈多发态势。执政党和人民政府要保持纯洁性和为人民服务的属性，一方面要健全和完善反腐败制度、机制，另一方面也要发现和利用反腐败新的动力资源。网络舆论监督就是反腐败新的动力资源，在反腐败中发挥着越来越明显的作用。网络舆论监督借助互联网的技术优势，突破了传统媒体舆论监督的一些局限，例如信息渠道闭塞、传递速度慢、缺乏互动等，加快了反腐败信息流动速度，为专门反腐败机关迅速查处腐败案件提供便利，使反腐败工作更加高效、有力。

2. 推进立法和决策的民主化、科学化

完善立法和决策的实体与程序规则，提高立法和决策的透明度和公众参与度，推进立法和决策的民主化、科学化，是国家治理能力现代化的必然要求。在立法和决策当中，民主化、科学化两者之间，民主化是科学化的基础，只有广泛的、平等的、通畅的民主参与，科学化才是现实的和可能的。网络舆论监督使更多的民众能够参与到立法和决策中，更清楚地了解立法和决策目标，表达自身利益诉求，监督立法和决策的内容与过程，防范立法和决策可能出现的对公共利益的损害。对于立法和决策主体来说，民众的参与可以使其了解更多、更广泛的舆情民意并作出回应，平衡多元利益，在降低决策成本的同时提高立法和决策的科学性、合理性和可接受度。

3. 改善政府与民众的关系，推进政社互信

从民众角度分析，网络舆论监督的过程是民众通过互联网参与社会治理和公共问题解决的过程。民众在互联网发表意见，表达诉求，形成舆情民意，这些意见、诉求和舆情民意会快速传到政府，为政府制定公共政策和作出行政行为提供参考。从政府角度分析，网络舆论监督使政府及时了解舆情民意，尤其是一些批评性、建设性意见，促使政府对公共政策或行政行为作更多、更细、更深入的考量，使公共政策或行政行为更加科学和理性，更能体现和满足公共利益。民众与政府经过这样的互动过程，民众参与了行政，政府回应了民意，增加了民众与政府之间的互信。

### （三）网络舆论监督存在的问题

近些年来，网络舆论监督受到越来越多的关注。党和政府重视网络表达舆情民意的功能，舆情机构通过舆情监测系统及时收集、整理、分析舆情，形成舆情信息，报送有关部门，由有权机关对舆情信息作出调查或处置，回应网络舆论，充分发挥网络舆论监督对民主政治和社会生活的促进作用。但是，网络舆论监督在发挥作用的同时也存在一些问题，除了网络基础设施建设、网民结构和素质等问题，更主要的是政府应对网络舆情的思维和能力问题。

网络舆论监督存在的主要问题有：

1. 大量非网民的存在

中国网民现已超过8亿，但仍有近6亿的非网民。非网民形成的原因包括文化水平低、上网技能缺失、不需要或不感兴趣、没有电脑、当地无法连接互联网等。除了大量非网民的存在，现有网民的地域分布也不均衡，大部分网民分布在北京、上海、广州、江苏、浙江等经济发达地区，经济不发达的农村网民相对较少。此外，一些地方无法连接互联网，表明我国网络信息基础设施建设依然有短板，互联网区域发展不均衡，存在"东部快、中西部慢，城市快、农村慢"的问题。大量非网民的存在和当地无法连接互联网，很大程度上限制了网

络民意表达和网络舆论监督的普遍性。

2. 虚假信息

虚假信息是网络舆论监督的主要障碍。网络的匿名特征，一方面有利于公民表达真实想法，提供真实和有效的信息；另一方面，受各种条件的限制，网民对接收的信息无法进行核实，一些虚假信息甚至恶意信息很容易在跟帖、转发的过程中"以讹传讹"，导致对舆论的误导。另外，网络的商业性和虚拟性也使网络新闻的真实性受到较大影响，有些网络媒体受商业利益驱使，在引导网络舆论中重经济利益、轻社会责任，甚至出现违反法律和道德之事。网络舆论可以在极短时间内聚合形成，一旦虚假信息快速形成舆论，就会误导民众的行为，使其无法作出正确的选择，并扰乱正常的社会秩序和管理秩序。

3. 群体极化效应

群体极化效应是指网民因价值观或意见看法相同而形成网络虚拟群体，对这个群体的认同感和归属感，又促使网民的意见更加趋同，以致固执己见，走向极端。群体极化效应可能导致网络舆论一边倒，使客观的、说理的意见被淹没或压制。腐败现象在我国呈多发态势。公权力机关公信力降低，社会发展不平衡不充分导致诸多民生问题等，这些都招致民众对国家机关及其工作人员负面看法、负面情绪的增多。在这种社会氛围下，一个常见的现象是，一旦网络上出现了国家机关及其工作人员的负面信息，就会迅速聚集起网民大量的批评指责或抨击，形成网络舆论。在迅速形成的网络舆论中，不排除"群体极化"现象的存在。在反腐败中，如果对群体极化效应不加分析和警觉，可能导致案件查处不当或司法不公。

4. 网络舆论暴力

网络的群体传播使网络舆论容易发展成网络舆论暴力。网络舆论暴力是指网民在网络上发表言论、图片、视频等，并形成对当事人批评、谴责，甚至人身攻击的舆论声势，其特点是言论、图片、视频等不客观理性，甚至带有侮辱性、诽谤性，严重侵害当事人的人格权、名誉权、隐私权。网络传播是一种集人际传播、组织传播、群体传播、大众传播于一体的多层面传播。在网络中容易形成群体，网络受众之间只要志趣相投、有着相近的观点，就可以聚集到一起，形成心理趋同的群体。群体的心理特点主要表现在感染性、从众心理、情绪化等三个方面。互联网上的民意带有很大的情绪性和宣泄性，网民的情绪如果处于正常或适度的舆论环境下，则可以接受理性的引导；但如果处于偏激或失当的舆论环境下，则不易被引导，网络舆论监督就可能转变为网络舆论暴力。网络舆论暴力是现实舆论暴力在网络上的延伸。

5. 对网络舆论监督应对失措

网络舆论监督是近些年迅速发展的新型舆论监督形式，需要在发展中逐步规范。在这个过程中，无论是作为监督主体的网民还是作为被监督者的公权力机关，都要不断探索、反思并积累经验教训。从实际情况看，网民行使监督权的行为有失范之处，国家公权力机关应对或处理网络舆论监督的观念、手段也有滞后和失措之处，主要表现在：一是态度和观念与网络时代透明、互动的舆论环境不相适应，对网络舆论监督存在反感或抵触情绪；二是对网络舆论监督中的一些重要问题缺乏深入具体的研究，没有形成严谨、科学、共识性认识，一些关键概念界定不清，判断标准不明，例如"谣言"和"社交媒体数据"界限不清、批评性文章和"传播负能量"界限不清、敏感词设定无标准等，这些都可能导致实务中对正当言论的压制和对不当言论的纵容；三是应对或处理网络舆情能力薄弱，方法简单，对封文、封号、封群的方式依赖性强。实践证明，采用"一封了之"方式处理网络舆情的效果并不好，不利于公民言论自由权的实现，也容易积累网民的反感和抵触情绪，不利于党和政府聚集民心和社会的和谐稳定发展。

### （四）公权力机关对网络舆论监督的态度与行动

为更好地发挥网络舆论监督在反腐败中的作用，国家公权力机关要针对网络舆论监督存在的问题采取措施，推进网络舆论监督规范化。这些针对性措施归结起来有两大类：一类是针对网络基础设施建设和网民行为的，另一类是针对公权力机关网络舆论监督应对行为的。对此《中国的反腐败和廉政建设》白皮书也指出："中国高度重视互联网在加强监督方面的积极作用，切实加强反腐倡廉舆情网络信息收集、研判和处置工作，完善举报网站法规制度建设，健全举报网站受理机制及线索运用和反馈制度，为公民利用网络行使监督权利提供便捷畅通的渠道。与此同时，加强舆论监督的管理、引导和规范，维护舆论监督的正常秩序，使舆论监督在法制轨道上运行。对于网络舆论监督要积极引导不能被网络舆论绑架，也不能对网络舆论置之不理。"

1. 网络基础设施建设与网民素质提高

政府有关部门要积极推进网络信息基础设施建设工作，以互联网发展与普及为网络舆论监督打下坚实的物质和技术基础，增加网民数量，使网络民意表达和网络舆论监督更加普遍和顺畅。网络基础设施建设是广泛开展网络舆论监督的硬件，而高素质的网民群体则是网络舆论监督的软件。网民素质的提高主要是文化和道德素质的提高，辨别是非能力的提高和理性表达能力的提高。网民在参与网络舆论监督的过程中，要注意处理好情感与理性、批评与建设的关系。网民对腐败现象有不满、气愤等情绪是正常的，但发表言论要客观、理性；网民在提出问题、发表批评性言论时，还要能提出解决问题的具体建议，推进公权力机关改进工作，以此体现网民的社会责任感和心胸格局。网民素质的提高一靠网民自己的学习与实践，二靠政府部门的因势利导和规则供给。政府部门要在引导舆论的同时，为网络舆论监督提供规则体系和伦理规范。

2. 公权力机关要以容忍精神对待网络舆论监督

胡适先生在晚年所写的《容忍与自由》一文中指出："容忍是一切自由的根本，没有容忍，就没有自由。……容忍的态度是最难得、最稀有的态度。人类的习惯总是喜同而恶异的，总不喜欢和自己不同的信仰、思想、行为。这就是不容忍的根源。"在这里，胡适先生厘清了容忍与自由的关系，容忍是自由的前提，无容忍即无自由。公民通过互联网发表言论、监督公权力是公民言论自由权的具体运用，这种权利能否真正实现则取决于公权力机关能否容忍不同意见和批评指责。实务中，一些公权力机关不容忍、不接受网络舆论监督，甚至采取一些手段阻滞压制网络舆论监督，导致宪法规定的公民言论自由权得不到保障。

解决这个问题的关键是国家公权力机关及其工作人员转变态度，确立容忍精神，以容忍精神对待网络舆论监督。容忍精神的内涵主要有三：一是容忍公民表达意见，二是容忍公民表达批判性意见，三是重视并妥当处理公民意见尤其是批评性意见，有则改之，无则加勉。当然，容忍不是无限度的，对于违反法律、违反公序良俗、侵害他人合法权益、损害公共利益的言论要依法处理。

依法处理的前提是要界清有关概念，明确有关标准。国家互联网信息办公室 2019 年 12 月 15 日发布《网络信息内容生态治理规定》，并于 2020 年 3 月 1 日实施。该规定涉及网络信息内容的一些基本概念，例如不良信息、违法信息、正能量（负能量）、谣言等；同时也提出了网络信息内容治理与网络舆论监督关系的一些基本问题，例如谣言的识别和判断标准是什么、如何区分正能量与负能量、正能量与正当网络舆论监督是什么关系、负能量与网络舆论监督中的批评性言论如何区分、网络舆论监督如何平衡民众知情权与个人隐私权的关系、如何区分网络舆论监督与诽谤的界限。这些概念和问题都需要有法律上的回应，不在法律上明确界定概念，不在法律上设置客观具体、科学合理的判断问题的标准，在实务中就会导致网络信息内容管理工作的主观随意性，将正当的网络舆论当成负面报道删除或禁止，压制正当的网络舆论监督，不当"禁言"的后果就是"防民之口甚于防川"，侵犯公民的言论自由权，损害公权力机关的公信力。

3. 加大政府信息公开力度，建设阳光透明政府

网络舆论监督对政府信息公开工作提出了更高要求，不仅要求政府做好信息公开的日常工作，依法依职权主动公开信息，而且要求政府及时回应网络舆论监督，尤其在突发事件应急处置时更要及时回应网民关切和意见。我国 2007 年公布、2019 年修订的《中华人民共和国政府信息公开条例》，规定了政府信息公开的实体规则和程序规则。经过十余年的实践，我国公权力机关和公共部门信息公开工作成效显著，但也存在一些问题，根本问题是行政文化或行政价值观方面的问题。根据共识和实践中的问题，对于网络舆论监督下的政府信息公开工作，公权力机关需确立以下三个观念：

一是公众知情权观念。政府要以满足民众知情权为义务，尤其是在突发事件发生时，政府要求民众作为或不作为某种行为，应当告知该行为的意义以及作为或不作为该行为的法律后果；政府采取某项行政措施，应当告知民众事实或法律依据；政府限制公民权利以及自由活动的范围，应当告知详细理由等。

二是透明政府观念。政府信息的公开性与透明度是评价行政民主化的重要指标。在高度集权的政治体制下，政府行政基本上是自我封闭的，封闭的政府体系及其活动可能会使政策制定与执行具有高度可控性，但也潜藏着不可回避的危机。在经济社会发展、公民意识不断提升的社会条件下，增加政府活动的透明度，扩大政府与社会的沟通交流已成为一种时代潮流。在处理网络舆情方面，我国各级政府要学会追赶和顺应这一潮流。

三是正确的维稳观念。对于社会稳定和维护社会稳定，一些政府官员在理解上存在误

区，认为任期内不出事就是稳定，出了事，采取内紧外松的处理方式并严格控制舆论就是维护稳定。事实上，在社会高度开放和信息化手段高度发达的当代，一个地方发生的事件，其信息会迅速传播到其他地方，完全封锁信息是不可能的，没有官方的信息，还会有自媒体的信息；没有国内媒体的信息，还会有国外媒体的信息；没有真实信息，还会有虚假信息等。如果政府遇事不能及时、真实、实时、多渠道披露信息，社会看不到政府的诚信、自信和效率，就会抱怨政府，不信任政府，不配合政府，其结果反而是社会得不到稳定。因此，政府官员要有正确的维稳观，充分信任民众的判断能力和选择能力，而不能自以为是。

4. 重视网络舆论监测，运用网络舆论推动和改进工作

网络舆论对反腐败、司法公正和社会公共事务的关注，日益成为公权力机关履行职责和改进工作的重要影响力量。2009年周久耕案、2013年杨达才案、2013年雷政富案、2014年刘铁男案等，都是网络反腐的典型案例。在网络舆论发展的社会环境下，我国的公权力机关要充分重视并运用好网络舆论，用网络舆论推动和改进工作。

首先，公权力机关要重视网络舆论监测工作，将此项工作纳入信息机构职责范围。网络舆论监测是指信息机构通过对网络舆论的收集、整理和分析研判，形成网络舆情报告，报送上级或有关部门关注或处理。网络舆论错综复杂，对网络舆论实施监测是一项专业性很强的工作，要由熟悉本机关业务的、有能力的专业人员承担，这种能力从根本上说是信息收集能力、逻辑分析能力和文字表达能力。

其次，收到网络舆情报告的上级或有关部门，要将网络舆论与社会良政善治紧密结合，将网络舆论当作推动和改进工作、提高执政水平和治理能力的重要帮手。对于反映问题真实、属于本部门职责权限范围内的事项要及时调查处理；对于不实信息，要有针对性地采取措施进行舆论引导，释疑解惑。公权力机关在运用网络舆论推动反腐败、司法公正和工作改进的同时，也要对网络舆论保持客观清醒的认识。网络舆论反映的民意并不能作为反腐败、司法审判和行政治事的标准，不能让网络舆论影响公权力机关做事的公平公正，尤其不能因网络舆论干扰司法的独立与公正。

5. 加强立法，使网络舆论监督规范化、法治化

为使网络舆论监督规范化，营造良好的网络舆论监督生态环境，实现网络舆论监督与公权力机关的良性互动，有必要针对网络舆论监督中的问题制定相关法律规范。《网络信息内容生态治理规定》在内容上涉及主管部门、网络信息内容生产者、网络信息内容服务平台、网络信息内容服务使用者、网络行业组织、监督管理和法律责任等，为网络信息内容与监督管理提供了依据。

网络舆论监管有极强的专业性，监管行为是否合法、是否妥当，与公民言论自由权、民主监督权等基本权利有直接关系。因此，有关网络舆论监管的法律规范，从法律语言的使用到权利义务的设定，都必须科学、严谨，力求在保证网民监督权和维护网络舆论监督秩序之间达成平衡。中国共产党十八大提出了依法治国的"新十六字方针"，其中第一条就是"科学立法"。科学立法的标准之一是法律规范的严谨、妥当，即对法律所涉及的基本概念和重

要问题要有明确的界定和明确的判断标准。在这方面，我国公权力机关要在网络舆论监管的实践中，在网络信息内容治理的实务中深入探索，使网络舆论监管法律制度不断完善，适应网络舆论监督不断发展的大趋势。

## 案 例

### 网络舆论监督：周久耕受贿案

网络舆论监督近些年发展迅速，显示了传统媒体舆论监督所没有的速度和范围优势。在2020年年初全国抗击新冠肺炎疫情中，一些案件的迅速查处都与网络舆论监督分不开，例如湖北省、北京市纪监委对黄某英案件多名涉案官员的查处，武汉市救助滞留在汉外地人员通道的设立，湖北省纪监委对省司法厅原巡视员陈北洋案件的查处等。网络舆论监督发生较早、影响较大的案件是2009年的周久耕案。

周久耕，男，汉族，1960年6月出生。1992年5月，周久耕担任原江宁县经济开发总公司副总经理，同年8月任南京市江宁经济技术开发区管委会副主任；1997年3月任原江宁县计划经济委员会主任，后江宁县改江宁区，周久耕改任江宁区计划经济委员会主任；2002年3月任江宁区民政局局长、党委书记；2007年12月任江宁区房产管理局局长。

1. 因不当言论遭网友质疑

周久耕事件是从江苏南京市江宁区政府干预当地楼市开始的。早在2004年，由于上市楼盘量过大，江宁楼市面临跌至3 000元/平方米的风险。为稳定房价，江宁区房产局要求区内近十家开发商控制楼盘上市量，结果江宁当年房价提升至4 000元/平方米。有了这次经验，2008年，当江宁房价再次面临下跌时，江宁区房产局迅速调控，查处了降价亏本卖房的开发商。2008年年底，位于江宁区恒大地产旗下的南京恒大绿洲花园为回笼资金，低价售房。周久耕为恒大绿洲算了一笔账：这家楼盘5 700元/平方米（含1 100元/平方米的装修款），若刨去装修款，等于毛坯房售价仅为4 600元/平方米。目前江宁多数楼盘是在2006年、2007年拿的土地，楼面地价都在2 800～3 200元/平方米，加上建安、财务以及营销等各类成本，5 500元/平方米左右应该是保本价。周久耕表示，恒大绿洲"售价不到5 000元/平方米，远远低于其成本价，所以要严加查处！"

12月10日，在南京市江宁区房产局四楼会议室，周久耕接受南京9家媒体的联合采访。他谈道："对于开发商低于成本价销售楼盘，下一步将和物价部门一起对其进行查处，以防止烂尾楼的出现。"周久耕还说，"查处不是为了处罚开发商降价亏本卖房子，而是担心其造成的后果，我要对老百姓负责。"消息经媒体报道后，立即引起众多争议。

12月11日，一网友发出《八问江宁房产局周局长》的帖子，对其言论进行质疑。

随后，一位署名"宣传寄生6"的网友在凯迪社区发表了题为《遍撒英雄帖，追查南京市江宁区房产局局长周久耕》的帖子，呼吁网友关注周久耕其人其事。不久，一位署名"保存一百年"的网友发表了题为《看照片　南京房产局长抽1 500元的烟》的帖子，他上传了一组周久耕开会时的照片，并给放在周左手边的一盒"南京九五之尊"香烟来了个特写：市场价为1 500元/条，有时高达1 800元/条。12月15日，一位署名为"cheyou007"的网友在网上发表了题为《周久耕局长抽名烟、戴名表》的帖子。发帖者通过以往的新闻资料图片，查出周久耕所佩戴的手表是世界名牌"江诗丹顿"，这种手表每只售价是10万元。

2. 有关机关的介入与处理

周久耕事件发生后，南京江宁区房产局、市房产局、市物价局、市纪委等部门陷入了舆论旋涡，这引起了南京市委市政府和江宁区委区政府的重视。2008年12月19日，江宁区委首次向社会公开表示："江宁区政府严格执行中央和省市有关政策，促进房地产业的稳定健康发展。目前，没有一家房产企业因降价销售而受处罚。对于网络上所反映的其个人廉洁方面的问题，有关部门高度重视，已介入调查，只要发现有违纪或腐败行为，将按有关规定进行严肃处理，绝不姑息。"2008年12月28日，江宁区委根据区纪委的初步调查，按照有关程序免去了周久耕江宁区房产管理局局长职务。

2009年1月，南京市纪委与江宁区纪委联合对周久耕的问题进行核查。2月5日，对周进行组织谈话，同日找到南京某房地产开发有限公司董事长王某谈话。次日，王某主动交代了向周久耕行贿2万元的事实。2月7日，周久耕对王某两笔共2万元的行贿作了供认。第一个缺口被打开后，周久耕的心理防线也随之瓦解。他不但交代了王某向他行贿的其他事实，还陆续交代了接受其余8人贿赂的事实。他主动交代的上百万的贿款，都是办案机关尚未掌握的。经过深入细致的调查，纪检监察机关逐渐掌握了周久耕涉嫌严重违纪的证据。2009年2月13日，依据《中国共产党纪律检查机关案件检查工作条例》有关规定，江宁区纪委决定对周久耕立案调查。3月20日，南京市纪委、市监察局宣布，因严重违纪并涉嫌犯罪，给予周久耕开除党籍、开除公职的处分，并移送司法机关依法处理。

2009年3月21日，江宁区纪委将周久耕受贿案移送至南京市检察院。次日，南京市检察院指定溧水区检察院管辖该案。3月23日，溧水区检察院对周久耕立案侦查。2009年8月5日，周久耕受贿案由南京市检察院向南京市中级人民法院提起公诉。检方指控，周久耕在2003年至2008年担任江宁区民政局局长、江宁区房产局局长期间，先后25次共接受9人行贿，受贿数额为1 071 257元人民币、11万元港币，建议对其量刑10年以上。

2009年9月4日上午，周久耕受贿案在南京市中级人民法院开庭审理。经审理查明，周久耕在担任江宁经济技术开发区管委会副主任、江宁区民政局局长、江宁区房产局局长期间，利用职务之便，先后为有关单位和个人在承接工程、企业改制、人事调动等事项上谋取利益,共收受贿赂人民币1 071 257元和港币11万元。法院认为,周久耕身为国家工作人员,利用职务便利为他人谋取利益,非法收受他人财物,其行为已构成受贿罪。鉴于周久耕归案后如实供述了办案机关尚未掌握的同种较重罪行,并主动退出全部赃款,认罪态度较好,依法从轻处罚。

2009年10月10日下午3时,南京市中级人民法院对周久耕受贿案作出一审判决:被告人周久耕犯受贿罪,判处有期徒刑11年,没收财产人民币120万元;被告人周久耕受贿犯罪所得赃款人民币1 071 257元、港币11万元,予以追缴,上缴国库。10月12日,周久耕通过律师表示对一审判决不上诉。

## 案例思考题

1. 什么是网络舆论监督?网络舆论监督有何特点?
2. 通过本案思考政府部门应该怎样呼应网络舆论监督?
3. 网络舆论监督如何与其他形式的监督形成互动,提高监督的综合效力?

## 重要概念

1. 社会监督　2. 公民监督　3. 特约监督员制度　4. 社团监督　5. 舆论监督　6. 网络舆论监督

## 思考题

1. 什么是社会监督?社会监督有何特征?
2. 社会监督的主要方式有哪些?
3. 简述社会监督在我国监督体系中的地位。
4. 现时我国社会监督存在哪些问题,如何健全和完善社会监督制度与机制?
5. 什么是公民监督?公民监督有何特征和意义?
6. 建立特约监督员制度有何意义?如何完善特约监督员制度?
7. 公民直接行使监督权主要有哪几种方式?
8. 简述社团监督的特征和意义。
9. 社团监督有哪几种主要形式?
10. 简述舆论监督的特征、功能和方式。
11. 简述网络舆论监督的作用。
12. 试述现时网络舆论监督存在的问题与如何完善网络舆论监督。
13. 公权力机关对网络舆论监督应该采取怎样的态度与行动?

# 第十二章 国际反腐败与监督制度

由于腐败的国际化特征，反腐败的国际合作在世界范围内已形成共识和潮流。《中华人民共和国监察法》也规定了参与国际反腐败合作，按照该法规定，国家监察委员会统筹协调与其他国家、地区、国际组织开展的反腐败国际交流与合作，组织反腐败国际条约实施工作；组织协调有关方面加强与有关国家、地区、国际组织在反腐败执法、引渡、司法协助、被判刑人移管、资产追回和信息交流等领域的合作。本章在阐述国际预防和打击腐败合作体系的基本架构、特点、趋势等一些基本问题的基础上，重点介绍了瑞典、德国、美国、日本、韩国、新加坡等国的反腐败与监督制度。

## 第一节 国际反腐败运动

### 一、国际反腐败运动的现状与特点

#### （一）国际反腐败运动的现状

任何国家都存在腐败，腐败已呈现国际化特点。腐败的国际化特点主要表现在三个方面：一是参与腐败的人员身份国际化；二是国家工作人员在对外经济交往中实施腐败犯罪；三是腐败分子为逃避国内法律制裁在世界范围内寻找退路。腐败的国际化说明，腐败已不再是一国的问题，而成了影响所有国家的跨国现象，成为各国政府和国际社会必须共同面临的挑战，反腐败国际合作在世界范围内已经形成共识。

1. 反腐败国际合作取得的成就

面对腐败这个全球性问题，世界各国和国际组织展开了全面而深入的反腐败运动。除了对本国的腐败现象进行打击以外，国家间共同合作打击腐败的"整体联动"也不断增多，国际反腐败协作不断加强。许多国家和国际组织积极致力于建立政府的、非政府的合作机制。在这些国家间和国际组织的努力下，召开了许多反腐败会议，逐步形成了一些有影响的国际和地区性反腐败公约。

目前，预防和打击腐败的国际合作主要采用三种方式：（1）联合国框架下的国际反腐败运动。联合国设立统一的指导机构，并积极推动和制定反腐败决议和公约。（2）国际组织联合行动应对腐败犯罪。透明国际、经济合作和发展组织、世界银行等国际组织颁布了一系列操作规范与行业准则，在各个领域指导各国民间机构与涉外企业抵制贪污贿赂行为。（3）各国政府间的反贪污腐败行动。许多国家政府间签署了多项双边司法合作协议，各国政府在反腐败的国际合作上给予了最大限度的帮助，比如国际反腐情报机构的设置、腐败罪犯的引渡、腐败收益的没收、犯罪资产的追回等。此外，各地区洲际组织也积极开展反腐败合作，非政府反腐败组织的活动也非常活跃。

2.反腐败国际合作存在的问题

目前，反腐败国际合作仍然存在一些困难和问题。主要问题有三个方面：

第一，一些国家对反腐败国际合作的重要性认识不足。由于各国对腐败程度及其危害的认识差异以及不同的国情，导致各国反腐败态度和力度的不同，进而影响到各国对反腐败国际合作的重要性和紧迫性认识的不同，并在一定程度上影响到反腐败国际合作的开展。

第二，反腐败国际司法、执法合作不能满足反腐败的现实需要。这是当前反腐败国际合作中存在的最主要问题。从目前反腐败情况看，反腐败国际合作必须借助于主权国家的法律适用与积极参与。事实表明，各国反腐败国际司法、执法合作的广度和深度都很不够。各国法律关于腐败的规定很不一致，这种差异严重影响了世界各国共同合作惩治腐败犯罪的力度。

第三，反全球化对反腐败国际合作的消极影响。在全球化视野下谈论反腐败国际合作问题，就不能不注意到反全球化对反腐败国际合作的影响。反全球化在一定程度上延缓了反腐败国际合作的步伐，甚至左右了一些政府和非政府组织的意志和行为，例如拒绝或者抵制反腐败国际合作双边、多边协议的签署和执行等。

### （二）国际反腐败运动的特点

第一，反腐败国际化范围的扩大。从各国各自进行反腐败运动到各大洲的反腐败合作，再到各种国际组织的反腐败合作，最后到联合国对反腐败相关问题作出规定，反腐败合作的范围和深度都在不断加大。

第二，非政府反腐败国际组织的影响和作用加大。非政府组织在世界反腐败运动中的影响越来越大，作用越来越突出。国际组织特别是以透明国际、经济合作与发展组织、世界银行为代表的一些非政府组织，致力于世界范围内的反腐败行动，并试图通过各种腐败评价指标对腐败进行有效分析和把握，其影响力日益扩大。

第三，反腐败国际合作领域越来越广。由于腐败领域越来越广，反腐败国际合作所涉及的领域也越来越广，除了从政治、经济等领域外，还从文化、道德等方面共同遏制腐败的国际化发展。

第四，反腐败国际合作文件的法律层级越来越高。反腐败国际合作文件的法律层级从指导原则、行为准则、刑事公约、民事公约，到洲际公约、相关国际组织的公约，最后再到联合国颁布的《联合国反腐败公约》。

## 二、国际反腐败合作体系的基本架构

自20世纪90年代以来，面对跨国境、国际化腐败犯罪的增长趋势，一些区域性国际组织、非政府组织和国际金融和贸易组织等就积极开展了反腐败行动。国际组织的反腐败行动主要是制定有关预防和打击腐败犯罪的法律文件与政策，并积极介入和帮助各国开展预防和打击腐败工作。

### （一）国际反腐败合作组织

1. 经济合作与发展组织

经济合作与发展组织（简称经合组织，英文缩写OECD）是研究经济和社会各领域政策的非政治性组织，总部设在巴黎，现有36个成员国，都是世界上比较发达的国家，被称为"富国俱乐部"。经合组织的宗旨是：维护成员国的财政稳定，确保成员国经济的高速持续增长，保证充分就业，提高人民生活水平，促进世界经济的发展；促进成员国和非成员国经济充分合理发展，在多边非歧视原则的基础上，遵循国际贸易规则，拓宽世界贸易。经合组织还与70多个国家、非政府组织、市民社会团体建立了联系，在国际上有较大的影响力。

近年来，由于国际商务交易中的贿赂现象屡见不鲜，对国际商业交易产生了严重影响，作为在世界经济与贸易中占有重要地位的经合组织，逐渐把商业贿赂当作关注重点。为此，在美国等国的积极推动下，经合组织理事会于1997年通过了《关于反对在国际商务活动中贿赂外国公务人员行为的公约》。该公约是发达国家之间签署的第一个全球性的关于反腐败的公约，被认为是消除国际行贿的重大举措。公约规定，任何行贿外国公职人员的行为都是犯罪行为，要求各缔约国严肃惩治本国公司贿赂外国公职人员的罪行。公约还规定各国之间加强协调，相互之间提供必要的法律援助。此外，公约还将行政伦理建设作为抑制腐败的主要内部控制手段，把行政伦理建设列为行政改革的重要任务，并在调查研究的基础上，总结各国经验，提出了一系列行政伦理建设的基本原则和基本架构，在国际反腐败领域有着较大影响。

2. 透明国际

透明国际（英文缩写TI）是一个著名的专以反腐败为目的的非营利性民间组织，成立于1993年，总部设在柏林，在近70个国家建立了分支机构。透明国际的宗旨是通过加强与有关国际组织和各国反贪机构之间的联系，制订并推行反腐败计划，遏制各国政府和国际商务活动中的腐败行为。

透明国际立场中立，不依附于任何政治党派。从1995年开始，透明国际每年发布一次全球反腐败报告，并按照腐败严重程度对各国进行排名，目的是提高世界各国对腐败危害性的认识，督促各国积极采取相应对策。为衡量世界各国和地区的腐败状况，透明国际以清廉指数（英文缩写CPI）和行贿指数（英文缩写BPI）构成的腐败指数来衡量和评估腐败状况。清廉指数反映的是全球各国商人、学者及风险分析人员对世界各国腐败状况的观察和感受。清廉指数的数据来源于国际上一些重要、著名的调查报告，由一些专家学者从这些资料中提取有关人士对各个国家腐败程度的感觉和评判数据，经综合评估后给出一个分数。行贿指数是测量跨国公司行贿程度的指数，在一定程度上是对清廉指数的补充。

透明国际作为非政府组织，在国际政治和社会生活中的影响日益扩大，其在全球反腐败行动中确立透明与监督概念、提高国际社会对腐败及其危害的认识、倡导有关政府进行政策改革、促进落实国际多边公约等方面所取得的成就，赢得了很多国家和社会组织的赞许。

3. 国际金融组织

金融领域是腐败高发领域。世界银行、国际货币基金组织等国际金融组织对预防与打击腐败也进行了积极的探索。

（1）世界银行。作为最重要的国际组织之一，世界银行一直致力于国际反腐败。自1996年时任行长沃尔芬森发表反腐败重要讲话后，世界银行制定了系统的反腐败战略，为全球反腐败行动作出了巨大贡献。世界银行反腐败的主要措施有：

第一，加强反腐败的内部机制建设和管理。自1996年开始实施反腐败战略以来，世界银行先后成立了各种推动反腐败的机构，并与其他相关机构合作，共同促进反腐败工作的进展。

第二，建立对援助项目的严格审查监督机制。为确保借款国贷款基金使用的经济性、效率性和透明性，世界银行专门为借款国制定了采购指南，以防止采购中出现的腐败交易，并将打击采购中的腐败欺诈行为与援助合同挂钩。

第三，援助世界各国的反腐败行动。世界银行通过对借款国政府提供贷款和技术援助，帮助其改善治理，加强公共部门的制度建设。这有助于受援国建立有效的制度去减少腐败的动机和机会。此外，对于某些腐败现象特别严重的贷款国，世界银行往往借助于其他力量对这些国家采取更为直接的干预手段。

第四，积极支持国际性反腐败合作。多年来，世界银行对国际反腐败活动给予大力支持，其支持全球反腐败行动的措施包括：帮助协调跨境的反腐败活动和国内反腐败活动之间的关系；集中在世界银行的优势领域开展反腐败活动；与其他组织建立战略合作关系；在国际上获取和发布与腐败有关的知识。

（2）国际货币基金组织。国际货币基金组织的反腐败措施是与其推动成员国的善治紧密联系在一起的。国际货币基金组织认为，"治理"一词通常包括了一个国家、企业或者其他实体治理的各个方面，例如政策的有效性、透明性、政策制定者的责任性等。腐败是一个与治理密切相关的概念，它意味着"公权力或者公共信任被滥用为私利"。腐败和治理高度相关，在治理较差的地方，往往存在更多的腐败动机和腐败活动的空间，腐败又往往通过扭曲决策及其实施情况而在某种程度上损害了治理。因此，推动善治有助于反腐败，而反腐败也有助于国际货币基金组织推动其 180 多个成员国的善治。

长期以来，国际货币基金组织一直向其成员国提供政策建议、金融支持、技术援助，帮助成员国促进包括确保法治、提高公共部门的透明性和责任性以及反腐败在内的善治活动。1996 年 9 月 29 日，国际货币基金组织临时委员会在其总部所在地华盛顿召开的会议上就强调，推动所有领域的善治都是非常重要的，确保法治、提高公共部门的效率和责任性、消除腐败等内容都是经济繁荣的必要因素。1997 年 7 月，国际货币基金组织执行委员会在推动善治以确保经济效率和增长上达成共识，制定了治理行动指南。这个指南将国际货币基金组织在治理上的作用限定在经济领域，明确包括了反腐败和透明政策。

4. 其他地区性组织

（1）欧洲联盟。1996 年 9 月，欧盟通过了《欧共体金融利益保护公约第一备忘录》。该文件将官员的行贿和受贿规定为刑事犯罪。根据这一规定，各成员国要立法将官员参与腐败活动规定为刑事犯罪。该文件还规定，有关公司行贿也要承担刑事责任。1997 年 5 月，欧盟制定了《打击涉及欧洲共同体官员或欧洲联盟成员国官员的腐败行为公约》。该公约共 16 章，分别阐述了腐败的定义、公约的适用范围、刑事处罚、检控程序、国际合作等相关内容。同年，欧盟又通过了《打击有组织犯罪行动计划》，该计划呼吁欧盟制定统一的反腐败政策。为此，欧盟执委会提出了欧盟反腐败战略，其内容包括欧盟内部和外部反腐败策略、国际贸易和竞争规则、发展合作政策以及吸收新成员的准入标准。1997 年 12 月，在罗马召开的欧洲理事会会议批准了成立欧盟专门监察机构的设想。随后，又将设立监察专员署事项列入了《马斯特里赫特条约》（即《欧洲联盟条约》）。根据《马斯特里赫特条约》的原则要求，欧盟详细规定了监察专员的任职条件、职责任务、管辖范围、工作程序等。

（2）美洲国家组织。在 1994 年召开的首届美洲国家首脑会议上，与会各国领导人就联合反腐败问题进行了磋商。会后，委内瑞拉向美洲国家组织常设理事会提交了一份《美洲反腐败公约》草案。经过两年的谈判，该公约于 1996 年 3 月在委内瑞拉首都加拉加斯举行的特别反腐败会议上通过。《美洲反腐败公约》是世界上第一部多边反腐败条约，对预防贪污腐败行为规定得十分详细。该公约的宗旨是"推动、促进和协调各缔约国之间的合作，以保证采取有效措施和行动预防、调查、惩治和消灭履行公共职能过程中的腐败行为。"1997 年 7 月，美洲国家组织通过了《泛美国家反腐败合作纲领》，作为落实《美洲反腐败公约》条款的行动计划。

（3）亚太经济合作组织。亚太经济合作组织（英文缩写 APEC）成立于 1989 年，是亚太地区最具影响的经济合作官方论坛。亚太经济合作组织十分重视反腐败的国际交流与合作。2003 年 10 月在泰国曼谷召开的第 11 次亚太经济合作组织领导人非正式会议上，反腐败议题正式列入了该组织框架；2004 年 9 月在智利圣地亚哥召开的亚太经济合作组织反腐败专家会议上，美国、韩国和智利等国推动制定了《圣地亚哥反腐败和确保透明度承诺》和《亚太经合组织圣地亚哥反腐败与提高透明度行动计划》，作为各国开展反腐败合作的指导性文件；2005 年 3 月在韩国召开的亚太经济合作组织第一次高官会上，亚太经济合作组织反腐败与提高透明度工作组（ACT）正式成立，目前作为亚太经济合作组织高官会下设的几个特别工作组之一。工作组每年举行两次工作会议，成员国每年可以在工作组框架下申请举办相关反腐败专题研讨会。2013年，工作组在印度尼西亚召开第17次会议，会上一致同意建立"亚太经济合作组织反腐败执法合作网络（ACT-NET）"，旨在有效促进亚太地区反腐败和执法机构间的沟通、联络和能力建设，推动打击腐败、贿赂、洗钱和非法贸易等犯罪活动的反腐败务实合作。

### （二）国际反腐败会议

1. 国际反贪污大会

国际反贪污大会（英文缩写IACC）是目前国际反腐败领域规模最大的非官方专业研讨会。该大会每两年举行一次，是世界各国及地区反贪污专家、学者深入研究贪污腐败这一国际社会普遍存在的现象及其对策的重要会议，也是各国和各地区司法人员、政府官员交流经验、寻求国际合作以遏制贪污现象的重要场合。大会举办宗旨是推动各国及各地区的反贪污工作，预防和惩治贪污犯罪，维护社会稳定和经济发展。中国在1995年成功举办了第七届国际反贪污大会。

2. 国际廉政道德会议

自20世纪70年代美国尼克松"水门事件"以来，从政道德逐渐在世界范围内受到重视，许多国家制定了从政道德准则和廉政教育计划，以规范政府官员的行为，建立廉洁的国家公务员队伍，防止腐败的产生，国际和地区间的从政道德会议也应运而生。例如，1994年11月，美国在华盛顿举办了国际廉政会议；1997年11月，法国在巴黎举办了题为"公营部门的道德问题"的国际会议；以色列每两年举办一次耶路撒冷国际廉政研讨会。这类国际会议研讨的内容主要有政府官员的道德价值标准、从政道德立法、廉政制度建设、道德教育与培训、财产申报制度、公务员行为准则、公务员奖惩等。国际廉政道德会议在各国产生了积极效果，不少国家专门成立了廉政机构，主抓从政道德建设。

3. 政府间廉政工作国际会议

1999年2月，时任美国副总统的戈尔在华盛顿主持召开了首届政府间廉政工作磋商会议。这是第一次主要由各国政府代表团参加的层次较高的反腐倡廉国际会议。近90个国家派要员（副总统、总理、部长）出席了会议。此次会议交流了各国政府实施廉政建设的情况与经验，并就反腐倡廉方面的国际合作进行了磋商，并在会后发表了《华盛顿宣言》。这次政府间的磋商会议，对各国反腐倡廉起到了很大的推动作用。

## 三、国际反腐败立法与《联合国反腐败公约》

为加强各国反腐败行动，提高反腐败成效，促进国际反腐败合作，联合国制定了一系列反腐败文件。例如，1990年联合国预防犯罪和罪犯待遇大会通过的《反腐败的实际措施》；

1996年联合国大会通过的《联合国反对国际商业交易中的贪污贿赂行为的宣言》；1997年联合国大会通过的《采取反腐败行动决议》；1999年联合国大会通过的《反贪污腐败行动》；2000年联合国大会通过的《联合国打击跨国有组织犯罪公约》；2000年联合国大会通过的第55/188号决议《防止和打击贪污行为及非法转移资金并将这些资金返还来源国》；2000年联合国预防犯罪和罪犯待遇大会通过的《关于犯罪与司法：迎接21世纪的挑战的维也纳宣言》；2002年联合国大会通过的第56/260号决议《反贪污国际法律文书谈判工作范围》；2003年联合国大会通过的《联合国反腐败公约》。在联合国制定的一系列反腐败文件中，《联合国反腐败公约》在国际反腐败运动中具有划时代的意义。该公约开辟了一个新的国际合作领域，是迄今为止关于治理腐败犯罪的最完整全面、最具广泛性和创新性的国际法律文件，为国际反腐败事业奠定了坚实的法律基础，极大地促进了反腐败的国际合作。

### (一)《联合国反腐败公约》的主要内容

《联合国反腐败公约》除序言外，共8章71条，分为总则、预防措施、定罪与执法、国际合作、资产追回、技术援助与信息交流、实施机制、最后条款。

总则规定了立法宗旨、术语解释、适用范围以及保护主权等方面的内容，强调在预防和打击腐败方面加强国际合作和技术援助，但同时应当恪守各国主权平等和领土完整原则以及不干涉他国内政原则。

预防措施部分主要涉及预防性反腐败的政策和做法，具体包括预防性反腐败机构的建立，公共部门的各项用人制度和公职人员的行为守则，公共采购、公共财政管理和公共报告，以及与审判和检察机关有关的措施等，同时还强调了私营部门和社会在预防腐败中的参与。

定罪与执法部分为公约的主要组成部分，从实体法的角度列举了有关腐败的罪名，对犯罪的主观要件、犯罪形态和腐败的后果作出了规定；从程序法角度规定了对腐败行为的管辖、起诉、审判、制裁以及其间各部门的合作。

国际合作具体规定了国际合作的总体原则、引渡的条件、被判刑人的移管、刑事诉讼的移交、执法合作、联合侦查等内容。

资产追回的主要内容是对腐败行为后果的财产处理，包括预防和监测犯罪所得的转移、直接追回财产的措施、通过国际合作追回资产机制、资产的返还和处分、双边和多边协定与安排等。

技术援助与信息交流主要规定预防和打击腐败的培训和技术援助，以及有关腐败的资料收集、交流和分析等。

公约的实施机制规定了公约缔约国会议和秘书处在公约实施过程中的各项职能和作用、争端的解决方式，以及公约的签署、批准、接受、核准和加入等常规内容。

### (二)《联合国反腐败公约》的特点

《联合国反腐败公约》是最重要的国际性反腐败立法和反腐败公约，为反腐败的国际合作提供了法律依据和准绳，对各国的反腐败工作起到了很好的推动和促进作用，为各国提供了一个治理腐败的范本和合作机制。在内容上，《联合国反腐败公约》有以下特点：

第一，贯行公开透明。《联合国反腐败公约》要求各国在反腐败过程中，保证各项预防性措施、政策和机构运作的透明度，以保证权力运行过程中的公开透明，降低腐败发生的机会。在预防腐败的政策和措施、反腐败机构以及公共部门用人制度等方面，该公约都有关于公开透明的相关规定。

第二，注重国际合作。《联合国反腐败公约》是世界性反腐败公约，反腐败国际合作是其必不可少的内容。公约规定了反腐败国际合作的总体原则、引渡条件、被判刑人的移管、刑事诉讼的移交、执法合作、联合侦查等，这些构成了反腐败国际合作的主要内容。此外，《联合国反腐败公约》还在各个部分规定了反腐败国际合作的具体内容。

第三，强调预防。建立预防腐败机制是当今国际反腐败合作的重要内容，《联合国反腐败公约》中强调了预防腐败的重要性，并用大量篇幅阐述了腐败预防合作机制和具体的预防腐败措施。

第四，实体法与程序法相结合。《联合国反腐败公约》是实体规范和程序规范相结合的产物，体现了国际反腐败合作的现实需求。该公约不仅规定了法律主体的权利义务，还规定了权利义务实现的保障程序。

第五，公部门与私部门合作。《联合国反腐败公约》在总结各国反腐败经验的基础上，提出反腐败不仅是各国政府的责任，也应当包括公部门以外的私部门和个人的支持与参与，并对私部门和社会如何参与、如何进行社会合作作出了规定。

第六，民事责任与刑事责任相结合。腐败行为由于其巨大的社会危害性，各国立法都已将其列入犯罪行为范畴，纳入刑法。同时，由于腐败常常牵涉巨大财产，给社会造成巨大浪费，因此《联合国反腐败公约》在规定了刑事责任的同时，又规定了民事责任。

## 四、国际反腐败运动的发展趋势

伴随新世纪的到来和新技术革命的兴起，在各国政治、经济、社会发展变化的背景下，腐败和反腐败的形势也在变化。尽管各国社会制度不同，国情不同，腐败的形势和程度不同，但腐败的国际化趋势、各国预防和打击腐败的共同责任、各国之间反腐败交流与合作等，已成为共识。总结各国反腐败的经验和国际反腐败运动的特点，国际反腐败的发展呈现以下趋势：

### （一）越来越重视惩治与预防腐败相结合

在反腐败指导思想上，从重惩治转向重预防，惩治与预防相结合。各国在反腐败的实践中逐渐意识到，单靠事后的法律惩治远远不能遏制腐败现象的发展势头。为了应对全球性腐败的形势，20世纪90年代以来，国际上对腐败采取了全面控制的基本预防战略，不单重视对腐败的惩罚，更加重视对腐败犯罪的事前预防，"预防和惩罚兼施，标本兼治，预防为主"已成为世界各国反腐败的共识。

### （二）越来越重视依靠法律制度解决腐败问题

完善的法律制度是反腐败的基础。当代各国普遍重视依靠法律制度解决腐败问题，坚持依靠"立法建制"反腐败。建立一套与政治和经济体制相适应的权力监督制约法律体系，是许多国家反腐败的成功经验。国际反腐败经验证明，除在体制、机制上需要不断创新外，最重要的一条就是要加强反腐败立法，这种立法越完善、越规范，就越能有效预防、遏制和治理腐败。

### （三）越来越重视反腐败中的公众参与

提高民众对反腐败的认识和参与度是反腐败取得成效的重要保障。从国际上看，公民参与反腐败行动已不局限于对腐败的声讨或抗议，许多国家都开始采取实际措施让民众能切实参与到反腐败行动中。目前，各国采取的保障民众参与反腐败的措施主要有二：一是反腐败机构开辟多种渠道，接受民众对官员腐败的投诉，并采取措施保护投诉人的安全，这是世界大部分国家采取的比较普遍的做法；二是允许公民对官员的个人经济状况进行咨询，向反腐败机构自由查阅官员的财产申报情况。

### （四）越来越重视加强反腐败的国际合作

加强国与国之间的反腐败合作，开展国际联合行动是预防和打击腐败运动的新趋势。由于腐败的主体、方式等呈现国际化的特点，所以反腐败不再仅是某一国家或者地区面临的局部性问题，腐败的全球化决定了预防和打击腐败运动势必从国家范围扩大到世界范围。各国政府越来越重视在反腐败领域同世界各国以及有关国际组织进行合作，要求国际社会建立多边反腐合作机制的呼声日益强烈，各种区域性的反腐合作机制也纷纷建立和加强。

## 第二节 国外一些国家的反腐败与监督制度

### 一、瑞典的议会监察专员制度

瑞典专职监察机关设在议会，监督官称为议会监察专员，机关称为议会监察专员公署。瑞典议会监察专员制度是指由议会专职监督行政和司法机关的制度，该制度始设于1809年，是世界上最早建立的由议会专职监督行政和司法机关的制度，至今已有200多年的历史。自瑞典建立这一制度以来，影响越来越大，现在全世界有超过80个国家和地区采用了这一制度。

**(一)议会监察专员制度的具体内容**

1. 议会监察专员的任命和机构设置

瑞典1974年宪法规定,议会选举监察专员一人或数人,根据议会的训令,监督法律、法令在公共事务中的执行情况。建立议会监察专员的目的在于监督法律、法令的执行,限制国家工作人员的不合法、不公正行为,以完善行政管理,保证公民的合法权益。

目前,瑞典议会有四名议会监察专员。四名监察专员全部由议会选举产生,监察专员人选必须被议会中各党派所接受,并经议会专员代表团提名后方可获得任命。监察专员一般从具有杰出法律才能、秉性正直、社会威望较高的无党派人士中选出,他们通常是律师或者法官。监察专员在职期间享有最高法官的待遇,离职后也会被任命为最高法院法官。议会监察专员任期四年,可以连选连任,但连任不得超过两届。只有议会有权罢免监察专员,除议会外,任何机构和个人均无权对监察专员进行罢免。

在四名监察专员中,由一名作为首席议会监察专员,担任议会监察专员公署的行政长官,具体负责公署的主要工作。为了保证监察专员工作的独立性,首席监察专员不能指挥其他监察专员的工作,其作用范围仅限于必要的协调。其他三名监察专员与首席监察专员不存在指挥与被指挥的关系,他们相互配合、分工协作。四名监察专员的分工大体上是:首席监察专员主持公署的日常行政事务,主管税收、人事、政府与公众关系等方面的案件,并协调各监察专员的工作和全员的活动计划、分工与预算调整等工作;其他三名专员中,一名主管司法和狱政方面的案件,一名主管武装部队和一切不属于其他专员管辖的民政事宜方面的案件,一名主管对各个事业单位社会福利方面进行监督的案件。除四名监察专员外,议会监察专员公署还设有六十名工作人员,协助监察专员开展工作。

2. 议会监察专员的职责与权限

根据瑞典宪法和法律规定,议会监察专员的职责是监督和监察中央及地方的行政和司法活动,重点监督和监察行政机关的活动,保障法律、法令的实施。议会监察专员的监察对象为中央、地方政府机关及其公务人员。这里所指的公务人员范围很广,主要包括中央和地方政府机关的官员、法院的法官、检察官、医院的医师和护士、公立学校的教职员工、公立养老院的职员以及军队的下士以上军官等。此外,还包括与行政机关存在委托与被委托关系,受行政机关委托执行公共事务的雇员或者私营企业等。但内阁部长、大法官、联邦议会和地方议会的议员、中央银行的董事等不在监察专员监察之列。

为了保障监察工作的顺利开展,瑞典法律赋予监察专员充分的调查权、视察权、建议权和起诉权。

(1)调查权。调查权是监察专员考查和深入了解情况的权力。这项权力是议会监察专员的一项重要权力,也是监察专员独立行使职权的重要标志。调查权主要体现为:监察专员有权根据公民的申诉或者自己主动发现的线索对任何部门和人员进行调查,并调阅任何调查所需材料、文件;有权参加行政机关和法院的任何会议,并在必要时要求检察官提供援助,任何部门和人员不得拒绝监察专员的调查，否则会受到罚款等处分。

（2）视察权。视察权是监察专员到单位或部门查看、检查工作的权力。这项权力是议会监察专员行使监察权的一种常用方式。视察权主要体现为：监察专员有权采取"突然袭击"等方式，在认为必要时对法院、行政机关、医院、监狱、军事机关等被认为有问题的单位或者部门进行视察。

（3）建议权。建议权是监察专员提出意见或建议的权力。监察专员调查和视察之后，可以就所发现的问题向有关单位或部门提出调节、批评、补偿、改正或者处分等方面的意见或建议。

（4）起诉权。起诉权是监察专员提起公诉的权力。监察专员在调查或者视察中发现有违法犯罪行为的官员，有权向法院对其直接提起公诉。

对监察专员的工作考核主要依据监察专员向议会提交的年度工作报告。议会的宪法委员会对监察专员的工作直接进行监督。公民若对监察公署的公务行为不满，可以向宪法委员会提出申诉，宪法委员会有权撤销被证明是不称职监察专员的职务。除此之外，社会舆论系统对监察专员的工作也起着制约作用。总的来说，瑞典监察专员一方面拥有广泛的自主权力，有利于监察工作的高效运行；另一方面严格的监督机制保证了议会监察专员工作的透明度和公正性。

3.议会监察专员制度的发展和影响

瑞典议会监察专员制度始设于1809年。此后，监察专员制度在政府和社会系统也发展起来。1954年，瑞典在政府系统设立了政府监察办公室、政府监察员等监察机构，主要职责是监督国家经济活动，对违法行为予以揭露和调查。这意味着，瑞典政府除了要接受议会监察专员的监督，还要接受自身监察机构的监察。监察专员这一形式也在社会上得到发展，出现了半官方的、民间的、以特定对象为监察目标的监察专员，例如经济自由监察专员、消费者监察专员、男女平等监察专员、新闻监察专员等。

从20世纪60年代起，瑞典议会行政监察专员制度开始被其他国家仿效，最早在北欧得到推广。芬兰独立后，建立了一个以瑞典监察专员公署为样板的监察机构。此后，丹麦、挪威、英国、新西兰、澳大利亚、加拿大、美国、日本、中国香港地区等国家和地区先后采用了议会监察专员制度。

**（二）瑞典议会监察专员制度的特点**

第一，监察专员设置的独立性与专职化。为保证监察专员行使监察职能不受任何外界因素的不当干扰，议会监察专员在人事、组织、经费等方面均具有很强的独立性。同时，监察专员只接受议会的指示和监督，工作只对议会负责，除议会外不接受其他组织和个人的指示和干预。另外，由议会任命专职人员进行监督，能够使监督工作专职化。这种独立性和专职化不仅加强了瑞典议会监察专员的监督效力，也更加强化了议会的监督职能。

第二，监察专员监察范围的综合协调性。瑞典议会监察专员的管辖范围相当广泛，监察专员不仅可以对法律规定的中央、地方各级行政机关及其工作人员进行监察,还可以对属于自己管辖范围的跨部门、跨行业的问题进行综合监察和协调处理。这种综合性监督与当今政府职能不断扩张、专业分工日益细化复杂的客观趋势比较适应。

第三,完善的监督系统保证监察专员的监督效力。瑞典对行政机关及公务员的监督相当严格,且层次较多,建立了议会监督、政府内部监督、司法监督和社会舆论监督体系。议会监察专员监督作用的发挥有赖于与其他监督体系的协调合作和相互制约。议会监察专员监督同其他监督方式相结合,形成了以议会监察专员监督为主的完善的监督体系。

第四,先进的监督理念。瑞典议会监察专员监督模式注重预防侵犯公民合法权利事件的发生,注重被侵犯公民合法权利的恢复及救济。因此,瑞典议会监察专员监督模式不同于检察官及警察,其职能不在于检举犯罪行为使之被定罪,而是更关注采取具体的改革措施,以保障公民合法权益和权力运行秩序。

## 二、德国的监督制度

### (一)德国监督制度的具体内容

德国的监督体系比较完善,主要包括议会监督、行政监督和司法监督。

1. 议会监督

德国联邦议院是联邦中重要的反腐败机构。联邦议院不但有立法权和重大决策的审批权,还有对政府和官员进行监督的职能。联邦议院中如果有四分之一的议员要求对联邦政府在行政管理中产生的官僚主义、贪污腐化、行贿受贿或公众十分关注的问题进行调查,联邦议院就必须成立一个由专家组成的调查委员会。调查委员会可以就议员们对政府工作中存在的怀疑问题展开调查,通过公开和秘密的途径搜集必要的证据,然后向联邦议院报告其调查结果,联邦议院根据报告考虑是否形成有关决议。此外,调查委员会还参与处理特别严重的腐败案件,经过长期、周密的调查后写出报告,上报联邦议院,议院经过辩论,最后交法院处理。

2. 行政监督

为预防腐败,德国政府采取了一系列自我监督、自我约束的制度和措施,其中的重要制度和措施主要有四个:

一是"多眼睛"监督制度,例如对重大工程项目的招投标、财政相关的支出、警察执行公务等都必须坚持两个人以上把关和同行,不能个人单独行动,搞"暗箱操作";二是岗位轮流制度,对容易滋生腐败的建设、规划、医疗、财政、社会保险等权力部门的公务员实行定期轮岗,一般为三年,发现违规行为立即调离现岗位;三是严格限制兼职制度,德国的公务员行为守则明确规定,从事公务的人员不能从事第二职业,如果因工作需要从事第二职业的,要经过上级主管部门批准,否则必须责令辞去公职;四是规定严格的礼物收受制度,各联邦州都对公务收受礼品作了严格规定，部长、国务秘书一级的公务员在公务活动中不能接受任何礼品或礼金，部门公务员在公务活动中可以接受价值50马克（相当于180元人民币）以内的礼物，但必须向上司报告，绝对不准收受现金。如果公务员被邀参加重大节日活动，必须经上级批准，而且只能收受印有该公司名称的小礼品，否则将会受到查处。

3. 司法监督

德国设立独立行政法院，对政府及其公务员涉嫌腐败的行为进行司法监督。德国全国设有大约60个行政法院，每州设最高行政法院，联邦设联邦行政法院。随着反腐败任务的加重，1993年，德国的各联邦州成立了反腐败工作机构——腐败案件清理中心，这个机构是检察院的一个部门，隶属于司法部。腐败案件清理中心的工作职能是受理贪污、受贿、渎职等腐败案件的举报、转办与侦查起诉。德国腐败案件清理中心的检察官们不是以查案多少作为检验工作的标准，而是以查清问题、促进经济发展和保证社会公平为宗旨。在调查案件时，他们首先考虑挽回经济损失，再考虑如何处理违法者。

### （二）德国监督制度的特点

第一，以健全的法制为保障，行政权力法定化。在德国，行政机关的权力都是由法律明确规定的，行政机关只能按照规定行使权力，法律对行政机关行使权力的自由裁量范围、程序、方式、要求等都规定得很具体。如果法律、法规、规章没有规定，即使这种权力是合理的，行政机关也不能行使。行政机关如果不依法行政，将会受到法律的制裁。在德国，防止行政权力的滥用和反腐败的法律主要是《德国刑法典》，其中规定的贿赂罪是确定腐败行为的主要依据。

第二，以民众全面参与为基础，行政权力监督多元化。德国的行政权力监督主体十分广泛，不仅包括议会监督、行政监督、司法监督等官方监督，还包括以民众全面参与为基础的公民监督和舆论监督。在德国，公民对政府的监督有明确的法律依据。公民监督的范围很广，可以对政府的所有行为进行监督。公民如果发现政府官员支出大于收入就可以举报，反贪官员要对此进行调查；公民还可以直接到高级官员甚至到议会对政府官员的腐败行为进行质询；当公民觉得有不公正裁决时，可以随时向行政法院提出诉讼。此外，舆论监督是防止腐败的一种行之有效的方式。德国的舆论媒体大都是独资或合资的股份制企业，政府不能直接干预新闻媒体的活动，媒体依法享有高度的自由。同时，根据法律规定，检察院如果发现有关腐败问题的报道，有义务进行调查。德国的议会监督、司法监督、行政监督、民众监督与舆论监督有机结合，形成了全社会多视角、多元化的监督网络。

第三，以严格自律为基础，公务员行为规范化。德国以忠实可靠、待人诚实、勤劳认真为标准录用政府机关公务员。法律要求公务员必须严格遵守公务员行为守则，而且每一位新加入公务员队伍的公民都要举行宣誓仪式，保证严格遵守公务员守则，若违反誓言要自愿接受处罚。同时，每年公务员要与所在单位领导签订一份廉政合约，承诺廉洁奉公。除政府不断加强对公务员的教育培训和管理外，公务员本身也做到了严格自律，遵守职业道德，崇尚敬业精神，注重洁身自爱，注意公私分明，把廉洁自律和勤政廉政作为一种内在的自觉行为。

### 三、美国的监督制度

20世纪70年代"水门事件"发生以后，美国颁布并不断修订完善了一系列监督法律制度，例如监察长法案、政府道德法案、独立检察官法案等，并依法设立了政府道德署、监察长办公室等一系列监督机构，逐渐形成了一套相对完善、行之有效的监督机制。

#### （一）美国监督制度的具体内容

美国反腐败机构数量众多，功能健全。从系统上看，立法、司法和行政部门都设有反腐机构负责本系统的廉政工作。从职能上分，一类是从道德和纪律层面承担预防和制止腐败职能的机构，例如政府道德署、司法部律师办公室等，这些机构不具有对腐败行为进行刑事调查和起诉的职能；另一类是从法律层面担负惩处腐败职能的刑事调查和起诉机构，例如政府各部门的监察长办公室、独立检察官等机构，这些机构的主要职能是调查公共腐败行为。

1. 政府道德署制度

政府道德署是美国联邦政府设立的专门规范政府官员道德行为的机构。美国非常重视从政道德对防治腐败的重要作用，并不断加强道德立法。1978年美国国会通过了《政府道德法案》之后，联邦政府成立了政府道德署。政府道德署直属总统领导，向总统和国会负责，署长由总统任命，由参议院批准，任期五年。署长不受总统任期影响和党派干预；不经国会同意，总统无权免除署长的职务。政府道德署的基本职责是主管政府高级官员的财产申报事务和监督政府官员的道德行为。另外，政府道德署在各主要部门设立了专职道德官，专门负责制定适合本部门特点的行为准则，审查和处理本部门中的个人利益与公共利益冲突问题。

具体来说，政府道德署的主要职责包括：一是及时制定、修订公务员道德规范，对公务员收受礼物、经济利益冲突、执行公务、滥用职权以及政府外活动等行为作出规定；二是监督行政部门官员公开和秘密的财产申报的执行情况；三是接受道德咨询，公务员如果遇到疑惑可以随时通过电话、邮件或传真向道德署咨询，避免因不了解道德界限而违法；四是受理举报，开展初步调查，并对违纪违规公务员进行训诫；五是开展道德教育和培训，通过各种途径和方式，让所有公务员明白什么可为、什么不可为。

2. 监察长制度

监察长制度是美国国会监督政府的有效手段。1978年美国颁布了《监察长法案》，规定联邦政府各部门和各独立机构均设立监察长办公室。各部门的监察长由总统提名、参议院批准，对国会和总统负责并报告工作，监察长无任期和党派限制。监察长办公室一方面对各部门的财政支出和行政行为进行审查，并对发现的可能涉及贪污、诈欺等违法活动的问题进行调查；另一方面对部门的规章制度和工作程序进行审查，并针对存在的问题提出改进的建议。作为整个国家监督体系的一部分，监察长制度具有以下特点：

第一，作为政府内设监督机构，与行政管理业务联系紧密。监察长制度作为政府机关内部监察机制，具有许多有利条件。因为现代政府不仅在机构、人员、职能方面有所增加，而且其活动越来越专门化、技术化；政府不仅具有行政管理权，还逐步具有和扩大了委任立法权、司法权。这些都给外部监督带来一定的难度。监察长制度在这些方面显示出了其本身的优势，其作为政府内设监督机构，了解和熟悉行政业务及其方法、程序等，因而往往能更好地实施监督。

第二，监察长地位较高且具有独立性。赋予监察长独立的地位和权力是监察长制度最显著的特征。一方面，监察长具有独立性。美国《监察长法案》明确规定，任何机构和个人不能阻挠和禁止监察长发起、执行和完成任何审计和调查，不能干涉审计和调查过程中的有关传讯。监察长办公室的经费由国会单独列支，工作人员由监察长自行选聘，部门首长无权干预。另一方面，监察长的地位很高，他直接向行政首长负责，统一领导本部门的监督和检查工作，监察长和本部门的副部长处于同一行政级别。

第三，监察工作人员专业素质较高。监察长在任命和雇用监察工作人员时，不仅要求他们具有专业知识，例如审计、法律等知识，还注意从相关部门雇用具有丰富的监督调查经验的人员，例如联邦调查局、会计局、财政部等。此外，监察长办公室还对在职人员进行经常性的有关知识和经验的训练，不断提高他们的监察业务水平。

3. 独立检察官制度

美国司法系统中有三类检察官，即联邦检察官、地方监察官、独立检察官。独立检察官是专门对某一高级行政官员的贪污受贿或其他违法失职行为进行调查起诉的临时性官员，其前身是特别检察官。在1973年"水门事件"中，尼克松总统下令司法部长罢免了主持此案调查的特别检察官，美国国会因此在1978年颁布了《政府道德法案》，其中对特别检察官的任命和职权作出了明确的规定，这部法律标志着独立检察官制度的确立。独立检察官一般由司法部任命一名独立的、享有特权的法律界人士或法学家担任，其起诉对象包括总统、副总统、各部的正副部长及相应职务的官员等。独立检察官制度的实施大大加强了对政府高级官员的调查监督力度。

为了保证独立检察官充分履行职责，法律赋予独立检察官很大的权力，包括人事权、调查权、传讯权、汇报权和起诉权。（1）人事权。独立检察官有权任命其手下的工作人员，也有权将自己的权力授予其工作人员代行。（2）调查权。独立检察官在进行调查时享有司法部长和联邦检察官的一切相应权力，例如查阅行政机关档案的权力、查阅法院决议的权力、查阅国家安全保密资料的权力、运用刑事和民事调查程序的权力等。（3）传讯权。独立检察官有权向法院申请传讯任何证人，也有权根据有关法律的规定给予证人豁免权。（4）汇报权。独立检察官有权向国会汇报调查情况并提供弹劾政府官员所需的案情材料。（5）起诉权。独立检察官在认为证据充分时有权提起或者与司法部门共同提起特别刑事诉讼。

**(二) 美国监督制度的特点**

第一,双向制衡的权力监督模式。美国是"三权分立"和"联邦制"的典型代表,其监督体制也贯穿着"分权制衡"的理念。在权力的横向划分上,强调立法、行政、司法三种权力既要彼此分立和独立,又要相互联系和制约。国会通过行使立法权对行政和司法进行监督,但美国总统有权否决国会立法并通过立法倡议权对国会的立法权加以制约,法院也可以通过司法审查权对国会进行监督。国会通过行使人事任免权、财权、弹劾权,对执掌行政权的总统进行制约与监督,法院也可以对政府制定的行政法规、行政命令和作出的行政处理行为进行司法审查,以此实现对行政权的约束与监督。但法官要由总统提名经参议院同意后由总统任命,国会也有权弹劾联邦法官。可见,美国的权力监督体系是双向制衡的监督模式,部门之间的相互制衡是整个政治体制中的监督前提。

第二,较为松散的纵向权力监督。美国实行联邦制,各州具有较强的独立自主权,因此美国中央与地方的关系较为松散,基本上没有形成纵向的权力监督关系。美国没有统一的、最高的反腐败协调和执法机构,也没有统一的、专门的反腐败法律。其行政监督权由联邦政府和州政府分别行使,相互独立,其纵向分权的结果在行政监督方面则表现为:监督机构并不统一,联邦与州各自建立监督机构,二者不存在上下隶属关系,在机构设置上也不对口,彼此独立、各司其职。因此,美国的行政监督体制体现出多元化的特点,行政监督机构布局分散,监督职能细化,监督主体多元。

第三,重视专项监督。美国监督模式中,由于缺乏统一的中央监督机构,各州和各部门都非常重视自身的监督需要和制度创新,因此,一些专门及专项的监督成为其监督的重要内容,例如选举监督、审计监督和道德监督等。美国联邦政府建立的两个独立行政监督机构——政府道德署和监察长办公室均突出了专项监督的特点,道德规范(包括财产申报)和审计监督被确定为这两个专门监督机构的监督重点。美国还特别重视对政治高层人员选举的监督,联邦调查局、政府道德署、联邦选举委员会、总统行政办公室等机构都有权实施选举监督,监督内容包括选举资金来源、利益冲突等。

## 四、日本的监督制度

**(一) 日本监督制度的具体内容**

日本实行以立法、司法、行政三权分立为基础的议会内阁制,构建了检察机关和行政系统内部的监督机构共同协作的行政监督体系,形成了较有特色的、较完善的行政监督模式。在日本的行政监督模式中,从中央到地方各级设立的行政评价局、人事院、会计检查院等机构,从不同方面对行政机关及其工作人员进行监督。行政评价局主要负责对行政机关制定和完成工作目标的情况进行监督;人事院主要负责对公务员的管理和惩戒;会计检查院负责对国家的收入和支出进行检查和监督。此外，日本还非常重视引入社会和专家力量，通过建立行政交谈、行政审议会等制度保证社会监督渠道的畅通和监督职能的发挥。

1. 行政评价局

日本现行的监察机关是由行政监察局改制而来的行政评价局。20世纪90年代以后，日本经济持续低迷，渎职腐败案件不断出现。为进一步改善行政管理，提高行政效率，2001年日本政府进行了行政机构改革，将原总务厅行政监察局改为总务省行政评价局。这是日本政府根据社会经济发展要求，在原有行政监察制度的基础上发展起来的一项新的行政监察制度。行政评价局下设总务课、行政相谈课、政策评价局和评价监视室四个机构，全国设有北海道等八个管区行政评价局，在各都道府县设有42个行政评价事务所或行政评价分室。全国行政评价局系统实行垂直领导，总务省行政评价局的主要负责人由首相任命，地方支局的负责人则由总局任命。行政评价局享有调查权、劝告权和建议权。调查权是指行政评价机关依法对评价对象行政行为进行专门调查核实的权力；劝告权是指行政评价机关在调查的基础上，就一定事项向被调查部门提出处理问题的建议或改进工作的劝告的权力；建议权是指行政评价机关就被调查事项如何处理向上级建议的权力。行政评价局的工作职责主要有四项：

第一，政策评价。政策评价是指行政评价局对整个政府系统，包括各省（中央政府各部门）府（地方政府）的工作计划、工作目标及执行情况进行统一而综合的评价。具体评价内容涉及各省府的工作计划和目标是否符合国民和社会的需要，是否达到了预期效果，是否获得了最大效益，是否公平负担了费用并公平享受了成果，是否需要优先实施等；政策的必要性、有效性、效率性、公平性及优先性等。

第二，行政评价和监视。评价和监视是指对各行政机关的业务实施状况进行监督检查，根据检查结果，指出存在的问题，并提出改进建议。同时，为了保证提出的建议得到落实，还要求被检查对象反馈采取的措施及落实情况。行政评价局认为有必要时可以再次进行检查，检查结束后写出评价报告向社会公布。

第三，独立行政法人评价。独立行政法人主要指行政机关直属事业单位，例如国立公文书馆、研究所、博物馆等。独立行政法人评价主要是对独立行政法人的工作目标、经营业绩进行监督检查，由委员会对检查结果进行审议并提出建议，所提建议要报总务大臣或各省府大臣。

第四，行政交谈。行政交谈是指行政监察部门及其所委托的人员与因行政失误而遭受损害的国民进行交谈，听取其关于改善行政工作的意见和要求，尽可能地解决问题或补偿损失，并使结果有助于改善现行的政策、措施和管理。当发现公务员违纪渎职时，行政交谈委员有权向有关部门反映。行政交谈制度是日本行政监察制度的特色。行政交谈制度的实施，对于改进行政管理、提高行政效率、密切政府与国民的联系、进行权利救济、化解社会矛盾、维护社会稳定等都起到了重要作用。

2. 人事院

日本对公务员的管理和监督主要依据法律规定，通过人事手段来实现。人事院是日本最高的人事管理机构,也是对公务员行为进行监督的主要机构。人事院具有准司法权和准立法权的地位,在组织、人事、财政等方面对内阁保持相当的独立性。例如人事院保持自己的独立预算,机构设置不受国家行政组织法的约束,人事院的内部机构由人事院自己管理等。

日本在其国家公务员法、国家公务员伦理法、国家公务员惩戒规则以及各地制定的法律中对公务员行为作了许多限制性规定,对于违反有关纪律规定的公务员由人事部门予以惩戒。惩戒的方式包括暂时停职、降低工资、警告、开除。凡被开除的公务员两年内不能再做公务员,退休后不能拿到退休金。

惩戒权一般由各机关的首席长官即内阁大臣掌握,人事院负责综合指导。如果公务员的行为违反了刑法,则主要通过刑事方式处理。行政处理和刑事处理可以同时进行。如果受处分人对惩戒决定不服,可以到人事院申请仲裁。人事院在收到公务员提交的仲裁申请后进行调查,根据调查结果,可以要求有关部门重新考虑,或者取消惩戒或者维持原决定。

3. 会计检查院

会计检查院是依据日本宪法独立设置的、负责对国家的收入和支出进行检查和对国家会计进行监督的专门机构。会计检查院是日本最高审计机关,属于政府行政序列,但独立于内阁,不受政府的干涉。会计检查院依法独立开展审计监督,向国会报告工作。

会计检查院由检察官会议和事务总局组成。检察官会议是最高决策和领导机构,由三名检察官组成,检查院院长也在此三人中产生。三名检察官地位平等,决策采取合议制,重大问题经充分协商形成一致意见。事务总局是会计检查院的执行机构,负责具体日常工作。下设业务司局,各局有明确分工和职责范围。此外,日本地方也设立合议制的检查委员会,会计检查院与地方审计机构无隶属关系。

日本《会计检查院法》确定了国家审计的对象。根据法律规定,日本会计检查院的审计对象涉及国家财政以及国有企业和国有单位,分必审对象和选审对象两类。对于选审对象,会计检查院可以根据自身工作情况安排审计。无论是必审单位还是选审单位,审计的重点是一致的,即财政和财务收支的正确性、合规性、经济性、效率性以及效果情况。

(二)日本监督模式的特点

第一,行政监督职能细化,专业分工合作。日本实行立法、行政、司法三权分立与制衡的政治制度,除此之外,在行政系统内也建立了不同的监督机构,对不同的监督对象从不同角度实施监督,监督分工高度专业化。例如,日本的人事院仅对公务员的选拔、任用、考核、晋升、奖惩等事项进行监督,触及刑法的公务员违法违纪行为则由检察机关进行侦查并提起公诉;行政评价局主要针对行政机关的业务情况进行监督,其监督不涉及人员监督;涉及财政、财务收支的事项则专门由会计审计院进行监督。

第二,行政监督以提高行政效率为主要目标。日本的监督模式中,比较强调检察机关的反腐肃贪职能,在检察机关的统领下,建立行政系统内的各个监督机构。这种监督机制以效能监察为重点,即通过实施行政评价和检查,对政府行政机关的绩效、工作效率和工作质量进行监督,并根据实际调查的结果向相关政府机关提出改革建议。日本专门的行政监察机构——行政评价局的职能设置和监督方式则突出地体现这一特征。

第三,行政监督与社会监督、专家监督相结合。日本行政交谈制度是其独特的监督制度,充分表现了日本重视政府与社会的正式沟通,强化社会监督职能的特点。同时,日本的行政监督注重与专家监督相结合。日本行政评价局的政策评价机制突出体现了发挥社会各界代表和专家的政策咨询、调查与审议功能。

### 五、韩国的监督制度

韩国作为新兴的后起国家,自建国起一直注重反腐廉政机制建设。这期间虽经历诸多曲折,但迄今已建立起较为完善的监督和制约机制。

#### (一)建立完善的国家反腐败机构

1. 监察院

韩国的审计与监察合一。1963年,韩国修改有关法律,将原本各自独立的审计院和监察委员会合并,成立了肩负审计与监察双重任务的监察院。在隶属关系和领导体制上,韩国监察院既不属于政府,也不属于国会,而是直属总统管辖。根据韩国宪法的规定,监察院的主要任务是审计国家决算及受国家与法律约束的团体的财务,监察国家行政机关及公务员履行职务的情况,以及揭露公职人员违法违纪问题。

韩国监察院由包括院长在内的五至十一人组成监察委员会,对重大问题实行合议制议决。监察委员会议决定的事项包括对预决算的审计、对造成的经济损失承担赔偿责任的认定、对有关责任人的惩处、对经审计监察发现的问题提出改正和劝告性意见等。监察委员会还有权对国务总理、各部长官工作失误提出改正的要求,对涉嫌犯罪的移交检察机关处理。

2. 国民权益委员会

根据2001年通过的《腐败防止法》,韩国于2002年成立了直属总统的腐败防止委员会,2008年更名为国民权益委员会。该委员会是一个完全独立的反腐败机构,由九名委员组成,包括一名委员长和两名常委,成员分别来自不同政党。委员长和常委均由总统任命,其他委员分别由国会和最高法院首席大法官推荐,由总统任命或委派。根据《腐败防止法》规定,委员会的主要职责是:制定反腐败政策;提出完善公共部门制度的建议,对公共部门的反腐败政策及其执行情况进行调查分析和评价;开展反腐败教育和反腐败工作;支持非政府组织在预防腐败工作中发挥积极作用。同时,为了保证委员会工作的公平、公正、公开,国家权益委员会制定了严格的内部道德准则和监察制度。

国家权益委员会在反腐败工作中扮演了多重角色,承担了综合性的多种职能。首先,它是反腐败的"立法者",为制定或修订防止腐败的措施,委员会要进行必要的调查、研究和政策评估。其次，它是《腐败防止法》和反腐败措施的执行者，负责法律规定和依法制定的反腐败措施的具体实施工作。最后，它还是反腐败的监督者，肩负着各公共机构和整个社会的反腐败政策、措施实施情况的审查、监督和检查任务。

3. 公职人员伦理委员会和高级公务员违反行政伦理调查部

公职人员伦理委员会是一个中立机构，分别在国会、大法院、中央选举委员会以及各市、道设立。其主要职责是对公务人员的财产登记进行审查，并把活动情况编制成年报，定期向国会汇报。对于高级官员的监督，设立了高级公务员违反行政伦理调查部，负责对高级官员腐败行为的调查和起诉，其部长和次长需经过大法院院长的推荐和国会同意，由总统任命。

### （二）制定反腐败的法律与制度规范

1. 公职人员财产申报和公开制度

韩国政府于1981年颁布《公职人员伦理法》，规定了高级公职人员限期申报财产的制度。根据该法规定，担任公职者必须在一定时期内向有关部门报告自己及配偶子女的财产状况，包括数量、来源、变动等内容，由主管机关予以审核，任何隐瞒、谎报和转移财产的行为都被视为有罪，将受到法律惩处。

2. 金融实名制

金融实名制是指要求个人或法人使用真实姓名进行金融往来活动的一项制度。金融实名制的实施有利于政府更准确地掌握公民个人的财产收入状况，同时有利于防止逃税漏税，消除行贿受贿，保证韩国的《公职人员伦理法》《政治资金法》《防止选举舞弊法》等消除金权政治的法律发挥作用。

3. 国民请求监察制度

为了加强国民对政府机关及其公务员的监督，韩国近年来实行了国民请求监察制度。国民请求监察制度是指单位和个人认为公共机关的公共事务处理行为违法或腐败，并对公共利益产生不利影响的，可以提请监察院对这种行为进行审计监察的制度。任何单位和个人均可动用审查请求权，要求对政府部门、政府投资机关和地方政府的行政行为进行审计监督。20岁以上的成年人满三百人，即可联名上书监察院进行监察，监察院对于国民合理正当的监察请求必须予以满足。韩国的国民请求监察制度充分保障了公民的合法权利，对行政效能监察和提高政府绩效具有重大意义。

### （三）韩国监督制度的特点

1. 实行"监审合一"的行政监察制度

"监审合一"的监察制度有两个突出优点。第一，"监审合一"的监察制度集政务公开、行政监察、财务审计于一体，能够摆脱监督视野上的狭窄，共同占有监察、审计信息。从监察角度看，通过审计能及时发现各种违法违纪问题，掌握第一手资料；从审计角度看，通过监审联手，便于事前掌握群众举报信息，从泛泛地例行审计变为有重点、有目的审计，获取的审计信息更为清晰、具体；从领导角度看，监察与审计合一，有利于统一领导调度和规范化管理。第二，提高行政监察机制效率，增强责任追究的针对性。"监审合一"的监察制度可以寓行政监察监督职能于经常审计之中，通过行政监察和审计及时反馈基层监察和审计信息，沟通自我约束与外部监督渠道，具有很强的威慑力。实现了审计和监察的连续性，避免了工作中不必要的重复、交叉，提高了工作效率，保证了监察工作的整体效能。

2. 监督机关高度的独立性

韩国监察院和国家权益委员会属于世界上为数不多的监察机关高度独立的模式。监察院和国家权益委员会既不属于政府，也不属于国会，而是都直属总统管辖。这种高度独立的地位，保证了行政监察机关可以独立行使职权，开展廉政监察和效能监察，保证监察工作的客观和公正。

3. 实行透明行政

韩国反腐败最突出的特点是注重公职人员财产申报和公开，注重对公职人员财产的监督。为了预防和打击腐败，韩国在政府改革中推行了"阳光体制"，要求透明行政，将行政活动公之于众，消除一切幕后交易和"暗箱操作"，以实现政府的公开化和民主化，具体制度包括实行财产申报制、金融实名制、加强对政治资金的管理等，这些制度对消除政府腐败和金权政治发挥了重要作用。

## 六、新加坡的监督制度

新加坡的廉政建设成就有目共睹。新加坡从1965年独立至今，在短短几十年的时间里实现了工业化和现代化两大跨越，不仅创造了经济奇迹，还创造了廉政建设奇迹，一跃成为举世公认的世界上最廉洁国家之一。在世界上许多国家被腐败困扰的当代，新加坡创造的成功经验值得认真研究和探讨。

### （一）健全的廉政监督网络

新加坡建立了内外结合、纵横协调的立体监督网。这一网络中的各个部分各自独立行使职权，同时又相互协调、相互补充、相互牵制，形成了一个有机、严密的监督网络。

1. 公共服务委员会

新加坡专门成立了独立于政府之外的公共服务委员会，负责公务员招聘、审查、任用、纪律处分等事宜，从政府外部对政府进行监督。公共服务委员会的组成人员由总理提名、总统任命，或直接由总统任命。公务员一旦出现渎职、贪污受贿行为，该委员会既可以会同贪污调查局联合查处，也可以自己成立案件调查小组单独查处。

2. 审计署

新加坡审计署是一个重要的防贪反贪机构，主要负责对政府各部门实施财务监督。审计署的工作是独立的，不受其他部门的干扰，审计长由总统任命，直接向议会负责。审计署有权审计政府所有部门、公共服务委员会、国会、法院等一切公共机构的账目，检查被审计单位是否执行法定的财务制度。审计过程中一旦发现有弄虚作假、违法违纪、营私舞弊等情形的，就向议会报告；属于违反新加坡的反贪污法和公务员指导手册的，报告贪污调查局处理；属于违反国家其他法律的，交由司法部门查办。

3. 贪污调查局

新加坡贪污调查局是负责调查和预防政府机关以及企业中的贪污受贿行为的专门职能机构，直属总理公署，由总理直接领导。贪污调查局作为新加坡反贪污贿赂的最高专门机构，它既是行政机关，又是执法机关。贪污调查局的主要职责是：接受指令，对贪污腐败案件进行调查、取证；接受举报和揭发，并及时作出反应，采取一切可能的手段对贪污腐败行为进行调查。根据法律规定，任何新加坡公民，上至高官下至平民，乃至侨居海外的新加坡籍公民都属于贪污调查局的监察对象。同时，贪污调查局还对各类人员利用职权营私舞弊进行理论研究，对容易发生贪污的政府部门指出其易引起贪污行为的现行制度和组织上的问题，在此基础上就其工作方法和程序提出改善建议。

4. 在野党和民众的监督

人民行动党是新加坡的执政党，非常重视多党存在的现实，强调通过在野党的监督，不断加强执政党自身建设。执政党把每四年一次的多党参与的国会大选视为对人民行动党的定期考试和监督，从获得选票的多少来评价人民行动党的政绩和在群众中的威望，并及时总结经验教训，进一步完善与民众之间的联系。

### （二）完善的廉政建设制度

新加坡在长期的反腐廉政实践中逐步建立和完善了一整套科学严格且行之有效的反贪制度。

1. 严格的公务员选拔和录用制度

在新加坡，除了政务官以外，其他所有公务员的录用均需经过公开的考试。考试合格者还必须接受严格的审查和调查，审查内容包括有无犯罪前科、日常交往人员状况、家庭情况、社会背景、个人的兴趣爱好、有无吸毒、有无嫖娼及私生活方面的不良嗜好、个人品德和修养等。

2. 严格的财产申报制度

新加坡有关法律规定，凡是经过考试、考核和审查获得通过并被正式录用的公务员，在出任之前必须申报个人财产，不申报者不得进入公务员队伍。任职以后的公务员，如果财产有增长的，应当主动填写财产申报清单并填明原因，否则即视为贪污。新加坡的财产申报制度对公务员财产申报的范围、程序等都有明确的规定。

3. 严格的品德考核制度

新加坡对任职后的公务员要进行品德跟踪考核。一是个人品德记录。政府每年发给公务员一本日记本，公务员随身携带日记本，随时将自己的活动记载下来，日记必须定期接受检查。二是行为跟踪。贪污调查局有权依法对所有公务员进行行为跟踪，暗地调查他们的日常生活。一旦发现公务员有违规行为，可以采取相应措施处理。品德考核制度有力地监督着公务员奉公守法，防止其掌权以后滥用权力、贪赃枉法或腐化堕落。

4. 以俸养廉制度

新加坡是当今世界较成功地实行以俸养廉制度的国家。通过提高公务员工资水平和工作条件，削弱其贪污行为的内在动因，这是新加坡实施反贪污计划的重要步骤。从总体上看，新加坡政府能够保证绝大多数公务员过上"中产阶级"的生活，而且随着国家经济的增长和私营企业员工收入的提高，公务员工资也随之增长，使他们享有较高的福利待遇。

### （三）新加坡监督模式的特点

1. 赋予监察机关广泛的权力，保证监察权有效行使

第一，监察机关拥有广泛的调查权。当政府官员出现违反《新加坡刑法》《防止贪污法》等法律的行为，或者依据《防止贪污法》在调查期间证明涉嫌官员有违反任何成文法的行为时，贪污调查局局长或者特别侦查员无须公诉人的命令，可以行使刑法授予的特别权力，调查涉嫌官员的贪污受贿罪行。在调查重大案件时，贪污调查局还享有特别调查权，不管其他法律中有任何规定，贪污调查局都可以调查任何银行存款、股票存款、购买账户、报销单据或者任何其他账目以及在任何银行的任何保险箱等。贪污调查局还有权要求被调查人详细说明其子女家属的一切动产和不动产，以及每项财产的获得途径与准确日期，并有权要求任何人给予调查所需的配合，否则将被视为犯罪。

第二，监察机关拥有搜查权。具体体现为，如果贪污调查局相信在某一地方藏有罪证，即可授权特别调查员或警官在必要时依靠武力进行搜查，取得或扣押任何相关的文件和物品。

第三，监察机关拥有逮捕权。贪污调查局局长或特别调查员，无逮捕证即可逮捕与贪污犯罪有关的任何人。可以逮捕已被控告的与任何罪行有牵连的、已掌握其与任何犯罪有牵连的可靠情报、有理由怀疑其与任何罪行有牵连的任何人。

第四，监察机关有跟踪监视权。对所有公务员，无论职务高低，贪污调查局都有暗中秘密跟踪监视的权力。

2. 惩戒与预防并重，实施综合治理

新加坡在反贪治腐上坚持惩治与预防并重、治标与治本结合的综合治理方针。新加坡对贪污受贿的定罪与处罚非常严厉，在反腐败方面以严厉著称，体现了新加坡政府打击腐败的决心。同时，新加坡政府也非常重视腐败的预防，注重反腐败的宣传与教育，培养全社会的正义感，并通过行政改革措施减少腐败行为的发生。新加坡通过不断完善法律规范和行政管理措施，建立了惩戒与预防、标本兼治的监督体系。

3. 注重对执政党的监督，提高执政党的执政能力

在新加坡，人民行动党长期一党执政，但执政党很重视发挥在野党的监督作用。新加坡

每四年一次的多党参与的国会大选是在野党对执政党进行考核和监督的有效机制。执政的人民行动党还规定,党员议员每周必须有一天回到本选区体察民情,参加群众聚会,倾听民众呼声,接受选民监督。

## 案例

### 百名"红通人员"头号嫌犯杨秀珠回国投案

近些年来,中国高度重视反腐败国际合作,典型案例是使用"红色通缉令"对外逃人员实施追捕,提高追逃追赃效率。"红色通缉令"是由国际刑警组织发布的国际通报,通缉对象是有关国家法律部门已发出逮捕令、要求成员国引渡的在逃犯。2015年4月,国际刑警组织中国国家中心局首次集中公布百人"红色通缉令",针对100名涉嫌犯罪且证据确凿的外逃国家工作人员、重要腐败案件涉案人员等加大全球范围的追缉力度,将有关嫌疑人缉拿归案。在首次红色通缉令百人名单上排名第一的嫌犯是杨秀珠。

杨秀珠,浙江省原建设厅副厅长,温州市原主管城建的副市长。2003年2月,温州市人民检察院侦查发现,杨秀珠的弟弟、温州铁路房地产开发公司副总经理杨光荣涉嫌受贿。一个月后,杨光荣被浙江省人民检察院依法立案调查,时任省建设厅副厅长的杨秀珠在任温州市副市长期间涉嫌犯罪的线索渐渐浮出水面。2003年4月20日,杨秀珠借口"老母亲病了,要回温州看看",在向单位简单交代后,一行4人租车前往上海浦东机场,经香港飞抵新加坡。

杨秀珠外逃当日,浙江省委作出指示,由省纪委牵头,公安机关负责缉捕,省纪委会同省检察院负责违纪违法问题查处,办案部门定期报告进展情况,并随即对杨秀珠涉嫌严重违纪违法问题展开调查。两个月内,对杨秀珠作出开除党籍、开除公职的党纪政纪处分决定。

杨秀珠外逃前精心策划,提前转移财产。在外逃期间,她利用海外关系,几乎穷尽了各种外逃手段和法律救济渠道,以图长期藏匿滞留国外。2014年5月12日,杨秀珠潜逃到美国。由于美国未与我国签署引渡条约,法律程序复杂,耗时漫长,追逃几乎陷入僵局。

2014年6月,中央反腐败协调小组设立国际追逃追赃工作办公室(简称中央追逃办),成员包含中央纪委、最高人民法院、最高人民检察院、外交部、公安部、国家安全部、司法部、人民银行8家单位,承担具体工作的办事机构是中央纪委国际合作局。中央追逃办成立后,杨秀珠案被列为挂牌督办头号案件,确定了"多管齐下、以劝为主"的工作原则,案件进展情况每周一报,重要信息和情况即时沟通上报。2015年,按照中央追逃办的要求,浙江省追逃办进一步统筹协调,专案组新设若干工作小组,省纪委全面负责组织协调，省检察院主攻案件调查取证，省公安厅、省高院根据各自职能，依法开展相关工作。2015年10月，中美在北京举行"中美执法合作联合联络小组（JLG）"第10次会议，确定杨秀珠案件为中美头号追逃案件，双方专人专班，集中突破。在中美两国合作，中央、地方两级追逃办组织协调，中央、省、市、县四个层面相关职能部门各司其职的密切配合下，杨秀珠最终于2016年11月回国投案。

杨秀珠从2003年4月外逃到2016年11月回国投案，外逃时间长达13年零7个月，先后辗转新加坡、荷兰、美国等7个国家和地区。该案也成为近年来最艰巨、最复杂、最成功的境外追逃案件之一。

## 案例思考题

1. 通过杨秀珠案分析国际追逃追赃中有哪些问题和经验值得反思与总结？
2. 加强与其他国家、地区、国际组织开展反腐败国际交流和合作有何必要性？

## 重要概念

1. 议会监察专员制度　2. 政府道德署　3. 独立检察官　4. 行政交谈　5. 国民请求监察制度

## 思考题

1. 预防和打击腐败的国际合作主要有哪几种方式？
2. 目前反腐败国际合作存在哪些问题？
3. 国际反腐败运动有何特点？
4. 简述国际反腐败合作组织。
5. 简述国际反腐败会议。
6. 《联合国反腐败公约》的主要内容是什么？有何特点？
7. 简述国际反腐败运动的发展趋势。
8. 试述瑞典议会监察专员的主要内容与特点及其在监督机制中的作用。
9. 试述德国监督制度的特点。
10. 试述美国监督模式的特点。
11. 试述日本监督模式的特点。
12. 试述韩国监督模式的特点。
13. 试述新加坡监督模式的特点。

# 参考文献

[1] 张晋藩. 中国古代行政管理体制研究 [M]. 北京：光明日报出版社，1988.

[2] 张尚鷟. 行政监督概论 [M]. 北京：中国人事出版社，1993.

[3] 中央纪委外事局，监察部外事局. 外国监督制度与实践 [M]. 北京：中国方正出版社，1995.

[4] 郑力. 中国监督学大辞典 [M]. 北京：中国财政经济出版社，1996.

[5] 袁达毅，郭志平. 行政监督的理论与实践 [M]. 北京：警官教育出版社，1996.

[6] 李忠. 宪法监督论 [M]. 北京：社会科学文献出版社，1999.

[7] 姜明安. 行政法与行政诉讼法 [M]. 北京：北京大学出版社，高等教育出版社，1999.

[8] 方福前. 公共选择理论——政治的经济学 [M]. 北京：中国人民大学出版社，2000.

[9] 陈国权. 政治监督论 [M]. 上海：学林出版社，2000.

[10] 陈奇星，等. 行政监督论 [M]. 上海：上海人民出版社，2001.

[11] 汤唯，孙季萍. 法律监督论纲 [M]. 北京：北京大学出版社，2001.

[12] 章剑生. 行政监督研究 [M]. 北京：人民出版社，2001.

[13] 丁建军. 行政监督概论 [M]. 北京：高等教育出版社，2001.

[14] 刘政，程湘清. 人大监督探索 [M]. 北京：中国民主法制出版社，2002.

[15] 郎佩娟. 公共行政行为规范 [M]. 郑州：河南人民出版社，2003.

[16] 尤光付. 中外监督制度比较 [M]. 北京：商务印书馆，2003.

[17] 毛宏升. 当代中国监督学 [M]. 北京：中国人民公安大学出版社，2003.

[18] 杜力夫. 权力监督与制约研究 [M]. 长春：吉林人民出版社，2004.

[19] 林伯海. 人民代表大会监督制度的分析与构建 [M]. 北京：中国社会科学出版社，2004.

[20] 侯志山. 外国行政监督制度与著名反腐机构 [M]. 北京：北京大学出版社，2004.

[21] 刘剑华. 中外监督体系比较研究 [M]. 北京：中国方正出版社，2005.

[22] 沈荣华. 行政权力制约机制 [M]. 北京：国家行政学院出版社，2006.

［23］李秀峰．廉政体系的国际比较［M］．北京：社会科学文献出版社，2007．

［24］欧斌，余丽萍，李广民．国际反腐败公约与国内司法制度问题研究［M］．北京：人民出版社，2007．

［25］李树军．行政监督［M］．北京：世界知识出版社，2007．

［26］张晋藩．中国监察法制史稿［M］．北京：商务印书馆，2007．

［27］吴丕．政治监督学［M］．北京：北京大学出版社，2007．

［28］邬思源．中国执政党监督体系的传承与创新［M］．上海：学林出版社，2008．

［29］李飞．中华人民共和国各级人民代表大会常务委员会监督法释义［M］．北京：法律出版社，2008．

［30］刘书林．党的领导与民主监督［M］．北京：中央编译出版社，2008．

［31］吴振钧．权力监督与制衡［M］．北京：中国人民大学出版社，2008．

［32］杨伟东．政府信息公开主要问题研究［M］．北京：法律出版社，2013．

［33］傅国云．行政检察监督研究：从历史变迁到制度架构［M］．北京：法律出版社，2014．

［34］林华．公众参与法律问题的行政法研究［M］．北京：中国政法大学出版社，2016．

［35］周礼．北京：国家图书馆出版社，2005．

［36］国语．上海：上海古籍出版社，1978．

［37］战国策．上海：上海古籍出版社，1978．

［38］汉书．北京：中华书局，1962．

［39］后汉书．北京：中华书局，1965．

［40］三国志．北京：中华书局，1959．

［41］晋书．北京：中华书局，1974．

［42］周书．北京：中华书局，1971．

［43］隋书．北京：中华书局，1973．

［44］新唐书．北京：中华书局，1975．

［45］唐六典．［日］东京：广池学园，1973．

［46］明史．北京：中华书局，1974．

［47］清史稿．北京：中华书局，1977．

［48］通典．北京：中华书局，1984．